Guttentag'sche Sammlung
Nr. 36. Deutscher Reichsgesetze. Nr. 36.
Text-Ausgaben mit Anmerkungen.

Gesetze, betreffend die privatrechtlichen Verhältnisse der Binnenschiffahrt und der Flößerei.

Nach den Materialien erläutert
von
H. Makower, Justizrat.

Vierte vermehrte Auflage

bearbeitet von
E. Loewe, Landgerichtsrat.

Berlin 1909.
J. Guttentag, Verlagsbuchhandlung,
G. m. b. H.

Vorwort zur ersten Auflage.

Der vorliegende Kommentar will die Anwendung der durch ihn erörterten Gesetze im Sinne des Gesetzgebers erleichtern, und gibt zu diesem Zwecke die Motive an, welche für die einzelnen gesetzlichen Bestimmungen teils in der Begründung des von den Bundesregierungen vorgelegten Entwurfs, teils in dem Berichte der vom Reichstag eingesetzten Kommission, teils im Plenum des Reichstags geltend gemacht wurden. Die Begründung ist soweit als möglich in ihrem Wortlaut angeführt. Manche Überarbeitungen wurden jedoch durch die vom Reichstag vorgenommenen Änderungen notwendig. Hoffentlich werden die gegebenen Erläuterungen von einigem Nutzen für die richtige Anwendung der bezeichneten Gesetze sein, welche die erste allgemeine deutsche Regelung der betreffenden Materien enthalten.

H. Makower.

Vorwort zur zweiten Auflage.

Die erste Auflage dieses Kommentars ist schnell verbraucht worden, das Buch scheint also einem Bedürfnisse der Praxis entsprochen zu haben. Der Unterzeichnete hat deshalb für die zweite Auflage Form und Inhalt der ersten Auflage möglichst beibehalten. Immerhin sind infolge der Abänderungen, welche das Binnenschiffahrtsgesetz durch Artikel 12 des Einführungsgesetzes zum Handelsgesetzbuch vom 10. Mai 1897 erfahren hat, Änderungen des Buches notwendig geworden, auch mußten die am 1. Januar 1900 in Kraft tretenden Reichsgesetze berücksichtigt und, soweit sie an die Stelle hier einschlagender Bestimmungen früherer Gesetze treten, eingefügt werden. Die, statt des früheren zehnten Abschnitts des Binnenschiffahrtsgesetzes eingreifenden §§ 1259—1272 des Bürgerlichen Gesetzbuchs, §§ 100—124 des Gesetzes über die Angelegenheiten der freiwilligen Gerichtsbarkeit vom 17./20. Mai 1898 und §§ 162—171 des Gesetzes über die Zwangsversteigerung und die Zwangsverwaltung sind in einem Anhange wiedergegeben und erläutert. Dort sind auch die Ausführungsbestimmungen und Kostengesetze für Preußen abgedruckt, und Tabellen zur Kostenberechnung beigefügt.

Berlin, im August 1898.

E. Loewe.

Vorwort zur dritten Auflage.

In der dritten Auflage ist die inzwischen erschienene Literatur und die Rechtsprechung, insbesondere der Hanseatischen Gerichte, berücksichtigt.

Berlin, im Oktober 1903.

E. Loewe.

Vorwort zur vierten Auflage.

Die veröffentlichte Rechtsprechung der Oberlandesgerichte und des Reichsgerichts habe ich nachgetragen. Auch das Reichsgesetz über den Versicherungsvertrag ist berücksichtigt, die Bestimmungen über die Transportversicherung sind im Anhang abgedruckt.

Berlin, im Dezember 1908.

E. Loewe.

Inhalt.

I. Gesetz, betreffend die privatrechtlichen Verhältnisse der Binnenschiffahrt, in der vom 1. Januar 1900 an geltenden Fassung (RGBl. 1898 S. 868 ff.)

Erster Abschnitt. Schiffseigner.

Zweiter Abschnitt. Schiffer.

Verklarung (§§ 11—14).

Seite

Fünfter Abschnitt. Haverei.

Sechster Abschnitt. Zusammenstoß von Schiffen, Bergung und Hilfeleistung.

Seite

Siebenter Abschnitt. Schiffsgläubiger.

Achter Abschnitt. Verjährung.

Neunter Abschnitt. Schiffsregister.

Abkürzungen.

ADH. = Allgemeines Deutsches Handelsgesetzbuch.

Apt = Gutachten der Ältesten der Kaufmannschaft von Berlin über Gebräuche im Handelsverkehr. Im Auftrage des Ältesten-Kollegiums herausgegeben von Prof. Dr. Max Apt. Berlin 1907.

BGB. = Bürgerliches Gesetzbuch.

Begr. = Begründung des Gesetzes, betreffend die privatrechtlichen Verhältnisse der Binnenschiffahrt. Reichstagsdrucksache Nr. 81. 9. Legislaturperiode. III. Session 1894/95.

Binnensch.G. = Gesetz, betreffend die privatrechtlichen Verhältnisse der Binnenschiffahrt in der Fassung der Bekanntmachung vom 20. Mai 1898 (RGBl. 1898 S. 868 ff.).

CPO. = Civilprozeßordnung.

Denkschr. = Denkschrift zum Entwurf eines Handelsgesetzbuchs. Drucksachen des Reichstags. 9. Legislaturperiode. IV. Session 1895/97. Zu Nr. 632.

DJZ. = Deutsche Juristen-Zeitung.

Dove-Meyerstein = Gutachten über Handelsgebräuche erstattet von der Handelskammer zu Berlin. Herausgegeben von Heinrich Dove und Eduard Meyerstein. Berlin 1907.

EG. = Einführungsgesetz zum Handelsgesetzbuche vom 10. Mai 1897 (RGBl. 1897 S. 437).

FGG. = Gesetz über die Angelegenheiten der freiwilligen Gerichtsbarkeit vom 17./20. Mai 1898 (RGBl. 1898 S. 771 ff.).

Förtsch = Die Reichsgesetze, betreffend die privatrechtlichen Verhältnisse der Binnenschiffahrt und der Flößerei, erläutert von R. Förtsch. 2. Auflage.

GVG. = Gerichtsverfassungsgesetz.

Gew.O. = Die Gewerbeordnung für das Deutsche Reich.
HGB. = Handelsgesetzbuch.
HGB. Kommission = Bericht der XVIII. Kommission über den Entwurf eines Handelsgesetzbuchs. Drucksachen des Reichstags. 9. Legislaturperiode. IV. Session 1895/97. Zu Nr. 632.
HGZ. = Hanseatische Gerichtszeitung. Hauptblatt.
KGJ. = Jahrbuch für Entscheidungen des Kammergerichts.
Komm.Ber. = Bericht der IX. Kommission über den Gesetzentwurf, betreffend die privatrechtlichen Verhältnisse der Binnenschiffahrt. Reichstagsdrucksache Nr. 253. 9. Legislaturperiode. III. Session 1894/95.
KO. = Konkursordnung.
Mittelstein = Deutsches Binnenschiffahrtsrecht. Von Dr. Max Mittelstein. 2. Auflage.
OLG. = Die Rechtsprechung der Oberlandesgerichte auf dem Gebiete des Zivilrechts.
RG. = Entscheidungen des Reichsgerichts in Zivilsachen.
RGBl. = Reichs-Gesetzblatt.
Riesenfeld = Breslauer Handelsgebräuche. Herausgegeben von Dr. Riesenfeld.
ROH. = Entscheidungen des Reichsoberhandelsgerichts.
Werner = Vorträge über das Binnenschiffahrtsrecht von G. Werner. Magdeburg 1903.
VVG. = Gesetz über den Versicherungsvertrag. Vom 30. Mai 1908 (RGBl. 263).
ZVG. = Gesetz über die Zwangsversteigerung und die Zwangsverwaltung vom 24. März 1897, in der Fassung der Bekanntmachung vom 20. Mai 1898 (RGBl. 1898 S. 713 ff.),

I.

Gesetz, betreffend

die privatrechtlichen Verhältnisse der Binnenschiffahrt.

Vom $\frac{15.\ \text{Juni}\ 1895}{20.\ \text{Mai}\ 1898}$ (RGBl. $\frac{1895\ \text{S.}\ 301}{1898\ \text{S.}\ 868}$).*)

---

*) **Entstehungsgeschichte.**

A. Am 13. Dezember 94 legte der Reichskanzler dem Reichstage den Entwurf eines Gesetzes betr. die privatrechtlichen Verhältnisse der Binnenschiffahrt vor (Nr. 81 der Drucksachen. 9. Legislaturperiode. 3. Session 94/95). Der Entwurf wurde in der Sitzung vom 25. u. 26. Januar 95 zum ersten Male beraten und an eine Kommission verwiesen, welche in Nr. 253 der Drucksachen ihren Bericht erstattete. Die zweite Beratung fand im Reichstage am 29. April und die dritte am 4. Mai 95 statt. Das aus jenen Beratungen hervorgegangene Gesetz ist am 15. Juni 1895 vollzogen und im Reichs-Gesetzblatt von 95 S. 301 veröffentlicht worden und am 1. Januar 1896 in Kraft getreten.

B. Durch Art. 12 des Einführungsgesetzes zum HGB. vom 10. Mai 97 (RGBl. S. 437) wurden verschiedene Änderungen des Gesetzes vom 15. Juni 95 eingeführt, die am 1. Januar 00 in Kraft traten. Es wurden in den §§ 52, 54, 77 und 91 des Gesetzes die Worte „niederzulegen, Niederlegung, Niederlegungsverfahren, niedergelegt" ersetzt durch die Worte „zu hinterlegen,

Hinterlegung, Hinterlegungsverfahren, hinterlegt", die §§ 72 und 110 und der zehnte Abschnitt (Verpfändung und Zwangsvollstreckung, §§ 131 bis 137) wurden gestrichen, und die §§ 26, 36, 52, 55, 56, 58, 61, 70, 87, 89, 91, 97, 102, 103, 111, 112, 114, 118, 138 geändert (die wesentlichen Änderungen sind in den Anmerkungen zu den zutreffenden Stellen des jetzigen Gesetzestextes erwähnt), ein § 61ª (jetzt § 62) wurde neu eingestellt.

Der Reichskanzler wurde durch Art. 13 ermächtigt, den Text des Gesetzes, wie er sich aus den im Art. 12 vorgesehenen Änderungen ergab, unter fortlaufender Nummernfolge der Paragraphen und Abschnitte durch das Reichsgesetzblatt bekannt zu machen und die in dem Gesetze enthaltenen Verweisungen auf Vorschriften des Allgemeinen Deutschen Handelsgesetzbuchs durch Verweisungen auf die Vorschriften des Handelsgesetzbuchs vom 10. Mai 1897 zu ersetzen.

Dementsprechend erfolgte am 20. Mai 98 (RGBl. 868 ff.) die Bekanntmachung des Gesetzestextes in der nachstehenden Fassung:

Erster Abschnitt.

Schiffseigner.

Begriff.

§ 1. Schiffseigner [1] im Sinne dieses Gesetzes ist der Eigentümer eines zur Schiffahrt [2] auf Flüssen oder sonstigen Binnengewässern bestimmten und hierzu von ihm verwendeten Schiffes. [3] [4]

1. a) Schiffseigner im Sinne des Binnenschiffahrtsgesetzes ist nicht der Eigentümer des Schiffes als solcher (vgl. §§ 2, 78, 96, 102, 110, 111, 123, 124, 126), sondern derjenige Eigentümer, welcher das zur Binnenschiffahrt bestimmte Schiff hierzu verwendet. Er ist „der Repräsentant des Schiffes für die gewöhnlichen Geschäfte des Binnenschiffahrts=

verkehrs", während der Eigentümer dasselbe in den sonstigen Rechtsbeziehungen (Veräußerung, Verpfändung) repräsentiert (Werner S. 32). Der Begriff: „Schiffseigner" kehrt in dem Gesetze häufig wieder (vgl. §§ 1, 3—12, 14—20, 22, 25, 77, 79, 92, 95, 99, 102, 109, 112—115) und ist überall nach der in § 1 gegebenen Definition zu verstehen. Er weicht von der Begriffsbestimmung des Reeders ab. Während nämlich nach § 484 HGB. Reeder der Eigentümer eines ihm zum Erwerbe durch die Seefahrt dienenden Schiffes ist, sieht § 1 des Gesetzes davon ab, ob das Schiff einem Erwerbszwecke dient (vgl RG. 34 42), umfaßt also nicht bloß die Eigentümer der zur Güter- und Personenbeförderung sowie zur Schleppschiffahrt und Fischerei bestimmten Schiffe, sondern auch die Eigentümer von Lustjachten, von Hafenpolizeidampfern und ähnlichen im amtlichen Dienste benutzten Fahrzeugen, bezieht sich aber nur (wie e contrario aus § 2 hervorgeht) auf solche Eigentümer, welche selbst die Verfügung über das Schiff haben, gleichviel ob sie es selbst führen oder durch einen ihrer Weisung unterworfenen Schiffer führen lassen, und ob die Verwendung des Schiffes für eigene oder fremde Rechnung erfolgt. Da die Verwendung des Schiffes, wie bemerkt, nicht notwendig zu Erwerbszwecken zu erfolgen hat, so ist der Schiffseigner nicht ohne weiteres Kaufmann. Die Nationalität des Schiffseigners ist für die Anwendung des Binnenschiffahrtsgesetzes nicht erheblich. Überläßt der Eigentümer die selbständige Verwendung des Schiffes durch Vermietung oder sonstigen Vertrag einem Dritten, oder wird die selbständige Verfügung über das Schiff ihm sonst entzogen, so gilt er Dritten gegenüber nicht mehr als Schiffseigner im Sinne des § 1 (Begr. 34). — Insoweit es sich um die Rechtsverhältnisse aus dem Frachtgeschäfte handelt, spricht das Gesetz nicht vom Schiffseigner, sondern vom Frachtführer (§§ 26ff.). Vgl. Anm. 1 zu § 26.

b) Miteigner. Auf das Verhältnis mehrerer Miteigner eines Binnenschiffes finden die Grundsätze der §§ 1008 bis 1011 BGB. über Miteigentum und der §§ 705 ff. BGB. über die Gesellschaft Anwendung; Bestimmungen, welche denen für Mitreeder entsprechen, finden sich nicht im Gesetze. Die

Anteile der Miteigentümer werden Schiffsparten genannt (vgl. § 1272 BGB.). Die Aufhebung der Gemeinschaft erfolgt gemäß § 753 BGB. bei Schiffen, die im Schiffsregister eingetragen sind (s. Abschn. IX), nach näherer Maßgabe der §§ 180 bis 184 des Gesetzes über die Zwangsversteigerung und Zwangsverwaltung (s. Anhang B).

2. a) **Binnenschiffahrt** ist die Schiffahrt auf allen Gewässern außerhalb der See. Für die Feststellung des Begriffs der Binnenschiffahrt im Sinne dieses Gesetzes ist aber wesentlich, daß das in Betracht kommende Schiff zur Schiffahrt auf Flüssen oder sonstigen Binnengewässern bestimmt und im gegebenen Falle auch hierzu verwendet worden ist. Ob ein Schiff zur Binnenschiffahrt bestimmt ist und verwendet wird, ist Tatfrage, namentlich wird, wenn die regelmäßigen Fahrten teils auf der See teils auf Binnengewässern stattfinden, zu prüfen sein, welches die maßgebende Verwendung ist (vgl. RG. **13** 69, HGZ. **03** 199, **07** 8 u. 209). Binnenschiffahrt liegt also z. B. nicht vor, wenn ein für die Seefahrt bestimmtes und auf einer Seefahrt befindliches Schiff im Laufe der Reise eine Flußstrecke oder ein sonstiges Binnengewässer (z. B. Nordostseekanal, vgl. RG. **44** 140) befährt. — Nach § 147 Satz 1 VVG. (s. Anhang D) finden auf die Versicherung für eine Reise, die teils zur See, teils auf Binnengewässern ausgeführt wird, überwiegend (vgl. § 144 Satz 2 VVG.) die Vorschriften des Handelsgesetzbuchs über die Seeversicherung auch insoweit entsprechende Anwendung, als die Versicherung die Reise auf Binnengewässern betrifft. — Der Ausdruck „Schiffahrt" bedeutet nur, daß es sich um Schiffe handeln muß, deren Zweckbestimmung es mit sich bringt, daß sie auf dem Wasser bewegt werden (RG. **51** 334). Vgl. Anm. 3.

b) Eine Abgrenzung der zum See- und zum Binnengebiete gehörenden Gewässer im Sinne des Flaggengesetzes vom 22. Juni 1899, welche auch den in seemännischen Kreisen herrschenden Anschauungen entspricht (RG. **13** 72, **51** 335), gibt § 1 der Bekanntmachung v. 10. Nov. 1899 (ZBl. für das Deutsche Reich S. 380). Danach beginnt die Seefahrt

1. bei Memel
außerhalb der Mündung des Kurischen Haffs,
2. bei Pillau
außerhalb des Pillauer Tiefs,
3. bei Neufahrwasser
außerhalb der Mündung der Weichsel,
4. in der Putziger Wieck
außerhalb Rewa und Heisternest,
5. bei Dievenow, Swinemünde und Peenemünde
außerhalb der Mündung der Dievenow und Swine sowie außerhalb der nördlichen Spitze der Insel Usedom und der Insel Ruden,
6. bei Rügen
östlich:
außerhalb der Insel Ruden und dem Thiessower Höft.
westlich:
außerhalb Wittower Posthaus und der nördlichen Spitze von Hiddens Oe, sowie außerhalb des Bock bei Barhöft,
7. bei Wismar
außerhalb Jackelbergs-Riff, Hannibal-Grund, Schweinskötel und Lieps, sowie außerhalb Tarnewitz,
8. auf der Kieler Föhrde
außerhalb Stein bei Labö und Bült,
9. auf der Eckern Föhrde
außerhalb Nienhof und Bocknis,
10. bei Flensburg, Sonderburg und Apenrade
außerhalb Birknakke und Kekenis-Leuchtturm sowie außerhalb Tundtoft-Nakke und Kundshoved,
11. bei Hadersleben
außerhalb Raadhoved, Insel Aarö, Insel Linderum und Orbyhage,
12. bei Husum
außerhalb Nordstrand,
13. auf der Eider
außerhalb Vollerwiek und Hundeknoll,

14. auf der Elbe
außerhalb der westlichen Spitze des hohen Ufers (Diek-sand) und der Kugelbake bei Döse,
15. auf der Weser
außerhalb Cappel und Langwarden,
16. auf der Jade
außerhalb Langwarden und Schillingshörn,
17. auf der Ems
außerhalb der westlichen Spitze der Westermarsch (Utlands-Hörn) und Ostpolder Siel.

3. **Schiff.** a) Welche zur Schiffahrt (vgl. Anm. 2 a) dienenden Fahrzeuge als Schiffe im Sinne dieses Gesetzes anzusehen sind, ergibt der Sprachgebrauch. Gewöhnliche Boote, Nachen, Gondeln und ähnliche kleine Fahrzeuge, welche zu Lustfahrten oder zum Übersetzen von Personen benutzt zu werden pflegen, sollen nicht unter das Gesetz fallen (Begr. 36; Bl. f. Rechtspflege **06** 42), weil sie nach dem Sprachgebrauche nicht als Schiffe bezeichnet zu werden pflegen. Die Grenze wird hier häufig schwer zu ziehen sein. Jedenfalls muß es sich um Fahrzeuge handeln, deren Zweckbestimmung es mit sich bringt, daß sie, gleichviel durch welche Kraft, auf dem Wasser bewegt werden. Ob sie selbst als Transportgefäße dienen, und ob der Transport Güter oder Personen betrifft, ist unerheblich. Deshalb fallen zwar nicht unter das Gesetz Schiffe, die ständig gemacht sind, sei es um zu Wohnzwecken zu dienen, sei es um Badeanstalten, sonstige Bauwerke oder stehende Schiffsbrücken zu tragen (RG. **51** 334). Dagegen gehören Schlepper, schwimmende Bagger, Baggerkähne und Baggerschuten (RG. **51** 230) zu den Schiffen. Darüber, daß das Schiff nicht notwendig Erwerbszwecken dienen muß, vgl. Anm. 1. Die Tragfähigkeit ist nur für die Eintragung in das Schiffsregister entscheidend. Auch diese Eintragung (s. Abschn. IX) ist für die Qualifizierung des Fahrzeugs als Schiff nicht notwendig, auf nicht registrierte Schiffe findet daher lediglich der neunte Abschnitt keine Anwendung (vgl. aber auch § 121 d. G.).

Darüber, ob ein Schiff rechtlich als Flußschiff oder als Seeschiff zu behandeln ist, vgl. Anm. 2; einen Anhaltspunkt in dieser

Beziehung gibt die Tatsache, daß das Schiff im Binnenschiffs- bzw. Seeschiffsregister eingetragen ist (HGB. 03 200).

b) Die rechtliche Behandlung der Binnenschiffe ist in diesem Gesetze nicht geregelt. Namentlich untersteht die Veräußerung der Schiffe dem BGB. (§§ 929 ff.) und dem HGB. (§ 366). Die Vorschrift des § 474 HGB., daß bei der Veräußerung eines Seeschiffs die nach den Vorschriften des bürgerlichen Rechtes zum Eigentumserwerb erforderliche Übergabe durch eine Willenserklärung ersetzbar ist, ist hierher nicht übernommen. Zur rechtsgeschäftlichen Bestellung des Pfandrechts an einem registrierten Schiffe ist die Eintragung in das Schiffsregister (s. Abschn. IX) erforderlich (§§ 1260 ff. BGB.). Die Zwangsvollstreckung in registrierte Schiffe richtet sich nach den §§ 864, 870 CPO., §§ 162—170 ZVG. Für die Versicherung der Schiffe gegen die Gefahren der Binnenschiffahrt kommt das Ges. über den Versicherungsvertrag v. 10. Mai 08 in Betracht. (S. Anhang D.) — Hinsichtlich der Befugnis des Schiffers zur Veräußerung oder Verpfändung des Schiffes s. § 15 Abs. 2 d. G.

c) Durch Kaiserliche Verordnung mit Zustimmung des Bundesrats können deutsche Binnenschiffe, welche ausschließlich auf ausländischen Gewässern verkehren, den Vorschriften des Flaggengesetzes vom 22. Juni 99 unterworfen, ihre Besatzung kann in gleicher Weise allen oder einzelnen Bestimmungen der Seemannsordnung unterstellt werden (§ 26a Flaggengesetz, § 1 Abs. 3 Seemannsordnung v. 2. Juni 02).

4. **Ausnahmen.** S. § 131.

Ausrüster.

§ 2. Wer ein ihm nicht gehöriges Schiff zur Binnenschiffahrt verwendet und es entweder selbst führt oder die Führung einem Schiffer anvertraut, wird Dritten gegenüber als Schiffseigner im Sinne dieses Gesetzes angesehen. [1]

Der Eigentümer kann denjenigen, welcher aus der Verwendung des Schiffes einen Anspruch als Schiffsgläubiger (§§ 102 bis 115) herleitet, an der

Durchführung des Anspruchs nicht hindern, sofern er nicht beweist, daß die Verwendung ihm gegenüber eine widerrechtliche und der Gläubiger nicht in gutem Glauben war.[3]

1. a) Wer ein Flußschiff, das einem andern gehört, auf Grund eines Mietsvertrages oder sonstigen Gebrauchsüberlassungs-Vertrages oder ohne Recht zur Binnenschiffahrt verwendet und über dasselbe selbständig verfügt, namentlich dem Schiffer gegenüber die Stellung des verfügungsberechtigten Unternehmers inne hat (Ausrüster), wird Dritten gegenüber als der Schiffseigner im Sinne dieses G. angesehen (analog § 510 HGB.). Er haftet dann gemäß den §§ 3—7, 15—20, 25, 77, 79, 92, 99, 103, 109, 112, 114, 115 d. G., hat Anspruch auf Berge- und Hilfslohn (§ 95 Abs. 3) und ist den Schiffsgläubigern gegenüber passiv legitimiert (§ 103 Abs. 2 u. 3). Die Verfolgung eines Erwerbszwecks ist nicht erforderlich (vgl. Anm. 1 zu § 1). Vorausgesetzt ist aber, daß der Ausrüster das Schiff in eigenem Namen führt oder führen läßt (vgl. RG. **25** 112); bleibt dagegen die Schiffsbesatzung zur Disposition des Schiffseigentümers, so liegt der Fall des § 2 nicht vor (RG. **56** 361, HGZ. **08** 178). Mit den hier geregelten Fällen ist auch nicht derjenige der Unterverfrachtung (vgl. § 662 HGB.) zu verwechseln, in welchem jemand, der kein Schiff besitzt, mit Absendern Frachtverträge (Unterfrachtverträge) schließt und diese durch ein von einem Hauptverfrachter gestelltes Schiff ausführen läßt. Denn in solchem Falle wird der Unterverfrachter nicht Herr über das Schiff, er verfügt darüber nicht selbständig und gilt demnach nicht als Schiffseigner (vgl. Anm. 1e zu § 26.

b) Die Worte: „im Sinne dieses Gesetzes" sollen andeuten, daß der Ausrüster nicht auch in anderen Beziehungen als Eigentümer des Schiffes behandelt werden soll; er ist daher namentlich nicht zu einer eigenmächtigen Veräußerung oder Verpfändung des Schiffes befugt. Derartige Verfügungen sind vielmehr ungültig, soweit sie nicht nach den allgemeinen Grundsätzen über den Schutz des gutgläubigen Erwerbers aufrecht erhalten werden (§ 366 HGB.; §§ 932, 1207 BGB.). Ebensowenig bezieht sich die Bestimmung auf das Gebiet des öffentlichen Rechtes; es wird also auch nicht die Frage berührt, ob Anforderungen und Auflagen der Strompolizeibehörden in Ansehung des Schiffes gegen den Eigentümer als solchen oder gegen den Ausrüster zu richten sind. Auch darüber, ob Kosten, die in einem solchen Falle von dem Ausrüster bestritten werden mußten, diesem endgültig zur Last bleiben oder ihm von dem Eigentümer des Schiffes zu erstatten sind, ist die Entscheidung nicht aus dem § 2, sondern aus dem zwischen beiden etwa bestehenden Vertragsverhältnis oder aus allgemeinen Rechtsgrundsätzen zu entnehmen. Die Anmeldung des Schiffes zum Register hat der Eigentümer zu bewirken (§ 123).

2. Nach Abs. 2 muß sich der Eigentümer des Schiffes die aus der Verwendung seines Schiffes durch den Ausrüster entstandenen Schiffsgläubigerrechte (§§ 102—115) entgegensetzen lassen. Eine Ausnahme hiervon findet statt, wenn der Eigentümer beweist, daß die Verwendung des Schiffes ihm gegenüber widerrechtlich war, und daß der Gläubiger dies bei der Begründung der Forderung wußte oder nur infolge grober Fahrlässigkeit nicht wußte. Verfolgt der Schiffsgläubiger sein Pfandrecht gegen einen anderen als den Eigentümer (§ 103 Abs. 2), so muß der letztere seinen Widerspruch gemäß § 771 CPO. im Wege der Klage geltend machen (RG. **62** 375). Die Haftung des Eigentümers ist begrenzt durch den Wert, den das Schiff zur Zeit der Entstehung der Schiffsgläubigerforderung hatte (HGZ. **99** 224).

Haftung für Dienstverschulden der Schiffsbesatzung.

§ 3. Der Schiffseigner ist für den Schaden verantwortlich, welchen eine Person der Schiffsbesatzung einem Dritten durch ihr Verschulden in Ausführung ihrer Dienstverrichtungen zufügt.[1]

Zur Schiffsbesatzung gehören der Schiffer, die Schiffsmannschaft (§ 21) und alle übrigen auf dem

Schiffe angestellten Personen mit Ausnahme der Zwangslotsen.[2]

1. a) Der Abs. 1 des § 3 entspricht wörtlich der im § 485 HGB. für den Reeder gegebenen Vorschrift. Er bestimmt, daß der Schiffseigner, nicht aber mit welchen Vermögenswerten (s. § 4) er für den Schaden haftet, den eine Person der Schiffsbesatzung einem Dritten durch ihr Verschulden in Ausführung ihrer Dienstverrichtungen zufügt, gleichviel ob der Schiffseigner in einem Vertragsverhältnis zu dem Dritten steht oder nicht, also namentlich für den Schaden durch Zusammenstoß mit einem anderen Schiffe, Anfahren gegen Brücken, Schleusen, Uferanlagen, Badeanstalten u. dgl. m. sowie durch Verletzung des Körpers oder der Gesundheit von Personen. Der Gedanke des Gesetzes ist der, daß, wenn dem geschädigten Dritten auf Grund anderer gesetzlicher Bestimmungen ein Ersatzanspruch gegen die schuldige Person der Schiffsbesatzung zusteht, auch der Schiffseigner für diesen Anspruch haften solle, und zwar in der aus § 4 ersichtlichen Beschränkung (RG. **63** 310). Der Schiffseigner haftet demnach nicht bloß für sein persönliches Verschulden oder nur für Versehen bei der Auswahl der Schiffsbesatzung, vielmehr allgemein für schuldhafte Verletzungen durch Personen der Schiffsbesatzung im Dienste. Dieses schuldhafte Verhalten kann sich sowohl gegen die Bestimmungen des Binnenschiffahrtsgesetzes wie gegen diejenigen des allgemeinen bürgerlichen Rechts (z. B. §§ 823, 826 BGB.) richten. Wer hieraus einen Anspruch herleitet, ist für das Verschulden beweispflichtig; er muß ferner beweisen, daß der Schaden durch das schuldhafte Verhalten einer Person der Schiffsbesatzung verursacht worden ist. Kann er jedoch darlegen, daß die Schiffsbesatzung eine bestimmte gesetzliche oder Ordnungs-Vorschrift, die auf Vermeidung des angerichteten Schadens abzielt, übertreten hat, so ist dies zunächst genügend. Es ist dann Sache des Schiffseigners, das Verhalten der Schiffsbesatzung zu entschuldigen oder den fehlenden Kausalzusammenhang aufzudecken. Den Schiffseigner befreit es nicht, daß er die schädigende Handlung oder Unterlassung verboten hat. Das Verschulden muß ferner mit der Ausführung der der schädigenden Person zustehenden Dienstverrichtungen in innerem Zusammenhange stehen, für Delikte, welche bloß gelegentlich der Dienstverrichtungen oder in einem dem Schädigenden nicht zustehenden Rayon begangen werden, ist der Schiffseigner nicht haftbar. Auch ist erforderlich, daß die Voraussetzung des § 1 (Bestimmung und Verwendung des Schiffes zur Schiffahrt) vorliegt. War das Schiff z. B. nur zu Hebezwecken bestimmt und verwendet, so greift § 3 nicht Platz.

Dritter im Sinne des Gesetzes ist nur derjenige, der weder die schuldige Person der Schiffsbesatzung noch der Schiffseigner selbst ist (RG. **45** 55). Dem Schiffseigner selbst, dessen Schiff infolge Verschuldens einer Person der Besatzung eines anderen ihm gehörenden Schiffes beschädigt worden ist, steht also gegenüber dem Schiffsvermögen, welches von diesem letzteren Schiff und dessen Fracht gebildet wird (§ 4), ein Anspruch auf Schadensersatz nicht zu (RG. a. a. O.). Andererseits können zu den ersatzberechtigten Dritten auch die übrigen Angehörigen der Schiffsbesatzung gehören (RG. **13** 119). Auch ist der Schiffseigner für den Schaden verantwortlich, welchen infolge eines unrichtigen Manövers seines Schiffsführers zwei andere Schiffe durch Kollision erleiden (HGZ. **98** 180).

b) Verschulden umfaßt Vorsatz und Fahrlässigkeit sowohl in bezug auf allgemein gültige Vorschriften, wie hinsichtlich der Berufspflichten. Die Anwendung des Abs. 1 des § 3 ist daher nicht auf schuldhafte Verletzungen durch unerlaubte Handlungen im engeren Sinne (wie Sach- und Körperbeschädigungen) zu beschränken, vielmehr auch auf Verletzung von Dienstobliegenheiten des Schiffers zu erstrecken, welche an sich nicht die Erfüllung von Vertragspflichten des Schiffseigners betreffen, wie z. B. (§§ 91, 99) auf die vorzeitige Auslieferung von Gütern, auf welchen Havereibeiträge oder Bergungs- oder Hilfskosten haften, oder im Falle, wenn Schiffseigner und Frachtführer verschiedene Personen sind. In diesem Falle kann auch bei Verlust oder Beschädigung von Frachtgütern (§ 58) sowie bei verspäteter Ablieferung derselben (§ 62) ein Anspruch gegen den Schiffseigner nur unter Beachtung des § 3 erhoben werden.

c) Inwieweit der Schiffseigner den Ladungsbeteiligten aus dem Frachtvertrage namentlich wegen des Verlustes oder der Beschädigung von Frachtgütern haftet, ist in den §§ 57 ff. d. G., und wieweit er hierbei für seine Leute und andere Personen haftet, deren er sich bei der Ausführung des von ihm übernommenen Transports bedient, im § 431 HGB. bestimmt (Begr. 37 u. 86). Der letztere lautet: „Der Frachtführer hat ein Verschulden seiner Leute und ein Verschulden anderer Personen, deren er sich bei der Ausführung der Beförderung bedient, in gleichem Umfange zu vertreten wie eigenes Verschulden."

d) Für das Versehen der Passagiere haftet der Schiffseigner nicht, weil sie nicht zur Schiffsbesatzung gehören und weil bei ihnen nicht von einem Verschulden in Ausführung der Dienstverrichtung die Rede sein kann. Dagegen kann auch in solchem Falle die Haftung des Schiffseigners insoweit eintreten, als der Schiffer oder eine andere Person der Besatzung schuldhaft gehandelt hat.

e) Der Umfang der Haftung des Schiffseigners ergibt sich aus § 4 Nr. 3, dem Gläubiger steht dieserhalb das Schiffsgläubigerrecht aus § 102 Nr. 5 d. G. zu. Die Forderung gegen den Schiffseigner verjährt gemäß §§ 117, 118 in einem Jahre. Neben dem Schiffseigner haftet als Gesamtschuldner die schuldige Person der Schiffsbesatzung.

f) Hinsichtlich der Schleppschiffahrt s. Anm. 6 zu § 4.

2. a) Der Abs. 2 des § 3 schließt sich dem § 481 HGB. an, bestimmt jedoch ausdrücklich, daß der Zwangslotse, d. h. derjenige, welcher infolge obrigkeitlicher Anordnung angenommen werden muß, nicht zur Schiffsbesatzung gehört, ein Grundsatz, der im Seerechte nicht allgemein ausgesprochen, vielmehr nur für den Fall der Schiffskollision (§ 738) zur Anwendung gebracht ist (Begr. 40).

b) Über den Begriff des Schiffers s. § 7. Da auch die zu amtlichen Diensten bestimmten und verwendeten Fahrzeuge zu den Schiffen im Sinne des Gesetzes gehören (vgl. Anm. 1 zu § 1), so haftet der Fiskus gemäß § 3 auch für das Dienstverschulden des Führers eines solchen Schiffes (vgl. RG. **40** 400).

c) Hinsichtlich des Begriffs der Schiffsmannschaft s. § 21 und Anm. 1 dazu.

d) Außer dem Schiffer und der Schiffsmannschaft gehören zur Schiffsbesatzung noch „alle übrigen auf dem Schiffe angestellten Personen." Hierunter sind alle diejenigen zu verstehen, welche — wenn auch nur vorübergehend — Dienste verrichten, die in den Kreis der sonst von der Schiffsmannschaft (§ 21) oder sonstigen ständigen Schiffsangestellten auszuführenden Tätigkeit fallen (vgl. RG. **13** 117, **20** 86). Als auf dem Schiffe angestellt sind aber diejenigen Personen nicht zu rechnen, welche sich lediglich zur Ausführung von Hafenarbeiten an Bord des Schiffes befinden, z. B. Techniker, welche Reparaturen vornehmen, und Gewerbetreibende, die mit dem Beladen oder Löschen beschäftigt sind, insbesondere nicht der mit einer Gesamtentlöschung betraute selbständige Stauer (vgl. RGSt. **25** 440, HGZ. **01** 100, **07** 27).

e) Der freiwillig angenommene Lotse gehört nach § 3 zur Schiffsbesatzung, weil das Gesetz nicht zwischen dauernd und vorübergehend angestellten Personen unterscheidet (vgl. Anm. 1 a zu § 21). Hinsichtlich des Schiffsgläubigerrechts für Lotsengebühren s. § 102 Nr. 3.

f) In der Kommission (Ber. S. 20) wurde konstatiert, daß in Ansehung der Bestimmungen über das Verschulden bei großer Haverei (§ 79 Abs. 2 u. 3) zu der Schiffsbesatzung auch der sein Schiff selbst führende Schiffseigner gehört.

Gegenstand der Haftung.

§ 4. Der Schiffseigner haftet nicht persönlich, sondern nur mit Schiff und Fracht:[1]

1. wenn der Anspruch auf ein Rechtsgeschäft gegründet wird, welches der Schiffer als solcher kraft seiner gesetzlichen Befugnisse und nicht mit Bezug auf eine Vollmacht geschlossen hat;[2]
2. wenn der Anspruch auf die Nichterfüllung oder auf die unvollständige oder mangelhafte Erfüllung

eines von dem Schiffseigner abgeschlossenen Vertrages gegründet wird, insofern die Ausführung des Vertrages zu den Dienstobliegenheiten des Schiffers gehört, ohne Unterschied, ob die Nichterfüllung oder die unvollständige oder mangelhafte Erfüllung von einer Person der Schiffsbesatzung verschuldet ist oder nicht;[3]

3. wenn der Anspruch auf das Verschulden einer Person der Schiffsbesatzung gegründet wird.[4]

Durch die vorstehenden Bestimmungen wird die persönliche Haftung des Schiffseigners im Falle eigenen Verschuldens desselben nicht berührt. Der Schiffseigner haftet jedoch, auch wenn er selbst das Schiff führt, für einen durch fehlerhafte Führung des Schiffes entstandenen Schaden ausschließlich mit Schiff und Fracht, es sei denn, daß ihm eine bösliche Handlungsweise zur Last fällt.[5]

Sind mehrere Schiffe in einem Schleppzuge vereinigt, so erstreckt sich die Haftung nur auf dasjenige Schiff, welches den Schaden verursacht hat, und auf die Fracht dieses Schiffes. Der Fracht steht bei Schleppschiffen der Schlepplohn gleich.[6]

1. a) Der § 4 ist in seinen drei Ziffern dem § 486 HGB. nachgebildet, und beruht wie dieser auf dem System der beschränkten rein dinglichen Haftung des Schiffseigners für die hier aufgeführten Ansprüche, denen andererseits das Schiffsgläubigerrecht (§ 102 Nr. 5) eingeräumt ist (vgl. RG. **45** 54). Der Schiffseigner kann daher in diesen Fällen nur bei Vermeidung der Zwangsvollstreckung in Schiff und Frachtgelder verurteilt werden; der Richter muß diese beschränkte Haftung von Amts wegen in die Urteilsformel aufnehmen (vgl. RG. **67** 355). Zum

Schiffe gehört auch dessen Zubehör (§ 103 Abs. 1). Hinsichtlich des Begriffs: „Schiff" siehe Anm. 2 zu § 103, hinsichtlich der Fracht s. § 104, und betreffs der Surrogate für die Haftungsobjekte s. §§ 113 und 112. (Vgl. die Anm. 2—4 zu § 103 und Anm. 2—5 zu § 104.)

Selbstverständlich kann durch Vertrag eine andere Haftung festgesetzt werden, insbesondere kann der hamburgische Ewerführer, der nach den Ewerführerbedingungen von 1885 fährt, nicht geltend machen, daß seine Haftung nur auf Schiff und Fracht beschränkt sei (HGZ. **07** 168). Hinsichtlich der Schadensberechnung nach diesen Bedingungen vgl. HGZ. **08** 72.

b) Der Schiffseigner haftet nach dem Binnenschiffahrtsgesetz persönlich in den Fällen der §§ 4 Abs. 2 (eigenes Verschulden), 5 (Forderungen der Schiffsbesatzung aus dem Dienstvertrage), 7 Abs. 3 (Anweisungserteilung), 8 Abs. 4 (Fahrtüchtigkeit des Schiffes), 14 (Kosten der Verklarung), 79 (Herbeiführung der Gefahr der großen Haverei), 109 Abs. 3 (Ausfall eines Schiffsgläubigers), 112 (Einziehung der Fracht), 113 (Einziehung des Kaufgeldes für das Schiff), 114 (Aussendung des Schiffes zu neuer Reise), 115 (Einziehung der Vergütung im Falle großer Haverei). Jedoch ist in den Fällen der §§ 112—115 auch die persönliche Haftung eine beschränkte. (Vgl. auch Anm. 5 a.)

2. Nach Ziff. 1 tritt die beschränkte Haft für Verbindlichkeiten aus Rechtsgeschäften ein, welche der Schiffer (§§ 7 u. 9) als solcher kraft seiner gesetzlichen Befugnisse (s. §§ 15—19) und nicht mit Bezug auf eine mit ihm erteilte Vollmacht geschlossen hat. Im § 486 Ziff. 1 HGB. heißt es: besondere Vollmacht; das Wort „besondere" ist im § 4 fortgelassen, um das Mißverständnis zu verhindern, als müßte die Vollmacht zur Begründung der persönlichen Haftung eine Spezialvollmacht sein. Der Vollmachtserteilung steht die nachträgliche Genehmigung gleich. Handelte der Schiffer erkennbar auf Grund einer Vollmacht, obwohl die Maßregel innerhalb seiner gesetzlichen Befugnisse lag, so findet § 4 Nr. 1 nicht Anwendung, der Schiffseigner haftet dann unbeschränkt persönlich (Mittelstein Anm. 3 b zu § 4).

3. a) Ziff. 2 betrifft Verträge, welche der Schiffseigner geschlossen hat, insofern die Ausführung des Vertrages zu den Dienstobliegenheiten des Schiffers gehört. Hier ist die beschränkte dingliche Haftung des Schiffseigners bestimmt, weil dessen Verantwortlichkeit sich als ein Einstehen für fremde Handlungen oder Unterlassungen darstellt, deren Beaufsichtigung dem Schiffseigner während der Reise entzogen ist (Begr. 40). Hierunter fällt namentlich die Haftung, welche dem Schiffseigner als Frachtführer in den Fällen des Verlustes oder der Beschädigung oder der verspäteten Ablieferung von Frachtgütern trifft (§§ 58 ff., § 62), desgleichen die Haftung des Schleppschiffahrts-Unternehmers gegenüber den Eigentümern der geschleppten Schiffe, und die Haftung der zur Personenbeförderung bestimmten Schiffahrts-Unternehmungen gegenüber den Reisenden. Voraussetzung ist, daß die zur Ausführung der Verträge notwendigen Handlungen ihrer Natur nach oder vermöge besonderer gesetzlicher Bestimmungen (§§ 7, 70) zu den Dienstobliegenheiten des Schiffers gehören.

b) Die Verjährungsfrist hinsichtlich der Ansprüche aus § 4 Nr. 2 unterliegt, da das Binnensch.gesetz hierüber nichts Besonderes vorschreibt (vgl. dagegen § 4 Nr. 3 u. § 117 Nr. 7) den Vorschriften des BGB. (Bl. f. Rechtspflege **06** 43).

4. Ziff. 3 bezieht sich auf die in § 3 geregelte Haftung für Schäden, welche Dritten durch Verschulden der Schiffsbesatzung bei Ausführung der Dienstobliegenheiten zugefügt werden. Hinsichtlich der Haftung bei der Schleppschiffahrt s. Anm. 6, hinsichtlich der Verjährung § 117 Nr. 7.

5. a) Die Beschränkung der Haft mit Schiff und Fracht beruht auf dem Maße der Verantwortlichkeit für fremdes Verschulden, fällt also fort, wenn den Schiffseigner ein eigenes Verschulden trifft, insbesondere hinsichtlich der Erfüllung der Frachtverträge (Ziff. 1 und 2) oder der durch fehlerhafte Anweisungen (§ 7 Abs. 3) herbeigeführten Schäden (Ziff. 3). In solchen Fällen haftet der Schiffseigner unbeschränkt. — Selbstverständlich kann eine besondere Gewährleistung auch für die Fälle, in welchen der Eigner nach dem Gesetze nur beschränkt haften würde, bedungen werden (vgl. § 486 Abs. 2 HGB.). — Dem eigenen Verschulden des Schiffseigners ist das

Verschulden eines nicht zur Schiffsbesatzung gehörigen Erfüllungsgehilfen (§ 278 BGB. gleichzusetzen (HGZ. 08 115); hinsichtlich des Verschuldens einer Person der Schiffsbesatzung entscheidet § 4 Nr. 3 d. G.

b) Die Begr. des Entw. S. 42 zog aus der unbeschränkten Haft für eigenes Verschulden die Folgerung, daß der Schiffseigner, welcher das Schiff selbst führt, also zugleich Schiffer ist, auch für die ihm bei der Führung des Schiffes zur Last fallenden Versehen und die hierdurch den Ladungsbeteiligten oder dritten Personen erwachsenden Schäden persönlich einzustehen habe, wodurch die Lage der kleineren Unternehmer ungünstiger geworden wäre, als die der größeren Betriebe. Die Kommission des Reichstages (Ber. 4) änderte dies jedoch durch den Zusatz zu Abs. 2 des § 4 dahin, daß, abgesehen von dem Falle, wenn der Schiffseigner, der sein Schiff selbst führt, böslich handelt, er auch für einen durch Führung des Schiffes (durch ein nautisches Versehen) entstandenen Schaden nur mit Schiff und Fracht haften solle. In der Plenarsitzung des Reichstages vom 29. April 95 wurde gegenüber dem Widerspruche der verbündeten Regierungen insbesondere hervorgehoben, daß die nautischen Versehen vielfach einen anderen Charakter als andere vertragsmäßige oder außerkontraktmäßige Verschuldungen haben; es handle sich dabei häufig darum, im Momente der Gefahr das richtige Mittel zu finden, und hierzu sei der eine Schiffer nach seiner Individualität geeigneter und im Handeln entschlossener als der andere, ohne daß man diesem aus der Zögerung einen Vorwurf machen könne. Bei der danach getroffenen gesetzlichen Bestimmung ist aber nicht genügend berücksichtigt die Rechtsungleichheit zwischen dem Schiffer, der sein Schiff selbst führt, und demjenigen, der ein fremdes Schiff führt, indem letzterer für etwaiges nautisches Versehen mit seinem ganzen Vermögen, ersterer aber nur mit Schiff und Fracht haftet. Dieselbe Ungleichheit tritt ein bei Kollision zwischen Flußschiff und Seeschiff, da für den Führer des Seeschiffs die Ausnahme des § 4 Abs. 2 Satz 1 nicht gemacht ist (vgl. § 486 HGB.). Jedenfalls ist diese Ausnahme von der allgemeinen Rechtsregel der Haftung für eigenes Verschulden einschränkend auszulegen und nur anwendbar beim Vorliegen eines durch fehlerhafte Führung (nautisches Versehen) entstandenen Schadens. Für andere Versehen haftet auch der sein Schiff selbst führende Schiffseigner unbeschränkt (vgl. § 7 Abs. 3; JW. **08** 350; HGZ. **08** 175 und Anm. 3 zu § 79).

c) Bösliche Handlungsweise umfaßt neben dem dolus nicht allgemein die grobe Fahrlässigkeit, sondern nur denjenigen Frevelmut, welcher sich der rechtswidrigen Folgen seiner Handlungsweise bewußt ist (ROH. **17** 301; RG. **1** 22). In solchem Falle haftet auch der sein Schiff selbst führende Schiffseigner unbeschränkt, auch findet auf diese Haftung nicht die kurze Verjährung aus §§ 117, 118 d. G., sondern § 852 BGB. Anwendung. Liegt eine bösliche Handlungsweise der Schiffsbesatzung vor, so haftet jeder Schiffseigner nach der Regel des § 4 Nr. 3 nur mit Schiff und Fracht.

d) Nach § 130 Satz 2 VVG. (s. Anhang D) haftet der Versicherer dem Versicherungsnehmer für den von diesem durch eine fehlerhafte Führung des Schiffes verursachten Schaden, es sei denn, daß dem Versicherungsnehmer eine bösliche Handlungsweise zur Last fällt; die Beweislast für diese Ausnahme trifft den Versicherer.

6. Schleppschiffahrt. a) Rechtliche Natur des Schleppvertrages. Der Schleppvertrag des Binnenschiffahrtsverkehrs, in welchem der Schlepper sich verpflichtet, ein Anhängeschiff oder mehrere nach einem bestimmten Orte zu bringen, ist in der Regel ein Werkvertrag im Sinne des § 631 BGB. Ausnahmsweise kann Sach- oder Dienstmiete vorliegen; letzteres, wenn der Schlepper lediglich Vorspanndienste leistet, vgl. HGZ. **06** 8. Im allgemeinen liegt das Verhältnis so, daß dem Führer des Schleppers die allgemeine Leitung obliegt und der Kahnschiffer verpflichtet ist, den Erfolg des Unternehmens durch richtiges Nachsteuern und Wahrnehmung der ihm sonst zu Gebote stehenden zweckdienlichen Maßnahmen nach Kräften zu fördern (JW. **07** 342). Jedenfalls ist der Schleppvertrag in der Regel kein Frachtvertrag, weil der Schlepper das zu schleppende Schiff oder dessen Frachtgüter während des Transports nicht in seine Obhut nimmt (ROH. **23** 320 ff., RG.

10 167, HGZ. **07** 85; JW. **06** 444; vgl. aber auch RG. **6** 99, **67** 12; HGZ. **08** 56), jedoch steht der analogen Anwendung einzelner Bestimmungen des Binnenschiffahrtsgesetzes über das Frachtgeschäft, z. B. der §§ 68, 69, 71, auf den Schleppvertrag nichts entgegen. Frachtvertrag ist der Schleppvertrag dann, wenn der Transportunternehmer nicht nur die bewegende Kraft zum Zwecke der Beförderung zur Verfügung stellt, sondern wenn ihm der zu befördernde Gegenstand außerdem zum Zwecke der Beförderung in seine Obhut übergeben worden ist (RG. **67** 12). Ist daher das zu schleppende Fahrzeug nicht mit Besatzung versehen und nicht selbständig manövrierfähig, so liegt Frachtvertrag vor (HGZ. **03** 290).

Der gewerbsmäßige Schleppschiffahrtsunternehmer ist Kaufmann (§ 1 Nr. 5 HGB.).

b) *α)* **Die Rechtsbeziehungen zwischen den Eignern des Schleppers und der Anhängeschiffe** richten sich nach dem abgeschlossenen Vertrage. Der Schlepper haftet für Aufwendung der erforderlichen Sorgfalt, um das von ihm geführte Anhangsschiff unverletzt nach dem bestimmten Ziel zu bringen (RG. **62** 213, HGZ. **06** 94). Der Führer des Schleppers hat dabei die nautische Leitung, er hat für ordnungsmäßige Zusammensetzung des Schleppzuges und für richtige Verbindung seiner einzelnen Bestandteile zu sorgen (die Schlepptrosse hat der geschleppte Kahn zu geben und für deren gute Beschaffenheit und daß sie nicht bricht, aufzukommen [HGZ. **04** 168]), die dazu nötigen Anordnungen zu treffen und deren Befolgung zu kontrollieren (HGZ. **99** 156, **00** 79), er trägt die Verantwortlichkeit für Kurs, Geschwindigkeit und für Befolgung der Regeln des Wasserstraßenrechts (Boyens in Goldschmidts Zeitschrift **50** 84). Der Eigner des Schleppers haftet nach § 3 d. G. für Schäden, welche durch Verschulden seiner Besatzung (vgl. § 278 BGB.) dem Anhängeschiffe zugefügt werden und zwar gemäß § 4 Nr. 3 Binnensch.Ges. nur mit Schiff und Schlepplohn; für eigenes Verschulden haftet er gemäß § 4 Abs. 2 d. G. Die Folgen eines Zusammenstoßes des Schleppers mit dem von ihm geschleppten Schiffe sind nicht nach den außerkontraktlichen Vorschriften des § 92 d. G., §§ 734 ff. HGB., sondern nach den Regeln des zwischen ihnen bestehenden Vertrages zu beurteilen. Solange aber über den Ursprung der Beschädigung nichts feststeht, hat der Schlepper, wenn lediglich Werkvertrag (kein Frachtvertrag, s. Anm. a) vorliegt, keine Exkulpationspflicht. Denn der Schlepper hat in solchem Falle den Schleppzug nicht in seine Obhut zu nehmen. Eine Exkulpationspflicht des Schleppers kommt erst in Frage, wenn nach Darlegung einer mit der Schlepptätigkeit zusammenhängenden Ursache ein prima facie Beweis für dessen Verschulden geschaffen ist (HGZ. **05** 56). Der Schlepper kann sich aber dem geschädigten Anhängeschiff gegenüber auf dessen Mitschuld (auch wenn sie nur in einem Dienstverschulden von dessen Schiffsbesatzung besteht (RG. **59** 311), berufen (§ 254 BGB.). Denn der Führer jedes Anhängeschiffs behält auf diesem ein selbständiges Kommando und hat die erforderliche Sorgfalt anzuwenden, um von seinem Schiff und anderen Gefahr fernzuhalten. Das Anhängeschiff darf sich nicht ausschließlich auf die Anordnungen des Schlepperführers verlassen, es muß auch seinerseits mitwirken, um den Erfolg einer ohne Unfall verlaufenden Reise herbeizuführen. Dahin gehört z. B. die Verpflichtung des Anhängeschiffs, richtig nachzusteuern und zur Vermeidung von Kollisionen und Unfällen die ihm zu Gebote stehenden, zweckdienlichen Maßnahmen zu treffen.

β) S c h l e p p l o h n. Liegt Werkvertrag vor, so ist der Schlepplohn nur bei Vollendung des übernommenen Transports verdient, eine etwaige Teilleistung ist entsprechend zu vergüten, wenn der Besteller sich sonst ungerechtfertigt bereichern würde (HGZ. **01** 140, vgl. Anm. 6 a). Vgl. hinsichtlich des Schlepplohnes §§ 66, 82 Nr. 4 und 5, § 104 d. G.

γ) V e r j ä h r u n g. Ist der Schleppvertrag als Werkvertrag zu behandeln, so kommen für die V e r j ä h r u n g der k o n t r a k t l i c h e n Ansprüche des Geschleppten gegen den Schlepper die §§ 638 und 646 BGB. zur Anwendung, diese Ansprüche verjähren daher in sechs Monaten nach Beendigung der Schleppfahrt. Dabei wird eine Abnahme des Werks im Sinne des § 641 BGB. im Falle der Nichterreichung des Vertragshafens nur dann als vorliegend zu erachten sein, wenn der Geschleppte die den Gegenstand des Vertrages bildende Schleppfahrt als ausgeführt ansehen will (vgl.

HGZ. **04** 78 und 84, **06** 94; RG. **62** 214). Für die Verjährung des außerkontraktlichen Anspruchs, welcher neben dem kontraktlichen bestehen kann, sind die §§ 117, 118 Binnensch.G. maßgebend (HGZ. **04** 237 und 293; vgl. RG. **62** 121, **66** 12). A. M. HGZ. **08** 49.

δ) Ladungsbeteiligte. Dem Schlepper, den der Schiffer zur Ausführung der Frachtreise angenommen hat, stehen Absender und Empfänger der Ladung des geschleppten Schiffes nicht als Ladungsbeteiligte (vgl. z. B. § 7) im Sinne dieses Gesetzes gegenüber. Denn eine Ladung des Schleppzuges, die dem Schlepper anvertraut wäre, gibt es nicht, und ebensowenig liegt ein Vertragsverhältnis zwischen dem Absender oder Empfänger der Ladung und dem Schleppschiffahrtsunternehmer vor. Eine Haftung des Schleppers gegenüber den Ladungsbeteiligten des Schleppschiffes kann aber nach allgemeinen Grundsätzen (§§ 823, 826 BGB.) begründet sein (RG. **63** 310). Ist den Ladungsbeteiligten ein Schaden nicht durch die Besatzung des Schleppers sondern des geschleppten Schiffes zugefügt, so trifft die Verantwortlichkeit diesen gegenüber nur den Eigner des letzteren Schiffes, auch wenn die Besatzung des geschleppten Schiffes gleichfalls von dem Schleppschiffahrtsunternehmer gestellt worden ist. Der Eigner des geschleppten Schiffes hat dann auf Grund seines Vertragsverhältnisses Regreß gegen den Schleppschiffahrtsunternehmer. Über den Begriff der Besatzung s. Anm. e.

c) Der Abs. 3 des § 4 bezieht sich auf die Schädigung Dritter durch ein Schiff des Schleppzuges. Er ist von der Reichstagskommission (Ber. 5) hinzugefügt worden, um erkennbar zu machen, daß ein Schleppzug (gegen Begr. 42) nicht als ein unteilbares Ganze anzusehen sei, daß daher nur mit dem schädigenden Schiff und dessen Fracht bezw. Schlepplohn nicht aber mit allen Schiffen des Zuges gehaftet werde für schuldhafte Dienstverletzungen durch die Besatzung eines Schiffes. Er besagt daher nur, daß bei einem aus mehreren Fahrzeugen bestehenden Schleppzuge kein Schiff haftbar gemacht werden solle für einen Schaden, der nicht durch ein Dienstverschulden seiner Besatzung verursacht worden ist. Wer nun zur Besatzung des

Schiffes gehört, das ist im einzelnen Falle zu prüfen. Das Reichsgericht (**20** 84) hat früher, ausgehend von den Verhältnissen des Seeverkehrs, in welchem der Führung des geschleppten Schiffes die Leitung zusteht, — **the tug is the servant of the tow** — angenommen, daß die Besatzung des Schleppers im Hinblick auf ihre Beförderung der geschleppten Schiffe zugleich als deren Besatzung gelte, so daß z. B. das geschleppte, mit einem dritten kollidierende Schiff haftbar sei, wenn die Besatzung des Schleppers den Zusammenstoß verschuldet hat (vgl. RG. **46** 42, **50** 37). Für einen von der Besatzung des geschleppten Schiffes verschuldeten Schaden hafte auch der Schlepper, wenn die schädigende Person im gegebenen Falle um deswillen als zur Besatzung des Schleppers gehörig anzusehen ist, weil sie eine Dienstverrichtung ausführt, die dem Schlepper dient oder für ihn Geltung hat, z. B. wenn das Kommando, welches dem Schlepper zusteht, von dem Anhängeschiff aus gegeben wird (RG. **50** 36, HGZ. **01** 175). Diese Rechtsprechung des Reichsgerichts hat vielfachen Widerspruch erfahren (vgl. Boyens a. a. O. S. 73 ff., Mittelstein S. 60 ff., Werner S. 43, Gütschow in Beilage 3 zu HGZ. 02) und ist von dem Reichsgericht später (JW. **07** 243) dahin eingeschränkt worden, daß ein Versehen der Besatzung des Schleppers dann nicht als von dem geschleppten Schiff begangen zu erachten ist, wenn die Besatzung des geschleppten Schiffes den Erfolg des Unternehmens durch richtiges Nachsteuern und Wahrnehmung der ihm zu Gebote stehenden zweckdienlichen Maßnahmen nach Kräften gefördert hat. Neuerdings ist aber das Reichsgericht von seinem früheren Standpunkte abgegangen und hat ausgeführt: Nach dem Wortlaute und der Entstehungsgeschichte des Abs. 3 des § 4 ist es unverkennbar, daß das Binnensch.Gesetz einen Gegensatz macht zwischen den Besatzungen der einzelnen Glieder eines Schleppzuges und daß es jedes Glied nur für seine Besatzung unter Ausschluß der Besatzung des anderen Gliedes, mag dieselbe auch in anderer Beziehung als seine Besatzung zu gelten haben, haftbar machen will. Daher ist durch dieses Gesetz für den Binnenschiffahrtsverkehr ausgeschlossen, den Eigner des geschleppten Schiffes für irgendeine schuldhafte Handlung der eigentlichen Besatzung des Schleppers — im Gegensatze zu einer auf dem Schlepper sich befindenden, zur unmittelbaren Besatzung des geschleppten Schiffes gehörigen Person — verantwortlich zu machen, mag diese Handlung auch die Bewegung des geschleppten Schiffes direkt oder indirekt beeinflußt und hierdurch den Schaden verursacht haben (RG. 65 382; vgl. HGZ. 07 135, 08 106). Dieser Standpunkt ist zu billigen.

Die Regreßansprüche der Eigner des Schleppers und der Anhängeschiffe bleiben von der Regelung der Haftung Dritten gegenüber unberührt.

Haftung für Dienstforderungen der Schiffsbesatzung.

§ 5. Für die den Personen der Schiffsbesatzung aus dem Dienstverhältnisse zustehenden Forderungen haftet der Schiffseigner persönlich, nicht nur mit Schiff und Fracht.

Der § 5 enthält eine Ausnahme von der im § 4 Z. 1 getroffenen Bestimmung, da er die persönliche Haftung des Schiffseigners nicht bloß auf die von diesem, sondern auch auf die von dem Schiffer kraft seiner gesetzlichen Vertretungsbefugnis §§ 15, 16) angenommenen Personen der Schiffsbesatzung erstreckt. Vgl. § 487 HGB. und hinsichtlich des Schiffsgläubigerrechts § 102 Nr. 2 d. G. In betreff der Forderungen aus dem Dienstverhältnisse vgl. § 20 Abs. 5, § 25 Abs. 3, und hinsichtlich der Verjährung §§ 117 Nr. 2, 118 d. G.

Heimatsort.

§ 6. Das Gericht des Ortes, von dem aus die Schiffahrt mit dem Schiffe betrieben wird (Heimatsort), ist für alle gegen den Schiffseigner als solchen zu erhebenden Klagen zuständig, ohne Unterschied, ob er persönlich oder nur mit Schiff und Fracht haftet.[1]

Unter mehreren hiernach in Betracht kommenden

Orten gilt als Heimatsort der Ort, wo die Geschäftsniederlassung, bei mehreren Niederlassungen die Hauptniederlassung und in Ermangelung einer Geschäftsniederlassung der Wohnsitz des Schiffseigners sich befindet.

Ist ein Heimatsort nicht festzustellen, so gilt als solcher der Ort, wo der Schiffseigner zur Gewerbesteuer oder Einkommensteuer veranlagt wird. [2]

1. a) Der hier festgestellte Begriff des Heimatsorts entspricht demjenigen des Heimatshafens in § 480 Abs. 1 HGB. Ist es zweifelhaft, welcher von mehreren Orten, zwischen denen ein Schiff regelmäßige Fahrten unternimmt, derjenige ist, von welchem aus der Betrieb erfolgt, so gilt derjenige von ihnen als Heimatsort, bei welchem die in Abs. 2 angegebenen Umstände vorliegen. Dem Wohnsitze entspricht bei Handelsgesellschaften und juristischen Personen deren Sitz.

b) Der Heimatsort des Schiffes ist nicht nur von Bedeutung für den Gerichtsstand in allen gegen den Schiffseigner als solchen zu erhebenden persönlichen und dinglichen (§ 4) Klagen, sondern auch für die Eintragung in das Schiffsregister (§ 122) und für den Umfang der Vertretungsbefugnis des Schiffers (§§ 15, 16). Vgl. § 168 ZVG., §§ 858, 942 Abs. 2 CPO. Der Gerichtsstand entspricht dem im § 488 HGB. für den Reeder bestimmten und konkurriert, da er kein ausschließlicher ist (vgl. DJZ. **98** 352), mit den sonst gesetzlich anerkannten Gerichtsständen des Schiffseigners. Maßgebend ist der Heimatsort zur Zeit der Klagerhebung. In bezug auf ausländische Schiffe genügt die Bestimmung des § 23 CPO. über den Gerichtsstand des Vermögens.

2. Der Abs. 3 will für den Fall Vorsorge treffen, wenn ein Ausgangsort des Betriebes nach Abs. 1 oder Abs. 1 und 2 nicht festzustellen ist. Dies kann bei Schiffseignern vorkommen, welche keine Geschäftsniederlassung und keinen festen Wohnsitz haben, vielmehr das ganze Jahr auf ihrem Fahrzeugen leben.

Zweiter Abschnitt.

Schiffer.

Sorgfalt und Haftung des Schiffers.

§ 7. Der Führer des Schiffes (Schiffer) ist verpflichtet, bei allen Dienstverrichtungen, namentlich bei der Erfüllung der von ihm auszuführenden Verträge, die Sorgfallt eines ordentlichen Schiffers anzuwenden.[1]

Er haftet für jeden durch die Vernachlässigung dieser Sorgfalt entstandenen Schaden nicht nur dem Schiffseigner, sondern auch den Ladungsbeteiligten (Absender und Empfänger), den beförderten Personen und der Schiffsbesatzung, es sei denn, daß er auf Anweisung des Schiffseigners gehandelt hat. Auch in dem letzteren Falle bleibt der Schiffer verantwortlich, wenn er es unterlassen hat, dem Schiffseigner die nach Lage des Falles erforderliche Aufklärung zu erteilen, oder wenn ihm eine strafbare Handlung zur Last fällt.[2]

Durch die Erteilung der Anweisung wird der Schiffseigner persönlich verpflichtet, wenn er bei der Erteilung von dem Sachverhältnisse unterrichtet war.[3]

1. **Schiffer** im Sinne des Gesetzes ist, wer das Schiff führt, gleichviel ob es ihm gehört oder nicht, von welcher Dauer die Reise ist, und ob das Schiff sich bei der Reise von dem Heimatshafen entfernt (RG. **48** 68). Schutenführer sind demnach Schiffer im Sinne dieses Gesetzes (HGZ. **06** 173); vgl. § 131. Einige Bestimmungen dieses Abschnitts beziehen sich ersichtlich nur auf

den Fall, wenn ein Dienstverhältnis zwischen dem Schiffseigner und dem Schiffer besteht. An sich würde der Schiffer aus dem Vertragsverhältnisse nur dem Schiffseigner gegenüber, Dritten gegenüber aber, insbesondere den Ladungsbeteiligten, den Reisenden, der Schiffsbesatzung nur aus unerlaubten Handlungen haften. Wegen seiner tatsächlichen Stellung aber und wegen der Selbständigkeit, mit der er auf der Reise seine Entschließungen fassen muß, ist seine Verantwortlichkeit im HGB. §§ 511, 512 dahin erweitert, daß er bei allen Dienstverrichtungen die Sorgfalt eines ordentlichen Schiffers anzuwenden hat und für den durch sein Verschulden entstandenen Schaden, insbesondere für den Schaden aus der Verletzung der ihm gesetzlich (Abschn. 3 u. 4) auferlegten Pflichten haftet. Der Schiffer wird daher nicht bloß als Vertreter der Interessen seines Dienstherrn, sondern auch der Interessen der übrigen unmittelbar Beteiligten angesehen.

2. a) Entsprechend dem HGB. (vgl. Anm. 1) ist die Haftung des Schiffers auch in diesem Gesetze (§§ 7, 10 Abs. 2) bestimmt, jedoch mit der Abweichung, daß eine Verantwortlichkeit des Schiffers nicht anerkannt wird, wenn er auf Anweisung des Schiffseigners gehandelt hat, es sei denn, daß dieser in Unkenntnis der Sachlage die Anweisung erteilt und der Schiffer es unterlassen hat, ihm die nach den Umständen erforderliche Aufklärung zu geben. Auch bei strafbaren Handlungen wird der Schiffer durch die Anweisung des Schiffseigners nicht gedeckt. Eine weitere Abweichung von dem HGB. (§ 512 Abs. 1) besteht darin, daß die unmittelbare Haftung des Schiffers in diesem Gesetze nicht wie dort auch gegenüber den Schiffsgläubigern, deren Forderungen aus einem Kreditgeschäfte des Schiffers herrühren, ausgesprochen ist. Diese Gläubiger haben daher in Rücksicht auf die Haftung des Schiffers keine anderen Rechte als sonstige Schiffsgläubiger. Andererseits sind auch die Befugnisse des Schiffers in diesem Gesetze eingeschränkter als die des Seeschiffers, welcher ein weitgehendes Recht hat, über die Ladung mittels Verpfändung oder Verkauf zu verfügen, wenn eine solche Verfügung behufs Beschaffung von Geldmitteln zum besten der Ladungsbeteiligten selbst oder der Gesamtheit der Interessenten notwendig wird (HGB. §§ 535 Abs. 3, 538, 540, 541). Alle diese Befugnisse sind dem Binnenschiffer nicht eingeräumt (vgl. noch §§ 91 Abs. 1 und 70 d. G.).

b) Unter den Ladungsbeteiligten werden im Gesetze nur Absender und Empfänger verstanden. Diese technische Bezeichnung ergibt sich aus der dem ersteren Ausdrucke beigefügten Parenthese. Hinsichtlich der Ladungsbeteiligten beim Schleppvertrage s. Anm. 6 b δ zu § 4.

3. Die Anweisung des Schiffseigners muß für den eingetretenen Schaden ursächlich gewesen sein. Liegt der Fall des Abs. 2 Satz 2 vor, so haften der Schiffseigner und der Schiffer als Gesamtschuldner (vgl. § 512 Abs. 3 HGB.).

Dienstobliegenheiten des Schiffers.

§ 8. [1] Der Schiffer hat vor Antritt der Reise darauf zu sehen, daß das Schiff in fahrtüchtigem Zustande, gehörig eingerichtet und ausgerüstet, sowie hinreichend bemannt ist, und daß die Schiffspapiere und Ladungsverzeichnisse an Bord sind. [2]

Er hat für die Tüchtigkeit der Gerätschaften zum Laden und Löschen, für die gehörige Stauung der Ladung, sowie dafür zu sorgen, daß das Schiff nicht schwerer beladen wird, als die Tragfähigkeit desselben und die jeweiligen Wasserstandsverhältnisse es gestatten. [3]

Wenn der Schiffer im Auslande die daselbst geltenden Vorschriften, insbesondere die Polizei-, Steuer- und Zollgesetze nicht beobachtet, so hat er den daraus entstehenden Schaden zu ersetzen.

Für die Fahrtüchtigkeit des Schiffes bei Antritt der Reise haftet den im §. 7 Absatz 2 bezeichneten Personen auch der Schiffseigner persönlich, nicht nur mit Schiff und Fracht

1. Die §§ 8—10 enthalten Bestimmungen über einzelne Dienstobliegenheiten des Schiffers, der § 8 in Anlehnung an die §§ 513—515 HGB.

2. a) In Abs. 1 ist dem Schiffer nur die Verpflichtung auferlegt, darauf zu sehen, daß das Schiff in fahrtüchtigem Zustande usw. ist; eine Verpflichtung, etwaige Mängel selbst abstellen zu lassen, ist ihm hier, im Gegensatz zu Abs. 2 („zu sorgen", vgl. auch § 513 HGB.), nicht auferlegt. Er ist daher im Falle des Abs. 1 nur verpflichtet, dem Schiffseigner etwaige Mängel anzuzeigen; im Falle der Unterlassung haftet er gemäß § 8 Abs. 4 u. § 7 Abs. 2.

b) Nach § 132 Abs. 1 VVG. (s. Anhang D) haftet bei der Versicherung eines Schiffes (anders bei der Versicherung von Gütern; hierüber vgl. RG. **7** 5) der Versicherer nicht für den Schaden, welcher daraus entsteht, daß das Schiff in einem nicht fahrtüchtigen Zustand oder nicht gehörig ausgerüstet oder bemannt die Reise antritt. Vgl. § 821 Nr. 1 HGB., Gruchots Beitr. **46** 983.

c) Zu den Schiffspapieren gehört auch die Bescheinigung über die von den „Schiffs-Revisions-Kommissionen" vorgenommene Revision des Schiffes auf dessen Brauchbarkeit (Revisionsattest); vgl. Riesenfeld S. 210.

3. a) Auch die Verpflichtung des Schiffers für gehörige Stauung zu sorgen, ist ein Ausfluß der in § 7 Abs. 1 ihm auferlegten Pflicht, bei allen Dienstverrichtungen die Sorgfalt eines ordentlichen Schiffers anzuwenden. Die Stauung ist so zu bewirken, daß nach vernünftiger Erwägung aller Umstände und nach aller Voraussicht eine Gefahr für die Ladung aus deren Lagerung als ausgeschlossen angesehen werden darf (vgl. HGZ. **07** 91). Danach muß der Schiffer eine Stauung vermeiden, die voraussichtlich eine Beschädigung der Güter zur Folge haben könnte. Schwere Güter sind nach unten, leckende nicht auf trockene zu legen; Güter, die einander (auch durch Geruch vgl. HGZ. **00** 312; OLG. **14** 386) schädlich werden können, sind zu trennen. Die Beladung eines frisch geteerten Kahnes mit Mehl oder Getreide, welches den Geruch annimmt, ist zu vermeiden. Wird die Stauung durch besondere Stauer (s. Anm. 2 d zu § 3) bewirkt, welche von dem Absender gestellt werden, so hat der Schiffer die Stauarbeit nur zu überwachen und auf Abstellung etwaiger Mängel zu bringen (ROH. **19** 267).

b) Die Vorschrift des § 514 Abs. 2 HGB.: „der Schiffer hat dafür zu sorgen, daß das Schiff nicht überladen wird“, ist in § 8 Abs. 2 näher dahin angegeben: „der Schiffer hat dafür zu sorgen, daß das Schiff nicht schwerer beladen wird, als die Tragfähigkeit desselben und die jeweiligen Wasserstandsverhältnisse es gestatten“. Unterläßt der Schiffer diese Sorge, so wird er für die durch eine notwendig werdende Umladung oder Leichterung entstehenden Kosten und für den hierbei entstehenden Schaden haftbar, falls nicht diese Handlungen von Anfang an beabsichtigt oder bei Anwendung gehöriger Sorgfalt die Wasserstandsverhältnisse nicht vorauszusehen waren (Begr. 47, Komm. Ber. 6). Vgl. Anm. 3 zu § 44 u. § 66.

4. Für die Fahrtüchtigkeit des Schiffes bei Antritt der Reise haftet der Schiffseigner unbeschränkt neben dem Schiffer und solidarisch mit ihm gegenüber den Ladungsbeteiligten, den beförderten Personen und der Schiffsbesatzung. In letzterer Beziehung geht die Bestimmung weiter als § 559 HGB. — Bei Schiffen, welche nur zu Fahrten innerhalb desselben Ortes bestimmt sind, haftet der Schiffseigner nicht für die Fahrtüchtigkeit des Schiffes (§ 131 Abs. 1); vgl. hierüber Anm. 1a zu § 131.

Behinderung des Schiffers. Stellvertreter.

§ 9. [1] Wenn der Schiffer durch Krankheit oder andere Ursachen verhindert ist, das Schiff zu führen, so darf er den Antritt oder die Fortsetzung der Reise nicht ungebührlich verzögern; er muß vielmehr, wenn Zeit und Umstände es gestatten, die Anordnung des Schiffseigners einholen und für die Zwischenzeit die geeigneten Vorkehrungen treffen, im entgegengesetzten Falle aber einen anderen Schiffer einsetzen. [2]

Für diesen Stellvertreter ist er nur insofern verantwortlich, als ihm bei der Wahl desselben ein Verschulden zur Last fällt.[3]

1. Der § 9 entspricht dem Abs. 2 § 516 HGB.; Abs. 1 des § 516, wonach der Schiffer die Reise anzutreten hat, sobald das Schiff zum Abgehen fertig ist, ist nicht hierher übernommen.

2. Bei Nichtbeobachtung dieser Vorschriften haftet der Schiffer nicht nur dem Schiffseigner, sondern gemäß § 7 auch den Ladungsbeteiligten, den beförderten Personen und der Schiffsbesatzung.

3. Der vom Schiffer eingesetzte andere Schiffer nimmt dem Schiffseigner und Dritten gegenüber die rechtliche Stellung des Schiffers ein. Der Schiffer ist nach § 10 verpflichtet, von der Einsetzung den Schiffseigner zu benachrichtigen.

Benachrichtigung des Schiffseigners und der Ladungsbeteiligten.

§ 10. Der Schiffer ist verpflichtet, von Beschädigungen des Schiffes oder der Ladung, von eingegangenen Geschäften, sowie von der Einsetzung eines anderen Schiffers (§. 9) den Schiffseigner in Kenntnis zu setzen. Er hat in allen erheblichen Fällen, namentlich wenn er die Reise einzustellen oder zu ändern sich genötigt findet, die Erteilung von Verhaltungsmaßregeln bei dem Schiffseigner nachzusuchen, sofern es die Umstände gestatten.[1]

Im Interesse der Ladungsbeteiligten hat der Schiffer während der Reise für das Beste der Ladung nach Möglichkeit Sorge zu tragen.

Werden zur Abwendung oder Verringerung eines Verlustes besondere Maßregeln erforderlich, so hat er, wenn tunlich, die Anweisung der Ladungsbeteiligten einzuholen, sonst nach bestem Ermessen das Erforderliche selbst zu veranlassen und dafür zu sorgen, daß die Ladungsbeteiligten von dem Vorfall und den dadurch veranlaßten Maßregeln schleunigst in Kenntnis gesetzt werden.[2]

1. a) Abs. 1 des § 10 ist dem Abs. 2 des § 534 HGB. nachgebildet, jedoch ist die dort ausgesprochene Verpflichtung, den Schiffseigner von den Begebnissen der Reise in fortlaufender Kenntnis zu erhalten, wegen ihrer Unbestimmtheit fortgelassen, dagegen ausdrücklich die Pflicht ausgesprochen, ihn von der Einsetzung eines anderen Schiffers in Kenntnis zu setzen (KommB. 6).

b) Die Mitteilungspflicht des Schiffers kommt namentlich auch für den Fall in Betracht, daß der Schiffseigner gegen die Gefahren der Binnenschiffahrt Versicherung genommen hat. Denn der Versicherungsnehmer ist verpflichtet, jeden Unfall, der das Schiff oder die Ladung trifft, auch wenn dadurch ein Entschädigungsanspruch für ihn nicht begründet wird, dem Versicherer unverzüglich anzuzeigen, sofern der Unfall für die von dem Versicherer zu tragende Gefahr erheblich ist (VVG. § 146; s. Anhang D).

2. **a)** Die Abs. 2 und 3 des § 10 sind im wesentlichen den beiden ersten Absätzen des § 535 HGB. entnommen. Dagegen ist nicht übernommen die Vorschrift des § 535 Abs. 3, nach welcher der Schiffer während der Reise als gesetzlicher Vertreter der Ladungsbeteiligten anzusehen und insbesondere auch berechtigt ist, die Ladung zu verkaufen, zu verbodmen und im Falle der Verfügungsentziehung ihre Wiedererlangung gerichtlich und außergerichtlich zu betreiben. Hier ist ihm im Abs. 2 des § 10 hinsichtlich der Ladung nur eine rein faktische Stellung eingeräumt; zu rechtlichen Dispositionen ist er aus eigener Machtvollkommenheit nicht befugt und hat deshalb eintretenden Falles die Genehmigung der Ladungsbeteiligten einzuholen. Vgl. § 70.

b) Als entbehrlich nicht übernommen ist der § 543 HGB., welcher den Schiffer verpflichtet, alles, was er vom Befrachter, Ablager oder Ladungsempfänger außer der Fracht als Belohnung oder Entschädigung erhält, dem Schiffseigner gut zu bringen; auch ist § 534 Abs. 5 HGB. nicht übernommen, welcher den Schiffer verpflichtet, nach der Rückkehr in den Heimatshafen und außerdem, so oft es verlangt wird, Rechnung zu legen. Selbstverständlich bleibt der Schiffer verpflichtet, über die eingezogenen Frachtgelder Rechnung zu legen (Begr. 48).

Verklarung. (§§ 11—14.)

Obliegenheiten des Schiffers.

§ 11.[1] Wird das Schiff oder die Ladung von einem Unfall betroffen, so ist der Schiffer berechtigt und auf Verlangen des Schiffseigners oder eines Ladungsbeteiligten verpflichtet, vor dem Amtsgerichte des Ortes, an welchem die Reise endet, und, wenn das Schiff vorher an einem anderen Orte längere Zeit liegen bleiben muß, vor dem Amtsgerichte dieses Ortes eine Beweisaufnahme über den tatsächlichen Hergang, sowie über den Umfang des eingetretenen Schadens und über die zur Abwendung oder Verringerung desselben angewendeten Mittel zu beantragen. Er hat sich selbst zum Zeugnisse zu erbieten und die zur Feststellung des Sachverhältnisses sonst dienlichen Beweismittel zu bezeichnen.[2]

1. a) Die §§ 11 bis 14 sollen dem Zwecke dienen, eine schleunige Feststellung des Tatbestandes und des Umfanges des Schadens bei Unfällen herbeizuführen; sie sind in Anlehnung an das seerechtliche Institut der Verklarung (§§ 522—525 HGB.) und an die Bestimmungen der CPO. über die Sicherung des Beweises (§§ 485—494), jedoch mit mannigfachen Abweichungen, getroffen. Ergänzend greift das Gesetz über die Angelegenheiten der freiwilligen Gerichtsbarkeit (RGBl. **98** S. 771), insbesondere dessen erster Abschnitt (Allgemeine Vorschriften), ein. Die §§ 11—13 d. G. regeln eine eigentliche Beweisaufnahme, welche der Schiffer (gleichviel ob ein Fall der großen Haverei vorliegt oder nicht [Komm.Ber. 21], im Falle des Zusammenstoßens von Schiffen auch ohne Rücksicht darauf, ob Schiff oder Ladung des Antragstellers unversehrt geblieben ist [KGJ. **29** A 104]), herbeiführen kann und auf Verlangen des Schiffseigners oder eines Ladungsbeteiligten herbeiführen muß. Das Antragsrecht ist aber nach dem Wortlaut des Gesetzes in allen Fällen dem Schiffer vorbehalten. Schiffseigner und Ladungsbeteiligte sind nicht berechtigt, den Antrag auf Aufnahme der Verklarung bei Gericht zu stellen (auch nicht bei Behinderung des Schiffers KGJ. **29** A 104), ihnen bleibt im Falle der Weigerung des Schiffers der Antrag auf Sicherung des Beweises gemäß §§ 485 ff. CPO. und der Regreß gegen den Schiffer offen (HGZ. **97** Nr. 5, OLG. **10** 350). Bei beharrlicher Weigerung kann der Schiffer gemäß § 133 c Nr. 3 Gew.O. sofort entlassen werden. Dem Schiffer ist unbenommen, sobald ein Unfall eingetreten ist, eine vorläufige Erklärung bei der nächsten Polizei- oder Gemeindebehörde abzugeben und diese zur vorläufigen Kenntnis der Beteiligten zu bringen (Komm.Ber. 21).

b) Dem Versicherer gegenüber ist eine Pflicht des Schiffers die Verklarung zu beantragen, nicht vorgesehen, „da der Versicherer in der Lage ist, dem Versicherungsnehmer vertragsmäßig die Sorge für die Einleitung des Verfahrens aufzutragen" (Begr. 49). Nach § 146 VVG. (s. Anhang D) ist jetzt auch gesetzlich der Versicherungsnehmer verpflichtet, jeden Unfall, der das Schiff oder die Ladung trifft, auch wenn dadurch ein Entschädigungsanspruch für ihn nicht begründet wird, dem Versicherer unverzüglich anzuzeigen, sofern der Unfall für die von dem Versicherer zu tragende Gefahr von Erheblichkeit ist.

2. **a)** Zuständig ist das Amtsgericht des Ortes, an welchem die Reise endet, und wenn das Schiff vorher an einem anderen Orte längere Zeit liegen bleiben muß, das Amtsgericht dieses Ortes, nicht aber das dem Unfallsorte zunächst gelegene

Amtsgericht, falls durch dessen Anrufung ein Aufenthalt der Reise herbeigeführt würde.

b) Der Schiffer ist Antragsteller und Zeuge; er kann sein Zeugnis nicht verweigern. Hinsichtlich seiner Beeidigung verbleibt es bei den Bestimmungen der CPO., nach welcher dieselbe in gewissen Fällen (vgl. § 393 Nr. 3) ausgeschlossen ist; aber auch da, wo sie nicht ausgeschlossen ist, entscheidet das Ermessen des Gerichts, ob sie stattfinden soll (§ 13 Abs. 2).

c) Der Schiffer hat die ihm zur Vernehmung geeigneten Personen, einschließlich der Schiffsmannschaft, zu benennen (§ 11); außerdem können die an Schiff oder Ladung Beteiligten sowie die sonst durch den Unfall Betroffenen, zu denen die Versicherer gehören (§ 13 Abs. 3, Begr. 50), Zeugen benennen, und endlich kann auch das Gericht (§ 13 Abs. 4), soweit dies zur Aufklärung des Sachverhalts erforderlich, die Beweisaufnahme ausdehnen.

d) Abweichend von § 522 HGB. enthält das Gesetz keine Bestimmung darüber, innerhalb welcher Frist die Verklarung abzulegen ist. Das Gericht erscheint daher nicht befugt, den Antrag auf Ablegung der Verklarung wegen verspäteter Anbringung zurückzuweisen (HGZ. **01** 133), jedoch macht der Schiffer sich durch Säumnis regreßpflichtig.

e) Gegen die Verfügung, durch welche der Antrag auf Beweisaufnahme zurückgewiesen wird, findet die sofortige Beschwerde statt. Eine Anfechtung der Verfügung, durch welche einem solchen Antrage stattgegeben wird, ist ausgeschlossen (§ 148 Abs. 2 FGG.), das Gericht darf jedoch auf Anregung oder von Amts wegen von der Beweisaufnahme Abstand nehmen (§ 18 Abs. 1 FGG.; KGJ. **29** A 105; OLG. **10** 349).

Bestimmung und Bekanntmachung des Termins.

§ 12. Zur Aufnahme des Beweises bestimmt das Gericht einen tunlichst nahen Termin, zu welchem der Schiffer und die sonst bezeichneten Zeugen zu laden sind. Dem Schiffseigner und den Ladungsbeteiligten[1] ist von dem Termine Mitteilung zu machen, soweit es ohne unverhältnismäßige Verzögerung des Verfahrens geschehen kann. Die Mitteilung kann durch öffentliche Bekanntmachung erfolgen. [2]

1. S. §§ 1 u. 2 und § 7 Abs. 2.

2. § 12 bestimmt, daß das Gericht zu einem tunlichst nahen Termine (die Gerichtsferien sind ohne Einfluß nach § 10 FGG.) den Schiffer und die Zeugen laden, und dem Schiffseigner und den Ladungsbeteiligten, soweit dies ohne unverhältnismäßige Verzögerung geschehen kann, Nachricht von demselben geben soll, allenfalls durch öffentliche Bekanntmachung.

Verfahren.

§ 13. Die Aufnahme des Beweises erfolgt nach den Vorschriften der Civilprozeßordnung. [1]

Soweit hiernach nicht die Beeidigung des Schiffers ausgeschlossen ist, beschließt über dieselbe das Gericht nach freiem Ermessen. [2]

Die an Schiff und Ladung Beteiligten, sowie die etwa sonst durch den Unfall Betroffenen sind berechtigt, in Person oder durch Vertreter der Verhandlung beizuwohnen. Sie können eine Ausdehnung der Beweisaufnahme auf weitere Beweismittel beantragen. [3]

Das Gericht ist befugt, eine Ausdehnung der Beweisaufnahme auch von Amts wegen anzuordnen, soweit dies zur Aufklärung des Sachverhalts erforderlich erscheint.

1. Geeigneten Falles unter Einnahme des Augenscheines und Zuziehung von Sachverständigen (§§ 144, 372 CPO.). Da ferner nach § 13 Abs. 1 die Beweisaufnahme nach den Vorschriften der CPO. erfolgt, so kommen hinsichtlich der Vernehmung von Zeugen und Sachverständigen die §§ 376—398, 400—414 CPO., nicht § 15 FGG., zur Anwendung.

2. Abweichend von § 525 Abs. 2 HGB.

3. Auch wird § 148 Abs. 2 FGG. anzuwenden sein; vgl. Anm. 2e zu § 11. — Jedem, der ein berechtigtes Interesse glaubhaft macht, kann die Einsicht in die entstandenen Beweisverhandlungen gestattet und auf Verlangen beglaubigte Abschrift derselben erteilt werden (§ 34 FGG.). Die Beteiligten können die Beweisverhandlungen in einem späteren Prozesse benutzen; unanwendbar ist § 493 Abs. 2 CPO., welcher dies in gewissen Fällen als unzulässig erklärt, wenn die Gegenpartei nicht anwesend war. Das Maß der Beweiskraft unterliegt dem Ermessen des Prozeßgerichts.

Kosten.

§ 14. In bezug auf die Erhebung von Gebühren und Auslagen finden die für das Verfahren zur Sicherung des Beweises geltenden Bestimmungen des Gerichtskostengesetzes mit der Maßgabe Anwendung, daß als Gebühr nur die Hälfte der dort vorgesehenen Sätze und höchstens ein Betrag von dreißig Mark erhoben wird.[1]

Ist das Verfahren auf Verlangen eines Ladungsbeteiligten beantragt, so hat dieser die entstandenen Kosten zu erstatten, soweit er nicht Anspruch auf Ersatz des durch den Unfall ihm entstandenen Schadens hat. Die Verpflichtung des Schiffseigners, dem Schiffer die verauslagten Kosten zu erstatten, wird hierdurch nicht berührt.[2]

In Fällen der großen Haverei findet die Vorschrift des § 84 Anwendung.[3]

1. Vgl. § 36 des Gerichtskostengesetzes vom 29. Juni 1881 (RGBl. **98** S. 659 ff.); es sind also für den Antrag $^3/_{20}$, und, wenn eine Beweisaufnahme stattgefunden hat, $^5/_{20}$ der vollen Gebühr (§ 8 GKG.), höchstens 30 Mark zu erheben. Nach der Berechnung von Pfafferoth, „Das Binnenschiffahrtsgesetz vom 15. Juni 1895" betragen die Kosten:

bei einem Werte des Gegenstandes	wenn dem Antrag **nicht** stattgegeben wird,	wenn infolge des Antrags eine Beweisaufnahme stattfindet:
bis Mk. 20	0,20 Mk.	0,30 Mk.
" " 60	0,40 "	0,60 "
" " 120	0,70 "	1,20 "
" " 200	1,20 "	1,90 "
" " 300	1,70 "	2,80 "
" " 450	2,30 "	3,80 "
" " 650	3,00 "	5,00 "
" " 900	3,90 "	6,50 "
" " 1 200	4,80 "	8,00 "
" " 1 600	5,70 "	9,50 "
" " 2 100	6,60 "	11,00 "
" " 2 700	7,50 "	12,50 "
" " 3 400	8,40 "	14,00 "
" " 4 300	9,30 "	15,50 "
" " 5 400	10,20 "	17,00 "
" " 6 700	11,10 "	18,50 "
" " 8 200	12,20 "	20,30 "
" " 10 000	13,50 "	22,50 "
" " 12 000	15,00 "	25,00 "
" " 14 000	16,50 "	27,50 "
" " 16 000	18,00 "	30,00 "
" " 18 000	19,50 "	30,00 "
" " 20 000	21,00 "	30,00 "
" " 22 000	22,50 "	30,00 "
" " 24 000	24,00 "	30,00 "
" " 26 000	25,50 "	30,00 "
" " 28 000	27,00 "	30,00 "
" " 30 000	28,50 "	30,00 "
über 30 000 Mk.	30,00 "	30,00 "

Daneben werden die baren Auslagen, insbesondere die Gebühren für Zeugen und Sachverständige (§§ 401, 413 CPO.) nach §§ 79 ff. GKG. erhoben.

2. Der Schiffer ist immer der Antragsteller, haftet also zunächst für die gerichtlichen Kosten, insoweit sie nicht durch Anträge anderer Beteiligter während des Verfahrens veranlaßt sind. Für diese Kosten muß ihm der Schiffseigner unter allen Umständen aufkommen, selbst wenn sich nachträglich die Verklarung als unnötig herausstellt; vorausgesetzt ist nur, daß der Schiffer nach vernünftigem Ermessen Veranlassung hatte, die Verklarung zu beantragen. Hat der Schiffer auf Verlangen eines Ladungsbeteiligten den Antrag gestellt, so hat ihm dieser die Kosten zu erstatten; letzterer hat aber wiederum Regreß gegen den Schiffseigner, falls ihm dieser für den Schaden haftet. Wird die Verklarung in einem später entstehenden Rechtsstreit über Schadensersatzansprüche als Beweismittel verwendet, so werden dadurch die für sie aufgewendeten Kosten nicht Prozeßkosten im Sinne des § 91 CPO., sie können nur als entstandener Schaden geltend gemacht werden (HGZ. 03 128).

3. In Fällen der großen Haverei sind die Kosten der Schadensermittelung unter die Interessenten zu verteilen (§ 84).

Vertretung des Schiffseigners. (§§ 15—19.)

Gesetzliche Vertretungsmacht des Schiffers.

§ 15. [1] Befindet sich das Schiff weder am Heimatsorte, noch an einem Orte, an welchem der Schiffseigner eine Geschäftsniederlassung hat, so ist der Schiffer Dritten gegenüber kraft seiner Anstellung befugt, die Frachtforderungen einzuziehen, sowie für den Schiffseigner alle Geschäfte und Rechtshandlungen vorzunehmen, welche die Ausführung der Reise erforderlich macht.

Zur Eingehung von Wechselverbindlichkeiten, zur Veräußerung oder Verpfändung des Schiffes und zum Abschlusse von Frachtverträgen ist der Schiffer nur auf Grund einer ihn hierzu ermächtigenden Vollmacht des Schiffseigners berechtigt.[1]

1. Die §§ 15 bis 19 bestimmen den Umfang der Vertretungsbefugnis des Schiffers bei der Binnenschiffahrt weit enger als bei der Seeschiffahrt (§§ 527—529 HGB.), weil bei der ersteren der Schiffseigner leichter von dem Schiffer zu erreichen ist. Auf die in § 131 bezeichneten Schiffer finden die §§ 15—19 keine Anwendung.

2. a) Wenn das Schiff sich nicht im Heimatshafen und nicht an einem Orte befindet, an welchem der Schiffseigner eine Geschäftsniederlassung hat, so hat der Schiffer eine gesetzliche Vollmacht; er ist dann Dritten gegenüber befugt, die Frachtforderungen (wozu nach § 440 HGB. auch Liegegelder gehören) einzuziehen und alle Geschäfte und Rechtshandlungen vorzunehmen, welche die Ausführung der Reise erforderlich macht (§ 15 Abs. 1, z. B. die Schiffsmannschaft anzustellen und zu entlassen, Reparaturen des Schiffes vornehmen zu lassen, auch einen Schleppvertrag oder einen Vertrag über Bergung oder Hilfeleistung [vgl. HGZ. 01 244] zu schließen), jedoch mit Ausnahme der Eingehung von Wechselverbindlichkeiten (analog § 529 HGB.), der Veräußerung oder Verpfändung des Schiffes und des Abschlusses von Frachtverträgen (§ 15 Abs. 2). Diese letzteren Rechtsgeschäfte kann der Schiffer nur auf Grund besonderer Vollmacht mit verbindlicher Kraft für den Schiffseigner abschließen. — Die gesetzliche Vollmacht des Schiffers kann beschränkt werden (§ 17), sie erlischt mit der nach § 20 Abs. 5 jederzeit zulässigen Enthebung des Schiffers von der Führung des Schiffes.

b) Aus den Rechtsgeschäften, welche der Schiffer kraft seiner gesetzlichen Vollmacht abschließt, haftet der Schiffseigner mit Schiff und Fracht (§ 4 Nr. 1, vgl. §§ 19 u. 102 Nr. 3 u. 5, § 117 Nr. 6). Daß ein von ihm abgeschlossenes Rechtsgeschäft durch die Ausführung der Reise erforderlich geworden ist, hat der Dritte zu beweisen, wenn er aus einem solchen Geschäfte Rechte geltend machen will (vgl. § 528 HGB., Begr. 52).

c) Abweichend von § 527 Abs. 2 HGB. ist dem Schiffer nicht nur kein Recht eingeräumt, Frachtverträge abzuschließen, sondern im allgemeinen auch nicht das Recht, Klagen, welche sich auf seinen Wirkungskreis beziehen, anzustellen. Dementsprechend ist der Schiffer in der Regel auch nicht passiv legitimiert für Klagen gegen den Schiffseigner (Ausnahme: § 97 Abs. 2; vgl. Anm. 4a zu § 97). Auch zur Beantragung von Arresten und einstweiligen Verfügungen für den Schiffseigner fehlt ihm in der Regel die Befugnis. Dagegen ist er ermächtigt, den Ladungsbeteiligten gegenüber die auf die Übernahme und Ablieferung der Güter bezüglichen Rechtshandlungen vorzunehmen, weil diese Befugnis sich aus seinen Dienstobliegenheiten ergibt. Insoweit steht ihm dann auch die Befugnis zu, im Bedürfnisfalle Anträge bei Gericht zu stellen, insbesondere das zur „gerichtlichen Geltendmachung" des Frachtführer-Pfandrechts Erforderliche bei Gericht zu tun (§ 440 Abs. 3 HGB., § 1246 BGB., § 166 FGG.), z. B. die Herausgabe des Frachtguts von dem Empfänger durch Klage oder Antrag auf einstweilige Verfügung zu verlangen. Im Falle des § 489 CPO. kann der Schiffer auch eine Beweisaufnahme über den Zustand des Gutes beantragen.

Vollmacht und anderweiter Verpflichtungsgrund. Ausstellung des Ladescheins.

§ 16. Rechtsgeschäfte, welche der Schiffer eingeht, während das Schiff sich an einem der im §. 15 Absatz 1 bezeichneten Orte befindet, sind für den Schiffseigner nur dann verbindlich, wenn der Schiffer auf Grund einer Vollmacht gehandelt hat, oder wenn ein anderer besonderer Verpflichtungsgrund vorhanden ist.[1]

Zur Ausstellung von Ladescheinen ist der Schiffer ohne Unterschied des Ortes befugt.[2]

1. Befindet sich das Schiff im Heimatsorte oder an einem Orte, an welchem der Schiffseigner eine Geschäftsniederlassung hat, so steht dem Schiffer *keine gesetzliche* Vollmacht zur Vertretung des letzteren zu; er kann diesen daher durch Rechtsgeschäfte nur verpflichten, wenn er eine Vollmacht von ihm erhalten hat oder ein anderer besonderer Verpflichtungsgrund vorhanden ist (§ 16), wie nützliche Verwendung u. dgl. Der Dritte, der mit dem Schiffer als solchen kontrahieren will, muß sich also vergewissern, daß der Betreffende Schiffer ist und daß am Orte nicht der Heimatsort des Schiffes oder eine Niederlassung des Schiffseigners ist, oder falls dies letztere zutrifft, daß der Schiffer eine besondere Vollmacht hat. Aber Ladescheine kann der Schiffer an den bezeichneten Orten ausstellen (analog § 642 HGB.), weil diese nicht, wie die Frachtbriefe, Urkunden über Fracht*verträge* sind, welche zur Ausführung eines Transports verpflichten, sondern nur das Versprechen enthalten, die Güter am Bestimmungsorte *auszuliefern* (Begr. 54). Zur Annahme und Entlassung von Schiffsmannschaft ist der Schiffer (gegen § 526 Abs. 2 HGB.) an den angegebenen Orten *nicht* befugt. Vgl. §§ 102 Nr. 5, 117 Nr. 6, 131.

2. Der Schiffer handelt hier als Vertreter des Frachtführers. Vgl. § 72 u. Anm. 2b dazu.

Beschränkung der Befugnisse des Schiffers.

§ 17. Der Schiffseigner, welcher die gesetzlichen Befugnisse des Schiffers beschränkt hat, kann einem Dritten die Nichteinhaltung dieser Beschränkungen nur dann entgegensetzen, wenn er beweist, daß sie dem Dritten bekannt waren.

Der Schiffseigner kann die gesetzlichen Befugnisse des Schiffers *beschränken* (§ 18) und die Beschränkungen dem *Dritten* entgegenhalten, wenn er beweist, daß sie diesem beim Abschlusse des Geschäfts bekannt oder nur infolge von Fahrlässigkeit nicht bekannt waren (§ 122 Abs. 2 BGB.). Will der Schiffseigner also den Schiffer nicht ermächtigen, die Frachtgelder einzuziehen, so wird er dies mit Wirkung gegen den Dritten z. B. durch einen entsprechenden Vermerk auf dem Frachtbrief oder Ladeschein in der Regel erreichen können (Begr. 52). Muß der Schiffseigner ein von dem Schiffer trotz der Beschränkung geschlossenes Geschäft infolge der Gutgläubigkeit des Dritten gegen sich gelten lassen, so kann er gegen den Schiffer Regreß nehmen. Schließt der Dritte mit dem Schiffer ein Geschäft ab, von welchem er weiß, daß es den Absichten des Schiffseigners zuwiderläuft, so steht dem von ihm daraus erhobenen Anspruche die Einrede der Arglist entgegen (RG. **15** 206).

Die Beschränkung der gesetzlichen Befugnisse des Schiffers darf diesem aber nicht die Erfüllung solcher Pflichten unmöglich machen, die ihm im Interesse der Ladungsbeteiligten (vgl. § 70) oder im öffentlichen Interesse auferlegt sind (vgl. auch § 131).

Verhältnis des Schiffers zum Schiffseigner.

§ 18. Dem Schiffseigner gegenüber sind für den Umfang der Befugnisse des Schiffers die Bestimmungen der §§ 15 und 16 ebenfalls maßgebend, soweit nicht der Schiffseigner diese Befugnisse beschränkt hat.

Direkte Stellvertretung.

§ 19. [1] Durch ein Rechtsgeschäft, welches der Schiffer in seiner Eigenschaft als Führer des Schiffes, sei es mit, sei es ohne Bezeichnung des Schiffseigners innerhalb seiner gesetzlichen Befugnisse geschlossen hat, wird der Schiffseigner dem Dritten gegenüber berechtigt und die Haftung des Schiffseigners mit Schiff und Fracht (§ 4 Nr. 1) begründet. [2]

Der Schiffer selbst wird dem Dritten durch das Rechtsgeschäft nicht verpflichtet, es sei denn, daß er dessen Erfüllung gewährleistet oder seine Befugnisse überschritten hat. [3]

1. § 19 entspricht dem § 533 HGB., nur sind die Worte: „Die Haftung des Schiffers nach Maßgabe der §§ 511, 512 wird hierdurch nicht berührt" fortgelassen; diese Haftung des Schiffers wird hier durch § 7 d. G. begründet.

2. a) Die direkte Vertretung des Schiffseigners durch den Schiffer findet nach § 19 d. G. (vgl. § 164 BGB.) statt, wenn der Schiffer in seiner Eigenschaft als Führer des Schiffes innerhalb seiner gesetzlichen Befugnisse Rechtsgeschäfte abgeschlossen hat. Hinsichtlich der gesetzlichen Befugnisse des Schiffers s. §§ 15, 16, 9 d. G. Die Rechtsgeschäfte müssen aber, abgesehen von der Einziehung von Frachtforderungen, durch die Ausführung der Reise erforderlich geworden sein (vgl. Anm. 2 zu § 15), weil sonst ein Handeln innerhalb der gesetzlichen Befugnisse nicht vorliegt.

b) Eine persönliche Haftung des Schiffseigners (nicht bloß mit Schiff und Fracht, wie § 19 Abs. 1 besagt) tritt ein, wenn das von dem Schiffer gemäß § 19 Abs. 1 geschlossene Geschäft unter §§ 5 u. 7 Abs. 3 d. G. fällt (Mittelstein Anm. 2 zu § 19).

c) Hat der Schiffer zwar außerhalb seiner gesetzlichen Befugnisse, aber kraft besonderer Vollmacht oder mit nachträglicher Genehmigung des Schiffseigners gehandelt, so haftet letzterer persönlich.

d) Ausnahmen s. § 131.

3. Die Gewährleistung wird in schriftlicher Form (§ 766 BGB.) übernommen werden müssen. Hinsichtlich der Überschreitung der Befugnisse vgl. §§ 15 und 16 d. G. Indessen erscheint es zweifelhaft, ob die Haftung des seine Befugnisse überschreitenden Schiffers einem Dritten gegenüber eintreten kann. Denn, liegt lediglich eine Überschreitung der gesetzlichen Befugnisse vor, so haftet der Schiffer nach § 179 Abs. 3 Satz 1 BGB. dem Dritten nicht, weil letzterer die gesetzlichen Befugnisse des Schiffers kennen muß. Liegt das Geschäft aber innerhalb der gesetzlichen Befugnisse des Schiffers und verletzt es nur die vom Schiffseigner angeordnete Einschränkung, so ist es gegen den Schiffseigner wirksam, es sei denn, daß der Dritte die Einschränkung kannte oder kennen mußte (§ 17); in solchem Ausnahmefall aber hat der Dritte auch gegen den Schiffer keinen Anspruch (§ 179 Abs. 3 Satz 1 BGB.).

Dienstverhältnis des Schiffers.

§ 20. Der Schiffer untersteht, soweit nicht in diesem Gesetze ein Anderes bestimmt ist, den Vorschriften, welche für die im § 133a der Gewerbeordnung bezeichneten Personen gelten.[1]

Das Dienstverhältnis des Schiffers kann, wenn nichts Anderes verabredet ist, von jedem Teile mit Ablauf jedes Monats nach einer sechs Wochen vorher erklärten Kündigung aufgehoben werden.[2]

Hinsichtlich der Voraussetzungen, unter welchen dem Schiffseigner und dem Schiffer das Recht zusteht, die Auflösung des Dienstverhältnisses vor Ablauf der vertragsmäßigen Zeit und ohne Innehaltung einer Kündigungsfrist zu verlangen, bewendet es bei den Bestimmungen der §§ 133b bis 133d der Gewerbeordnung.[3]

Hat der Schiffer eine Reise angetreten, so ist er verpflichtet, bis zur Beendigung der Reise und zur Entlöschung des Schiffes im Dienste zu bleiben, es sei denn, daß ein den sofortigen Austritt rechtfertigender Grund vorhanden ist.[4]

Wird das Dienstverhältnis vor der Ankunft des Schiffes am Bestimmungsorte während der Reise aufgehoben, so hat der Schiffer Anspruch auf die Kosten der Rückreise nach dem Orte, an welchem er in Dienst getreten ist.[5] Diese Bestimmung findet keine Anwendung, wenn der Schiffer sich einer

Handlung schuldig gemacht hat, welche geeignet ist, seine sofortige Entlassung zu rechtfertigen.

Ist ein die sofortige Entlassung rechtfertigender Grund nicht vorhanden, so kann der Schiffer zwar jederzeit seines Dienstes enthoben werden, jedoch unbeschadet seiner Entschädigungsansprüche für die Zeit bis zum Ende der vertragsmäßigen Dauer des Dienstverhältnisses oder bis zum Ablaufe der Kündigungsfrist.[6]

1. a) Nach § 20 Abs. 1 d. G. ist, soweit hier nicht etwas anderes bestimmt ist, der Schiffer ohne Rücksicht darauf, ob der Schiffseigner ein Gewerbe betreibt (vgl. Anm. 1 a zu § 1), den in 133 a Gew.O. bezeichneten Personen (Betriebsbeamte, Werkmeister, Techniker usw.) gleichgestellt. Für diese kommen zunächst in Betracht die in § 20 Abs. 1 u. 3 d. G. erwähnten §§ 133 a—d der Gewerbeordnung; sie lauten:

Gew.O. § 133 a. Das Dienstverhältnis der von Gewerbeunternehmern gegen feste Bezüge beschäftigten Personen, welche nicht lediglich vorübergehend mit der Leitung oder Beaufsichtigung des Betriebs oder einer Abteilung desselben beauftragt (Betriebsbeamte, Werkmeister und ähnliche Angestellte) oder mit höheren technischen Dienstleistungen betraut sind (Maschinentechniker, Bautechniker, Chemiker, Zeichner und dergleichen), kann, wenn nicht etwas Anderes verabredet ist, von jedem Teile mit Ablauf jedes Kalendervierteljahrs nach sechs Wochen vorher erklärter Aufkündigung aufgehoben werden.

Gew.O. § 133 b. Jeder der beiden Teile kann vor Ablauf der vertragsmäßigen Zeit und ohne Innehaltung einer Kündigungsfrist die Aufhebung des Dienstverhältnisses verlangen, wenn ein wichtiger, nach den Umständen des Falles die Aufhebung rechtfertigender Grund vorliegt.

Gew.O. § 133 c. Gegenüber den im § 133a bezeichneten Personen kann die Aufhebung des Dienstverhältnisses insbesondere verlangt werden:

1. wenn sie beim Abschlusse des Dienstvertrags den Arbeitgeber durch Vorbringung falscher oder verfälschter Zeugnisse hintergangen oder ihn über das Bestehen eines anderen, sie gleichzeitig verpflichtenden Dienstverhältnisses in einen Irrtum versetzt haben;
2. wenn sie im Dienste untreu sind oder das Vertrauen mißbrauchen;
3. wenn sie ihren Dienst unbefugt verlassen oder den nach dem Dienstvertrag ihnen obliegenden Verpflichtungen nachzukommen, beharrlich verweigern;
4. wenn sie durch anhaltende Krankheit oder durch eine längere Freiheitsstrafe oder Abwesenheit an der Verrichtung ihrer Dienste verhindert werden;
5. wenn sie sich Tätlichkeiten oder Ehrverletzungen gegen den Arbeitgeber oder seinen Vertreter zuschulden kommen lassen;
6. wenn sie sich einem unsittlichen Lebenswandel ergeben.

In dem Falle zu 4 bleibt der Anspruch auf die vertragsmäßigen Leistungen des Arbeitgebers für die Dauer von sechs Wochen in Kraft, wenn die Verrichtung der Dienste durch unverschuldetes Unglück verhindert worden ist. Jedoch mindern sich die Ansprüche in diesem Falle um denjenigen Betrag, welcher dem Berechtigten aus einer auf Grund gesetzlicher Verpflichtung bestehenden Krankenversicherung oder Unfallversicherung zukommt.

Gew.O. § 133 d. Die im § 133 a bezeichneten Personen können die Auflösung des Dienstverhältnisses insbesondere verlangen:

1. wenn der Arbeitgeber oder seine Vertreter sich Tätlichkeiten oder Ehrverletzungen gegen sie zuschulden kommen lassen;
2. wenn der Arbeitgeber die vertragsmäßigen Leistungen nicht gewährt;
3. wenn bei Fortsetzung des Dienstverhältnisses ihr Leben oder ihre Gesundheit einer erweislichen Gefahr ausgesetzt sein würde, welche bei Eingehung des Dienstverhältnisses nicht zu erkennen war.

b) Von diesen Vorschriften der Gewerbeordnung ist hier die Bestimmung des § 133a, daß nur zum Ablaufe jedes Kalendervierteljahres gekündigt werden kann, nicht anzuwenden, weil in § 20 Abs. 1 d. G. ausdrücklich festgesetzt ist, daß zum Ablauf jedes Monats gekündigt werden kann. Vgl. Anm. 2. Dagegen kommen zur Anwendung die §§ 133b—d über die Lösung des Verhältnisses beim Vorliegen wichtiger Gründe. Ferner findet auf den Schiffer Anwendung:

aa) nach dem Gesetze vom 1. Juni 1891 (RGBl. 261):

Gew.O. § 133e. Auf die in § 133a bezeichneten Personen finden die Bestimmungen der §§ 124b und 125 Anwendung, dagegen nicht die Bestimmungen des § 119a.

Die §§ 124b und 125 Gew.O. lauten:

Gew.O. § 124b. Hat ein Geselle oder Gehilfe rechtswidrig die Arbeit verlassen, so kann der Arbeitgeber als Entschädigung für den Tag des Vertragsbruchs und jeden folgenden Tag der vertragsmäßigen oder gesetzlichen Arbeitszeit, höchstens aber für eine Woche, den Betrag des ortsüblichen Tagelohns (§ 8 des Krankenversicherungsgesetzes vom 15. Juni 1883, RGBl. 73*) fordern. Diese Forderung ist an den Nachweis eines Schadens nicht gebunden. Durch ihre Geltendmachung wird der Anspruch auf Erfüllung des Vertrags und auf weiteren Schadensersatz ausgeschlossen. Dasselbe Recht steht dem Gesellen oder Gehilfen gegen den Arbeitgeber zu, wenn er von diesem vor rechtmäßiger Beendigung des Arbeitsverhältnisses entlassen worden ist.

Gew.O. § 125. Ein Arbeitgeber, welcher einen Gesellen oder Gehilfen verleitet, vor rechtmäßiger Beendigung des Arbeitsverhältnisses die Arbeit zu verlassen, ist dem früheren Arbeitgeber für den entstandenen Schaden oder den nach § 124b an die Stelle des Schadensersatzes tretenden Betrag als Selbstschuldner mitverhaftet. In gleicher Weise haftet ein Arbeitgeber, welcher einen Gesellen oder Gehilfen annimmt, von

---

*) jetzt § 8 des Krankenversicherungsgesetzes in der Fassung der Novelle v. 25. Mai 1903 (RGBl. 233).

dem er weiß, daß derselbe einem anderen Arbeitgeber zur Arbeit noch verpflichtet ist.

In dem im vorstehenden Absatze bezeichneten Umfang ist auch derjenige Arbeitgeber mitverhaftet, welcher einen Gesellen oder Gehilfen, von dem er weiß, daß derselbe einem anderen Arbeitgeber zur Arbeit noch verpflichtet ist, während der Dauer dieser Verpflichtung in der Beschäftigung behält, sofern nicht seit der unrechtmäßigen Lösung des Arbeitsverhältnisses bereits 14 Tage verflossen sind.

Den Gesellen und Gehilfen stehen im Sinne der vorstehenden Bestimmungen die im § 119 b bezeichneten Personen gleich.

bb) nach Art. 9 I a Einf.Ges. (RGBl. **97** 439):

Gew.O. § 133 f. Eine Vereinbarung zwischen dem Gewerbeunternehmer und einem der im § 133 a bezeichneten Angestellten, durch die der Angestellte für die Zeit nach der Beendigung des Dienstverhältnisses in seiner gewerblichen Tätigkeit beschränkt wird, ist für den Angestellten nur insoweit verbindlich, als die Beschränkung nach Zeit, Ort und Gegenstand nicht die Grenzen überschreitet, durch welche eine unbillige Erschwerung seines Fortkommens ausgeschlossen wird.

Die Vereinbarung ist nichtig, wenn der Angestellte zur Zeit des Abschlusses minderjährig ist.

c) Unanwendbar aber sind auf den Schiffer die durch Gesetz vom 30. Juni 1900 (RGBl. 321) neu in die Gewerbeordnung eingefügten §§ 133 aa bis 133 ac. Denn der § 133 aa beschränkt die Vertragsfreiheit der Kontrahenten dahin, daß die Kündigungsfrist nicht auf weniger als einen Monat herabgesetzt werden darf und für beide Teile gleich sein muß, daß die Kündigung nur für den Schluß des Kalendermonats zugelassen wird, und daß entgegenstehende Vereinbarungen nichtig sind. Alles dies widerspricht aber dem in § 20 Abs. 1 Binnensch.Ges. aufgestellten und bisher nicht geänderten Grundsatze der Freiheit der Vereinbarung zwischen Schiffer und Schiffseigner. — Die §§ 133 ab und 133 ac stellen nur Ausnahmen von § 133 aa dar und sind hier unanwendbar, weil schon die Regel des § 133 aa hier nicht gilt.

d) Außer den Vorschriften der Gewerbeordnung sind im Verhältnisse zwischen Schiffer und Schiffseigner noch die Bestimmungen des Bürgerlichen Gesetzbuchs über den Dienstvertrag (§§ 611—630), insbesondere die nachstehenden maßgebend:

BGB. § 615. Kommt der Dienstberechtigte mit der Annahme der Dienste in Verzug, so kann der Verpflichtete für die infolge des Verzugs nicht geleisteten Dienste die vereinbarte Vergütung verlangen, ohne zur Nachleistung verpflichtet zu sein. Er muß sich jedoch den Wert desjenigen anrechnen lassen, was er infolge des Unterbleibens der Dienstleistung erspart oder durch anderweitige Verwendung seiner Dienste erwirbt oder zu erwerben böswillig unterläßt.

BGB. § 625. Wird das Dienstverhältnis nach dem Ablaufe der Dienstzeit von dem Verpflichteten mit Wissen des anderen Teiles fortgesetzt, so gilt es als auf unbestimmte Zeit verlängert, sofern nicht der andere Teil unverzüglich widerspricht.

BGB. § 629. Nach der Kündigung eines dauernden Dienstverhältnisses hat der Dienstberechtigte dem Verpflichteten auf Verlangen angemessene Zeit zum Aufsuchen eines anderen Dienstverhältnisses zu gewähren.

BGB. § 630. Bei der Beendigung eines dauernden Dienstverhältnisses kann der Verpflichtete von dem anderen Teile ein schriftliches Zeugnis über das Dienstverhältnis und dessen Dauer fordern. Das Zeugnis ist auf Verlangen auf die Leistungen und die Führung im Dienste zu erstrecken.

e) Da der Schiffer nach § 20 Abs. 1 BinnenschG. den Vorschriften untersteht, welche für die in § 133 a GewO. bezeichneten Personen gelten, so gehören Streitigkeiten zwischen Schiffer und Schiffseigner vor die Gewerbegerichte, falls der Jahresarbeitsverdienst des Schiffers an Lohn oder Gehalt 2000 Mk. nicht übersteigt. § 4 GewGG. (Bekanntm. v. 29. Sept. 01, RGBl. 353) lautet:

Die Gewerbegerichte sind ohne Rücksicht auf den Wert des Streitgegenstandes zuständig für Streitigkeiten:

1. über den Antritt, die Fortsetzung oder die Auflösung des Arbeitsverhältnisses sowie über die Aushändigung oder den Inhalt des Arbeitsbuchs, Zeugnisses, Lohnbuchs, Arbeitszettels oder Lohnzahlungsbuchs,
2. über die Leistungen aus dem Arbeitsverhältnisse,
3. über die Rückgabe von Zeugnissen, Büchern, Legitimationspapieren, Urkunden, Gerätschaften, Kleidungsstücken, Kautionen u. dgl., welche aus Anlaß des Arbeitsverhältnisses übergeben worden sind,
4. über Ansprüche auf Schadensersatz oder auf Zahlung einer Vertragsstrafe wegen Nichterfüllung oder nicht gehöriger Erfüllung der Verpflichtungen, welche die unter Nr. 1 bis 3 bezeichneten Gegenstände betreffen, sowie wegen gesetzwidriger oder unrichtiger Eintragungen in Arbeitsbücher, Zeugnisse, Lohnbücher, Arbeitszettel, Lohnzahlungsbücher, Krankenkassenbücher oder Quittungskarten der Invalidenversicherung,
5. über die Berechnung und Anrechnung der von den Arbeitern zu leistenden Krankenversicherungsbeiträge und Eintrittsgelder (§§ 53a, 65, 72, 73 des Krankenversicherungsgesetzes),
6. über die Ansprüche, welche auf Grund der Übernahme einer gemeinsamen Arbeit von Arbeitern desselben Arbeitgebers gegeneinander erhoben werden.

Streitigkeiten über eine Konventionalstrafe, welche für den Fall bedungen ist, daß der Arbeiter nach Beendigung des Arbeitsverhältnisses ein solches bei anderen Arbeitgebern eingeht oder ein eigenes Geschäft errichtet, gehören nicht zur Zuständigkeit der Gewerbegerichte.

In Ermangelung eines zuständigen Gewerbegerichts kommen die Bestimmungen des GewGG. betr. die auf Anrufen jedes Teils zugelassene vorläufige Entscheidung des Gemeinde vorstehers (§§ 76 ff. jenes Gesetzes) zur Anwendung. — Die durch internationale Schiffahrtsverträge begründete Zuständigkeit besonderer Gerichte (Additionalakte zur Elbschiffahrtsakte v. 13. April 1844 § 47 und Preuß. Gesetz betr. die Elbzollgerichte v. 9. Juli 1879 § 4) bleibt unberührt. — Vgl. Anm. 2 zu § 22.

2. Abweichend von der Gewerbeordnung kann nach § 20 Abs. 2 das Dienstverhältnis des Schiffers, falls nichts anderes verabredet ist, mit 42 tägiger Frist zum Ablauf jedes Monats (nicht gerade Kalendervierteljahrs) gekündigt werden. Vgl. Anm. 1 b.

3. Als wichtige Gründe zur sofortigen Aufhebung des Dienstverhältnisses im Sinne des § 133 a (vgl. § 626 BGB.) kommen insbesondere noch die Untauglichkeit des Schiffers und der Untergang des Schiffes in Betracht. Vgl. Mittelstein S. 105. Der Eintritt des Winters ist als ein solcher wichtiger Grund nicht anzusehen (Begr. 55, Mittelstein a. a. O.).

4. Das Recht des Schiffers, zu demjenigen Zeitpunkt aus dem Dienste zu scheiden, an welchem das Dienstverhältnis durch Kündigung oder Ablauf der Vertragszeit endet, ist im Abs. 4 nach angetretener Reise dahin beschränkt, daß er auf Verlangen des Schiffseigners bis zur Beendigung der Reise und der Entlöschung des Schiffes im Dienste bleiben muß, wenn nicht ein Grund vorliegt, der einen sofortigen Austritt rechtfertigt. Vgl. Gew.O. § 133 d. Diese Bestimmung ist dem § 551 HGB. nachgebildet und gründet sich auf die Notwendigkeit, zu verhindern, daß das Schiff während der Reise führerlos verbleibt.

5. Vgl. § 5 und § 102 Nr. 2 d. G.

6. Die Abs. 5 und 6 des § 20 geben dem Schiffseigner das Recht, den Schiffer auch ohne einen seine sofortige Entlassung rechtfertigenden Grund (z. B. wegen anhaltender Krankheit) jederzeit willkürlich zu entlassen und ihm dadurch die Führung des Schiffes und die Ermächtigung zum Abschluß verbindlicher Rechtsgeschäfte zu entziehen, ohne einen solchen Grund aber nur gegen Entschädigung für die Vertragszeit der Anstellung oder bis zum Ablauf der Kündigungsfrist, und wenn das Dienstverhältnis vor Ankunft des Schiffes am Bestimmungsorte während der Reise aufgehoben wird, gegen Ersatz der Kosten und Zehrgelder der Rückreise nach dem Orte des Dienstantritts (Begr. 56). Vgl. § 102 Nr. 2 und wegen der Verjährung § 117.

Dritter Abschnitt.

Schiffsmannschaft.

Begriff.

§ 21. Zur Schiffsmannschaft gehören mit Ausnahme des Schiffers die zum Schiffahrtsdienste auf dem Schiffe angestellten Personen der Schiffsbesatzung, insbesondere die Steuerleute, Bootsleute, Matrosen, Schiffsknechte, Schiffsjungen, Maschinisten und Heizer.[1]

Die Schiffsmannschaft untersteht der Gewerbeordnung.[2]

1. a) Der Begriff der **Schiffsmannschaft** umfaßt, mit Ausnahme des Schiffers, alle zu Schiffahrtsdiensten auf dem Schiffe angestellten Personen der Schiffsbesatzung, gleichviel ob die Anstellung dauernd oder vorübergehend und ob der Schiffseigner Gewerbetreibender ist oder nicht (RG. **51** 36, vgl. Anm. 2 zu § 3). Insbesondere gehören, wie nach § 2 Abs. 3 der Seemannsordnung v. 2. Juni 1902, auch Maschinisten und Heizer zur Schiffsmannschaft. Der Zwangslotse gehört nicht zur Schiffsbesatzung (§ 3 Abs. 2), also auch nicht zur Schiffsmannschaft, weil er nicht auf dem Schiff angestellt ist, sondern infolge obrigkeitlicher Anordnung angenommen werden muß. Auch den freiwillig angenommenen Lotsen wird man nicht zur Schiffsmannschaft zählen können, obwohl er zu Schiffahrtsdiensten angenommen ist (vgl. Anm. 2e zu § 3), das Verhältnis ist vielmehr dasjenige der Werkverdingung (§ 611 BGB.); jedenfalls passen auf diesen Lotsen nicht die Bestimmungen der §§ 21—25 d. G. Auch nach § 2 der Seemannsordnung v. 2. Juni 1902 gehört der Lotse nicht zur Schiffsmannschaft. Die zu anderen als Schiffahrtsdiensten auf einem Schiffe angestellten Personen, wie Aufwärter u. dgl., gehören zwar zur Schiffsbesatzung (§ 3 Abs. 2), aber nicht zur Mannschaft, und fallen daher nicht unter die Vorschriften dieses dritten Abschnitts; ihr Rechtsverhältnis zu dem Schiffseigner ist nach den allgemeinen Rechtsgrundsätzen zu beurteilen (Begr. 57).

b) Frauen und junge Leute, welche auf kleinen Schiffen von dem Schiffsführer mit Dienstverrichtungen betraut werden, gehören zu den von ihm angestellten Personen. Denn der Schiffer hat das Recht und die Aufgabe, die Leute für den Schiffsdienst auszuwählen und zu berufen. Soweit dies nicht der Fall ist, muß jedesmal geprüft werden, unter welchen Verhältnissen und auf welche Veranlassung die gedachten Personen zu Leistungen im Schiffsdienste herangezogen worden sind; vgl. StenBer. des Reichstags v. 25. Januar 1895 S. 535 A.

2. a) Der Abs. 2 des § 21 will zunächst klarstellen, daß die Mannschaft nicht in einem Dienstbotenverhältnisse zum Schiffer steht, sondern allgemein in der Stellung als gewerbliche Arbeiter der Gewerbeordnung untersteht (Begr.56, Komm.Ber.7); vgl. RG. 22 3 ff. Deshalb wurde die dem § 29 der früheren Seemannsordnung (vgl. jetzt § 33 SO. v. 2. Juni 1902) analoge Bestimmung des Gesetzentwurfs, daß der Schiffsmann, welcher sich dem Antritt oder der Fortsetzung des Dienstes rechtswidrig entzieht, auf Antrag durch die Polizeibehörde zwangsweise zur Erfüllung seiner Pflicht angehalten werden könne, gestrichen (Komm.Ber. 7).

b) Auf die Verhältnisse der Schiffsmannschaft sind nun in erster Reihe die §§ 22—25 d. G. (vgl. auch §§ 102 Nr. 2 u. 117) und dann die Vorschriften der Gewerbeordnung, insbesondere deren §§ 122—124a (s. Anm. zu § 25) anzuwenden. Neben diesen Spezialvorschriften sind noch die Bestimmungen des BGB. über den Dienstvertrag, insbesondere die zu § 20 d. G. abgedruckten §§ 615 (Annahmeverzug des Dienstberechtigten), 625 (Stillschweigende Verlängerung), 630 (Zeugnis) zu berücksichtigen.

c) Da die Schiffsmannschaft der Gewerbeordnung untersteht, so kommen auch hier die Vorschriften des Gewerbegerichtsgesetzes (vgl. Anm. 1e zu § 20 d. G.) zur Anwendung. Hinsichtlich der Zuständigkeit s. § 6 BinnenschG. und § 27 GewGG., welcher letztere lautet:

Zuständig ist dasjenige Gewerbegericht, in dessen Bezirke die streitige Verpflichtung zu erfüllen ist oder sich die gewerbliche Niederlassung des Arbeitgebers befindet oder beide Parteien ihren Wohnsitz haben.

Unter mehreren zuständigen Gewerbegerichten hat der Kläger die Wahl.

Dienstantritt.

§ 22. Die Verpflichtung des Schiffsmannes zum Dienstantritte beginnt, wenn nichts Anderes verabredet ist, mit dem Abschlusse des Dienstvertrages. Tritt der Schiffsmann den Dienst nicht binnen vierundzwanzig Stunden an, so braucht er nicht mehr angenommen zu werden. Der Anspruch des Schiffseigners auf Schadensersatz wird hierdurch nicht berührt.[1 2]

1. Der § 22 ist dem § 28 der früheren Seemannsordnung (vgl. jetzt § 32 SO. v. 2. Juni 1902) nachgebildet, und hat seinen Grund darin, daß der Schiffseigner nicht der Gefahr ausgesetzt werden darf, das Schiff ohne vollständige Bemannung abfahren zu lassen, vielmehr in der Lage sein muß, sofort einen Ersatzmann annehmen zu können, gleichviel ob das Nichtantreten des Dienstes auf einem Verschulden des Schiffsmannes beruht oder nicht. Für einen durch schuldhaftes Ausbleiben verursachten Schaden (Verzögerung der Reise, Zahlung höheren Lohnes an den Ersatzmann u. dgl.) bleibt der Schiffsmann ersatzpflichtig (vgl. Gew.O. § 124 b, abgedruckt bei § 20 d. G.).

2. Kommt der Dienstberechtigte mit der Annahme der Dienste in Verzug, so kann der Schiffsmann die vereinbarte Vergütung verlangen, ohne zur Nachleistung verpflichtet zu sein. Er muß sich jedoch anrechnen lassen, was er infolge des Unterbleibens der Dienstleistung erspart oder durch anderweitige Verwendung seiner Dienste erwirbt oder zu erwerben böswillig unterläßt (§ 615 BGB.); vgl. Anm. 1 d zu § 20.

Dienstpflichten.

§ 23.[1] Der Schiffsmann ist verpflichtet, in Ansehung des Schiffsdienstes den Anordnungen des Schiffers Folge zu leisten und jederzeit alle für Schiff und Ladung ihm übertragenen Arbeiten zu verrichten.[2]

Er darf das Schiff ohne Erlaubnis des Schiffers nicht verlassen.

Verunglückt das Schiff, so hat der Schiffsmann für Rettung der Personen und ihres Gepäcks, sowie für Sicherstellung der Schiffsteile, der Gerätschaften und der Ladung den Anordnungen des Schiffers gemäß nach besten Kräften zu sorgen.[3]

1. Der § 23 bezeichnet die wichtigsten Dienstpflichten des Schiffsmannes in Anlehnung an die §§ 30, 32 der Seemannsordnung v. 27. Dez. 1872 (vgl. §§ 34, 41 Abs. 2 SO. v. 2. Juni 1902).

2. a) Die Dienstpflicht des Schiffsmanns erstreckt sich nicht bloß auf diejenigen Arbeiten, zu denen er sich verdungen hat, vorausgesetzt, daß die Anordnung des Schiffers sich auf Arbeiten für Schiff und Ladung bezieht. Auch zu Nachtarbeiten ist der Schiffsmann verpflichtet (vgl. §§ 42, 56, 66). Einen Zwang zur Ausführung der Arbeiten kann der Schiffer jedoch nicht ausüben; die Disziplinargewalt (vgl. §§ 84—91 SO. v. 2. Juni 1902) steht ihm nicht zu.

b) Nach § 105 i Abs. 1 Gew.O. finden deren Vorschriften über die Sonntagsruhe (§§ 105a Abs. 1, 105 b bis 105 g) auf die Binnenschiffahrt keine Anwendung, da der Schiffahrtsbetrieb zum Verkehrsgewerbe gehört (vgl. Anm. 1 zu § 42 d. G.).

3. Für diese Tätigkeit steht dem Schiffsmann ein Anspruch auf Fortbezug des Lohnes zu; auf Berge- und Hilfslohn hat er keinen Anspruch (§ 93 Abs. 3 d. G.).

Löhnungstermin.

§ 24. Wenn über die Zeit der Lohnzahlung nichts Anderes vereinbart ist, so kann der Schiffsmann

am Schlusse jeder zweiten Woche die Auszahlung des verdienten Lohnes verlangen.[1 2]

1. Der § 24 trifft eine subsidiäre Bestimmung über die Fälligkeit der Lohnzahlung, falls über diese nichts bedungen ist (vgl. §§ 102 Nr. 2, 104 Abs. 2, 117 Nr. 2).

2. Die §§ 115—119 a der Gewerbeordnung über die Zahlung des Arbeitslohnes finden auch auf die Schiffsmannschaft Anwendung (Begr. 58). Sie lauten:

Gew.O. § 115. Die Gewerbetreibenden sind verpflichtet, die Löhne ihrer Arbeiter in Reichswährung zu berechnen und bar auszuzahlen.

Sie dürfen den Arbeitern keine Waren kreditieren. Doch ist es gestattet, den Arbeitern Lebensmittel für den Betrag der Anschaffungskosten, Wohnung und Landnutzung gegen die ortsüblichen Miet- und Pachtpreise, Feuerung, Beleuchtung, regelmäßige Beköstigung, Arzneien und ärztliche Hilfe sowie Werkzeuge und Stoffe zu den ihnen übertragenen Arbeiten für den Betrag der durchschnittlichen Selbstkosten unter Anrechnung bei der Lohnzahlung zu verabfolgen. Zu einem höheren Preise ist die Verabfolgung von Werkzeugen und Stoffen für Akkordarbeiten zulässig, wenn derselbe den ortsüblichen nicht übersteigt und im voraus vereinbart ist.

Gew.O. § 115 a. Lohn- und Abschlagszahlungen dürfen in Gast- und Schankwirtschaften oder Verkaufsstellen nicht ohne Genehmigung der unteren Verwaltungsbehörde erfolgen; sie dürfen an Dritte nicht erfolgen auf Grund von Rechtsgeschäften oder Urkunden über Rechtsgeschäfte, welche nach § 2 des Gesetzes, betreffend die Beschlagnahme des Arbeits- oder Dienstlohns, vom 21. Juni 1869 (Bundes-Gesetzbl. 242) rechtlich unwirksam sind.*)

Gew.O. § 116. Arbeiter, deren Forderungen in einer dem § 115 zuwiderlaufenden Weise berichtigt worden sind,

*) Vgl. hierzu Art. III RG. v. 17. Mai 1898 (RGBl. 332). Danach ist rechtlich unwirksam jede Verfügung über die 1500 Mk. jährlich nicht übersteigenden Dienstbezüge der im Privatdienst dauernd angestellten Personen.

können zu jeder Zeit Zahlung nach Maßgabe des § 115 verlangen, ohne daß ihnen eine Einrede aus dem an Zahlungsstatt Gegebenen entgegengesetzt werden kann. Letzteres fällt, soweit es noch bei dem Empfänger vorhanden oder dieser daraus bereichert ist, derjenigen Hilfskasse zu, welcher der Arbeiter angehört, in Ermangelung einer solchen einer anderen zum Besten der Arbeiter an dem Orte bestehenden, von der Gemeindebehörde zu bestimmenden Kasse und in deren Ermanglung der Ortsarmenkasse.

Gew.O. § 117. Verträge, welche dem § 115 zuwiderlaufen, sind nichtig.

Dasselbe gilt von Verabredungen zwischen den Gewerbetreibenden und den von ihnen beschäftigten Arbeitern über die Entnahme der Bedürfnisse der letzteren aus gewissen Verkaufsstellen sowie überhaupt über die Verwendung des Verdienstes derselben zu einem anderen Zwecke als zur Beteiligung an Einrichtungen zur Verbesserung der Lage der Arbeiter oder ihrer Familien.

Gew.O. § 118. Forderungen für Waren, welche dem § 115 zuwider kreditiert worden sind, können von dem Gläubiger weder eingeklagt, noch durch Anrechnung oder sonst geltend gemacht werden, ohne Unterschied, ob sie zwischen den Beteiligten unmittelbar entstanden oder mittelbar erworben sind. Dagegen fallen dergleichen Forderungen der im § 116 bezeichneten Kasse zu.

Gew.O. § 119. Den Gewerbetreibenden im Sinne der §§ 115 bis 118 sind gleich zu achten deren Familienglieder, Gehilfen, Beauftragte, Geschäftsführer, Aufseher und Faktoren sowie andere Gewerbetreibende, bei deren Geschäft eine der hier erwähnten Personen unmittelbar oder mittelbar beteiligt ist.

Gew.O. § 119a. Lohneinbehaltungen, welche von Gewerbeunternehmern zur Sicherung des Ersatzes eines ihnen aus der widerrechtlichen Auflösung des Arbeitsverhältnisses erwachsenden Schadens oder einer für diesen Fall verabredeten Strafe ausbedungen werden, dürfen bei den einzelnen Lohnzahlungen ein Viertel des fälligen Lohnes, im Gesamtbetrage den Betrag eines durchschnittlichen Wochenlohns nicht übersteigen.

Durch statutarische Bestimmung einer Gemeinde oder eines weiteren Kommunalverbandes (§ 142) kann für alle Gewerbebetriebe oder gewisse Arten derselben festgesetzt werden:

1. daß Lohn- und Abschlagszahlungen in festen Fristen erfolgen müssen, welche nicht länger als einen Monat und nicht kürzer als eine Woche sein dürfen;
2. daß der von minderjährigen Arbeitern verdiente Lohn an die Eltern oder Vormünder und nur mit deren schriftlicher Zustimmung oder nach deren Bescheinigung über den Empfang der letzten Lohnzahlung unmittelbar an die Minderjährigen gezahlt wird;
3. daß die Gewerbetreibenden den Eltern oder Vormündern innerhalb gewisser Fristen Mitteilung von den an minderjährige Arbeiter gezahlten Lohnbeträgen zu machen haben.

Dienstbeendigung.

§ 25.[1] Hinsichtlich der Aufkündigung eines auf unbestimmte Zeit eingegangenen Dienstverhältnisses, sowie hinsichtlich der Voraussetzungen, unter welchen dem Schiffseigner und dem Schiffsmanne das Recht zusteht, die Auflösung des Dienstverhältnisses vor Ablauf der vertragsmäßigen Zeit und ohne Innehaltung einer Kündigungsfrist zu verlangen, finden die Bestimmungen der §§ 122 bis 124a der Gewerbeordnung mit der Maßgabe Anwendung, daß die sofortige Entlassung des Schiffsmannes (§ 123 der Gewerbeordnung) auch stattfinden kann, wenn der Antritt oder die Fortsetzung der Reise durch den Eintritt des Winters verhindert wird.[2]

Nach Antritt der Reise ist der Schiffsmann verpflichtet, bis zur Beendigung der Reise und zur

Entlöschung des Schiffes im Dienste zu bleiben, es sei denn, daß ein den sofortigen Austritt rechtfertigender Grund vorhanden ist.

Wird das Dienstverhältnis vor der Ankunft des Schiffes am Bestimmungsorte während der Reise aufgehoben, so hat der Schiffsmann Anspruch auf die Kosten der Rückreise [3] nach dem Orte, an welchem er in Dienst getreten ist. Diese Bestimmung findet keine Anwendung, wenn der Schiffsmann sich einer Handlung schuldig gemacht hat, welche geeignet ist, seine sofortige Entlassung zu rechtfertigen.

Ist ein die sofortige Entlassung rechtfertigender Grund nicht vorhanden, so kann der Schiffsmann zwar jederzeit seines Dienstes enthoben werden, jedoch unbeschadet seiner Entschädigungsansprüche für die Zeit bis zum Ende der vertragsmäßigen Dauer des Dienstverhältnisses oder bis zum Ablaufe der Kündigungsfrist.[4]

1. a) Die §§ 122 bis 124a der Gewerbeordnung, welche hier zur Anwendung kommen, gleichviel, ob der Schiffseigner Gewerbetreibender ist (s. Anm. 1 zu § 1), lauten:

Gew.O. § 122. Das Arbeitsverhältnis zwischen den Gesellen oder Gehilfen und ihren Arbeitgebern kann, wenn nicht ein Anderes verabredet ist, durch eine jedem Teile freistehende, vierzehn Tage vorher erklärte Aufkündigung gelöst werden. Werden andere Aufkündigungsfristen vereinbart, so müssen sie für beide Teile gleich sein. Vereinbarungen, welche dieser Bestimmung zuwiderlaufen, sind nichtig.

Gew.O. § 123. Vor Ablauf der vertragsmäßigen Zeit und ohne Aufkündigung können Gesellen und Gehilfen entlassen werden:

1. wenn sie bei Abschluß des Arbeitsvertrags den Arbeitgeber durch Vorzeigung falscher oder verfälschter Arbeitsbücher oder Zeugnisse hintergangen oder ihn über das Bestehen eines anderen, sie gleichzeitig verpflichtenden Arbeitsverhältnisses in einen Irrtum versetzt haben;
2. wenn sie eines Diebstahls, einer Entwendung, einer Unterschlagung, eines Betrugs oder eines liederlichen Lebenswandels sich schuldig machen;
3. wenn sie die Arbeit unbefugt verlassen haben oder sonst den nach dem Arbeitsvertrag ihnen obliegenden Verpflichtungen nachzukommen beharrlich verweigern;
4. wenn sie der Verwarnung ungeachtet mit Feuer und Licht unvorsichtig umgehen;
5. wenn sie sich Tätlichkeiten oder grobe Beleidigungen gegen den Arbeitgeber oder seine Vertreter oder gegen die Familienangehörigen des Arbeitgebers oder seiner Vertreter zuschulden kommen lassen;
6. wenn sie einer vorsätzlichen und rechtswidrigen Sachbeschädigung zum Nachteile des Arbeitgebers oder eines Mitarbeiters sich schuldig machen;
7. wenn sie Familienangehörige des Arbeitgebers oder seiner Vertreter oder Mitarbeiter zu Handlungen verleiten oder zu verleiten versuchen oder mit Familienangehörigen des Arbeitgebers oder seiner Vertreter Handlungen begehen, welche wider die Gesetze oder die guten Sitten verstoßen;
8. wenn sie zur Fortsetzung der Arbeit unfähig oder mit einer abschreckenden Krankheit behaftet sind.

In den unter Ziffer 1 bis 7 gedachten Fällen ist die Entlassung nicht mehr zulässig, wenn die zugrunde liegenden Tatsachen dem Arbeitgeber länger als eine Woche bekannt sind.

Inwiefern in den unter Ziffer 8 gedachten Fällen dem Entlassenen ein Anspruch auf Entschädigung zustehe, ist nach dem Inhalte des Vertrags und nach den allgemeinen gesetzlichen Vorschriften zu beurteilen.

Gew.O. § 124. Vor Ablauf der vertragsmäßigen Zeit und ohne Aufkündigung können Gesellen und Gehilfen die Arbeit verlassen:

1. wenn sie zur Fortsetzung der Arbeit unfähig werden;
2. wenn der Arbeitgeber oder seine Vertreter sich Tätlichkeiten oder grobe Beleidigungen gegen die Arbeiter oder gegen ihre Familienangehörigen zuschulden kommen lassen;
3. wenn der Arbeitgeber oder seine Vertreter oder Familienangehörige derselben die Arbeiter oder deren Familienangehörige zu Handlungen verleiten oder zu verleiten versuchen oder mit den Familienangehörigen der Arbeiter Handlungen begehen, welche wider die Gesetze oder die guten Sitten laufen;
4. wenn der Arbeitgeber den Arbeitern den schuldigen Lohn nicht in der bedungenen Weise auszahlt, bei Stücklohn nicht für ihre ausreichende Beschäftigung sorgt, oder wenn er sich widerrechtlicher Übervorteilungen gegen sie schuldig macht;
5. wenn bei Fortsetzung der Arbeit das Leben oder die Gesundheit der Arbeiter einer erweislichen Gefahr ausgesetzt sein würde, welche bei Eingehung des Arbeitsvertrags nicht zu erkennen war.

In den unter Ziffer 2 gedachten Fällen ist der Austritt aus der Arbeit nicht mehr zulässig, wenn die zugrunde liegenden Tatsachen dem Arbeiter länger als eine Woche bekannt sind.

Gew.O. § 124 a. Außer den in §§ 123 und 124 bezeichneten Fällen kann jeder der beiden Teile aus wichtigen Gründen vor Ablauf der vertragsmäßigen Zeit und ohne Innehaltung einer Kündigungsfrist die Aufhebung des Arbeitsverhältnisses verlangen, wenn dasselbe mindestens auf vier Wochen oder wenn eine längere als vierzehntägige Kündigungsfrist vereinbart ist.

b) Hinsichtlich des Entschädigungsanspruchs im Falle des § 123 Nr. 8 der Gew.O. ist § 616 BGB. zu beachten, welcher lautet:

BGB. § 616. Der zur Dienstleistung Verpflichtete wird des Anspruchs auf die Vergütung nicht dadurch verlustig, daß er für eine verhältnismäßig nicht erhebliche Zeit durch einen in seiner Person liegenden Grund ohne sein Verschulden an der Dienstleistung verhindert wird. Er muß sich jedoch den Betrag anrechnen lassen, welcher ihm für die Zeit der Verhinderung aus einer auf Grund gesetzlicher Verpflichtung bestehenden Kranken- oder Unfallversicherung zukommt.

2. Als ein die sofortige Entlassung der Schiffsmannschaft rechtfertigender Grund wird im Abs. 1 des § 25 außer den im § 123 Gew.O. aufgeführten Tatsachen auch die Verhinderung des Antritts oder der Fortsetzung der Reise durch den Eintritt des Winters bestimmt. In diesem Falle erhält der Schiffsmann jedoch, wenn die Schiffahrt vor Ankunft des Schiffes am Bestimmungsorte eingestellt wird, nach Abs. 3 des § 25 die Kosten der Rückreise an den Ort des Dienstantritts nebst Zehrungsgeldern ersetzt, es sei denn, daß der Fall des Satz 2 dieses Absatzes vorliegt.

3. Vgl. §§ 5, 102 Nr. 2 d. G.

4. Die Abs. 2—4 dieses Paragraphen entsprechen den Abs. 4 bis 6 des § 20 (vgl. deshalb Anm. 4 und 5 zu § 20).

Vierter Abschnitt.

Frachtgeschäft.

Vorbemerkung.

1. Anwendungsfälle. Der vierte Abschnitt des Gesetzes handelt von dem Frachtgeschäft zur Beförderung von G ü t e r n auf Flüssen und sonstigen Binnengewässern; über die Beförderung von Personen ist darin nur hinsichtlich des Reisegepäcks in § 77 Bestimmung getroffen. Als Frachtgeschäft im Sinne des Gesetzes kommt nur der g e w e r b s m ä ß i g e Gütertransport in Betracht. Denn der in § 26 d. G. angezogene § 425 HGB. bestimmt: „Frachtführer ist, wer es gewerbsmäßig übernimmt, die Beförderung ... auszuführen“; einem solchen Frachtführer wird nach § 451 HGB. rechtlich der Kaufmann gleichgestellt, der zwar nicht Frachtführer ist, aber im Betriebe seines Handelsgewerbes eine Beförderung ... übernimmt. Die Anwendung des vierten Abschnitts ist also beschränkter als diejenige der anderen Abschnitte des Gesetzes, da im übrigen es nicht darauf ankommt, ob das Schiff dem Erwerbszwecke dient (vgl. Anm. 1 a zu § 1). — Auf die Beförderung von Gütern im sog. Hafenverkehr finden die §§ 27—57 und § 72 Abs. 1 dieses Abschnitts keine Anwendung (§ 131 Abs. 1 u. 2); vgl. auch § 131 Abs. 3 u. 4.

2. Verhältnis zum Handelsgesetzbuch. Die §§ 27 bis 76 d. G. enthalten Vorschriften über:

Einnahme, Beförderung und Löschung der Ladung (§§ 27 bis 57),

Haftung des Frachtführers für Verlust, Beschädigung und verspätete Ablieferung der Güter (§§ 58—62),

Berechnung der Fracht (§§ 63—65),

Schiffahrtsunkosten (§ 66),

Pfandrecht des Frachtführers bei Frankosendung (§ 67),

Verhinderung des Antritts und der Fortsetzung der Reise (§§ 68—71)

und über den Ladeschein (§§ 72—76).

Im übrigen regelt sich das Frachtrecht für den Binnenschiffahrtsverkehr nach den in § 26 d. G. in Bezug genommenen §§ 425—427, 430—436, 439—443, 445—451 des HGB. Von den hier nicht in Bezug genommenen Bestimmungen des Handelsgesetzbuchs über das Frachtgeschäft sind ersetzt:

§ 428 (Reiseantritt, Rücktritt des Absenders bei zeitweiliger Verhinderung der Reise) durch § 42 Abs. 2 und § 71 Binnensch Ges.,

§ 429 (Haftung des Frachtführers für Verlust oder Beschädigung des Gutes) durch § 42 Abs. 2 u. § 71 Binnensch.Ges.,

§ 437 (Ablieferungshindernis) durch § 52 Abs. 2 Binnensch.Ges.,

§ 438 (Wirkung der Annahme des Gutes unter Bezahlung der Fracht, Feststellung von Mängeln) durch § 61 Binnensch.Ges.,

§ 444 (Ladeschein fakultativ) durch § 72 Binnensch.Ges.

3. Dispositiver Charakter des Gesetzes. Anordnungen von Verwaltungsbehörden. Ortsgebräuche. Die Bestimmungen des vierten Abschnitts sind, wie im wesentlichen alle Vorschriften des Binnenschiffahrtsgesetzes, dispositiver Natur; sie unterliegen deshalb der Abänderung durch Vereinbarung. Den Vorrang vor den gesetzlichen Vorschriften haben auch die Verordnungen der höheren Verwaltungsbehörde (§ 133) in den Fällen der §§ 29 Abs. 4, 31 Abs. 2, 48 Abs. 4, 50 Abs. 2 (Dauer der Ladezeit, Überliegezeit und Löschzeit) und des § 32 Abs. 2 (Betrag des Liegegeldes). Örtlichen Verordnungen ist Bedeutung beigelegt in den Fällen der §§ 27 u. 46 (Lade- und Löschplatz). Auf Ortsüblichkeit verweist das Gesetz in §§ 27, 40, 46 und 55 (Ladeplatz und Löschplatz), §§ 28, 33, 47, 51 (Geschäftsstunden), §§ 47, 52, 54 (öffentliche Bekanntmachung). Die Maßgeblichkeit von Ortsgebräuchen und örtlichen Verordnungen, welche der Entwurf des Gesetzes für die Fälle der §§ 29, 31, 32, 41, 48, 50, 55, 56, 66 d. G. vorgesehen hatte, hat die Reichstagskommission beseitigt, „weil schon bisher die örtlichen Verordnungen nicht selten im einseitigen Interesse der Verlader und Empfänger hervorgerufen seien" und auch für die Folgezeit zu befürchten sei, „daß der Versuch nicht ausbleiben werde, die Schiffahrttreibenden bezüglich der in dem Gesetzentwurf ihnen gewährleisteten Fristen sowie der Lade- bzw. Löschbestimmungen durch entgegenstehende örtliche Verordnungen zu beeinträchtigen" (Ber. 9). Ortsgebräuche als ein die vorerwähnten Bestimmungen des Binnenschiffahrtsgesetzes abänderndes Gewohnheitsrecht können deshab nicht mehr in Frage kommen (Art. 2 Reichsverf., Art. 2 Einf.Ges.) Der Anwendbarkeit der Ortsgebräuche und örtlichen Verordnungen als Verkehrssitte im Sinne der §§ 157, 242 BGB., § 346 HGB. zum Zwecke der Erforschung des Parteiwillens steht das Binnenschiffahrtsgesetz nicht entgegen, da seine Vorschriften der Abänderung durch Vereinbarung nicht entzogen sind.

4. Terminologie. Das Binnenschiffahrtsgesetz hat die im Handelsgesetzbuch für das Binnenfrachtrecht geltende Terminologie angenommen und spricht deshalb im vierten Abschnitt von Frachtführer und Absender, während das Seerecht die Ausdrücke „Verfrachter" und „Befrachter" gebraucht. Nur in § 70 ist „der Schiffer" erwähnt.

5. **Frachtführer. Schiffseigner.** Insoweit es sich um die Rechtsverhältnisse aus dem Frachtgeschäft handelt, spricht das Gesetz nicht vom Schiffseigner, sondern vom Frachtführer, weil zwar in der Regel der Schiffseigner derjenige sein wird, welcher die Güterbeförderung auszuführen übernimmt und den Frachtvertrag mit dem Absender abschließt, Schiffseigner und Frachtführer aber auch verschiedene Personen sein können. Der Unterverfrachter, welcher auf Grund eines von ihm über das Schiff im ganzen geschlossenen Frachtvertrages seinerseits Frachtverträge mit anderen Personen eingeht, hat zwar die Stellung eines Frachtführers, nicht aber die des Schiffseigners (vgl. Anm. 1a zu § 2). Vereinigen sich diese beiden Stellungen in einer Person, so finden die Bestimmungen über den Frachtführer ihre Ergänzung in denen über den Schiffseigner (Begr. 35). In solchem Falle tritt z. B. bei Verlust oder Beschädigung der Güter (§ 58) infolge Dienstverschuldens der Schiffsbesatzung nur die Haftung mit Schiff und Fracht (§§ 3, 4 Nr. 3) ein. Die in dem Frachtvertrage bedungene Freizeichnung schließt auch die Haftung als Schiffseigner aus. Wer lediglich Frachtführer und nicht zugleich Schiffseigner ist, z. B. der Unterverfrachter, haftet in seiner Eigenschaft als Frachtführer unbeschränkt, auch für Verschulden seiner Leute (§ 431 HGB.), die nicht zur Schiffsbesatzung gehören. Wer sein Schiff zur Ausführung von Transporten vermietet und sich selbst in den Dienst des Mieters stellt und damit auf eigene selbständige Leitung des Transports verzichtet, ist nicht als Frachtführer im Sinne des Gesetzes zu behandeln (RG. **25** 112).

Die Ausführung der Pflichten des Frachtführers gehört zu den Dienstobliegenheiten des Schiffers (§ 7).

Anwendung handelsgesetzlicher Vorschriften.

§ 26. Auf das Frachtgeschäft zur Beförderung von Gütern auf Flüssen und sonstigen Binnengewässern finden die Vorschriften der §§ 425 bis 427, 430

bis 436, 439 bis 443, 445 bis 451 des Handelsgesetzbuchs Anwendung.

Durch Art. 12 Nr. I EG. sind in § 26 d. G. die hier anzuwendenden Paragraphen des Handelsgesetzbuchs vom 10. Mai 1897 über das Binnenfrachtgeschäft eingefügt. Sie lauten:

Frachtführer.

HGB. § 425. Frachtführer ist, wer es gewerbsmäßig übernimmt, die Beförderung von Gütern zu Lande oder auf Flüssen oder sonstigen Binnengewässern auszuführen.

Frachtbrief.

HGB. § 426. Der Frachtführer kann die Ausstellung eines Frachtbriefs verlangen.

Der Frachtbrief soll enthalten:

1. den Ort und den Tag der Ausstellung;
2. den Namen und den Wohnort des Frachtführers;
3. den Namen dessen, an welchen das Gut abgeliefert werden soll (des Empfängers);
4. den Ort der Ablieferung;
5. die Bezeichnung des Gutes nach Beschaffenheit, Menge und Merkzeichen;
6. die Bezeichnung der für eine zoll- oder steueramtliche Behandlung oder polizeiliche Prüfung nötigen Begleitpapiere;
7. die Bestimmung über die Fracht sowie im Falle ihrer Vorausbezahlung einen Vermerk über die Vorausbezahlung;
8. die besonderen Vereinbarungen, welche die Beteiligten über andere Punkte, namentlich über die Zeit, innerhalb welcher die Beförderung bewirkt werden soll, über die Entschädigung wegen verspäteter Ablieferung und über die auf dem Gute haftenden Nachnahmen, getroffen haben;
9. die Unterschrift des Absenders; eine im Wege der mechanischen Vervielfältigung hergestellte Unterschrift ist genügend.

Der Absender haftet dem Frachtführer für die Richtigkeit

und die Vollständigkeit der in den Frachtbrief aufgenommenen Angaben.

Begleitpapiere.

HGB. § 427. Der Absender ist verpflichtet, dem Frachtführer die Begleitpapiere zu übergeben, welche zur Erfüllung der Zoll-, Steuer- oder Polizeivorschriften vor der Ablieferung an den Empfänger erforderlich sind. Er haftet dem Frachtführer, sofern nicht diesem ein Verschulden zur Last fällt, für alle Folgen, die aus dem Mangel, der Unzulänglichkeit oder der Unrichtigkeit der Papiere entstehen.

Schadensberechnung bei Verlust oder Beschädigung des Gutes.

HGB. § 430. Muß auf Grund des Frachtvertrags von dem Frachtführer für gänzlichen oder teilweisen Verlust des Gutes Ersatz geleistet werden, so ist der gemeine Handelswert und in dessen Ermangelung der gemeine Wert zu ersetzen, welchen Gut derselben Art und Beschaffenheit am Orte der Ablieferung in dem Zeitpunkte hatte, in welchem die Ablieferung zu bewirken war; hiervon kommt in Abzug, was infolge des Verlustes an Zöllen und sonstigen Kosten sowie an Fracht erspart ist.

Im Falle der Beschädigung ist der Unterschied zwischen dem Verkaufswerte des Gutes im beschädigten Zustand und dem gemeinen Handelswert oder dem gemeinen Werte zu ersetzen, welchen das Gut ohne die Beschädigung am Orte und zur Zeit der Ablieferung gehabt haben würde; hiervon kommt in Abzug, was infolge der Beschädigung an Zöllen und sonstigen Kosten erspart ist.

Ist der Schaden durch Vorsatz oder grobe Fahrlässigkeit des Frachtführers herbeigeführt, so kann Ersatz des vollen Schadens gefordert werden.

Haftung des Frachtführers für Hilfspersonen.

HGB. § 431. Der Frachtführer hat ein Verschulden seiner Leute und ein Verschulden anderer Personen, deren er sich bei der Ausführung der Beförderung bedient, in gleichem Umfange zu vertreten wie eigenes Verschulden.

Beförderung durch mehrere Frachtführer nacheinander.

HGB. § 432. Übergibt der Frachtführer zur Ausführung der von ihm übernommenen Beförderung das Gut einem anderen Frachtführer, so haftet er für die Ausführung der Beförderung bis zur Ablieferung des Gutes an den Empfänger.

Der nachfolgende Frachtführer tritt dadurch, daß er das Gut mit dem ursprünglichen Frachtbrief annimmt, diesem gemäß in den Frachtvertrag ein und übernimmt die selbständige Verpflichtung, die Beförderung nach dem Inhalte des Frachtbriefs auszuführen.

Hat auf Grund dieser Vorschriften einer der beteiligten Frachtführer Schadensersatz geleistet, so steht ihm der Rückgriff gegen denjenigen zu, welcher den Schaden verschuldet hat. Kann dieser nicht ermittelt werden, so haben die beteiligten Frachtführer den Schaden nach dem Verhältnis ihrer Anteile an der Fracht gemeinsam zu tragen, soweit nicht festgestellt wird, daß der Schaden nicht auf ihrer Beförderungsstrecke entstanden ist.

Verfügungsrecht des Absenders.

HGB. § 433. Der Absender kann den Frachtführer anweisen, das Gut anzuhalten, zurückzugeben oder an einen andern als den im Frachtbriefe bezeichneten Empfänger auszuliefern. Die Mehrkosten, die durch eine solche Verfügung entstehen, sind dem Frachtführer zu erstatten.

Das Verfügungsrecht des Absenders erlischt, wenn nach der Ankunft des Gutes am Orte der Ablieferung der Frachtbrief dem Empfänger übergeben oder von dem Empfänger Klage gemäß § 435 gegen den Frachtführer erhoben wird. Der Frachtführer hat in einem solchen Falle nur die Anweisungen des Empfängers zu beachten; verletzt er diese Verpflichtung, so ist er dem Empfänger für das Gut verhaftet.

Rechte des Empfängers vor Ankunft des Gutes.

HGB. § 434. Der Empfänger ist vor der Ankunft des Gutes am Orte der Ablieferung dem Frachtführer gegenüber berechtigt, alle zur Sicherstellung des Gutes erforderlichen Maßregeln zu ergreifen und dem Frachtführer die zu diesem Zwecke notwendigen Anweisungen zu erteilen. Die Auslieferung des Gutes kann er vor dessen Ankunft am Orte der Ablieferung nur fordern, wenn der Absender den Frachtführer dazu ermächtigt hat.

Rechte des Empfängers nach Ankunft des Gutes.

HGB. § 435. Nach der Ankunft des Gutes am Orte der Ablieferung ist der Empfänger berechtigt, die durch den Frachtvertrag begründeten Rechte gegen Erfüllung der sich daraus ergebenden Verpflichtungen in eigenem Namen gegen den Frachtführer geltend zu machen, ohne Unterschied, ob er hierbei in eigenem oder in fremdem Interesse handelt. Er ist insbesondere berechtigt, von dem Frachtführer die Übergabe des Frachtbriefs und die Auslieferung des Gutes zu verlangen. Dieses Recht erlischt, wenn der Absender dem Frachtführer eine nach § 433 noch zulässige entgegenstehende Anweisung erteilt.

Zahlungspflicht des Empfängers.

HGB. § 436. Durch Annahme des Gutes und des Frachtbriefs wird der Empfänger verpflichtet, dem Frachtführer nach Maßgabe des Frachtbriefs Zahlung zu leisten.

Verjährung der Ansprüche gegen den Frachtführer.

HGB. § 439. Auf die Verjährung der Ansprüche gegen den Frachtführer wegen Verlustes, Minderung, Beschädigung oder verspäteter Ablieferung des Gutes finden die Vorschriften des § 414 entsprechende Anwendung.*) Dies gilt nicht für die im § 432 Abs. 3 bezeichneten Ansprüche.

*) §. 414 HGB. lautet:
Die Ansprüche gegen den Spediteur wegen Verlustes, Minderung, Beschädigung oder verspäteter Ablieferung des Gutes ver-

Pfandrecht des Frachtführers. Pfandverkauf.

HGB. § 440. Der Frachtführer hat wegen aller durch den Frachtvertrag begründeten Forderungen, insbesondere der Fracht- und Liegegelder, der Zollgelder und anderer Auslagen, sowie wegen der auf das Gut geleisteten Vorschüsse ein Pfandrecht an dem Gute.

Das Pfandrecht besteht, solange der Frachtführer das Gut noch im Besitze hat, insbesondere mittels Konnossements, Ladescheins oder Lagerscheins darüber verfügen kann.

Auch nach der Ablieferung dauert das Pfandrecht fort, sofern der Frachtführer es binnen drei Tagen nach der Ablieferung gerichtlich geltend macht und das Gut noch im Besitze des Empfängers ist.

Die im § 1234 Abs. 1 des Bürgerlichen Gesetzbuchs bezeichnete Androhung des Pfandverkaufs sowie die in den §§ 1237, 1241 des Bürgerlichen Gesetzbuchs vorgesehenen Benachrichtigungen sind an den Empfänger zu richten. Ist dieser nicht zu ermitteln oder verweigert er die Annahme des Gutes, so hat die Androhung und Benachrichtigung gegenüber dem Absender zu erfolgen.

---

jähren in einem Jahre. Die Verjährungsfrist kann durch Vertrag verlängert werden.

Die Verjährung beginnt im Falle der Beschädigung oder Minderung mit dem Ablaufe des Tages, an welchem die Ablieferung stattgefunden hat, im Falle des Verlustes oder der verspäteten Ablieferung mit dem Ablaufe des Tages, an welchem die Ablieferung hätte bewirkt sein müssen.

Die im Abs. 1 bezeichneten Ansprüche können nach der Vollendung der Verjährung nur aufgerechnet werden, wenn vorher der Verlust, die Minderung, die Beschädigung oder die verspätete Ablieferung dem Spediteur angezeigt oder die Anzeige an ihn abgesendet worden ist. Der Anzeige an den Spediteur steht es gleich, wenn gerichtliche Beweisaufnahme zur Sicherung des Beweises beantragt oder in einem zwischen dem Versender und dem Empfänger oder einem späteren Erwerber des Gutes wegen des Verlustes, der Minderung, der Beschädigung oder der verspäteten Ablieferung anhängigen Rechtsstreite dem Spediteur der Streit verkündet wird.

Diese Vorschriften finden keine Anwendung, wenn der Spediteur den Verlust, die Minderung, die Beschädigung oder die verspätete Ablieferung des Gutes vorsätzlich herbeigeführt hat.

Ausübung und Übergang der Rechte der Vormänner.

HGB. § 441. Der letzte Frachtführer hat, falls nicht im Frachtbrief ein Anderes bestimmt ist, bei der Ablieferung auch die Forderungen der Vormänner sowie die auf dem Gute haftenden Nachnahmen einzuziehen und die Rechte der Vormänner, insbesondere auch das Pfandrecht, auszuüben. Das Pfandrecht der Vormänner besteht so lange als das Pfandrecht des letzten Frachtführers.

Wird der vorhergehende Frachtführer von dem nachfolgenden befriedigt, so gehen seine Forderung und sein Pfandrecht auf den letzteren über.

In gleicher Art gehen die Forderung und das Pfandrecht des Spediteurs auf den nachfolgenden Spediteur und den nachfolgenden Frachtführer über.

Verantwortlichkeit des Frachtführers gegenüber Vormännern.

HGB. § 442. Der Frachtführer, welcher das Gut ohne Bezahlung abliefert und das Pfandrecht nicht binnen drei Tagen nach der Ablieferung gerichtlich geltend macht, ist den Vormännern verantwortlich. Er wird, ebenso wie die vorhergehenden Frachtführer und Spediteure, des Rückgriffs gegen die Vormänner verlustig. Der Anspruch gegen den Empfänger bleibt in Kraft.

Rangordnung der Pfandrechte.

HGB. § 443. Bestehen an demselben Gute mehrere nach den §§ 397, 410, 421, 440 begründete Pfandrechte, so geht unter denjenigen Pfandrechten, welche durch die Versendung oder durch die Beförderung des Gutes entstanden sind, das später entstandene dem früher entstandenen vor.

Diese Pfandrechte haben sämtlich den Vorrang vor dem nicht aus der Versendung entstandenen Pfandrechte des Kommissionärs und des Lagerhalters sowie vor dem Pfandrechte des Spediteurs und des Frachtführers für Vorschüsse.

Ladeschein.

HGB. § 445. Der Ladeschein soll enthalten:

1. den Ort und den Tag der Ausstellung;
2. den Namen und den Wohnort des Frachtführers;
3. den Namen des Absenders;
4. den Namen desjenigen, an welchen oder an dessen Order das Gut abgeliefert werden soll; als solcher gilt der Absender, wenn der Ladeschein nur an Order gestellt ist;
5. den Ort der Ablieferung;
6. die Bezeichnung des Gutes nach Beschaffenheit, Menge und Merkzeichen;
7. die Bestimmung über die Fracht und über die auf dem Gute haftenden Nachnahmen sowie im Falle der Vorausbezahlung der Fracht einen Vermerk über die Vorausbezahlung.

Der Ladeschein muß von dem Frachtführer unterzeichnet sein.

Der Absender hat dem Frachtführer auf Verlangen eine von ihm unterschriebene Abschrift des Ladescheins auszuhändigen.

Bedeutung des Ladescheins.

HGB. § 446. Der Ladeschein entscheidet für das Rechtsverhältnis zwischen dem Frachtführer und dem Empfänger des Gutes; die nicht in den Ladeschein aufgenommenen Bestimmungen des Frachtvertrags sind dem Empfänger gegenüber unwirksam, sofern nicht der Ladeschein ausdrücklich auf sie Bezug nimmt.

Für das Rechtsverhältnis zwischen dem Frachtführer und dem Absender bleiben die Bestimmungen des Frachtvertrags maßgebend.

Legitimation des Empfängers.

HGB. § 447. Zum Empfange des Gutes legitimiert ist derjenige, an welchen das Gut nach dem Ladeschein abgeliefert werden soll oder auf welchen der Ladeschein, wenn er an Order lautet, durch Indossament übertragen ist.

Der zum Empfange Legitimierte hat schon vor der Ankunft des Gutes am Ablieferungsorte die Rechte, welche dem Absender in Ansehung der Verfügung über das Gut zustehen, wenn ein Ladeschein nicht ausgestellt ist.

Der Frachtführer darf einer Anweisung des Absenders, das Gut anzuhalten, zurückzugeben oder an einen anderen als den durch den Ladeschein legitimierten Empfänger auszuliefern, nur Folge leisten, wenn ihm der Ladeschein zurückgegeben wird; verletzt er diese Verpflichtung, so ist er dem rechtmäßigen Besitzer des Ladescheins für das Gut verhaftet.

Rückgabe des Ladescheins.

HGB. § 448. Der Frachtführer ist zur Ablieferung des Gutes nur gegen Rückgabe des Ladescheins, auf dem die Ablieferung des Gutes bescheinigt ist, verpflichtet.

Verpflichtung des nachfolgenden Frachtführers.

HGB. § 449. Im Falle des § 432 Abs. 1 wird der nachfolgende Frachtführer, der das Gut auf Grund des Ladescheins übernimmt, nach Maßgabe des Scheines verpflichtet.

Repräsentation des Gutes durch den Ladeschein.

HGB. § 450. Die Übergabe des Ladescheins an denjenigen, welcher durch den Schein zur Empfangnahme des Gutes legitimiert wird, hat, wenn das Gut von dem Frachtführer übernommen ist, für den Erwerb von Rechten an dem Gute dieselben Wirkungen wie die Übergabe des Gutes.

Transportvertrag des Kaufmanns.

HGB. § 451. Die Vorschriften der §§ 426 bis 450 kommen auch zur Anwendung, wenn ein Kaufmann, der nicht Frachtführer ist, im Betriebe seines Handelsgewerbes eine Beförderung von Gütern zu Lande oder auf Flüssen oder sonstigen Binnengewässern auszuführen übernimmt.

Ladeplatz.

§ 27.[1] Ist das Schiff im Ganzen verfrachtet, so hat der Frachtführer dasselbe zur Einnahme der Ladung an den von dem Absender ihm angewiesenen Platz hinzulegen.

Wenn die Anweisung nicht rechtzeitig erfolgt, oder wenn die Wassertiefe, die Sicherheit des Schiffes oder die örtlichen Verordnungen oder Einrichtungen die Befolgung der erteilten Anweisung nicht gestatten, so kann der Frachtführer, falls der Absender auf die Aufforderung nicht unverzüglich einen geeigneten Ladeplatz bezeichnet, an einem der ortsüblichen Ladeplätze anlegen. Er hat bei der Wahl des Ladeplatzes das Interesse des Absenders tunlichst zu berücksichtigen.[2]

Die Verladung an verschiedenen Ladeplätzen des Abgangsortes vorzunehmen ist der Frachtführer nur verpflichtet, wenn dies besonders vereinbart ist. Er hat in diesem Falle Anspruch auf Ersatz der entstehenden Mehrkosten. Die Dauer der Ladezeit wird durch die übernommene Verpflichtung nicht berührt.[3]

1. Die §§ 27—45 handelt von der Einnahme und Beförderung der Ladung, und zwar die §§ 27—37 von dem Falle, wenn das Schiff im Ganzen verfrachtet ist, und die §§ 38—40 von dem Falle, wenn Teil- oder Stückgüterverfrachtung vorliegt; sie gelten nicht für die im § 131 bezeich- Fahrten.

2. Die Absätze 1 und 2 des § 37 entsprechen im wesentlichen den beiden Absätzen des § 560 HGB. Hat der Frachtführer gemäß den ersteren einmal berechtigterweise einen Ladeplatz gewählt, so ist damit das Anweisungsrecht des Absenders erloschen und dieser ist verpflichtet, die Ladung an den von dem Frachtführer eingenommenen Platz zu liefern. Über den Fall, wenn ein bestimmter Ladeplatz vereinbart ist, vgl. Anm. 2 b zu § 46. Eine unverzügliche Bezeichnung des Ladeplatzes seitens des Absenders liegt vor, wenn sie nach den Umständen des Falles ohne schuldhaftes Zögern erfolgt ist (§ 121 BGB.). Haben mehrere Absender gemeinsam den Frachtvertrag über das Schiff im ganzen geschlossen und weisen sie nicht sämtlich den gleichen Ladeplatz an (§ 560 Abs. 2 HGB.; vgl. ROH. **19** 291), so liegt eine rechtswirksame Anweisung nicht vor; der Frachtführer kann dann nach Abs. 2 des § 27 verfahren. Wegen Gefährdung der Sicherheit des Schiffes darf der Schiffer die Befolgung der Anweisung ablehnen, wenn er unter Anwendung der ihm obliegenden Sorgfalt nach gehöriger Erkundigung die Sicherheit für gefährdet erachtet, gleichviel ob die Weigerung sich nachher als objektiv unbegründet herausstellt (RG. **15** 160). Sind mehrere ortsübliche Ladeplätze vorhanden, so muß der Frachtführer, wenn er zur Auswahl nach Abs. 2 berechtigt ist, tunlichst das Interesse des Absenders, soweit er es zu übersehen vermag, berücksichtigen (Begr. 81). Abweichend vom § 560 Abs. 2 HGB. ist dem Frachtführer nicht eine Verpflichtung, sondern nur eine Befugnis erteilt, an einem der üblichen Ladeplätze anzulegen, wenn die Anweisung des Absenders nicht rechtzeitig erfolgt oder nicht ausführbar ist. Trotzdem kann er unter Umständen wegen grundloser Verzögerung in der Auswahl dem Absender zum Schadenersatz verpflichtet werden (Begr. 62); andererseits sind dem Frachtführer die durch die Anlegung an einem anderen Ladeplatz entstandenen Kosten von dem Absender zu erstatten (HGZ. **08** 176).

3. Der Abs. 3 des § 27 ist in der Kommission entstanden (Ber. 8 und 22). Grundsätzlich braucht der Frachtführer nicht an verschiedenen Ladeplätzen des Abgangsortes anzulegen; um ihn hierzu zu verpflichten, bedarf es einer besonderen Vereinbarung, und er hat dann Anspruch auf Ersatz der Mehrkosten, vorausgesetzt, daß nicht aus der Vereinbarung ersichtlich ist, daß ein Ersatz der Mehrkosten nicht verlangt werden soll.

Anzeige der Ladebereitschaft. Protest.

§ 28. Sobald der Frachtführer zur Einnahme der Ladung bereit ist, hat er dies dem Absender anzuzeigen.[1]

Die Anzeige hat an einem Werktage vor dem Schlusse der ortsüblichen Geschäftsstunden zu erfolgen. Eine spätere oder an einem Sonntage oder allgemeinen Feiertage erfolgte Anzeige gilt als am nächsten Werktage erfolgt.[2]

Weigert sich der Absender, den Zeitpunkt des Empfanges der Anzeige zu bescheinigen, so ist der Frachtführer befugt, auf Kosten des Absenders eine öffentliche Urkunde darüber errichten zu lassen.[3]

1. **Ladebereitschaft.** Der Abs. 1 des § 28 entspricht dem § 567 Abs. 1 HGB. Die hier dem Frachtführer auferlegte Anzeige hat nur die Bedeutung, daß ohne sie der Lauf der Ladezeit nicht beginnt (§ 29 Abs. 1). Auch wenn ein bestimmter Termin für die Ladebereitschaft festgesetzt ist, muß der Frachtführer doch, um die Ladezeit in Lauf zu setzen, sich ladebereit melden. Die Ladebereitschaft kann erklärt werden, bevor sich das Schiff am Ladeplatze befindet, wenn nur der Frachtführer bereit und imstande ist, der Anweisung des Absenders in betreff des Ladeplatzes nachzukommen, so daß am Beginn des folgenden Tages mit der Beladung angefangen werden kann (vgl. ROH. **15** 234); es dürfen deshalb auch keine rechtlichen oder behördlichen Gründe der Einnahme der Ladung entgegenstehen. — Zur Ladebereitschaft gehört auch der Besitz des „Revisionsattestes" (vgl. Anm. 2 zu § 8, Riesenfeld S. 210). — Ist Ladebereitschaft in solchem Sinne nicht vorhanden, so beginnt die Ladezeit nicht (ROH. **23** 415), ebenso nicht, wenn die Anzeige unterbleibt, mag selbst der Absender von der Ladebereitschaft anderweit Kenntnis erlangt haben (vgl. dagegen HGZ. **00** 91). Ist der Absender nicht zu

ermitteln, so wird — ebenso wie im Falle des § 47 Abs. 4 — um die Ladezeit in Lauf zu setzen, öffentliche Bekanntmachung in ortsüblicher Weise zulässig und erforderlich sein (vgl. Mittelstein Anm. 6 zu § 28). Wenn der Frachtführer an der ihm vom Absender bezeichneten Stelle eintrifft, jedoch wegen Platzmangels dort nicht anlegen kann, so wird dadurch seine Ladebereitschaft nicht beseitigt (HGZ. **99** 48; Seuffert Archiv **54** 309; Begr. 65).

2. **a)** Die Worte: „**Schluß der ortsüblichen Geschäftsstunden**" sind dahin zu verstehen, daß es auf den ortsüblichen Schluß der Geschäftsstunden, nicht auf den ortsüblichen Schluß der Meldungsstunden ankommt (HGZ. **05** 234).

b) Allgemeine Feiertage sind die landesgesetzlich bestimmten, an denen in öffentlichen und bürgerlichen Angelegenheiten Geschäftsruhe herrscht (vgl. CPO. § 188, BGB. § 193, Gew.O. § 105a Abs. 2).

3. **Protest.** Abs. 3 (vgl. § 571 HGB.) bezweckt, dem Frachtführer den Beweis des Zeitpunktes, an welchem die Ladezeit begann, zu sichern (Begr. 62). Zum Ersatze der Protestkosten ist der Absender nur verpflichtet, wenn er sich geweigert hat, den Zeitpunkt der Ladebereitschafts-Anzeige zu bescheinigen (vgl. RG. **3** 160). Auf diese Kosten findet in Preußen § 49 Ziff. 4 GKG. v. 25. Juni 1895 (volle Gebühr) Anwendung.

Beginn und Dauer der Ladezeit.

§ 29. [1] Mit dem auf die Anzeige der Ladebereitschaft folgenden Tage beginnt die Ladezeit.[2]

Die Ladezeit beträgt bei Ladungen

bis zu 30 000 Kilogramm zwei Tage,
" " 50 000 " drei Tage,
" " 100 000 " vier Tage

und so fort in Stufen von 50 000 Kilogramm je einen Tag mehr für jede höhere Stufe bis zu Ladungen von 500 000 Kilogramm; von da ab steigt die Ladezeit für je 100 000 Kilogramm um je einen

Tag. Bei Ladungen über 1 000 000 Kilogramm beträgt die Ladezeit achtzehn Tage.

Bei der Berechnung kommen auch diejenigen Tage in Ansatz, an welchen der Absender, wenngleich ohne sein Verschulden, an der Lieferung der Ladung verhindert ist. Nicht in Ansatz kommen die Sonntage und allgemeinen Feiertage sowie die Tage, an welchen durch zufällige Umstände, insbesondere durch Hochwasser oder Eisgefahr, die Verladung nicht nur der bedungenen, sondern jeder Art von Gütern auf das Schiff verhindert ist.

Die Vorschriften im Absatz 2 finden nur insoweit Anwendung, als nicht durch Vereinbarung oder Verordnung der höheren Verwaltungsbehörde ein Anderes bestimmt ist.[2]

1. Die §§ 29—39 enthalten Bestimmungen über die Ladezeit und die §§ 48—54 über die Löschzeit. Betreffs der Wartezeit vgl. § 33 und Anm. 2 dazu, betreffs der Überschreitung der Ladezeit vgl. §§ 34, 35.

2. a) Die Ladezeit beginnt mit dem auf die Anzeige der Ladebereitschaft (§ 28 Abs. 2) folgenden Tage, vorausgesetzt, daß die Ladebereitschaft wirklich vorhanden ist, also Mängel des Schiffes, der Mannschaft oder ähnliche Umstände (vgl. Anm. 1 zu § 28) nicht die Verladungsarbeiten hindern. Derartige Umstände hemmen den Lauf der Ladefrist. Das Gleiche gilt, wenn der Frachtführer schuldhafterweise die Beladung verzögert. Ist die Anweisung oder die nachträgliche Bezeichnung des Ladeplatzes seitens des Absenders nicht dergestalt erfolgt, daß der Frachtführer zu Beginn des auf die Anzeige der Ladebereitschaft folgenden Tages an dem Platze ladebereit liegen konnte, so geht die Verzögerung zu Lasten des Absenders. Die Fristen sind nach dem Gewichte der Ladung abgestuft (Komm.Ber. 22; die Feststellung des Gewichts wird häufig schwierig sein, wenn z. B.

Feldsteine, Kies, Bretter verladen werden) und gelten nur subsidiär, wenn nicht ein anderes durch Vereinbarung oder Verordnung der höheren Verwaltungsbehörde (vgl. § 133) bestimmt ist (Abs. 4). Der Absender ist nicht verpflichtet, an den einzelnen Tagen der Ladezeit gleichmäßig zu beladen (vgl. § 42 u. HGZ. 07 280). Die Bestimmungen des Abs. 3 über die auf die Ladungsfrist anzurechnenden oder nicht anzurechnenden Tage können zwar durch Vertrag abgeändert werden, nicht aber durch Verordnung von Verwaltungsbehörden (Komm.Ber. 9). Jene Bestimmungen gehen von dem Grundsatze aus, daß Absender und Frachtführer die Folgen derjenigen Hindernisse zu tragen haben, welche auf ihrer Seite eintreten. Verzögert der Frachtführer die Beladung schuldhafterweise, so ist die Zeit der Verzögerung in die Ladezeit nicht einzurechnen. Ist der Absender, wenn auch infolge zufälliger Umstände, an der rechtzeitigen Lieferung verhindert, so wird die Ladefrist dadurch nicht verlängert (analog § 573 HGB.). Auch wenn die Verladung selbst, d. h. die Verbringung der Güter auf und in das Schiff durch Witterungsverhältnisse zeitweise unmöglich gemacht ist, trägt der Absender die Folgen, sofern die Unmöglichkeit der Verladung nur aus der besonderen Beschaffenheit der Güter entspringt, z. B. im Falle von Regenwetter bei Verladung von Getreide. Ist der Hinderungsgrund aber ein solcher, daß die Verladung jeder Art von Gütern wie bei Hochwasser oder Eisgefahr unmöglich ist, so verlängert sich die Ladezeit um die Zeit der Hinderung, ohne daß der Frachtführer dafür Anspruch auf Liegegeld (gegen § 574 HGB.) erlangt (Begr. 64).

b) Sonntage und allgemeine Feiertage (vgl. Anm. 2 zu § 28) bleiben (gegen § 573 Abs. 1 HGB.) bei Berechnung der Ladezeit außer Ansatz, weil die Gesamtdauer der Ladezeit nach durchschnittlichen Tagesleistungen bemessen ist, für diese Leistungen aber der Regel nach nur die Werktage in Betracht kommen (Begr. 65). Dies trifft auch zu, wenn die Ladezeit gemäß Abs. 3 abweichend vom Binnenschiffahrtsgesetz vereinbart ist (Dove-Meyerstein 135).

c) Der Umstand, daß die Ladezeit nach vollen Tagen zu berechnen ist (vgl. auch § 32 Abs. 3, nach welchem bei Berechnung des Liegegeldes für Überschreitung der Ladezeit jeder angebrochene Tag als voller Tag gerechnet wird), schließt nicht aus, daß Hindernisse der Ladebereitschaft, welche nur Stunden oder Minuten gedauert haben, auch die Verlängerung der Ladezeit nur um entsprechende Stunden oder Minuten zur Folge haben. Denn es würde zu Härten führen, wenn der Schiffer, welcher an einem geringfügigen Teile des Tages nicht ladebereit war, dieserhalb einen vollen Ladetag hinzugeben müßte. Es rechtfertigt sich daher nur eine entsprechende Verlängerung der Ladezeit. Wird auch die so verlängerte Ladezeit überschritten, so greift die Regel des § 32 Abs. 3 ein (HGZ. **01** 151). Vgl. Begr. 64: „Der Lauf der Ladezeit wird gehemmt, solange der Frachtführer an der Übernahme der Ladung gehindert ist" (vgl. Anm. 2 zu § 50). A. M. Förtsch, Anm. 5 zu § 29, welcher ein Hindernis, das nicht einen vollen Arbeitstag gedauert hat, je nach den Umständen entweder gar nicht oder als Hindernis für einen vollen Tag behandelt wissen will (ähnlich Mittelstein [Anm. 4 f. zu § 29], welcher geringfügige Unterbrechungen außer Ansatz lassen will); dabei fehlt es aber an einem Maßstabe dafür, welche Unterbrechungen als „geringfügig" oder „je nach den Umständen" außer Ansatz zu lassen sind.

3. Etwaige vor dem Inkrafttreten des BinnenschG. gebildete Usancen über die Ladezeit, haben durch dieses Gesetz ihre Bedeutung verloren, da dieses nur Vereinbarung oder Verordnungen der höheren Verwaltungsbehörde als derogierend anerkennt (Dove-Meyerstein 131). Vgl. Anm. 3 b zu § 48.

Liegegeld für Überschreitung der Ladezeit.

§ 30. Wenn der Absender die Ladung nicht so zeitig liefert, daß die Beladung innerhalb der Ladezeit vollendet werden kann, so gebührt dem Frachtführer Liegegeld für jeden Tag, um welchen infolgedessen die Ladezeit überschritten wird.[1] Für Tage, an denen die Schiffahrt geschlossen ist, kann kein Liegegeld beansprucht werden.[2]

1. a) Für die Ladezeit hat der Frachtführer keine Vergütung zu beanspruchen. Wird eine Überschreitung der Frist nur deshalb notwendig, weil der Absender die Ladung nicht zeitig genug geliefert hat, um die Ladung innerhalb der Frist vollenden zu können, so hat der Frachtführer für die Überliegezeit Anspruch auf Liegegeld und zwar, abweichend von § 567 Abs. 4 HGB., auch wenn keine Überliegezeit (§ 31) ausbedungen ist. Die Forderung auf Liegegeld ist unabhängig von dem Nachweis eines Schadens auf seiten des Frachtführers oder eines Verschuldens auf seiten des Absenders, setzt aber voraus, daß der Frachtführer ladebereit ist. Das Liegegeld bildet die Gegenleistung für die länger dauernde Inanspruchnahme des Schiffes (ROH. **19** 93). Ein weiterer Anspruch auf Schadensersatz ist neben der Liegegeldforderung nicht gegeben (arg. aus § 49 Abs. 2), insbesondere auch kein Anspruch auf Heuer für die Schiffsmannschaft. Eine Verpflichtung des Frachtführers über die Ladezeit hinaus zu warten, besteht nicht (§ 33), der Frachtführer ist nach §§ 34, 35 befugt, ohne bzw. mit unvollständiger Ladung abzufahren; andererseits ist der Absender befugt, gemäß § 36 d. G. zurückzutreten. Hat der Absender schon vor Ablauf der Ladezeit erklärt, keine Ladung liefern zu wollen, so braucht der Frachtführer auch die Ladezeit nicht abzuwarten und kann Schadensersatz fordern. Wartet der Frachtführer aus anderen Gründen als wegen Nichtbeladung, so tritt nicht ohne weiteres die Liegegeldforderung aus § 30 ein; denn diese ist nur für die nicht rechtzeitige Lieferung der Ladung gegeben. — Für die Frage, ob rechtzeitig geliefert ist, kann der Umstand von Bedeutung sein, daß die Güter nicht sofort bei Beginn der Ladezeit zur Stelle waren.

b) Schuldner des Liegegeldes ist der Absender und nach Empfangnahme des Gutes und des Frachtbriefs der Empfänger (§ 436 HGB.), der Frachtführer hat wegen desselben das Pfand- und Verfolgungsrecht aus § 440 HGB.

c) Nach dem Wortlaut des Gesetzes wird das Liegegeld von Tag zu Tag fällig, der Schiffer darf es daher täglich fordern.

d) Da der Liegegeldsatz das von den beteiligten Schiffahrtskreisen für den Normalfall geschätzte Interesse des Schiffers an der Benutzbarkeit seines Kahnes darstellt, den Durchschnittssatz, der unter gewöhnlichen Verhältnissen mit einem solchen Kahn täglich vereinnahmt wird, so ist anzunehmen, daß auch in anderen Fällen, z. B. wenn der Schiffer den Kahn infolge einer von einem Dritten verschuldeten Reparatur oder bei Liegetagen während der Reise nicht benutzen kann, dieser Satz der Billigkeit entspricht und dem wahrscheinlichen Schaden am nächsten kommt (OLG. **6** 359).

2. Der Lauf der Ladezeit wird durch Tage, an denen die Schiffahrt geschlossen ist, nicht unterbrochen, weil die Beladung des Schiffes dadurch nicht verhindert wird. Dagegen kann der Frachtführer für diese Tage kein Liegegeld fordern, weil dasselbe eine Vergütung für die entzogene anderweite Verwendung des Schiffes darstellt. Auch Bewachungskosten des beladenen Schiffes sind ihm nicht zu ersetzen (vgl. § 66). Dagegen steht dem Frachtführer auch für die in die Liegezeit fallenden Sonntage und allgemeinen Feiertage das Liegegeld zu, weil hier nicht die im § 29 Abs. 3 enthaltene Regel aufgestellt ist; vgl. OLG. **13** 59.

Überliegezeit.

§ 31. Die Bestimmung des § 30 gilt auch dann, wenn bedungen ist, daß der Frachtführer nach Ablauf der Ladezeit noch länger auf die Ladung warten soll (Überliegezeit).[1]

Die Überliegezeit beginnt mit dem Ablaufe der Ladezeit. Auf die Dauer und die Berechnung der Überliegezeit finden die Bestimmungen über die Ladezeit (§ 29 Absatz 2 bis 4) mit der Maßgabe Anwendung, daß die Überliegezeit in Ermangelung einer besonderen Vereinbarung höchstens eine Woche beträgt.[2]

1. Die Überliegezeit stellt eine Verlängerung der Ladezeit dar, von der sie sich nur dadurch unterscheidet, daß der Absender Liegegeld bezahlen muß. Auch für die **bedungene** Überliegezeit ist gemäß § 30 Liegegeld zu zahlen, und dieses ist fortzuentrichten, wenn nach Ablauf jener Zeit der Frachtführer noch länger auf die Verladung warten muß (Begr. 67).

2. Infolge der Abs. 2 und 4 des § 29 steht die Dauer der Ladezeit fest; mit ihrem Ablauf beginnt die Überliegezeit. Ist eine solche **bedungen**, über ihre Dauer oder Berechnung aber nichts vereinbart, so finden auf dieselbe die Abs. 2—4 des § 29 mit der Einschränkung Anwendung, daß die Überliegezeit, falls nicht etwas anderes bedungen ist, höchstens eine Woche beträgt, d. h. sieben **Werktage**, an denen nicht die Verladung von Gütern jeder Art auf das Schiff verhindert war (§ 29 Abs. 3 Satz 2). Nach Ablauf derselben ist der Frachtführer nicht verpflichtet, noch länger auf die Lieferung der Ladung zu warten. Tut er dies dennoch, so findet § 30 Anwendung.

Eine Vereinbarung der Überliegezeit im Sinne des § 31, also unter Verpflichtung zur Zahlung von Liegegeld ist auch in der Frachtvertragsklausel: „Für Verzögerung der Ladezeit ist der Befrachter nicht verantwortlich" zu finden (HGZ. **97** 281, **99** 103; Seuffert Archiv **54** 309).

Für die in die Überliegezeit fallenden **Sonntage** und **allgemeinen Feiertage** hat der Schiffer kein Liegegeld zu beanspruchen, weil in § 31 Abs. 2 der § 29 Abs. 3 in Bezug genommen ist; vgl. OLG. **13** 59.

Betrag des Liegegeldes.

§ 32. In Ermangelung vertragsmäßiger Festsetzung oder Verordnung der höheren Verwaltungsbehörde beträgt das Liegegeld für jeden Tag bei Schiffen von einer Tragfähigkeit

bis zu 50 000 Kilogramm 12 Mark,
" " 100 000 " 15 "

und so fort in Stufen von 50 000 Kilogramm je drei Mark mehr für jede höhere Stufe.[1]

Über die Tragfähigkeit entscheidet der Inhalt des Schiffsbriefes (§ 125 Absatz 3).[2]

Jeder angebrochene Tag wird als voller Tag gerechnet.[3]

1. Der Betrag des Liegegeldes ist subsidiär bestimmt und nach der Tragfähigkeit des Schiffes abgestuft, weil es sich um eine Vergütung für die Entziehung einer anderen Verwendung des ganzen Schiffes handelt. Ein Höchstbetrag ist hier nicht, wie bei der Berechnung der Ladezeit (§ 29 Abs. 2 Satz 2) festgesetzt. Hinsichtlich der für die Berechnung des Liegegeldes in Ansatz zu bringenden Tage vgl. § 30 Satz 2 und Anm. 2 zu § 30. Das Liegegeld ist daher nicht für „jeden Tag", wie es in § 32 heißt, sondern für jeden nach Maßgabe des § 30 in Rechnung zu bringenden Tag zu entrichten. Andererseits hat der Frachtführer das nach der Tragfähigkeit zu bemessende Liegegeld des § 32 auch dann zu beanspruchen, wenn er für eine bestimmte Reise gegen eine pro Tag bestimmte Vergütung angenommen ist, weil hierin noch keine vertragsmäßige Festsetzung des Liegegeldes zu finden ist (DJZ. **98** 475). — Hinsichtlich des Begriffs „höhere Verwaltungsbehörde" vgl. § 133.

2. Um Streitigkeiten über die für die Höhe des Liegegeldes maßgebende Tragfähigkeit abzuschneiden, soll nach der Absicht des Gesetzgebers (Begr. 67) in dieser Beziehung ausschließlich der Inhalt des Schiffsbriefs (§ 125 Abs. 3) maßgebend sein. Bei nicht registrierten Schiffen wird die Tragfähigkeit in anderer Weise nachzuweisen sein (Begr. 68).

3. Abs. 3 ist von der Kommission (s. Bericht S. 23) „zur Vermeidung von Streitigkeiten" hinzugefügt. — Ist ein neuer Ladetag nur angebrochen worden, um den Zeitausfall an einem früheren Tage zu ersetzen, so findet § 32 Abs. 3 nur Anwendung, wenn die Ersatzzeit überschritten ist (vgl. Anm. 2 c zu § 29).

Wartezeit.

§ 33. Nach Ablauf der Ladezeit oder der etwa vereinbarten Überliegezeit ist der Frachtführer nicht verpflichtet, noch länger auf die Lieferung der Ladung zu warten. Er muß jedoch seinen Willen, nicht länger zu warten,

bei Ladungen bis zu 10000 Kilogramm spätestens einen Werktag,
bei Ladungen bis zu 50000 Kilogramm spätestens zwei Werktage,
bei Ladungen über 50000 Kilogramm spätestens drei Werktage

vor Ablauf der Ladezeit oder der Überliegezeit dem Absender erklären. Ist dies nicht geschehen, so läuft die Wartezeit nicht eher ab, als bis die Erklärung nachgeholt ist und seit dem Tage, an dem sie erfolgt ist, die vorstehend bezeichneten Fristen verstrichen sind. Auf die Erklärung finden die Bestimmungen im § 28 Absatz 2, 3 entsprechende Anwendung.[1]

Die Wartezeit läuft in keinem Falle ab, bevor eine der Ladezeit gleichkommende Frist seit dem Tage, an welchem das Schiff den Ladeplatz erreicht hat, verstrichen ist.[2]

1. Der Frachtführer kann schon vor Ablauf der Ladezeit oder der bedungenen Überliegezeit dem Absender mit den im § 33 Abs. 1 angegebenen Fristen von 1—3 Tagen (Wartezeit) erklären, daß er nach Ablauf der ersteren Zeiten nicht länger auf die Lieferung der Ladung warten wolle; diese Wartezeit muß er auch dann gewähren, wenn sie infolge seiner verzögerten Erklärung über die Ladezeit oder bedungene Liegezeit hinausreicht oder die Erklärung erst nach deren Ablauf erfolgt. In dem ersterwähnten Falle wird durch die Erklärung die Lade- oder bedungene Überliegezeit zu einer wesentlichen Vertragsbestimmung, wie bei einem Fixgeschäft, erhoben; in den letzteren Fällen ist die Erklärung eine dem Absender gestellte Nachfrist zur

Nachholung des Versäumten. Unterbleibt eine solche Erklärung, so darf der Absender annehmen, daß der Frachtführer gegen Liegegeld noch weiter warten werde. — Wo im Gesetze von Ablauf der „Wartezeit" die Rede ist, ist vorausgesetzt, daß der Frachtführer erklärt hat, nicht länger warten zu wollen.

2. Mangel an Platz zum Anlegen des Schiffes behufs der Einladung hindert nicht den Beginn der Ladezeit (§§ 28, 29 und Anm. 1 zu § 28) und fällt dem Absender zur Last. Da infolge eines solchen Hindernisses die Wartezeit ablaufen und die Folge eintreten könnte, welche der § 34 bestimmt, noch ehe der Absender die Ladung liefern konnte oder das Schiff überhaupt an den Ladeplatz gelangt war, so ist zur Vermeidung dieser Unbilligkeit die Bestimmung des Abs. 2 im § 33 getroffen (Begr. 65, 68, Komm.Ber. 10). Das Recht des Frachtführers auf Liegegeld wird hierdurch nicht berührt.

Gänzliches Unterlassen der Beladung. Fautfracht.

§ 34.[1] Hat der Absender bis zum Ablaufe der Wartezeit (§ 33) keine Ladung geliefert, so ist der Frachtführer an den Vertrag nicht länger gebunden und befugt, von dem Absender ein Drittel der bedungenen Fracht als Entschädigung zu verlangen. Hierdurch wird ein bereits begründeter Anspruch auf Liegegeld (§§ 30, 31) nicht berührt.[2]

1. a) Der § 34 bestimmt die Folgen, welche eintreten, wenn der Absender während der durch die Erklärung des Frachtführers in Lauf gesetzten Wartezeit gar keine Ladung geliefert hat, während § 35 die Folgen bestimmt, welche eintreten, wenn innerhalb der Frist nur teilweise angeliefert ist. Im ersteren Falle ist der Frachtführer an den Frachtvertrag nicht mehr gebunden, braucht den Rücktritt nicht erst besonders zu erklären, Güter, welche nach Ablauf der Wartezeit ihm vom Absender angeboten werden, nicht mehr anzunehmen, kann den Ladeplatz verlassen, über sein Fahrzeug anderweit verfügen und außer den ihm etwa zustehenden Liegegeldern als Entschädigung ein Drittel der bedungenen Fracht (Fautfracht) verlangen, ohne Rücksicht auf den mit dem freigewordenen Schiffe etwa anderweit erzielten Erwerb (vgl. § 38 Nr. 2, § 39 Abs. 2, und im Falle des Verlustes der Güter § 68 Nr. 2 und Anm. 5 dazu).

b) Die Fälle, daß ein Schiff zugleich auf Rückladung oder für eine in anderer Weise zusammengesetzte Fracht verchartert ist (§§ 583, 584 HGB.), sind in dem vorliegenden Gesetze nicht geregelt (Begr. 69).

c) Entsteht die Fautfrachtforderung erst während der Reise, so ist sie neben der Frachtforderung für den vollendeten Teil der Reise von einer Quote der Fracht zu verlangen, welche dem noch nicht zurückgelegten Teile der Reise entspricht (Begr. 69).

2. a) Von dem Ablaufe der Wartezeit an kann der Frachtführer kein Liegegeld fordern, da die Erklärung, nicht länger warten zu wollen, auch für ihn bindend ist. Wenn jedoch der Absender nach Empfang der Erklärung die Ladung doch noch liefert und der Frachtführer sie annimmt, so liegt hierin ein Widerruf seiner Erklärung und er hat Anspruch auf Liegegeld, wie wenn die Erklärung überhaupt nicht abgegeben worden wäre (Begr. 69).

b) Der Anspruch auf Liegegeld setzt voraus, daß der Frachtführer nicht unberechtigterweise sich vom Kontrakt losgesagt hat; war also der Frachtführer verpflichtet, noch länger auf Ladung zu warten, so hat er weder Anspruch auf die Drittelfracht noch auf Liegegeld.

Teilweise Lieferung der Ladung.

§ 35.[1] Hat der Absender bis zum Ablaufe der Wartezeit die Ladung nur teilweise geliefert, so ist der Frachtführer befugt, sofern der Absender nicht von dem Vertrage zurücktritt (§ 36), die Reise mit der unvollständigen Ladung anzutreten. Auf Verlangen des Absenders muß er die Reise jederzeit auch ohne die volle Ladung antreten.[2]

In diesen Fällen gebührt dem Frachtführer nicht allein die Fracht für die volle Ladung und das etwaige Liegegeld, sondern er ist auch berechtigt, soweit ihm durch die Unvollständigkeit der Ladung die Sicherheit für die volle Fracht entgeht, die Bestellung einer anderweitigen Sicherheit zu fordern. Außerdem sind ihm die Mehrkosten, welche infolge der Unvollständigkeit der Ladung ihm etwa erwachsen, zu erstatten.

1. Hat der Absender bis zum Ablauf der Wartezeit die Ladung nur teilweise geliefert und ist er vom Vertrage nicht zurückgetreten (§ 36), so kann der Frachtführer die Reise mit der unvollständigen Ladung antreten, und muß dies auf Verlangen des Absenders tun (analog §§ 578, 579 HGB.). Der Abs. 2 des § 35 bestimmt des näheren, welche Rechte der Frachtführer in allen diesen Fällen hat. Er kann die volle Fracht und die Mehrkosten verlangen, welche ihm durch die Beschaffung von Ballast oder sonst durch die unvollständige Lieferung entstehen; etwaigen, durch anderweitige Verwertung des freigewordenen Raumes erlangten Verdienst braucht er sich nicht anrechnen zu lassen (HGZ. 00 112). Insoweit er durch die unvollständige Lieferung nicht genügende Pfandsicherheit hat, kann er anderweite Sicherheitsleistung (vgl. §§ 232 ff. BGB.) verlangen und — wie die Begr. Seite 70 sagt — sich nötigenfalls durch Arreste sichern. Ist ein Arrestgrund nicht vorhanden, so bleibt einer Weigerung gegenüber die Klage im ordentlichen Verfahren auf Sicherheitsleistung offen. Daneben aber bleibt dem Frachtführer auch das Recht, dem Absender gemäß § 326 BGB. eine angemessene Frist zur Bewirkung der Sicherheitsleistung zu setzen und nach dem Ablaufe der Frist vom Vertrage zurückzutreten (Förtsch Anm. 7 zu § 35).

2. Das Recht, den Antritt der Reise mit unvollständiger Ladung zu verlangen, und zwar schon vor Ablauf der Lade- oder Überliegezeit, ist dem Absender (gemäß § 578 HGB.) gegen

die erwähnten Leistungen eingeräumt, damit er bei seinen geschäftlichen Verfügungen auf eine etwaige Änderung der Umstände Rücksicht nehmen kann (Begr. 70).

Rücktritt des Absenders vor Antritt der Reise.

§ 36. Vor Antritt der Reise kann der Absender von dem Vertrage unter der Verpflichtung zurückzutreten, den Frachtführer nach Maßgabe des § 34 zu entschädigen.[1]

Macht der Absender von diesem Rechte Gebrauch, nachdem Ladung geliefert ist, so muß er auch die Kosten der Verladung und Wiederausladung tragen.

Der Frachtführer ist verpflichtet, den Aufenthalt, welchen die Wiederausladung verursacht, sich gefallen zu lassen, selbst wenn dadurch die Ladezeit und eine etwa bedungene Überliegezeit überschritten wird, wogegen ihm Liegegeld für die Zeit nach Ablauf der Ladezeit und außerdem Ersatz des durch die Überschreitung der Lade- und Überliegezeit entstandenen Schadens gebührt, soweit der letztere den Betrag des Liegegeldes übersteigt.

Der Frachtführer ist, wenn der Absender nach erklärtem Rücktritt die Wiederausladung über die Wartezeit hinaus verzögert, berechtigt, die Güter selbst auszuladen und dieselben in einem öffentlichen Lagerhaus oder in anderer sicherer Weise zu hinterlegen.[2]

1. Bis zum tatsächlichen Antritt der Reise kann der Absender von dem Frachtvertrage zurücktreten, muß dann aber Fautfracht und etwa bereits entstandene Liegegelder zahlen. Die

Frist ist länger als die im § 580 Abs. 2 HGB. bestimmte (vgl. §§ 38 Nr. 3, 39 Abs. 4; vgl. auch §§ 68, 69, 71 d. G.).

2. **a)** Auch wenn die Beladung bereits ganz oder teilweise stattgefunden hat, die Reise aber noch nicht wirklich angetreten (d. h. der Ladungsplatz zum Zwecke der Reise verlassen) ist, kann der Absender noch zurücktreten, muß aber dann Fautfracht und Liegegelder für die Zeit nach Ablauf der Ladezeit und den durch die Überschreitung der Lade- und Liegezeit entstandenen, den Betrag der Liegegelder etwa übersteigenden Schaden ersetzen, sowie die Kosten der Verladung und Wiederausladung tragen (Abs. 2 u. 3). Der Frachtführer muß sich gegen jene Leistungen den durch die Wiederausladung entstehenden Zeitverlust gefallen lassen, kann also nach der Rücktrittserklärung des Absenders nicht mehr mit der unvollständigen Ladung die Reise antreten (§ 35). Er kann sich aber gegen eine unmäßige Zögerung des Absenders in der Rücknahme der Güter durch seine Erklärung gemäß § 33 schützen, und nach Ablauf der Wartezeit die Güter selbst ausladen und gerichtlich oder in anderer sicherer Weise hinterlegen (Abs. 4). Verzögert er diese Wiederausladung, so hat er den ihm hierdurch entstehenden Schaden selbst zu tragen. — Wegen aller hier erwähnten Forderungen hat er nach § 440 HGB. (s. bei § 26 d. G.) das Pfandrecht an dem Gute.

b) Hat der Frachtführer einen Ladeschein (§ 72) ausgestellt, so ist er zur Ablieferung des Gutes nur gegen Rückgabe des Ladescheins, auf dem die Ablieferung des Gutes bescheinigt ist, verpflichtet (§ 448 HGB.) und hat den Anweisungen des Absenders über Auslieferung nur Folge zu leisten, wenn ihm der Ladeschein zurückgegeben wird (§ 447 Abs. 3 HGB.).

Wiederausladung nach Antritt der Reise.

§ 37. Nachdem die Reise angetreten ist, kann der Absender die Wiederausladung der Güter vor Ankunft derselben am Ablieferungsorte nur gegen Berichtigung der vollen Fracht sowie aller sonstigen Forderungen des Frachtführers und gegen Berichtigung oder Sicherstellung der Beiträge zur großen Haverei und der Bergungs- oder Hilfskosten, welche auf den Gütern haften, fordern.

Im Falle der Wiederausladung hat der Absender nicht nur die hierdurch entstandenen Mehrkosten, sondern auch den Schaden zu ersetzen, welcher aus dem durch die Wiederausladung verursachten Aufenthalt dem Frachtführer entsteht.[1 2]

1. a) Da nach § 433 HGB. der Frachtführer den Anweisungen des Absenders wegen Zurückgabe des Gutes so lange Folge leisten muß, bis er dem Empfänger nach Ankunft des Gutes am Orte der Ablieferung den Frachtbrief ausgehändigt hat, so kann der Absender auch *während der Reise* die Wiederausladung der Güter verlangen, aber nur gegen Zahlung der *vollen* Fracht und der außerdem im § 37 bestimmten Forderungen und Beiträge (entsprechend § 582 HGB.), sowie gegen Ersatz der durch die vorzeitige Ausladung entstandenen Mehrkosten und des durch den Aufenthalt am Zwischenorte dem Frachtführer entstandenen Schadens (vgl. § 440 HGB.). Die Wiederausladung bewerkstelligt der Frachtführer, der Absender trägt die Kosten (Abs. 2). Der Absender kann aber (ebenso wie es Abs. 3 des § 582 HGB. ausdrücklich bestimmt) zum Zwecke der Wiederausladung der Güter eine Änderung der Reise*richtung* nicht verlangen; ebensowenig kann er zu diesem Zwecke die Zurücklegung einer *weiteren* Strecke als der im Frachtvertrage bestimmten beanspruchen (Begr. 71).

b) *Angetreten* ist die Reise, wenn das Schiff zum Zweck derselben den Ladeplatz verlassen hat. Die Regel des § 580 Abs. 2 HGB. ist nicht übernommen, die Reise gilt also nicht schon dann als angetreten, wenn der Befrachter den Schiffer bereits abgefertigt hat, oder wenn er die Ladung bereits ganz oder zum Teil geliefert hat und die Wartezeit verstrichen ist.

c) Das Recht des Absenders, die Wiederausladung der Güter zu fordern, erleidet in dem Falle eine Beschränkung, wenn der Frachtführer einen Ladeschein ausgestellt hat; denn der § 447 Abs. 3 HGB. bestimmt:

Der Frachtführer darf einer Anweisung des Absenders, das Gut anzuhalten, zurückzugeben oder an einen anderen als den durch den Ladeschein legitimierten Empfänger auszuliefern, nur Folge leisten, wenn ihm der Ladeschein zurückgegeben wird; verletzt er diese Verpflichtung, so ist er dem rechtmäßigen Besitzer des Ladescheins für das Gut verhaftet.

Vgl. Anm. 2b zu § 36.

2. Wenn der Antritt oder die Fortsetzung der Reise durch Zufall verhindert ist, so kommen nicht die §§ 36 und 37 sondern die §§ 68—70 zur Anwendung. Hinsichtlich einer zeitweiligen Verhinderung der Reise s. § 71.

Teil- und Stückgüterverfrachtung (§§ 38—40).

Frachtvertrag über Schiffsteile oder Stückgüter von 10 000 kg ab.

§ 38. Ist nicht das Schiff im ganzen, sondern ein verhältnismäßiger Teil oder ein bestimmt bezeichneter Raum desselben verfrachtet oder hat der Frachvertrag Stückgüter im Gewichte von 10 000 Kilogramm oder mehr zum Gegenstande, so kommen die Vorschriften der §§ 28 bis 37 mit folgenden Abweichungen zur Anwendung:[1]

1. die Ladezeit beträgt für den einzelnen Absender bei einer von ihm zu liefernden Ladung

bis zu 50 000 Kilogramm einen Tag,
" " 100 000 " zwei Tage

und so fort in Stufen von 50 000 Kilogramm je einen Tag mehr für jede höhere Stufe bis zu Ladungen von 500 000 Kilogramm; von da ab steigt die Ladezeit für je 100 000 Kilogramm um je einen Tag; bei Ladungen über 1 000 000 Kilogramm beträgt die Ladezeit sechzehn Tage. Eine Verpflichtung zur Entrichtung von Liegegeld (§ 30) tritt jedoch in keinem Falle vor Ablauf von drei Tagen seit dem Zeitpunkte ein, mit welchem die Ladezeit einem der Absender gegenüber zuerst zu laufen begonnen hat; der Frachtführer ist indes nicht berechtigt, von mehreren Absendern gleichzeitig für denselben Tag das Liegegeld mehrfach zu beanspruchen;[2]

2. der Frachtführer erhält in den Fällen des § 34 und des § 36 Absatz 1 als Entschädigung nicht bloß ein Drittel, sondern die Hälfte der Fracht, es sei denn, daß sämtliche Absender keine Ladung liefern oder zurücktreten;[3]

3. der Absender kann in den Fällen der §§ 36, 37 die Wiederausladung nicht verlangen, wenn dieselbe eine Verzögerung der Reise zur Folge haben oder eine Umladung oder Umstauung nötig machen würde, es sei denn, daß zugleich die Genehmigung aller übrigen Absender beigebracht und auch das Schiff durch die Wiederausladung nicht gefährdet wird. Außerdem ist der Absender verpflichtet, die Mehrkosten und den Schaden zu ersetzen, welche durch die Wiederausladung entstehen.[4]

1. Sind Schiffsteile nach Quoten oder bestimmten Räumen oder sind Stückgüter von 10 000 kg. und darüber verfrachtet, so finden auf alle diese Fälle die Bestimmungen der §§ 28—37 über die Verfrachtung eines Schiffes im ganzen Anwendung, jedoch mit den im § 38 verordneten Abweichungen, welche dadurch notwendig werden, daß mehrere Absender vorhanden und einzelne wenige Stücke vielleicht an einem Zwischenorte zu übernehmen sind.

2. Die Ladezeit ist kürzer als die im § 29 geregelte und bestimmt sich für jeden Absender nach dem Gewicht der von ihm zu verladenden Güter und nach der ihm gegenüber abgegebenen Erklärung der Ladebereitschaft. Der Frachtführer kann dieselbe mehreren Absendern für denselben Tag anzeigen, falls die gleichzeitige Verladung ausführbar ist; wäre letzteres nicht der Fall, so würde trotz der angezeigten Ladebereitschaft die Ladezeit nicht in Lauf gesetzt und der Frachtführer unter Umständen dem Absender für die nutzlos verursachten Kosten aufkommen müssen (Begr. 73). Die Kommission (Ber. S. 11 und 23) hat der Nr. 1 den Zusatz hinzugefügt, daß eine Verpflichtung zur Zahlung von Liegegeld in keinem Falle eintritt vor Ablauf von drei Tagen seit dem Zeitpunkte, mit welchem die Ladezeit einem der Absender gegenüber zuerst zu laufen begonnen hat. In den Plenarberatungen des Reichstages vom 29. April und 4. Mai 1895 wurde hinzugefügt: „der Frachtführer ist indes nicht berechtigt, von mehreren Absendern gleichzeitig für denselben Tag das Liegegeld mehrfach zu beanspruchen". — Infolge des Gesetzes hat also der einzelne Absender seine besondere Ladezeit und muß bei deren Überschreitung nach Maßgabe der Nr. 1 Satz 2 Liegegeld zahlen. — Zu bemerken ist, daß, wie im Falle des § 29 Abs. 4, die gesetzliche Bestimmung der Ladezeit nur subsidiär ist, falls nicht durch Vereinbarung oder Anordnung der höheren Verwaltungsbehörde ein anderes bestimmt ist.

3. Die Fautfracht ist höher als die in den §§ 34, 36 verordnete, weil bei der Verfrachtung des ganzen Schiffes, wenn der Frachtführer oder der Absender von dem Frachtvertrage zurücktritt, die Unkosten der Reise gespart werden und der Frachtführer das Schiff anderweit verwenden kann. Bei der Teilverfrachtung trifft dies nur zu, wenn der Frachtführer gegenüber allen Absendern oder alle diese ihm gegenüber zurücktreten, und deshalb soll es für diesen Fall bei einem Drittel Fautfracht verbleiben. Erfolgt der Rücktritt aber nur von oder gegenüber einigen der Absender, so muß der Frachtführer mit Rücksicht auf die übrigen die Reise doch ausführen und erlangt daher nicht die obigen Vorteile. Die Fautfracht ist deshalb, und zwar um Streitigkeiten abzuschneiden (gegen § 587 Ziff. 1 HGB.), auf eine feste Quote, nämlich auf die halbe Fracht ohne Abzug etwaigen Frachtverdienstes durch anderweit beschaffte Ladung bestimmt (Begr. 74).

4. Das Recht, die Wiederausladung von Gütern zu verlangen, ist beschränkter als nach den §§ 36, 37 bei der Verfrachtung des ganzen Schiffes. Nur wenn sämtliche Absender der Teilladungen die Wiederausladung verlangen, liegt der Fall ebenso. Wenn aber nur einer oder mehrere der Absender die Ausladung ihrer Güter verlangen, so braucht der Frachtführer dem Verlangen nicht Folge zu leisten, wenn dadurch eine Verzögerung der Reise herbeigeführt oder eine Umladung oder Umstauung nötig gemacht würde, es sei denn, daß jene Absender die Genehmigung der übrigen in zweifelsfreier Weise beibringen und das Schiff durch die Wiederausladung nicht gefährdet wird. Leistet der Frachtführer dem Verlangen Folge, so sind ihm die durch die Wiederausladung entstehenden Kosten und Schäden zu ersetzen.

Frachtvertrag über Stückgüter unter 10000 kg.

§ 39. Hat der Frachtvertrag Stückgüter im Gewichte von weniger als 10000 Kilogramm zum Gegenstande, so muß der Absender auf die Aufforderung des Frachtführers ohne Verzug die Lieferung bewirken.

Erfolgt die Lieferung nicht unverzüglich, so ist der Frachtführer nicht verpflichtet, auf die Lieferung der Güter zu warten, und kann, wenn er ohne dieselben die Reise antritt, die Hälfte der bedungenen Fracht als Entschädigung beanspruchen.

Der Frachtführer, welcher den bezeichneten Anspruch auf die Fracht gegen den säumigen Absender geltend machen will, ist bei Verlust des Anspruchs verpflichtet, dies dem Absender vor Antritt der Reise kundzugeben. Auf diese Erklärung findet die Vorschrift im § 28 Absatz 3 Anwendung.[1]

Das Rücktrittsrecht des Absenders, sowie das Recht desselben, die Wiederausladung der Güter zu verlangen, bestimmt sich nach den Vorschriften des § 38.[2]

1. Sind Stückgüter unter 10000 kg an Gewicht verfrachtet, so hat der Absender auf die Aufforderung des Frachtführers „ohne Verzug", d. h. ohne schuldhaftes Zögern (§ 121 BGB., vgl. § 588 Abs. 2 HGB.) zu liefern; ist er mit der Lieferung säumig, so braucht der Frachtführer nicht zu warten und kann die halbe Fracht als Fautfracht fordern ohne Abzug des durch anderweite Ladung etwa beschafften Verdienstes, muß aber bei Verlust des Rechtes vor Antritt der Reise seinen Anspruch dem Absender kundgeben und kann hierüber auf dessen Kosten Protest erheben lassen.

2. Hinsichtlich des Rücktrittsrechts und des Rechtes, die Wiederausladung von Gütern zu verlangen, gilt für Stückgüter unter 10000 kg dasselbe, wie für Stückgüter mit größerem Gewicht (§ 38; vgl. Anm. 4 zu § 38).

Ladeplatz in den Fällen der §§ 38, 39.

§ 40. In den Fällen der §§ 38 und 39 hat der

Frachtführer an einem der ortsüblichen Ladeplätze anzulegen. Ist durch Vereinbarung dem Absender das Recht zur Anweisung des Ladeplatzes eingeräumt, so finden die Bestimmungen des § 27 Absatz 2 und 3 entsprechende Anwendung.

Bei der Teil- und Stückgüterverfrachtung hat der Frachtführer an einem der ortsüblichen Ladeplätze anzulegen; er ist also nicht wie bei der Verfrachtung des Schiffes im ganzen (vgl. § 27 Abs. 1) verpflichtet, das Schiff an dem von dem Absender ihm angewiesenen Platze hinzulegen. Wenn aber dem einen oder anderen der Absender das Recht der Anweisung des Ladeplatzes vertraglich eingeräumt ist, dann hat der Frachtführer die Anweisung zu befolgen, und darf nur, wenn sie verzögert wird oder unausführbar ist, und zwar unter tunlichster Berücksichtigung der Interessen des Absenders, an einem der ortsüblichen Ladeplätze anlegen (§ 27 Abs. 2). An verschiedenen Ladeplätzen braucht der Frachtführer nur im Falle besonderer Vereinbarung die Verladung vorzunehmen und hat dann Anspruch auf Ersatz der entstandenen Mehrkosten (§ 27 Abs. 3; vgl. Anm. 2 u. 3 zu § 27).

Anlieferung und Verladung der Güter.

§ 41. [1] **In Ermangelung einer besonderen Vereinbarung hat der Absender gepackte Güter auf das Schiff, lose Güter** [2] **in das Schiff zu liefern, der Frachtführer dagegen die weitere Verladung der Güter zu bewirken.**

1. Abweichend von § 561 HGB. bestimmt der § 41, daß in Ermangelung einer anderweiten Abrede der Absender gepackte Güter auf das Schiff, lose in das Schiff, d. h. auf den Schiffsboden oder in den sonst für sie bestimmten Raum zu liefern hat. Örtliche Verordnungen oder Ortsgebräuche sind nicht zu berücksichtigen (vgl. Vorbemerkung 3 vor § 26). Bei Schiffen ohne Verdeck erfolgt die Lieferung immer in das Schiff. Die Kosten für das Anrollen sowie für das Überführen in Schuten, Prahmen und ähnlichen Fahrzeugen nach dem Schiffe hat immer der Absender zu tragen; er muß den Frachtführer entschädigen, wenn dieser Arbeiten leistet, die an sich nach § 41 dem Absender obliegen. — Für die gehörige Stauung der Güter zu sorgen, ist dem Schiffer im § 8 Abs. 2 (vgl. dort Anm. 3a) auferlegt. Zum Zählen, Messen oder Wägen der Güter ist der Schiffer nicht verpflichtet, er muß es sich aber auf Kosten des Absenders gefallen lassen; veranlaßt er es selbst im eigenen Interesse, so muß er auch die Kosten tragen (Werner S. 79).

2. Unter losen Gütern sind solche zu verstehen (Begr. 76), die ohne besondere Verstauung auf den Schiffsboden oder in den sonst für sie bestimmten Raum geschüttet oder geworfen werden. Mittelstein (Anm. 2a zu § 41) begreift darunter sog. Bulkartikel, die nicht verpackt und nur nach Maß oder Gewicht gerechnet (nicht aber gezählt) werden. Demnach würden z. B. leere Fässer nicht als lose Güter anzusehen sein, weil sie gezählt werden; dies entspricht aber wohl nicht der Absicht des Gesetzes.

Zeit für Beladungsarbeiten und Antritt der Reise.

§ 42. Der Frachtführer hat die ihm hinsichtlich der Beladung obliegenden Arbeiten mit tunlichster Beschleunigung auszuführen. Zur Übernahme der Güter an Sonntagen und allgemeinen Feiertagen ist er nicht verpflichtet, es sei denn, daß ein Notfall vorliegt.[1]

Ist über die Zeit, binnen welcher der Frachtführer den Transport bewirken soll, im Frachtvertrage nichts bedungen, so ist die Reise binnen einer den Umständen des Falles angemessenen Frist anzutreten.[2]

1. a) Die schuldige Sorgfalt verpflichtet den Frachtführer, die hinsichtlich der Beladung ihm obliegenden Arbeiten (§ 41) tunlichst schnell auszuführen. Verletzt er diese Pflicht, so verliert er den Anspruch auf Liegegeld und Fautfracht (§§ 30 ff.) und haftet für Schadensersatz. Nach den Umständen des Falles, den am Orte bestehenden Einrichtungen und Gewohnheiten und der hiernach zu ermittelnden Absicht der Beteiligten kann der Frachtführer auch verpflichtet sein, die Beladung zur Nachtzeit auszuführen (Begr. 76). An Sonntagen und allgemeinen Feiertagen (vgl. Anm. 2 zu § 28) braucht der Frachtführer nur im Notfalle die Beladung vorzunehmen, d. h. wenn die eigentümlichen Verhältnisse der Schiffahrt (plötzlicher Wechsel des Wasserstandes, Eisgefahr u. dgl.) oder solche kommerzieller Art (drohender Verderb der Güter u. dgl.) es erfordern (Komm.Ber. 11). Mehr Schiffsvolk braucht der Schiffer dieserhalb nicht anzunehmen. Der Schiffsmann ist nach § 23 Abs. 1 verpflichtet, jederzeit die für Schiff und Ladung ihm übertragenen Arbeiten zu verrichten. Wegen der durch solche ausnahmsweise Beladung entstehenden Kosten vgl. § 66.

b) Im Gesetze ist nicht entschieden, ob der Frachtführer auch zur Übernahme etwas größerer Gütermengen, als im Vertrage vorgesehen, verpflichtet ist, wenn er die Verladung ohne außerordentliche Aufwendungen innerhalb der Ladezeit bewirken kann (Begr. 66).

2. Der zweite Absatz ist ein Zusatz der Kommission und will über die Zeit des Antritts der Reise Bestimmungen treffen, wenn die Transportfrist im Frachtvertrage nicht besonders bestimmt ist (Komm.Ber. 11); vgl. Anm. 1 zu § 62.

Substitution von Gütern.

§ 43. Der Frachtführer muß statt der vertragsmäßigen andere von demselben Absender nach dem Ablieferungsorte ihm angebotene Güter annehmen, wenn dadurch seine Lage nicht verschlechtert wird.

Das Gesetz geht, wie § 562 Abs. 1 HGB., davon aus, daß

die Bezeichnung der Güter im Frachtvertrage in der Regel nicht einen wesentlichen Bestandteil desselben bildet, der Absender also andere Güter verladen darf, wenn dadurch die Lage des Frachtführers nicht verschlechtert wird; letzteres hat im Streitfalle der Absender zu beweisen. Der § 43 ist jedoch nur dispositiv; er ist daher nicht anzuwenden, wenn aus dem Vertrage oder den Umständen die Absicht hervorgeht, daß der Vertrag gerade nur die bestimmt bezeichnete Ware betreffen soll. Eine Erschwerung der Lage des Frachtführers kann z. B. eintreten durch die Beschaffenheit (die höhere Gefährlichkeit, Komm.Ber. 23) der substituierten Güter, ihre schwierigere Einladung oder die für dieselben regelmäßig höher zu zahlende Fracht oder die geringere Pfandsicherheit derselben (Begr. 77, Komm.Ber. 12; vgl. DJZ. **98** 39). — Vgl. § 68 Nr. 2 und Anm. 5 dazu.

Substitution eines Schiffes.

§ 44. Ist die Beförderung mittelst eines bestimmten Schiffes bedungen, so darf der Frachtführer die Güter nicht in ein anderes Schiff verladen oder umladen. Im Falle einer Zuwiderhandlung haftet er für jeden Schaden, in Ansehung dessen er nicht beweist, daß derselbe auch dann entstanden und dem Absender zur Last gefallen sein würde, wenn die Güter nicht in das andere Schiff verladen worden wären.[1]

Ist die Beförderung mittelst eines bestimmten Schiffes nicht bedungen, so darf der Frachtführer in Ermangelung einer entgegenstehenden Vereinbarung bereits verladene Güter nicht ohne Erlaubnis des Absenders in ein anderes Schiff umladen, widrigenfalls er für allen, infolge der Umladung entstehenden Schaden haftet.[2]

Auf die Umladung in ein anderes Schiff, welche in Fällen der Not oder wegen niedrigen Wasserstandes erforderlich wird, sowie auf die übliche Umladung in Leichterschiffe an Hafenplätzen finden die vorstehenden Bestimmungen keine Anwendung. [3]

1. Ist die Beförderung in einem bestimmten Schiffe bedungen, so ist es selbstverständlich, daß der Frachtführer die Güter nicht in ein anderes Schiff verladen oder umladen darf, widrigenfalls er (entsprechend § 565 HGB). für jeden eintretenden Schaden haften muß, hinsichtlich dessen er nicht beweist, daß der Schaden auch in dem bestimmten Schiffe eingetreten und dem Absender zur Last gefallen wäre, mit anderen Worten: daß die Verladung in ein anderes Schiff dem Absender unschädlich war. Im Falle der Versicherung der Güter gegen die Gefahren der Binnenschiffahrt ist allerdings ein derartiges eigenmächtiges Verhalten des Frachtführers dem Versicherungsnehmer im Verhältnis zum Versicherer unnachteilig. Denn nach § 133 Abs. 2 Satz 2 VVG. haftet, abweichend von der Regel des § 133 Abs. 1 VVG. (s. Anhang D) der Versicherer dem Versicherungsnehmer, wenn ohne Zustimmung des letzteren die Beförderung geändert wird.

2. a) Ist nicht ein bestimmtes Schiff oder ein Schiff nur nach Gattung oder Klasse für die Verladung bedungen, so hört das Wahlrecht des Frachtführers doch mit der Verladung in ein Schiff auf, und er kann — falls nichts anderes vereinbart — sie nicht in ein anderes Schiff einladen, widrigenfalls er für allen infolge der Umladung entstehenden Schaden haftet. Ein solcher kann z. B. durch Beschädigung der Güter oder Minderung derselben oder Rückwirkung auf die Rechte des Absenders gegen den Versicherer eintreten. Den Beweis, daß der Schade ohne die Umladung nicht eingetreten wäre, hat der Absender in diesem Falle zu führen, wenn der Frachtführer nicht schon aus anderen Gründen für ihn zu haften hat (Begr. 78).

b) Genehmigt der Absender die Umladung, so treten die vorstehenden Folgen selbstverständlich nicht ein. Diese Genehmigung kann im voraus ausdrücklich gegeben oder nach den Umständen mit Rücksicht auf die an dem Orte der Verladung bestehende Übung als erteilt angesehen werden (Begr. 78).

3. Die beiden ersten Absätze dieses Paragraphen finden keine Anwendung, wenn die Substitution eines anderen Schiffes in Fällen der Not oder wegen niedrigen Wasserstandes erforderlich wird, oder, wie die Kommission (Ber. 12) mit Rücksicht auf den Schutenverkehr an Hafenplätzen hinzugefügt hat, es sich um die übliche Umladung in Leichterschiffe an Hafenplätzen handelt. In solchen Fällen kommen § 58 d. G. und § 431 HGB. zur Anwendung. Ist die Ableichterung auf Veranlassung des Absenders oder Empfängers vorgenommen und hat dieser den Leichterkahn gestellt, so gilt die Ableichterung als Ablieferung (vgl. § 58). Ist das Schiff mit Rücksicht auf die schon am Abgangsorte zu übersehenden Wasserverhältnisse zu schwer beladen, so verbleibt es bei der im § 8 Abs. 2 und 4 bestimmten Verantwortlichkeit des Schiffers und des Schiffseigners. Diese haben auch kein Recht, die Genehmigung zur Leichterung oder Abschleppung bzw. Schadenersatz wegen Versagung der Leichterung oder der Abschleppung zu verlangen, da der Wasserstand schon zur Zeit der Einladung so niedrig war, daß die Fahrt mit der eingeladenen Gütermenge unmöglich war (OLG. **13** 60); vgl. Anm. 2 e zu § 71.

b) Die Haftpflicht des Versicherers bleibt bestehen, wenn die versicherten Güter nach dem Beginne der Versicherung infolge eines Unfalls, für den der Versicherer haftet, mit einem anderen als dem im Versicherungsvertrage bestimmten Schiffe befördert werden (§ 137 Abs. 2 VVG.). Die Gefahr der Benutzung von Leichterfahrzeugen bei der Verladung oder der Ausladung trägt der Versicherer, wenn diese Benutzung ortsüblich ist (VVG. § 136). S. Anhang D.

Verantwortlichkeit des Absenders.
Gefährliche Güter.

§ 45. [1] **Der Absender, welcher unrichtige Angaben über die verladenen Güter macht oder Güter**

zur Verladung bringt, deren Ausfuhr oder deren Einfuhr in den Ablieferungsort verboten ist, oder welcher bei der Verladung die gesetzlichen Vorschriften,[2] insbesondere die Polizei-, Steuer- oder Zollgesetze übertritt, wird, sofern ihm dabei ein Verschulden zur Last fällt, nicht bloß dem Frachtführer, sondern auch den übrigen Ladungsbeteiligten, den beförderten Personen und der Schiffsbesatzung für den durch seine Handlungsweise veranlaßten Schaden verantwortlich.

Dadurch, daß er mit Genehmigung des Frachtführers gehandelt hat, wird seine Verantwortlichkeit den übrigen Personen gegenüber nicht ausgeschlossen.

Er kann aus der Einziehung der Güter keinen Grund herleiten, die Zahlung der Fracht zu verweigern.[3]

Gefährden die Güter das Schiff oder die übrige Ladung, so ist der Frachtführer befugt, dieselben an das Land zu setzen oder in dringenden Fällen über Bord zu werfen.[4]

1. a) Der § 45 entspricht im wesentlichen dem § 563 HGB. und wird sachlich ergänzt durch den für die Binnenschiffahrt geltenden § 427 HGB. (s. § 26 d. G.), welcher lautet:

> Der Absender ist verpflichtet, dem Frachtführer die Begleitpapiere zu übergeben, welche zur Erfüllung der Zoll-, Steuer- oder Polizeivorschriften vor der Ablieferung an den Empfänger erforderlich sind. Er haftet dem Frachtführer, sofern nicht diesem ein Verschulden zur Last fällt, für alle Folgen, die aus dem Mangel, der Unzulänglichkeit oder der Unrichtigkeit der Papiere entstehen.

Hinsichtlich der Begleitpapiere haftet der Absender also ohne Rücksicht darauf, ob er die Unrichtigkeit oder Unzulänglichkeit verschuldet hat, während er für die Fälle des § 45 nur haftet, sofern ihm dabei ein Verschulden, insbesondere eine Verheimlichung zur Last fällt. Kannte der Frachtführer die Eigenschaft des Gutes und hat er trotzdem den Transport übernommen, so hat er damit auch die betreffende Gefahr übernommen (RG. **20** 78; vgl. auch **15** 151).

Hinsichtlich der Verjährung des Anspruchs des Frachtführers wegen Verschuldens des Absenders kommt ebenso wie für den Anspruch der Ladungsbeteiligten, der beförderten Personen und der Schiffsbesatzung nicht die zweijährige Frist des § 196 Nr. 3 BGB. (Frachtvertrag), sondern die dreijährige Frist des § 852 (unerlaubte Handlung) zur Anwendung (HGZ. **03** 104).

b) Die Vorschrift des § 591 HGB., daß der Absender innerhalb der Lade- oder Überliegezeit alle zur Verschiffung der Güter erforderlichen Papier zuzustellen hat, ist für die Binnenschiffahrt nicht übernommen, weil hier die Nachsendung unter Umständen möglich und genügend ist (Begr. 78).

2. Hierzu gehören auch solche Vorschriften, welche nach Maßgabe der Gesetze durch Verordnungen erlassen sind (Förtsch Anm. 2 zu § 45).

3. Hierdurch ist der Frage nicht präjudiziert, inwieweit der Absender aus anderweiten Umständen, z. B. weil die Reise eingestellt worden ist, eine Einrede gegen die Frachtforderung herleiten kann.

4. Eine Gefährdung der Güter liegt auch vor, wenn ihr Verbleiben auf dem Schiffe das Einschreiten einer Behörde zur Folge haben kann (vgl. Seemannsordnung § 87 Abs. 2). Je nachdem ein Verschulden des Absenders vorliegt oder nicht, wird dieser die volle Fracht oder nur Distanzfracht nebst etwaigen sonstigen Forderungen des Frachtführers für die ausgesetzten Güter zu entrichten haben (vgl. § 69 und Anm. 2 dazu). Hinsichtlich des Reisegepäcks s. § 77 und Anm. 1 dazu.

Löschplatz.

§ 46. [1] Ist das Schiff im Ganzen verfrachtet,

so hat der Frachtführer nach der Ankunft am Ablieferungsorte das Schiff zur Löschung der Ladung an den ihm von dem Empfänger angewiesenen Platz hinzulegen.

Wenn die Anweisung nicht rechtzeitig erfolgt, oder wenn die Wassertiefe, die Sicherheit des Schiffes oder die örtlichen Verordnungen oder Einrichtungen die Befolgung der erteilten Anweisung nicht gestatten, so kann der Frachtführer, falls der Empfänger auf die Aufforderung nicht unverzüglich einen geeigneten Löschplatz bezeichnet, an einem der ortsüblichen Löschplätze anlegen. Er hat bei der Wahl des Löschplatzes das Interesse des Empfängers tunlichst zu berücksichtigen.[2]

Die Ablieferung an verschiedenen Orten des Löschplatzes vorzunehmen ist der Frachtführer nur verpflichtet, wenn dies besonders vereinbart ist. Er hat in diesem Falle Anspruch auf Ersatz der entstehenden Mehrkosten. Die Dauer der Löschzeit wird durch die übernommene Verpflichtung nicht berührt.[3]

1. Die §§ 46—57 handeln von der Löschung der Ladung, und zwar die §§ 46—52 von dem Falle, wenn das Schiff im ganzen verfrachtet ist, und die §§ 53—55 von dem Falle, wenn Teil= oder Stückgüterverfrachtung vorliegt; sie gelten nicht für die in § 131 bezeichneten Fahrten.

2. a) Der § 46 entspricht dem § 27 über den Ladeplatz und bezieht sich nur auf den Fall, daß das Schiff im ganzen verfrachtet und nur ein Empfänger vorhanden ist. Ist die Ladung an verschiedene Personen auszuliefern, so ist der Frachtführer nicht verbunden, an verschiedenen Orten anzulegen, wenn dies

nicht besonders vereinbart ist, er hat vielmehr dann an einem der ortsüblichen Löschplätze anzulegen (Begr. 79). Hinsichtlich des Löschplatzes bei Teil= und Stückgüterverfrachtung s. § 55. Vgl. im übrigen Anm. 2 zu § 27; insbesondere hinsichtlich der Befugnis des Frachtführers zur Anlegung an einem der orts= üblichen Löschplätze, der Erstattung der ihm erwachsenden Mehr= kosten und seiner evtl. Regreßpflicht.

b) § 46 Abs. 1 u. 2 findet nur Anwendung, wenn nicht im Frachtvertrag ein bestimmter Löschplatz vereinbart ist. Ist ein Löschplatz vereinbart, so muß der Frachtführer an dem= selben anlegen, wenn auch die Entladung dort für ihn mit außer= gewöhnlichen Schwierigkeiten verbunden ist. Ist ein bestimmter Löschplatz nicht vereinbart, so muß der vom Empfänger ange= wiesene bzw. der vom Frachtführer gewählte ein unter Berück= sichtigung der Ortsverhältnisse angemessener sein (OLG. **1** 248). Einen ortsüblichen Löschplatz darf der Frachtführer auch auf suchen, wenn der ihm angewiesene aufhört, geeignet zu sein. Wegen Gefährdung der Sicherheit des Schiffes darf der Schiffer den ihm vom Empfänger angewiesenen Löschplatz auch dann ablehnen, wenn ihm auf der Rückpassage von jenem Platze Gefahr droht (ROH. **5** 372).

Findet der Schiffer den ihm angewiesenen Löschplatz besetzt, so hat er nach Berliner Handelsgebrauch dem Emp= fänger hiervon Anzeige zu machen, widrigenfalls er das Recht verliert, Liegegeld für die Zeit zu fordern, während welcher die Löschung hierdurch verzögert wird (Dove=Meyerstein 137).

Wird dem Schiffer von der Schiffahrtspolizei die Erlaubnis zum Anlegen an dem angewiesenen Löschplatz, weil dieser besetzt sei, verweigert und darauf vom Empfänger eine andere Auslade= stelle nicht bezeichnet, weil dieser die Ausladung nur an der erst= bezeichneten Stelle wünscht, so werden nach Berliner Han= delsbrauch die Tage, an denen der Schiffer auf die polizeiliche Erlaubnis warten muß, auf die unentgeltliche Liegezeit ange= rechnet (Apt 125).

c) Empfänger ist nach 426 Nr. 3 HGB. (s. bei 26 d. G.) derjenige, an welchen das Gut nach Inhalt des Frachtvertrages abgeliefert werden soll. Hat der Frachtführer einen Ladeschein (§ 445 HGB.) ausgestellt (§ 72 BinnenschG.), so ist zum Empfange des Gutes nur derjenige legitimiert, an welchen das Gut nach dem Ladeschein abgeliefert werden soll, oder auf welchen der Ladeschein, wenn er an Order lautet, durch Indossament übertragen ist; der so legitimierte Empfangsberechtigte ist daher im Falle der Ausstellung eines Ladescheins Empfänger im Sinne des § 46 d. G. Ist der Ladeschein nur an Order gestellt, so gilt der Absender als Empfänger. Empfänger im Rechtssinn ist daher nicht jeder, dem die Güter tatsächlich eingehändigt werden, sondern derjenige, der im eigenen Namen empfängt oder in dessen Namen empfangen wird (RG. **41** 117).

d) Ist der Empfänger dem Frachtführer nicht bekannt und auch bei einer etwaigen Meldeadresse (§ 72) nicht zu ermitteln, so kann die in Abs. 2 vorgeschriebene Aufforderung nicht erfolgen, und der Frachtführer kann ohne weiteres an einem der ortsüblichen Löschplätze anlegen.

3. Vgl. Anm. 3 zu § 27. — In Frage könnte kommen, ob der Lauf der Löschzeit nicht für die Dauer der Reise von dem einen zum anderen Löschplatz unterbrochen wird, falls Gegenteiliges nicht vereinbart ist. In Hamburg besteht für die Elbe der Handelsgebrauch, daß wenn sich ein oberländischer Kahn durch einen Ladeschein verpflichtet, seine Ladung nach zwei verschiedenen Plätzen zu schaffen und dort an einen Empfänger abzuliefern, für beide Plätze nur eine Löschzeit gilt (OLG. **10** 352).

Anzeige der Löschbereitschaft. Protest.

§ 47. [1] Sobald der Frachtführer zum Löschen bereit ist, hat er dies dem Empfänger anzuzeigen. [2]

Die Anzeige hat an einem Werktage vor dem Schlusse der ortsüblichen Geschäftsstunden zu erfolgen. Eine später oder an einem Sonntage oder allgemeinen Feiertage erfolgte Anzeige gilt als am nächsten Werktage erfolgt. [3]

Weigert sich der Empfänger, den Zeitpunkt des Empfanges der Anzeige zu bescheinigen, so ist der Frachtführer befugt, eine öffentliche Urkunde darüber auf Kosten des anderen Teiles errichten zu lassen.[4]

Wenn der Empfänger nicht zu ermitteln ist, so muß die Anzeige der Löschbereitschaft durch öffentliche Bekanntmachung in ortsüblicher Weise erfolgen.[5]

1. Der § 47 Abs. 1—3 entspricht dem § 28 über die Ladebereitschaft mit der Maßgabe, daß im § 47 nur gesagt ist, der Frachtführer könne, wenn der Empfänger sich weigert, den Tag der erhaltenen Anzeige zu bescheinigen, eine öffentliche Urkunde darüber auf Kosten des anderen Teiles errichten lassen. Hierunter ist der Empfänger verstanden, wenn er die Güter annimmt, und der Absender, wenn jener die Güter anzunehmen ablehnt, vorbehaltlich seines Rückgriffs an den Empfänger aus dem zwischen ihnen etwa bestehenden Lieferungsvertrage (Begr. 79, Komm.Ber. 12).

2. a) Die Anzeige hat hier wie in § 28 die Bedeutung, daß ohne sie der Lauf der Löschzeit (§ 48) nicht beginnt. Vorausgesetzt ist aber, daß das Schiff am Ablieferungsort angekommen ist (vgl. §§ 46 Abs. 1, 51 Abs. 2; a. M. Förtsch Anm. 2 zu § 47), und von seiten des Frachtführers nichts entgegensteht, den ihm anzuweisenden oder den ortsüblichen Löschplatz einzunehmen (ROH. **19** 285). — In Berlin gilt das Schiff als am Ablieferungsort angekommen, wenn es am Tage der Anzeige an der Weichbildgrenze angekommen und imstande ist, am Morgen des darauf folgenden Werktages an dem Löschplatze anzulegen (OLG. **2** 370). Löschbereit ist jedoch der Schiffer hiermit noch nicht, vielmehr beginnt die Löschbereitschaft erst nach Erreichung der Löschstelle mit der Anzeige des Schiffers, daß er nunmehr ausladebereit sei und demgemäß rechnet auch die Löschzeit erst von dem auf diese Anzeige folgenden Tage ab (Apt 122). — Kann der Frachtführer nach Eintreffen am Ab-

lieferungsorte wegen Platzmangels an der ihm bezeichneten Stelle nicht anlegen, so wird hierdurch seine Löschbereitschaft nicht beseitigt (HGZ. **99** 48, Seuffert Archiv **54** 309; Begr. 65). Stellen sich der Erreichung des Löschplatzes Hindernisse entgegen, die von dem Empfänger nicht verschuldet sind, so wird in der Regel die Löschzeit nicht zu laufen beginnen (ROH. **17** 94; vgl. Anm. 1 zu § 28).

b) Die Anzeige ist an den Empfänger zu richten, der im Falle des § 72 Abs. 3 bei der Meldeadresse erfragt werden muß.

3. Vgl. Anm. 2 a u. b zu § 28.

4. Vgl. Anm. 3 zu § 28 und oben Anm. 1.

5. Der Frachtführer muß, bevor er zur öffentlichen Bekanntmachung schreitet, Ermittelungen nach dem Empfänger anstellen, also eine etwa angegebene Meldeadresse (§ 72 Abs. 3) oder die Polizeibehörde angehen; im Falle des § 52 Abs. 2 muß er auch den Absender in Kenntnis setzen.

Die Kosten der öffentlichen Bekanntmachung hat der Empfänger bzw. der Absender zu tragen (HGZ. **01** 163). A. M. Mittelstein-Anm. 4 zu § 47.

Löschzeit.

§ 48.[1] Mit dem auf die Anzeige der Löschbereitschaft folgenden Tage beginnt die Löschzeit.

Die Dauer der Löschzeit bestimmt sich nach der auf die Ladezeit bezüglichen Vorschrift im § 29 Absatz 2.

Bei der Berechnung kommen auch diejenigen Tage in Ansatz, an welchen der Emfänger, wenngleich ohne sein Verschulden, die Ladung abzunehmen verhindert ist. Nicht in Ansatz kommen die Sonntage und allgemeinen Feiertage, sowie die Tage, an welchen durch zufällige Umstände, insbesondere durch Hochwasser oder Eisgefahr die Löschung nicht nur der verladenen, sondern jeder Art von Gütern verhindert ist.[2]

Die Vorschrift im Absatz 2 findet nur insoweit Anwendung, als nicht durch Vereinbarung oder Verordnung der höheren Verwaltungsbehörde ein Anderes bestimmt ist.[3]

1. Der § 48 entspricht dem § 29 über die Ladezeit (vgl. Anm. 2 zu § 29). Entscheidend für die Berechnung der Löschzeit ist das im Ladeschein angegebene, nicht das etwa davon abweichende Gewicht, für welches die Fracht bezahlt ist (§ 83 d. G., §§ 445 Nr. 6, 446 HGB.). — Es steht dem Empfänger frei, wie er die ihm zur Verfügung stehende Löschzeit ausnutzen, und ob und wieviel er an den einzelnen Tagen löschen will (HGZ. **07** 47). Bei der Verfrachtung des Schiffes im ganzen hat der Schiffer sich auch lediglich darum zu kümmern, ob die Gesamtlöschzeit des § 29 Abs. 2 eingehalten wird, es berührt ihn nicht, ob die einzelnen Empfänger die Löschfristteile, die im Verhältnis unter ihnen bezw. zwischen ihnen und dem Befrachter auf sie entfallen mögen, richtig ausnutzen (OLG. **7** 161).

In betreff der Löschzeit bei Teil- und Stückgüterverfrachtung s. §§ 53, 54.

2. a) Durch den Schluß der Schiffahrt wird die Löschung nicht gehindert, er hat daher auf den Lauf der Löschzeit keinen Einfluß (vgl. Apt 131).

b) Nach Berliner Handelsbrauch hindert heftiger Regen nicht das Ausladen (Löschen) von Gütern im Sinne des § 48 Abs. 3. — Es besteht ferner hier der Handelsbrauch, daß der Schiffer, der sich verpflichtet hat, transportierte Steine abzukarren, dies innerhalb der Löschzeit zu bewirken hat (Dove-Meyerstein 134).

3. a) Die höhere Verwaltungsbehörde (§ 133) kann demnach nur hinsichtlich der Dauer der Löschzeit eingreifen; dagegen kann durch Vereinbarung auch eine Änderung der Vorschriften in Abs. 1 und 3 bestimmt werden, da insoweit kein zwingendes Recht vorliegt.

b) Die Berliner Löschbedingungen beruhen auf handelsgebräuchlicher Rechtsbildung, welche dem Binnensch.Ges. zeitlich vorausgeht. Als Handelsgebrauch haben sie ihre Bedeutung verloren, da die Bestimmungen des Binnensch.Ges. über die Lade- und Löschfristen nur insofern dispositiv sind, als sie nicht durch Vereinbarung oder Verordnung der höheren Verwaltungsbehörde abgeändert sind. Vgl. Anm. 3 zu § 29. Verordnungen über die Löschzeit sind in Berlin nicht ergangen Dove-Meyestein 133).

Liegegeld für Überschreitung der Löschzeit.

§ 49. Wenn der Empfänger die Ladung nicht bis zum Ablaufe der Löschzeit abnimmt, so gebührt dem Frachtführer Liegegeld für jeden Tag, um welchen infolgedessen die Löschzeit überschritten wird. Die Höhe des Liegegeldes bestimmt sich nach § 32.

Außer dem Liegegelde kann der Frachtführer auch den Ersatz eines höheren Schadens verlangen, welcher ihm durch die Überschreitung der Löschzeit erwächst. [1]

1. a) Der § 49 entspricht im wesentlichen dem § 30 über das für Überschreitung der Ladezeit zu zahlende, im § 32 seiner Höhe nach bestimmte Liegegeld, jedoch fehlt hier die in § 30 Satz 2 aufgestellte Einschränkung, daß für Tage, an denen die Schiffahrt geschlossen ist, Liegegeld nicht beansprucht werden kann. Ferner ist, abweichend vom § 30 d. G. aber gemäß § 602 HGB., dem Frachtführer außer dem Liegegelde auch der Ersatz eines ihm durch Überschreitung der Löschzeit erwachsenen Schadens gewährt, weil er bei Verzögerung der Löschung nicht, wie bei gänzlicher oder teilweiser Versäumung der Beladung, vom Vertrage zurücktreten oder abfahren, sondern nur selbst löschen kann. Das Liegegeld stellt sich daher als das Minimum des Interesses des Frachtführers an der rechtzeitigen Löschung dar und ist unabhängig von dem Nachweis eines Verschuldens des Empfängers oder eines Schadens auf seiten des Frachtführers. Der Frachtführer ist nicht verpflichtet, den Empfänger auf den Ablauf der Löschzeit vorher aufmerksam zu machen. Unerheblich ist auch, ob der Frachtführer ungeachtet der Löscharbeit gleichzeitig neue Ladung eingenommen hat (HGZ. **00** 68). Betreffs der Fälligkeit des Liegegeldes s. Anm. 1 a zu § 30. Für die Geltendmachung eines das Liegegeld überschreitenden Schadens (das Liegegeld ist auf den Gesamtschaden anzurechnen [Mittelstein Anm. 5 zu § 49]) ist ebenfalls ein Verschulden des Empfängers nicht vorausgesetzt, der Frachtführer ist nur für die Entstehung des höheren Schadens beweispflichtig (a. M. HGZ. **00** 56), doch wird § 254 BGB. zu beachten sein. Immer aber ist Voraussetzung, daß der Frachtführer löschbereit war (vgl. Anm. 1 zu § 30). Ist der Empfänger nicht zu ermitteln, oder verweigert er die Annahme oder ergibt sich ein sonstiges Auslieferungshindernis, so greift § 52 d. G. ein. — Betreffs der Teil- und Stückgüterverfrachtung s. § 53 Abs. 2 Satz 2.

b) Schuldner des Liegegeldes ist hier wie im § 30 der Absender und nach Empfangnahme des Gutes und des Frachtbriefes der Empfänger (§ 436 HGB.); der Frachtführer hat das Pfand- und Verfolgungsrecht aus § 440 HGB. Ist das Liegegeld durch ein offensichtliches Verschulden des Empfängers bei der Abnahme der Ladung entstanden, so ergibt sich aus der Verpflichtung des Frachtführers zur sorgfältigen Erfüllung des Frachtvertrages gegenüber dem Absender die Pflicht des Frachtführers, dem Empfänger die Ladung nur gegen Zahlung des Liegegeldes auszuliefern (OLG. **3** 61). In der Erteilung einer vorbehaltlosen Quittung über die Fracht ist ein Verzicht auf das Liegegeld zu finden (HGZ. **82** Nr. 18).

Überliegezeit.

§ 50. [1] Die Bestimmung des § 49 Absatz 1 gilt auch dann, wenn bedungen ist, daß der Frachtführer

nach Ablauf der Löschzeit noch weiter auf die Abnahme der Ladung warten soll (Überliegezeit). Der Ersatz eines das Liegegeld überschreitenden Schadens kann in diesem Falle nur wegen Überschreitung der Überliegezeit verlangt werden.

Die Überliegezeit beginnt mit dem Ablaufe der Löschzeit. Auf die Dauer und die Berechnung derselben finden die Bestimmungen im § 29 Absatz 2 und § 48 Absatz 3 und 4 mit der Maßgabe Anwendung, daß die Überliegezeit in Ermangelung einer besonderen Vereinbarung höchstens eine Woche beträgt. [2]

1. Der § 50 entspricht dem § 31 für die Überliegezeit bei der Ladung. Der in § 49 Abs. 2 enthaltene Zusatz ist hier durch Satz 2 des Abs. 1 aufgehoben, da bei bedungener Überliegezeit selbstverständlich ein das Liegegeld überschreitender Schadensersatz erst nach Überschreitung der bedungenen Frist gefordert werden kann.

2. Die Woche bedeutet hier wie im § 31 sieben Werktage, an denen nicht die Löschung jeder Art von Gütern verhindert ist (§ 48 Abs. 3, vgl. Anm. 2 zu § 31). Dagegen sind Tage, an denen die Schiffahrt geschlossen ist, in die Überliegezeit einzurechnen und deshalb durch Liegegeld abzugelten (vgl. Anm. 2 zu § 48, Anm. 1 zu § 49).

War das Schiff an einzelnen Tagen nicht stets löschbereit, so ist nur ein Abstrich der betreffenden Stunden von der Überliegezeit berechtigt. Die Vorschrift, daß Löschzeit und Überliegezeit nach vollen Tagen zu rechnen sind, kommt insofern zur Anwendung, als ein nach Abzug der dem Schiffer zur Last fallenden Stunden sich ergebender Bruchteil eines Überliegetages für voll zu rechnen ist (OLG. 2 369, HGZ. 01 151); vgl. Anm. 2c zu § 29.

Wartezeit.

§ 51. Nach Ablauf der Löschzeit oder der etwa vereinbarten Überliegezeit ist der Frachtführer nicht verpflichtet, auf die Löschung noch länger zu warten. Er muß jedoch seinen Willen, nicht länger zu warten,

bei Ladungen bis zu 10000 Kilogramm spätestens einen Werktag,
bei Ladungen bis zu 50000 Kilogramm spätestens zwei Werktage,
bei Ladungen über 50000 Kilogramm spätestens drei Werktage

vor Ablauf der Löschzeit oder der Überliegezeit dem Empfänger erklären. Ist dies nicht geschehen, so läuft die Wartezeit nicht eher ab, als bis die Erlärung nachgeholt ist und seit dem Tage, an dem sie erfolgt ist, die vorstehend bezeichneten Fristen verstrichen sind. Auf die Erklärung finden die Bestimmungen im § 47 Absatz 2, 3 entsprechende Anwendung.

Die Wartezeit läuft in keinem Falle ab, bevor eine der Löschzeit gleichkommende Frist seit dem Tage, an welchem das Schiff den Löschplatz erreicht hat, verstrichen ist.

Der § 51 entspricht dem § 33 über die Wartezeit bei der Beladung, abweichend vom § 601 HGB., welcher eine Wartezeit bei der Löschung nicht vorschreibt (Begr. 80; vgl. Anm. 1 zu § 33). Nach Ablauf der Wartezeit hat der Frachtführer das in § 52 Abs. 1 bezeichnete Recht.

Verfügung des Frachtführers über die Güter.

§ 52. [1] Nach Ablauf der Wartezeit ist der Frachtführer berechtigt, die Löschung selbst vorzunehmen und die Güter in einem öffentlichen Lagerhause oder in anderer sicherer Weise zu hinterlegen.[2]

Ist der Empfänger des Gutes nicht zu ermitteln oder verweigert er die Annahme oder ergibt sich ein sonstiges Ablieferungshindernis, so hat der Frachtführer den Absender unverzüglich hiervon in Kenntnis zu setzen und dessen Anweisung einzuholen. Ist dies den Umständen nach nicht tunlich oder ist der Absender mit der Erteilung der Anweisung säumig oder die Anweisung nicht ausführbar, so kann der Frachtführer nach der Bestimmung im Absatz 1 verfahren, auch wenn die Wartezeit noch nicht abgelaufen ist.[3] Er kann, falls das Gut dem Verderben ausgesetzt und Gefahr im Verzug ist, das Gut auch gemäß § 373 Absatz 2 bis 4 des Handelsgesetzbuchs verkaufen lassen.[4]

Von der Hinterlegung und dem Verkaufe des Gutes hat der Frachtführer den Absender und den Empfänger unverzüglich zu benachrichtigen; im Falle der Unterlassung ist er zum Schadensersatze verpflichtet. Ist der Empfänger nicht zu ermitteln, so hat die Benachrichtigung von der Hinterlegung durch öffentliche Bekanntmachung in ortsüblicher Weise zu erfolgen; im übrigen dürfen die Benachrichtigungen unterbleiben, soweit sie untunlich sind.[5 6]

1. **Entstehungsgeschichte. Verhältnis zu § 437 HGB.** § 52 beruht in seiner jetzigen Fassung auf Art. 12 Nr. II und III EG. indem in Abs. 1 an Stelle des früher gebrauchten Ausdrucks „niederlegen" das Wort „hinterlegen" gesetzt ist (vgl. § 36

Abs. 4), und die früheren Abs. 2 u. 3 durch die jetzt vorhandenen Vorschriften ersetzt sind. Die letztere Änderung ist infolge eines Beschlusses der HGB Reichstagskommission eingeführt, um dem Schiffer das jedem anderen Frachtführer nach § 437 HGB. zustehende Verkaufsrecht zu erteilen (Komm.Ber. 12). Dabei ist hier in Abs. 3, entsprechend § 437 Abs. 3 HGB., auch hinzugefügt worden, daß der Frachtführer zum Schadensersatz verpflichtet ist, wenn er es unterläßt, den Absender und den Empfänger von der Hinterlegung und dem Verkauf zu benachrichtigen. Daß die Benachrichtigung des Empfängers durch öffentliche Bekanntmachung in ortsüblicher Weise erfolgen muß, wenn der Empfänger nicht zu ermitteln ist, ist aus dem früheren § 52 d. G. beibehalten worden, entgegen der Vorschrift in § 437 HGB., welcher den Frachtführer allgemein auch von der Benachrichtigung des Empfängers über Hinterlegung und Verkauf befreit, wenn sie untunlich ist.

2. Hinterlegung nach Ablauf der Wartezeit. Der Abs. 1 des § 52 gibt dem Frachtführer nach Ablauf der Wartezeit, im wesentlichen entsprechend § 601 Abs. 2 HGB, das Recht der Selbsthilfe zur Befreiung von den Gütern. Vorausgesetzt ist hierbei, daß der Empfänger ermittelt, und daß ihm eine Wartezeit (§ 51) gesetzt ist. Der Frachtführer kann dann ohne Mitwirkung des Gerichts die Löschung selbst vornehmen und die Güter hinterlegen; er muß aber nach Abs. 3 dieses Paragraphen den Empfänger unverzüglich von der Hinterlegung benachrichtigen. Hinterlegt er die Güter anderswo als in einem öffentlichen Lagerhause, so muß er hierbei die Sorgfalt eines ordentlichen Frachtführers (§ 7) anwenden. Lagert er sie bei sich selbst, so wird er Lagergeld (vgl. §§ 384, 420 HGB.) zu fordern berechtigt sein. In jedem Falle wird er zweckmäßigerweise den Zustand der Güter zur Zeit der Selbsthilfe feststellen lassen. Hierzu bietet ihm eine Handhabe die Bestimmung des § 488 Abs. 1 CPO.:

> Die Beweisaufnahme kann . . . beantragt werden, wenn . . . der Zustand eines Gutes festzustellen ist, für dessen Beweis ein . . . Frachtführer zu sorgen verpflichtet ist.

3. a) **Hinterlegung vor Ablauf der Wartezeit.** Der Abs. 2 verpflichtet den Frachtführer, wenn der Empfänger nicht zu ermitteln ist oder die Annahme verweigert oder bei sonstigem Ablieferungshindernis, unverzüglich (§ 121 BGB.) den Absender hiervon zu benachrichtigen und dessen Anweisung einzuholen. Nur wenn dies nach den Umständen untunlich oder der Absender mit der Anweisung säumig oder diese unausführbar ist, tritt das im Abs. 1 bestimmte Recht des Frachtführers noch vor Ablauf der Wartezeit ein (Komm.Ber. 12). Eine Pflicht zur Hinterlegung, welche der Entwurf d. G. (Begr. 80) entsprechend § 601 Abs. 2 HGB. für den Fall vorschreiben wollte, wenn der Empfänger die Abnahme verweigert, oder bis zum Ablaufe der Löschzeit nicht zu ermitteln ist, hat das G. nicht anerkannt. Der Frachtführer darf daher mit der Ladung liegen bleiben und kann Liegegeld, gegebenen Falles auch Schadensersatz (§ 49), fordern. Indessen kann doch dieser Anspruch fortfallen, wenn der Frachtführer von der in § 52 Abs. 2 eröffneten Befugnis ohne zureichenden Grund keinen Gebrauch macht (§ 254 BGB.).

Unterläßt der Frachtführer die Benachrichtigung, so macht er sich dem Absender gegenüber schadensersatzpflichtig, auch ist es dann rechtlich möglich, die Hinterlegung nicht als für Rechnung des Absenders bewirkt anzusehen. Dem Empfänger gegenüber aber wird er durch diese Unterlassung nicht seines etwaigen Anspruchs auf Liegegeld verlustig (HGZ. **01** 256).

b) Über die Voraussetzungen, welche § 52 Abs. 2 in Satz 1 und 2 aufstellt, ist folgendes zu bemerken:

aa) Die Verweigerung der Annahme kann ausdrücklich erklärt, sie muß aber auch als vorliegend erachtet werden, wenn Differenzen über die Modalitäten der Abnahme entstehen und letztere dieserhalb unterbleibt (ROH. **2** 416; RG. **14** 9). Unerheblich ist, ob die Weigerung vor oder nach Ablauf der Lösch- oder Überliegezeit erfolgt.

bb) Unter den Ablieferungshindernissen werden nur solche zu verstehen sein, die nicht von dem Frachtführer zu beseitigen sind (Förtsch Anm. 6 zu § 52).

cc) Hinsichtlich der Nichtermittelung des Empfängers vgl. Anm. 5 zu § 47.

dd) Als nicht ausführbar muß die Anweisung des Absenders auch dann erachtet werden, wenn durch ihre Befolgung Rechte des Frachtführers, z. B. sein Pfandrecht beeinträchtigt werden würden.

4. Selbsthilfeverkauf. Die hier angezogenen Abs. 2—4 § 373 HGB. haben folgenden Wortlaut:

Er ist ferner befugt, nach vorgängiger Androhung die Ware öffentlich versteigern zu lassen; er kann, wenn die Ware einen Börsen- oder Marktpreis hat, nach vorgängiger Androhung den Verkauf auch aus freier Hand durch einen zu solchen Verkäufen öffentlich ermächtigten Handelsmäkler oder durch eine zur öffentlichen Versteigerung befugte Person zum laufenden Preise bewirken. Ist die Ware dem Verderb ausgesetzt und Gefahr im Verzuge, so bedarf es der vorgängigen Androhung nicht; dasselbe gilt, wenn die Androhung aus anderen Gründen untunlich ist.

Der Selbsthilfeverkauf erfolgt für Rechnung des säumigen Käufers.

Der Verkäufer und der Käufer können bei der öffentlichen Versteigerung mitbieten.

Die dem Frachtführer in Abs. 2 Satz 3 des § 52 eröffnete Verkaufsbefugnis zum Zwecke der Befreiung von der Ladung ist nicht zu verwechseln mit dem Verkaufsrechte zur Realisierung des Frachtführer-Pfandrechts (§ 440 HGB.). Bei dem Selbsthilfeverkauf aus § 52 bedarf es nicht der vorgängigen Androhung des Verkaufs (§ 1234 Abs. 1 BGB.), weil es sich hier um Gefahr im Verzuge und um Güter handelt, die dem Verderben ausgesetzt sind (HGB. § 373 Abs. 2 letzter Satz). Der Verkauf ist nicht an den Ablauf einer Frist (§ 368 HGB.) gebunden. Auch bedarf es nicht der vorgängigen Benachrichtigung des Absenders oder des Empfängers von der Zeit und dem Orte der Versteigerung (§ 1237 BGB.), da eine solche Benachrichtigung weder in § 52 Abs. 2 und 3 d. G. noch in § 373 Abs. 2—4 HGB. erwähnt ist; § 373 Abs. 5 HGB. ist hier nicht für anwendbar erklärt.

Der Verkauf erfolgt in dem vorliegenden Falle für Rechnung des Absenders, vorausgesetzt, daß die gesetzlichen Erfordernisse beobachtet sind.

5. Der Abs. 3 verpflichtet den Frachtführer, wenn er von seinem Selbsthilferechte Gebrauch macht, zur Vermeidung von Schadensersatzfolgen hiervon unverzüglich den Absender und den Empfänger behufs deren weiterer Veranlassung zu benachrichtigen. Sind die Benachrichtigungen untunlich, so kann jegliche Benachrichtigung des Absenders und die Benachrichtigung des Empfängers von dem Verkaufe unterbleiben. Die öffentliche Bekanntmachung der Hinterlegung im Falle der Nichtermittelung des Empfängers darf nicht unterbleiben.

b) Im Falle der Versicherung der Güter gegen die Gefahren der Binnenschiffahrt endigt, auch bei durchgehenden Policen, die Versicherung, wenn sich ein Ablieferungshindernis ergibt, mit dem Zeitpunkt, in welchem die Güter rechtmäßig (§ 52 Abs. 2 u. 3) hinterlegt oder verkauft werden (VVG. § 134 Abs. 2 u. § 147); s. Anhang D.

Löschung bei Verfrachtung von Schiffsteilen oder Stückgütern von 10000 kg ab.

§ 53.[1] Die §§ 47 bis 52 kommen auch dann zur Anwendung, wenn ein verhältnismäßiger Teil oder ein bestimmt bezeichneter Raum des Schiffes verfrachtet ist oder der Frachtvertrag Stückgüter im Gewichte von 10000 Kilogramm oder mehr zum Gegenstande hat.

Die Löschzeit beträgt für den einzelnen Empfänger bei einer von ihm abzunehmenden Ladung

bis zu 50000 Kilogramm einen Tag,
" " 100000 " zwei Tage

und so fort in Stufen von 50000 Kilogramm je einen

Tag mehr für jede höhere Stufe bis zu Ladungen von 500 000 Kilogramm; von da ab steigt die Löschzeit für je 100 000 Kilogramm um je einen Tag; bei Ladungen über 1 000 000 Kilogramm beträgt die Löschzeit sechzehn Tage. Eine Verpflichtung zur Entrichtung von Liegegeld oder zum Schadensersatze (§ 49) tritt jedoch in keinem Falle vor Ablauf von drei Tagen seit dem Zeitpunkte ein, mit welchem die Löschzeit einem der Empfänger gegenüber zuerst zu laufen begonnen hat. Der Frachtführer ist indes nicht berechtigt, von mehreren Empfängern gleichzeitig für denselben Tag das Liegegeld mehrfach zu beanspruchen.[2]

1. Die §§ 53 bis 55 handeln von dem Falle der Löschung bei Teil- und Stückgüterverfrachtung: Sie bleiben außer Anwendung, wenn zwar die Ladung in Teilquantitäten an verschiedene Empfänger auszuliefern, das Schiff aber im ganzen verfrachtet ist; in solchem Falle sind die §§ 47—52 maßgebend (HGZ. **98** 74). — Im sog. Hafenverkehr finden die §§ 53—55 keine Anwendung (§ 131 Abs. 1).

2. a) § 53 entspricht dem § 38 Nr. 1 über die Ladezeit in den dort näher bezeichneten Fällen. Es kommen danach bei der in § 53 erwähnten Teil- und Stückgutverfrachtung zunächst zur Anwendung die Vorschriften über die Anzeige der Löschbereitschaft (§ 47), über Beginn und Berechnung der Löschzeit (§ 48 Abs. 1 u. 3), Überliegezeit und Wartezeit (§§ 50, 51) und Selbsthilfe (§ 52). Hinsichtlich des Löschplatzes s. § 55. Die Löschzeit ist in § 53 wie in § 38 Nr. 1 besonders geregelt. Wie dort kann auch hier der Frachtführer die Löschbereitschaft (vgl. § 47) mehreren Empfängern für denselben Tag anzeigen, vorausgesetzt, daß die gleichzeitige Entlöschung möglich ist. Daß er Liegegeld, bezüglich dessen im übrigen auch hier die Vorschriften des § 49 Abs. 1 gelten, nicht für denselben Tag mehrfach beanspruchen kann, entspricht dem § 38 Nr. 1; dasselbe wird vom Schadensersatz (§ 49 Abs. 2) gelten müssen (Mittelstein Anm. 1 d zu § 53). — Ist im Ladeschein die Gesamtlöschzeit für die ganze Ladung in der gesetzlichen Höhe, die der Schiffer bei Verfrachtung des Fahrzeugs im ganzen gehabt hätte, vereinbart, so ist dem Schiffer Liegegeld nur bei einer Überschreitung der Gesamtlöschzeit zu bewilligen (Dove-Meyerstein 135).

b) Durch Vereinbarung und durch Anordnung der höheren Verwaltungsbehörde kann, da durch Satz 1 des § 53 auch § 48 Abs. 4 in Bezug genommen ist, die Dauer der Löschzeit anders normiert werden, als in § 53 Abs. 2 bestimmt ist.

Löschung bei Verfrachtung von Stückgütern unter 10000 kg.

§ 54. Hat der Frachtvertrag Stückgüter im Gewichte von weniger als 10000 Kilogramm zum Gegenstande, so muß der Empfänger auf die Aufforderung des Frachtführers ohne Verzug die Abnahme bewirken.[1]

Hinsichtlich der Aufforderung findet § 47 Absatz 4 und hinsichtlich der Hinterlegung des Gutes § 52 entsprechende Anwendung.[2]

Für die Tage, um welche durch die Säumnis des Empfängers oder durch das Hinterlegungsverfahren die Frist, binnen welcher das Schiff würde entlöscht worden sein, überschritten ist, hat der Frachtführer Anspruch auf Liegegeld unbeschadet des Rechts, einen höheren Schaden geltend zu machen.[3]

1. § 54 Abs. 1 entspricht dem § 39 Abs. 1 über die Ladezeit bei Stückgütern unter 10000 kg Gewicht.

Eine Anzeige der Löschbereitschaft (§ 47) braucht hier nicht zu erfolgen, vielmehr muß jeder Empfänger auf die Aufforderung des Frachtführers unverzüglich, d. h. ohne schuldhafte Säumnis die Abnahme bewirken. Der Empfänger kann nicht verlangen, daß ihm die etwa an verschiedenen Stellen des Schiffes verstauten Güter gleichzeitig ausgehändigt werden, denn die Stauung (§ 8 Abs. 2) erfolgt mit Rücksicht auf die Sicherheit des Schiffes (DJZ. 01 440).

In den Fällen des § 131 findet § 54 keine Anwendung.

2. Der Frachtführer muß wie im Falle des § 47 Abs. 4 (vgl. dort Anm. 5) nötigenfalls Ermittelungen nach dem Empfänger anstellen und im Falle der Nichtermittelung oder Annahmeverweigerung oder eines sonstigen Ablieferungshindernisses unverzüglich den Absender in Kenntnis setzen. Er darf nur unter den in § 52 Abs. 2 Satz 2 bezeichneten Voraussetzungen das Gut hinterlegen. Ob er auch zum Selbsthilfeverkauf gemäß § 52 Abs. 2 Satz 3 befugt ist, kann zweifelhaft sein, weil § 54 ausdrücklich nur von der Hinterlegungsbefugnis spricht. Jedoch ist die Verkaufsbefugnis nach geschehener Aufforderung des Empfängers, bzw. unter Beachtung des § 47 Abs. 4 d. G. in Gemäßheit des § 383 BGB. zuzulassen, wenn das Gut zur Hinterlegung nicht geeignet oder wenn sein Verderb zu besorgen oder die Hinterlegung mit unverhältnismäßigen Kosten verbunden ist; § 437 HGB. findet hier nicht Anwendung, weil er in § 26 d. G. nicht in Bezug genommen sondern durch § 52 ersetzt ist.

3. Im Falle des § 54 gibt es keine gesetzliche Löschzeit und keine Wartezeit. Die Löschung muß von allen Empfängern innerhalb der zur Entlöschung des Schiffes erforderlichen Zeit bewirkt worden sein (Mittelstein Anm. 5 zu § 54). Diejenigen Empfänger, durch deren Säumnis eine Überschreitung der erforderlichen Löschzeit verursacht worden ist, haften für Liegegeld und event. Schadensersatz.

Löschplatz in den Fällen der §§ 53, 54.

§ 55. In den Fällen der §§ 53 und 54 hat der Frachtführer an einem der ortsüblichen Löschplätze

anzulegen. Ist durch Vereinbarung dem Empfänger das Recht zur Anweisung des Löschplatzes eingeräumt, so finden die Bestimmungen im § 46 Absatz 2 und 3 Anwendung.

Das Binnenschiffahrtsgesetz enthielt in der früheren Fassung keine Bestimmung darüber, wo im Falle der Teil- und Stückgüterverfrachtung der Schiffer zum Löschen anzulegen hat, wenn eine Vereinbarung über den Anlegeplatz nicht getroffen ist. In einem solchen Falle muß jetzt der Schiffer an einem der ortsüblichen Löschplätze anlegen (s. Bericht der HGB.Kommission 142). Im übrigen schließt sich der § 55 den Bestimmungen des § 46 Abs. 2 u. 3 über die Löschung, wenn das Schiff im ganzen verchartert ist, an. Der Frachtführer muß also, wenn durch Vereinbarung dem Empfänger das Recht zur Anweisung des Löschplatzes eingeräumt ist, an dem ihm angewiesenen Platze anlegen und darf nur, wenn die Anweisung nicht rechtzeitig erfolgt, oder wenn die Wassertiefe, die Sicherheit des Schiffes oder die örtlichen Verordnungen oder Einrichtungen die Befolgung der erteilten Anweisung nicht gestatten und ihm trotz Aufforderung nicht unverzüglich von dem Empfänger ein geeigneter Löschplatz bezeichnet wird, einen der ortsüblichen Löschplätze wählen, muß aber hierbei das Interesse des Empfängers tunlichst berücksichtigen (§ 46 Abs. 2). Er ist nur, wenn solches besonders vereinbart ist, verpflichtet, die Ablieferung an verschiedenen Orten des Löschplatzes vorzunehmen, hat dann aber Anspruch auf Ersatz der entstehenden Mehrkosten; auch wird hierdurch die Dauer der Löschzeit (§ 53 Abs. 2, Anm. 3 zu § 54) nicht geändert (vgl. auch § 40 und Anm. 2 u. 3 zu § 46 und zu § 27).

Nach den für Berlin geltenden Löschbedingungen hat bei Teilladungen der Empfänger des größten Teils der Ladung die Ausladestelle zu bestimmen, und sind dem Schiffer auch die übrigen Teile der Ladung an dieser Stelle abzunehmen. Bei gleichen Teilen hat derjenige Empfänger, dessen Ware nach dem Urteil des Schiffers zuerst zur Löschung gelangen muß, die Bestimmung der Ausladestelle (Apt 129).

Abnahme und weitere Entladung.

§ 56.[1] Sofern nicht durch Vereinbarung ein anderes bestimmt ist, hat der Empfänger gepackte Güter auf dem Schiffe, lose Güter in dem Schiffe abzunehmen und die weitere Entladung zu bewirken.[2]

Die Bestimmungen des § 42 Absatz 1 finden entsprechende Anwendung.[3]

1. § 56 beruht in seiner jetzigen Fassung auf Art. 12 Nr. V EG. Der frühere Abs. 2 des Paragraphen, welcher den Frachtführer verpflichtete,

> mangels besonderer Vereinbarung die Entlöschung auf Verlangen an verschiedenen Löschplätzen gegen Ersatz der Mehrkosten vorzunehmen,

ist gestrichen worden, weil er infolge der Hinzusetzung des Abs. 3 zu § 46 überflüssig geworden war.

2. Abs. 1 des § 56 entspricht dem § 41 über die Beladung. Er trifft Bestimmung über die dem Frachtführer und dem Empfänger hinsichtlich der Löschung der Güter obliegenden Leistungen und die hieraus folgende Verbindlichkeit zur Tragung der betreffenden Kosten. Danach hat, sofern nicht durch Vereinbarung etwas anderes bestimmt ist, der Empfänger ohne Rücksicht auf etwaige Ortsgebräuche oder örtliche Verordnungen, gepackte Güter auf dem Schiffe, lose Güter in dem Schiffe abzunehmen und für die weiteren Entladungsarbeiten zu sorgen (abweichend § 593 HGB.). Der Frachtführer ist, wenn nicht ausdrücklich etwas anderes vereinbart ist, nicht verpflichtet, bei der Entladung loser Güter selbst oder mit seinen Leuten Hilfe zu leisten, dagegen berechtigt, für derartige Arbeiten besondere Vergütung zu fordern. Seine Verpflichtung geht in der Regel nur dahin, solche Ladung in der Lage, wie sie im Schiffsraum liegt, zwecks Löschung zur Verfügung zu stellen. Laufbretter und Ladestege für die Entlöschung braucht der Frachtführer nicht zu stellen. — Über den Begriff „lose Güter" s. Anm. zu § 41. Gepackte Güter hat der Frachtführer auf das Deck zu bringen (RG. **52** 400); bei Schiffen ohne Deck hat die Abnahme mangels besonderer Vereinbarung stets im Schiffe zu erfolgen.

Die im regelmäßigen Verlaufe der Reise erwachsenden Kosten der Ableichterung hat der Frachtführer zu tragen (§ 66). Über den Zeitpunkt, wann der Empfänger dem Frachtführer Zahlung zu leisten hat, trifft § 56 keine Bestimmung; hierüber vgl. Anm. 1 zu § 67.

In den Fällen des § 131 kommt § 56 nicht zur Anwendung.

3. Durch die Bezugnahme auf § 42 Abs. 1 ist klargestellt, daß der Frachtführer die ihm hinsichtlich der Löschung obliegenden Arbeiten mit tunlichster Beschleunigung auszuführen hat; mit der Löschung eines Durchschnittsquantums darf er sich nicht begnügen. Im Falle der Verletzung dieser Pflicht verliert er den Anspruch auf Liegegeld und haftet für Schadensersatz (vgl. HGZ. **03** 152, OLG. 7 161). Zu Arbeiten an Sonntagen und allgemeinen Feiertagen ist er nur im Notfalle verpflichtet, dagegen nach den Umständen des Falles auch zu Nachtarbeiten (vgl. Anm. 1 zu § 42). Für solche außergewöhnliche Arbeit hat er Anspruch auf Vergütung (§ 66).

Überladung in Leichterfahrzeuge.

§ 57.[1] Wenn zur Erleichterung des Schiffes die Ladung ganz oder teilweise in Leichterfahrzeuge übergeladen worden ist, so hat der Frachtführer dem Leichterschiffer eine Abschrift des Frachtbriefes oder Ladescheines sowie eine Bescheinigung über die Ladung, die der Leichterschiffer übernommen hat, zu behändigen.

Die Dauer der Löschzeit wird dadurch, daß die Ladung ganz oder teilweise in Leichterfahrzeuge übergeladen worden ist, nicht verändert, vielmehr teilen sich Hauptschiff und Leichterfahrzeug in dieselbe nach dem Verhältnisse der in dem Hauptschiffe verbliebenen und der in das Leichterfahrzeug überschlagenen Ladung. Ergeben sich bei der Berechnung Bruchteile, so wird bis einhalb nach unten, über einhalb nach oben abgerundet. Hat ein Leichterschiff Ladung von verschiedenen Hauptschiffen übernommen, so berechnet sich die Löschfrist selbständig für jede einzelne Ladung nach Maßgabe vorstehender Grundsätze.[2]

Der Empfänger hat nach der Reihenfolge der Anzeigen der Löschbereitschaft die Löschung vorzunehmen, ist aber nicht verpflichtet, Hauptschiff und Leichterschiff gleichzeitig zu löschen.

Das von dem Empfänger bei Überschreitung der Löschzeit zu zahlende Liegegeld berechnet sich nach der Tragfähigkeit desjenigen Schiffes bei dem die Löschzeit überschritten ist.[3]

1. § 57 soll (Komm.Ber. 24) die Verhältnisse bei der zur Erleichterung des Schiffes stattfindenden Überladung in Leichterfahrzeuge (vgl. §§ 44, 66 d. G.) regeln. Er findet keine Anwendung bei der Umladung in Leichterfahrzeuge (Schuten) an Haferplätzen (§ 131).

Im Falle der Versicherung der Güter gegen die Gefahren der Beförderung auf Binnengewässern trägt der Versicherer die Gefahr der Benutzung von Leichterfahrzeugen bei der Verladung oder der Ausladung, wenn die Benutzung ortsüblich ist (VVG. § 136); s. Anhang D.

2. § 57 Abs. 2 Satz 3 will besagen, daß der Empfänger für jede aus verschiedenen Hauptschiffen in ein Leichterschiff überschlagene Ladung dem Leichterschiffe gegenüber eine besondere Löschfrist hat, welche nach dem Verhältnisse des in das Leichterfahrzeug übernommenen Ladungsteils zu der in dem zutreffenden

Hauptschiffe verbliebenen Ladung zu berechnen ist (§ 57 Abs. 2 Satz 1 u. 2).

3. Es kommt also für die nach §§ 49, 32 vorzunehmende Berechnung des Liegegeldes die Tragfähigkeit des Hauptschiffes oder des Leichterschiffes in Betracht, je nach dem bei dem einen oder anderen die Löschzeit (§ 57 Abs. 2) überschritten ist.

Haftung des Frachtführers für Verlust und Beschädigung.

§ 58.[1 2] Der Frachtführer haftet für den Schaden, welcher seit der Empfangnahme bis zur Ablieferung durch Verlust oder Beschädigung des Frachtgutes entstanden ist, sofern er nicht beweist, daß der Verlust oder die Beschädigung durch Umstände herbeigeführt ist, welche durch die Sorgfalt eines ordentlichen Frachtführers nicht abgewendet werden konnten.

Die Haftung des Frachtführers ist insbesondere ausgeschlossen, wenn der Verlust oder die Beschädigung aus einem mangelhaften Zustande des Schiffes nebst Zubehör oder der Lade- oder Löschgerätschaften entstanden ist, welcher trotz der Sorgfalt eines ordentlichen Frachtführers nicht zu entdecken war.[3]

Für den Verlust oder die Beschädigung von Kostbarkeiten, Kunstgegenständen, Geld und Wertpapieren haftet der Frachtführer nur, wenn ihm die Beschaffenheit oder der Wert des Gutes bei der Übergabe zur Beförderung angegeben worden ist.[4]

1. a) Der § 58 ist, unter Abweichung vom § 57 des Gesetzentwurfs (Begr. 86), in der Kommission (Ber. 13) entstanden, und beseitigte für die Binnenschiffahrt die Bestimmung des

Art. 395 Abs. 1 ADH., welche auch für die Seefracht (Art. 607) galt. Dem § 58 entspricht die jetzige Regelung der Haftung des Frachtführers (Verfrachters) für Verlust oder Beschädigung nach §§ 429, 606 HGB.

b) Der frühere Abs. 3 des § 58, in welchem rücksichtlich der Berechnung des zu leistenden Schadensersatzes auf Art. 396 ADH. verwiesen war, ist durch Art. 12 Nr. VI EG. in Wegfall gebracht, weil der dem Art. 396 ADH. entsprechende § 430 HGB. in § 26 d. G. in Bezug genommen ist.

c) Durch die auf Art. 12 Nr. VI beruhende Fassung des jetzigen Abs. 3 ist die Übereinstimmung mit § 429 Abs. 2 HGB. herbeigeführt.

2. a) Die §§ 58—59 befassen sich mit der Haftung des Frachtführers für Verlust oder Beschädigung des Gutes während seiner custodia. Daneben bleibt nach § 26 die Bestimmung des § 432 HGB. über die Haftung mehrerer auf einander folgender Frachtführer bei durchgehenden Transporten in Kraft. Der § 431 HGB. behält insoweit seine Bedeutung neben § 3 d. G., als es sich um die Haftung des Frachtführers für die Handlungen seines Personals handelt, wenn dieses nicht zur Schiffsbesatzung gehört (Begr. 85).

b) § 58 enthält nicht zwingendes Recht, kann also durch Vereinbarung abgeändert werden (Begn 83). Einzelne Transportgesellschaften stellen die Bedingung, dar sie für die in § 58 Abs. 1 bezeichneten Schäden nur so weit haften, als ihnen, den Schiffsführern oder der Schiffsmannschaft von demjenigen, der den Schadensanspruch erhebt, eine grobe Verschuldung nachgewiesen werden kann. Dies führt im Ergebnis oft zur Ausschließung der Haftung, da die Ladungsbeteiligten die Vorgänge auf der Reise nicht kennen. Die Zulässigkeit einer dahinzielenden Vereinbarung ist jedoch nicht zu beanstanden. Nichtig ist aber eine Vereinbarung, durch welche dem Frachtführer die Haftung wegen eigenen Vorsatzes im voraus erlassen wird (§ 276 Abs. 2 BGB.). Dagegen kann die Haftung für Vorsatz und grobes Verschulden der Hilfspersonen im voraus erlassen werden (§ 278 Satz 2 BGB.). Vgl. RG. **20** 116. —

Die Klausel im Ladeschein: „frei von Beschädigung" schließt die Haftung für Verlust nicht aus (HGZ. **08** 12; vgl § 657 HGB.).

c) Hinsichtlich des Schiffsgläubigerrechts für die Forderungen wegen Nichtablieferung oder Beschädigung der Ladungsgüter s. § 102 Nr. 4 d. G.

d) Die Ansprüche gegen den Frachtführer wegen Verlustes, Beschädigung oder verspäteter Ablieferung von Frachtgütern verjähren nach §§ 439, 414 HGB. nach einem Jahre, und zwar wegen gänzlichen Verlustes mit dem Ablaufe des Tages, an welchem die Ablieferung hätte bewirkt werden müssen, und wegen Verminderung, Beschädigung oder verspäteter Ablieferung mit dem Ablaufe des Tages, an welchem die Ablieferung geschehen ist (vgl. Anm. 2 zu § 117).

3. Im § 58 Abs. 1 u. 2 ist dem Frachtführer zu seiner Entschuldigung nicht mehr der Beweis auferlegt, daß der Verlust oder die Beschädigung durch höhere Gewalt oder durch die natürliche Beschaffenheit des Gutes, namentlich durch inneren Verderb, Schwinden, gewöhnliche Leckage u. dgl., oder durch äußerlich nicht erkennbare Mängel der Verpackung entstanden ist, sondern nur der Beweis, daß der Verlust oder die Beschädigung durch Umstände herbeigeführt ist, welche durch die Sorgfalt eines ordentlichen Frachtführers nicht abgewendet werden konnten. Der Abs. 2 exemplifiziert nur (wie das Wort insbesondere ergibt) auf den Fall, wenn trotz Anwendung der Sorgfalt eines ordentlichen Frachtführers der schadenbringende mangelhafte Zustand des Schiffes nebst Zubehör oder der Lade- oder Löschgerätschaften von dem Frachtführer nicht zu entdecken war.

Der Frachtführer hat demnach die für den Schaden ursächlichen Umstände und in bezug auf den hieraus sich ergebenden Tatbestand darzutun, daß ihm und den Personen, für die er verantwortlich ist, ein Verschulden nicht zur Last fällt (HGZ. **02** 326, **03** 59, **08** 99; JW. **08** 114; RG. **66** 41). Die allgemeine Berufung auf sein sorgsames Verhalten genügt nicht zur Entlastung des Frachtführers. Für sein Hilfspersonal haftet er wie für eigene Handlungen (§ 431 HGB.). Voraussetzung für die Anwendung des § 58 ist aber, daß der Frachtführer im übrigen vertragsmäßig gehandelt hat. Hat er z. B. ein anderes Schiff substituiert, so haftet er gemäß § 44 Abs. 1 oder 2 d. G. Ist die Ursache des Schadens nicht aufzuklären, so geht dies zu Lasten des Frachtführers, da er sich für den während der Übernahme des Frachtgutes entstandenen Schaden zu verantworten hat. Nur ausnahmsweise wird bei unaufgeklärter Schadensursache der Frachtführer dann als befreit angesehen werden können, wenn ihn hinsichtlich aller möglicherweise in Betracht kommenden Ursachen ein Verschulden offenbar nicht trifft (RG. **66** 42).

Hat der Frachtführer sich freigezeichnet (vgl. Anm. 2 b), so muß er beweisen, daß der Schaden aus dem freigezeichneten Ereignis entstanden ist.

Ist der Frachtführer zugleich Schiffseigner, so greifen die §§ 3 u. 4 Nr. 3 d. G. ein.

Ist der Schaden durch Verschulden des Ladungsbeteiligten verursacht, so fällt der Ersatzanspruch fort. Bei konkurrierendem Verschulden kommt § 254 BGB. zur Anwendung.

Der Umfang der Haftung im Falle des § 58 bestimmt sich nach § 430 HGB. (abgedruckt bei § 26), falls nichts anderes vereinbart ist.

Im einzelnen ist folgendes zu bemerken:

a) Der Schaden (Verlust oder Beschädigung) muß in der Zeit von der Empfangnahme bis zur Ablieferung entstanden sein. Wer einen Anspruch aus § 58 erhebt, muß also beweisen, daß das Gut ohne den Quantitäts- oder Qualitätsmangel dem Frachtführer übergeben worden ist.

b) Empfangnahme des Gutes seitens des Frachtführers liegt vor, sobald dieser die tatsächliche Gewalt über das Gut oder einzelne Stücke der Ladung zum Zwecke der Beförderung erlangt hat. Ablieferung ist derjenige Akt, durch welchen der Frachtführer die zum Zwecke des Transports erlangte Gewahrsam nach Beendigung des Transports mit Einwilligung des Empfängers wieder aufgibt (ROH. **2** 153, **14** 294); die

Ablieferung ist demnach regelmäßig erst bewirkt, wenn das Frachtgut aus dem Schiffe ausgeladen ist (OLG. 8 391). Der Ablieferung steht die Hinterlegung im Falle des § 52 gleich (vgl. auch Anm. 3 zu § 44).

c) § 58 behandelt nur den Schaden, welcher durch Verlust oder Beschädigung entstanden ist; hinsichtlich des Schadens durch verspätete Ablieferung s. § 62; hinsichtlich der Haftung für Schaden durch inneren Verderb, außergewöhnliche Leckage usw. vgl. § 59 Nr. 4. Indessen setzt Verlust nicht notwenig Untergang des Gutes voraus, er kann auch vorliegen, wenn das Gut an einen Nichtberechtigten ausgehändigt ist. Und Beschädigung bedeutet nicht notwendig dauernden Eingriff in die Substanz, sie kann auch bei vorübergehendem Feuchtwerden des Gutes vorliegen (Werner S. 91). Vgl. Anm. 2 b.

d) Betreffs der Feststellung des Schadens s. § 61 d. G.

e) Hinsichtlich durchgehender Transporte s. § 432 HGB.

f) Unerheblich für die Anwendung des § 58 Abs. 2 ist, ob der Mangel des Schiffes vor oder nach der Beladung eingetreten ist. Hat der Frachtführer das Schiff vor der Fahrt durch Sachverständige reparieren oder untersuchen lassen, so ist er von der Haftung für die dabei nicht behobenen Mängel frei. Hinsichtlich der Pflichten des Schiffers vgl. § 8 d. G.

g) In betreff der Bewachung von Schuten im Hafenverkehr vgl. Anm. 1 b zu § 131.

4. Hinsichtlich der in § 58 Abs. 3 bezeichneten Gegenstände fällt jede Haftung des Frachtführers als solchen fort, wenn ihm nicht die Beschaffenheit oder der Wert bei der Übergabe zur Beförderung angegeben worden ist (ROH. 8 271). Die Haftung für rechtswidriges Handeln bleibt unberührt (a. a. O. S. 273). Hinsichtlich des Reisegepäcks vgl. § 77.

Ausnahmen von § 58.

§ 59. [1] Der Frachtführer haftet nicht:

1. in Ansehung der Güter, welche nach Vereinbarung mit dem Absender auf Deck verladen

oder in Schiffen ohne Verdeck befördert werden,
für den Schaden, welcher aus der mit dieser Beförderungsweise verbundenen Gefahr entstanden ist;[2]

2. in Ansehung der Güter, welche, obgleich ihre Natur eine Verpackung zum Schutze gegen Verlust oder Beschädigung auf dem Transport erfordert, nach Inhalt des Frachtbriefes oder Ladescheines unverpackt oder mit mangelhafter Verpackung aufgegeben sind,
für den Schaden, welcher aus der mit dem Mangel oder der mangelhaften Beschaffenheit der Verpackung verbundenen Gefahr entstanden ist;[3]

3. in Ansehung der Güter, deren Verladung und Ausladung von dem Absender oder Empfänger besorgt wird,
für den Schaden, welcher aus der mit dem Verladen und Ausladen oder mit einer mangelhaften Verladung verbundenen Gefahr entstanden ist;

4. in Ansehung der Güter, welche vermöge ihrer eigentümlichen natürlichen Beschaffenheit der besonderen Gefahr ausgesetzt sind, Verlust oder Beschädigung, namentlich Bruch, Rost, inneren Verderb, außergewöhnliche Leckage,[4] Austrocknung und Verstreuung zu erleiden,
für den Schaden, welcher aus dieser Gefahr entstanden ist;

5. in Ansehung lebender Tiere,

für den Schaden, welcher aus der mit der Beförderung dieser Tiere für dieselben verbundenen besonderen Gefahr entstanden ist.

Ist ein Schaden eingetreten, welcher nach den Umständen des Falles aus einer der bezeichneten Gefahren entstehen konnte, so wird bis zum Beweise des Gegenteils vermutet, daß der Schaden aus der betreffenden Gefahr entstanden ist.

Eine Befreiung von der Haftpflicht kann auf Grund der vorstehenden Bestimmungen nicht geltend gemacht werden, wenn nachgewiesen wird, daß der Schaden durch Verschulden des Frachtführers oder seiner Leute entstanden ist.[5]

1. Der § 59 enthält nur dispositives Recht. Er schließt sich dem eisenbahnrechtlichen § 459 HGB. an; die Abänderungen ergeben sich aus der anderweiten Transportart. Seine hauptsächliche Bedeutung liegt in der durch Abs. 2 aufgestellten Vermutung. Voraussetzung für diese Vermutung ist, daß der eingetretene Schaden aus der betreffenden Gefahr nach den Umständen des Falles eintreten konnte (ROH. **17** 304). Hat der Frachtführer diese Voraussetzung dargetan, so tritt die Vermutung ein, daß der Schaden aus der betreffenden Gefahr entstanden ist (Makower, Kommentar z. HGB. Anm. IV zu § 459). Diese Vermutung kann nun durch den Nachweis widerlegt werden, daß der Schaden nicht durch die bezeichnete Gefahr entstanden ist oder entstanden sein kann (RG. **10** 109), sondern in irgendeinem anderen Umstande seine Ursache hat (Begr. 85). Ist ein solcher Nachweis erbracht worden, so kann der Frachtführer sich gemäß § 58 Abs. 1 exkulpieren, andernfalls haftet er gemäß § 430 HGB. Siehe auch Abs. 4, wonach eine Befreiung von der Haftpflicht auf Grund der vorstehenden Bestimmungen nicht geltend gemacht werden kann, wenn der Geschädigte nachweist, daß der

Schaden durch Verschulden des Frachtführers oder seiner Leute entstanden ist.

2. Liegt keine Vereinbarung (ausdrückliche oder stillschweigende) mit dem Absender über Verladung auf Deck oder in einem Schiff ohne Deck vor, so kann der Frachtführer sich nicht auf die etwaige Üblichkeit einer solchen Beförderungsweise berufen. Zu der mit einer solchen Beförderungsweise verbundenen Gefahr gehört auch diejenige des Diebstahls (ROH. **19** 133).

3. Vgl. § 76.

4. Unter gewöhnlicher Leckage ist das regelmäßige Dringen gewisser Flüssigkeiten durch die Fugen der Gebinde ohne deren äußere Beschädigung zu verstehen; unter „außergewöhnliche Leckage" fällt das infolge der eigentümlichen natürlichen Beschaffenheit des Gutes außergewöhnlich starke Aussickern und das durch äußere oder gewaltsame Beschädigung der Fastage herbeigeführte Auslaufen (RG. **56** 402).

5. Zu den Leuten des Frachtführers gehört nicht bloß die Schiffsbesatzung (§ 3), sondern auch anderes Hilfspersonal. Betreffs der vertragsmäßigen Ausschließung der Haftung für Verschulden der Leute des Frachtführers s. Anm. 2 b zu § 58. Die Haftung für vorsätzliche schädigende Handlungen des Frachtführers selbst kann nicht im voraus erlassen werden (§ 276 Abs. 2 BGB.).

6. Nach § 131 Abs. 2 VVG. (s. Anhang D) haftet bei der Versicherung von Gütern der Versicherer nicht für einen Schaden, welcher durch die natürliche Beschaffenheit der Güter, namentlich durch inneren Verderb, Schwinden, gewöhnliche Leckage, sowie durch mangelhafte Verpackung der Güter oder durch Ratten oder Mäuse verursacht wird; ist jedoch die Reise durch einen Unfall, für den der Versicherer haftet, ungewöhnlich verzögert worden, so fällt der Schaden dem Versicherer insoweit zur Last, als er infolge der Verzögerung eingetreten ist. Vgl. § 821 Nr. 3 HGB.

Franchise. Vermischung lose geladener Güter.

§ 60. Die Zentralbehörden der Bundesstaaten und bei den die Gebiete mehrerer Bundesstaaten berührenden Wasserstraßen der Bundesrat sind befugt, für gewisse Güter zu bestimmen, daß für ein Mindergewicht oder ein Mindermaß, das einhalb vom Hundert nicht übersteigt, der Frachtführer nicht verantwortlich sein soll, es sei denn, daß ihm nachweisbar ein Verschulden zur Last fällt. [1]

Sind lose geladene Güter von gleichartiger Beschaffenheit für verschiedene Empfänger an Bord, ohne daß die einzelnen Partien durch dichte Wände getrennt lagern, so ist das Mindergewicht oder Mindermaß und ebenso ein etwaiges Übergewicht oder Übermaß unter die einzelnen Empfänger nach dem Verhältnisse der für sie bestimmten Mengen zu verteilen. [2]

1. a) Der § 60 ist in der Kommission des Reichstags (Ber. S. 14 u. 24) entstanden und in der Plenarsitzung vom 29. April 1895 gegen einen Streichungsantrag, welcher namentlich dessen Entbehrlichkeit wegen § 59 Ziff. 4 behauptete, verteidigt worden; die endgültige Fassung ist in der Plenarsitzung vom 4. Mai 1895 erfolgt. Er gründet sich auf die Erfahrung, daß bei gewissen Gütern infolge der Witterungs- und Lagerungsverhältnisse und sonstiger Umstände das Maß oder Gewicht der eingeladenen Güter nicht mit dem der ausgeladenen ganz gleich zu sein pflegt. Bei nachweisbarem Verschulden des Frachtführers bleibt dieser selbstverständlich für die Differenz haftbar, doch wird ein solcher Nachweis schwer zu führen sein, da die Ladungsbeteiligten von den Vorgängen auf der Reise meistens keine Kenntnis erlangen (vgl. § 73 Abs. 3).

Die Vorschrift des § 59 Nr. 4 bleibt von einer etwaigen Verordnung auf Grund des § 60 unberührt. — Mittelstein (Anm. 1 zu § 60) berichtet, daß bisher eine solche Verordnung nicht erlassen worden ist.

b) Alles Übergewicht gehört dem Empfänger.

2. Der Abs 2 soll einen Ausgleich zwischen mehreren Empfängern von lose geladenen Gütern aus demselben Schiffe erleichtern. Hinsichtlich des Begriffs der „lose geladenen Güter" s. Anm. 2 zu § 41; vgl. auch §§ 948, 947 BGB. Hat der Frachtführer im Laufe des Transports Ladungsteile gleichwertiger Ware unlösbar vermischt, so werden die verschiedenen Empfänger Miteigentümer nach Maßgabe des von jedem eingeladenen Quantums. Jeder hat gegen den anderen, der bei der Ablieferung zu viel erhalten hat, die Klage auf nachträgliche Teilung und, falls diese nicht mehr ausführbar ist, auf Geldersatz. Der Ladungsempfänger, der mit der Teilungsklage in Anspruch genommen ist, kann den Kläger nicht zuvor an den Frachtführer verweisen (RG. **4** 41, HGZ. **99** 59).

Wirkungen der Abnahme durch den Empfangsberechtigten. Feststellung von Beschädigung oder Minderung.

§ 61. [1] Nach der Annahme des Gutes durch den Empfangsberechten können wegen einer Beschädigung oder Minderung des Gutes, die bei der Annahme äußerlich erkennbar ist, Ansprüche nur geltend gemacht werden, wenn vor der Annahme der Zustand des Gutes durch amtlich bestellte Sachverständige festgestellt ist.

Wegen einer Beschädigung oder Minderung des Gutes, die bei der Annahme äußerlich nicht erkennbar ist, kann der Frachtführer auch nach der Annahme des Gutes in Anspruch genommen werden, wenn der Mangel in der Zeit zwischen der Übernahme des Gutes durch den Frachtführer und der Ablieferung entstanden ist und die Feststellung des Mangels durch amtlich bestellte Sachverständige unverzüglich nach der Entdeckung und spätestens binnen einer Woche nach der Annahme beantragt wird. Ist dem Frachtführer der Mangel unverzüglich nach der Entdeckung und binnen der bezeichneten Frist angezeigt, so genügt es, wenn die Feststellung unverzüglich nach dem Zeitpunkte beantragt wird, bis zu welchem der Eingang einer Antwort des Frachtführers unter regelmäßigen Umständen erwartet werden darf.[2]

Die Kosten einer von dem Empfangsberechtigten beantragten Feststellung sind von dem Frachtführer zu tragen, wenn ein Verlust oder eine Beschädigung ermittelt wird, für welche derselbe Ersatz leisten muß.[3]

Der Frachtführer kann sich auf die Vorschriften der Absätze 1, 2 nicht berufen, wenn er den Schaden durch Vorsatz oder grobe Fahrlässigkeit herbeigeführt hat.[4]

1. a) § 61 beruht in seiner jetzigen Fassung auf Art. 12 Nr. VII EG.; dadurch sind die Vorschriften des Binnensch.G. im wesentlichen mit den entsprechenden Bestimmungen des HGB. (§ 438) in Einklang gebracht worden. Der für beide Gesetze durchgreifende Grundsatz, „daß durch die Abnahme des Frachtguts seitens des Empfängers entweder schlechthin oder doch unter gewissen Voraussetzungen die Geltendmachung von Schadensersatzansprüchen wegen des Zustandes des Gutes ausgeschlossen wird, beruht auf dem Bedürfnis, den Frachtführer gegen die nachträgliche Erhebung von Ansprüchen zu schützen, deren Zurückweisung für ihn nach der Auslieferung des Gutes mit besonderen Schwierigkeiten verbunden ist" (Begr. 86). Der Empfänger soll hierdurch zu einer sofortigen Prüfung des Gutes und zur Geltendmachung seiner Ansprüche veranlaßt werden.

b) § 61 handelt nur von den Ansprüchen wegen Beschädigung oder Minderung des Gutes, während alle anderen Ansprüche aus dem Frachtvertrag, insbesondere wegen verspäteter Ablieferung, in § 62 behandelt sind. Aber auch die Ansprüche wegen Fehlens ganzer Kollis aus einer Sendung fallen nicht unter § 61, weil es sich dabei nur um eine Auszählung handeln kann, eine Feststellung des Zustandes des Gutes durch Sachverständige (§ 61 Abs. 1 u. 2) demnach bedeutungslos sein würde. Solche Fälle sind als Totalverlust zu behandeln (ROH. **11** 35, **15** 143; Bolze **9** 367; RG. **52** 404). — Wird wegen eines Mankos an dem Gute nur das Frachtgeld entsprechend reduziert, so findet § 61 ebenfalls keine Anwendung (OLG. **10** 353); vgl. § 63 Satz 2 d. G; vgl. auch § 65.

c) § 61 enthält kein zwingendes Recht, die Interessenten können also abweichende Vereinbarungen treffen (vgl. Anm. 2 d). Der Wortlaut des § 61 Abs. 1:

„können . . . nur geltend gemacht werden" (vgl. § 438 Abs. 1 HGB.: „alle Ansprüche sind erloschen")

darf nicht zu einer Anwendung von Amts wegen führen, vielmehr muß der Frachtführer sich darauf berufen (§ 61 Abs. 4). — Die Klausel: „Verwiegung auf der Wage des Empfängers" schließt die Anwendung des § 61 aus (OLG. **6** 360).

2. a) Nach § 438 HGB. erlöschen die Ansprüche gegen den Frachtführer nur durch Annahme des Gutes und Bezahlung der Fracht. Dagegen tritt diese Wirkung nach § 61 d. G., auch in dessen neuer Fassung, unabhängig von der Bezahlung der Fracht schon mit der Annahme des Gutes ein. Im übrigen aber entsprechen die Bestimmungen des § 61 denen des § 438. Danach wird der Anspruch wegen Beschädigung oder teilweisen Verlustes, die äußerlich erkennbar waren, ohne Rücksicht darauf, ob die Fracht bezahlt ist oder nicht, noch zugelassen, wenn der Zustand des Gutes vor der Annahme durch amtlich bestellte Sachverständige festgestellt ist.

Unter der Annahme im Sinne des § 61 ist diejenige Übernahme des Gutes seitens des Empfängers zu verstehen, mittels deren eine Aneignung des Ergebnisses des übernommenen und vertragsmäßig ausgeführten Transportes erfolgt. Eine solche Annahme liegt nicht vor, wenn die Ausführung des Transports infolge eines Unfalls unterbleibt, oder der Empfänger das Gut nicht vom Frachtführer übernimmt, sondern es anderweit erlangt (RG. **22** 146; HGZ. **98** Nr. 62, **99** Nr. 72).

Nach dem Wortlaute des Gesetzes ist nicht erforderlich, daß vor der Annahme die Beschädigung oder Minderung des Gutes, es genügt, daß der Zustand des Gutes festgestellt ist; der Nachweis der Beschädigung oder Minderung kann dann später durch anderweite Beweismittel geführt werden (RG. **3** 23).

Nach dem Wortlaute des Gesetzes ist auch unerheblich, auf wessen Antrag der Zustand festgestellt ist (Förtsch Anm. 3 zu § 61). Wenngleich ferner das Gesetz von der Feststellung durch mehrere Sachverständige spricht, also anscheinend mindestens zwei Sachverständige voraussetzt, so kann man doch ein solches Erfordernis nicht aufstellen, zumal vielfach nicht mehrere Sachverständige vorhanden oder erreichbar sein werden.

Ein bloßer einseitiger Vorbehalt der Rechte seitens des Empfängers bei der Annahme ist wirkungslos (ROH. **1** 181), dagegen zur Erhaltung der Ansprüche dann genügend, wenn der Frachtführer sich damit einverstanden erklärt. Denn § 61 enthält kein zwingendes Recht (Denkschr. 262). Erkennt der Frachtführer die gerügten Mängel als vorhanden an und bestreitet er die Ersatzpflicht nicht, so bedarf es keiner Feststellung durch Sachverständige.

b) Nach Abs. 2 d. § 61 kann ein Anspruch wegen Beschädigung oder Minderung des Gutes, die bei der Annahme äußerlich nicht erkennbar waren, noch dann wirksam erhoben werden, wenn die Feststellung unverzüglich nach der Entdeckung, spätestens aber eine Woche nach der Annahme (§ 188 Abs. 2 BGB.) beantragt ist und wenn ferner bewiesen wird, daß die Beschädigung oder Minderung in der Zeit zwischen der Übernahme des Gutes durch den Frachtführer und der Ablieferung entstanden ist. Doch gilt der Antrag auf Feststellung, falls der Mangel dem Frachtführer unverzüglich nach der Entdeckung und binnen einer Woche seit der Annahme des Gutes angezeigt ist, noch als rechtzeitig gestellt, wenn er unverzüglich nach Ablauf derjenigen Zeit angebracht wird, innerhalb deren unter regelmäßigen Umständen die Antwort des Frachtführers erwartet werden durfte.

c) Zwischen den Absätzen 1 und 2 des § 61 besteht anscheinend eine Divergenz, da nach Abs. 1 die Feststellung des Zustandes, nach Abs. 2 aber nur der Antrag auf Feststellung, nicht auch diese selbst, erfordert wird. Indessen gibt doch Abs. 1 das Prinzip der Notwendigkeit der Feststellung, Abs. 2 bietet eine Vergünstigung für den Empfänger nur hinsichtlich der Frist für den Antrag auf die Feststellung. Die Feststellung des Zustandes des Gutes ist daher auch im Falle des Abs. 2 notwendig; ist sie aber trotz rechtzeitigen Antrags ohne Verschulden des Empfängers unterblieben, so wird der Nachweis der Beschädigung oder Minderung auf andere Weise zulässig sein.

d) Das in § 61 vorgeschriebene Verfahren ist in dem Falle nicht praktisch, wenn größere Mengen in Partien nach Gewicht abgenommen werden. Denn hier stellt sich die Minderung naturgemäß erst bei der letzten Partie heraus, und die Feststellung des Zustandes des Gutes ist dann nicht mehr möglich, vielfach auch nicht erforderlich, weil über den Zustand des Gutes kein Streit besteht. Man wird in solchem Fall annehmen müssen, daß die Interessenten, falls nicht amtliche Verwiegung der Partien stattgefunden hat, mit der privaten Verwiegung der abgenommenen Partien einverstanden waren, und daß nur hinsichtlich des Restes die Feststellung durch Sachverständige nötig ist. In der Beteiligung eines Interessenten an der von einem außeramtlichen Sachverständigen bewirkten Besichtigung des Gutes kann auch der Verzicht auf Begutachtung des Schadens durch amtlich bestellte Sachverständige gefunden werden (OLG. **6**,360; HGZ. **03** 116).

Die Ältesten der Berliner Kaufmannschaft verweisen ferner darauf, daß durch die Vorschrift des § 56 d. G., wonach lose Güter von dem Empfänger im Schiffe abzunehmen sind, in Verbindung mit § 61 dem Empfänger die Kontrolle über das ihm zustehende Ladungsgewicht bei solchen Gütern (Getreide, Kohlen) aufs äußerste erschwert wird, bei denen die Gewichtsfeststellung im Schiffe untunlich und nach der Abnahme außerordentlich schwierig ist. Sie empfehlen deshalb im Hinblick auf den dispositiven Charakter der gesetzlichen Vorschriften die Aufnahme etwa folgender Bestimmung in den Ladeschein: „Der Schiffer verpflichtet sich, das unter seiner Zuziehung an Land auf einer amtlich geeichten Wage festgestellte Gewicht der Ladung als für die Ablieferung maßgebend anzuerkennen. Der Schiffer verzichtet auf das nach § 61 Binnensch.G. als Voraussetzung der Geltendmachung von Ansprüchen wegen Beschädigung und Minderung des Frachtguts aufgestellte Erfordernis der Feststellung des Zustandes des Gutes durch amtlich bestellte Sachverständige."

e) Das Gesetz schreibt vor, daß die Feststellung des Zustandes des Gutes durch amtlich bestellte Sachverständige erfolge. Nicht erforderlich ist, daß die Sachverständigen für den einzelnen Fall vom Gericht ernannt, vielmehr genügt es, wenn sie ein für allemal von der zuständigen Behörde oder von einem dazu ermächtigten Organe des Handelsstandes bestellt sind. Die amtliche Bestellung von Sachverständigen, welche ein für allemal zu der in § 61 d. G. erwähnten Feststellung befugt sind, liegt nach § 36 Gew.O. den verfassungsmäßig dazu befugten Staats- oder Kommunalbehörden oder Korporationen (in Preußen den Handelskammern [§ 42 Ges. v. 19. Aug. 1897], in Hamburg der dortigen Handelskammer [vgl. HGB. 01 301]) ob. Die Anrufung eines so bestellten Sachverständigen ist wegen der größeren Einfachheit und Schnelligkeit des Verfahrens für die hier in Betracht kommende Feststellung vorzuziehen. Über die Heranziehung eines von dem Gericht für den Einzelfall zu ernennenden Sachverständigen bestimmt § 164 FGG.:

„In den Fällen, in denen nach den Vorschriften des bürgerlichen Rechtes jemand den Zustand . . . einer Sache durch Sachverständige feststellen lassen kann, ist für die Ernennung, Beeidigung und Vernehmung des Sachverständigen das Amtsgericht zuständig, in dessen Bezirke sich die Sache befindet.

Durch eine ausdrückliche Vereinbarung der Beteiligten kann die Zuständigkeit eines anderen Amtsgerichts begründet werden.

Eine Anfechtung der Verfügung, durch welche dem Antrage stattgegeben wird, ist ausgeschlossen.

Bei dem Verfahren ist der Gegner soweit tunlich zu hören."

f) Nach den Grundsätzen von Treu und Glauben im Verkehr ist der Frachtführer verpflichtet, dem Empfänger die Besichtigung des Gutes vor der Annahme zu gestatten, wenn hierdurch der Geschäftsbetrieb des Frachtführers nicht gestört wird.

3. Abs. 3 d. § 61 stimmt sachlich mit § 610 Abs. 2 HGB. überein. Vorschußpflichtig für die Kosten ist selbstverständlich derjenige, der die Feststellung beantragt.

Nach Berliner Handelsgebrauch hat der Empfänger, wenn der Frachtführer das Gut nach Gewicht abzuliefern hat und der Empfänger den auf andere Weise (Vermessung usw.) möglichen Beweis der Richtigkeit des Gewichts nicht für ausreichend hält, bei der Löschung unter Hinzuziehung des Schiffers die Verwiegung auf eigene Kosten zu besorgen (Apt 136).

4. Ist die Feststellung des Zustandes des Gutes (Abs. 1) oder ein entsprechender Antrag (Abs. 2) unterlassen worden, so kann sich der Frachtführer hierauf dann nicht berufen, wenn die Beschädigung oder Minderung durch Vorsatz oder grobe Fahrlässigkeit des Frachtführers oder seiner Leute (§ 431 HGB.) verursacht ist. Der Empfänger ist hierfür beweispflichtig und kann Ersatz nur insoweit fordern, als er den ursächlichen Zusammenhang zwischen jener Handlungsweise und dem Verlust oder der Beschädigung nachweist (ROH. **14** 296, RG. **1** 37). Die frühere Beschränkung auf eine bösliche Handlungsweise der Schiffsbesatzung ist weggefallen.

Verspätete Ablieferung.

§ 62. Der Frachtführer haftet für den durch verspätete Ablieferung des Gutes entstandenen Schaden, es sei denn, daß die Verspätung auf Umständen beruht, die durch die Sorgfalt eines ordentlichen Frachtführers nicht abgewendet werden konnten.

Ist die Fracht nebst den sonst auf dem Gute haftenden Forderungen bezahlt und das Gut angenommen, so kann der Anspruch nicht geltend gemacht werden, es sei denn, daß der Frachtführer die Verspätung durch Vorsatz oder grobe Fahrlässigkeit herbeigeführt hat.[1]

Die Vorschrift im Absatz 2 findet auch auf andere Ansprüche gegen den Frachtführer aus dem Frachtvertrag Anwendung, soweit die Ansprüche nicht den Vorschriften des § 61 unterliegen.[2]

1. In Abs. 1 u. 2 des § 62 ist die Haftung des Frachtführers für verspätete Ablieferung geregelt. Danach ist der Frachtführer für die verspätete Ablieferung nicht haftbar, wenn er beweist, daß er die Verspätung durch die Sorgfalt eines ordentlichen Frachtführers nicht abwenden konnte. Ist jedoch das Gut angenommen und die Fracht nebst den sonst auf dem Gute haftenden Forderungen voll bezahlt, so ist der Frachtführer für die Verspätung nur haftbar zu machen, wenn nachgewiesen wird, daß die Verspätung durch Vorsatz oder grobe Fahrlässigkeit des Frachtführers oder seiner Leute herbeigeführt worden ist (vgl. §§ 429 Abs. 1, 438 Abs. 1 HGB.). In der Annahme des Gutes unter Bezahlung der Fracht wird eine tatsächliche Billigung des ausgeführten Transports gefunden, deshalb findet § 62 bei Frankosendungen keine Anwendung (ROH. **13** 415).

Die Haftung ist hier nicht wie in § 430 Abs. 1 u. 2 HGB. begrenzt, der Frachtführer haftet daher, wenn ihm der Entschuldigungsbeweis nicht gelingt, für den vollen Schaden aus der Verspätung der Ablieferung.

Eine Frist für die Ablieferung ist bei der Eigenartigkeit des Binnenschiffahrtsverkehrs im Gesetze nicht gegeben (vgl. § 42).

Der Anspruch gegen den Frachtführer verjährt in einem Jahre nach demjenigen Tage, an welchem die Ablieferung hätte bewirkt sein müssen (§§ 439, 414 HGB., abgedruckt hinter § 26 d. G.); vgl. Anm. 2 b zu § 117.

2. Abs. 3 beruht auf einem Beschlusse der HGB.-Kommission (vgl. Mugdan, Materialien z. HGB. Seite 654). Danach sollen alle nicht dem § 61 unterliegenden Ansprüche gegen den Frachtführer aus dem Frachtvertrage nach Bezahlung der Fracht und Annahme des Gutes in bezug auf ihren Ausschluß gleichmäßig behandelt werden.

Berechnung der Fracht.

§ 63. [1] Wenn die Fracht nach Maß, Gewicht oder Menge der Güter bedungen ist, so ist die Angabe in dem Frachtbriefe oder Ladescheine über Maß, Gewicht oder Menge für die Berechnung der Fracht entscheidend. In Ermangelung einer solchen Angabe ist anzunehmen, daß Maß, Gewicht oder Menge der abgelieferten und nicht der übernommenen Güter für die Höhe der Fracht entscheiden soll. [2]

1. § 63 gibt entsprechend den §§ 620, 656 HGB. eine Auslegungsregel für den Fall, daß die Fracht zwar nach Maß, Gewicht oder Menge bedungen ist, diese aber im Frachtbrief oder Ladeschein nicht angegeben sind; es soll dann angenommen werden, daß die Fracht nach Verhältnis der abgelieferten, und nicht der übernommenen Güter zu berechnen ist, gleichviel, ob das Quantum der abgelieferten Güter größer oder geringer als das der übernommenen ist. Ist aber die Fracht nach Maß, Gewicht oder Menge bedungen und im Frachtbriefe oder Ladescheine angegeben, dann soll diese Angabe für die Frachtberechnung entscheidend sein (Begr. 89, 100, Komm.Ber. 15). Dies gilt selbstverständlich nur, wenn Frachtbrief oder Ladeschein nicht selbst eine abweichende Bestimmung über die Frachtzahlung enthalten. Als eine solche ist der Zusatz: „Zahl, Maß, Gewicht unbekannt" oder ein gleichbedeutender Zusatz — entsprechend § 656 HGB. — nicht anzusehen, weil dieser Zusatz einem anderen Zwecke als der Frachtberechnung dient (Begr. 100; ROH. **12** 270). Vgl. § 73.

2. Ist die Fracht oder ihre Höhe nicht bestimmt worden, so ist in Ermangelung einer Taxe die zur Zeit und am Orte des Abschlusses des Frachtvertrages übliche Fracht als vereinbart anzusehen (§ 632 Abs. 2 BGB.).

Distanzfracht.

§ 64.[1] **Für Güter, welche durch einen Unfall verloren gegangen**[2] **sind, ist die Fracht nach dem Verhältnisse des zur Zeit des Unfalls bereits zurückgelegten Teiles der Reise zur ganzen Reise zu entrichten (Distanzfracht).**

Bei Berechnung der Distanzfracht kommt in Anschlag nicht allein das Verhältnis der bereits zurückgelegten Entfernung, sondern auch das Verhältnis des Aufwandes an Kosten, Zeit und Mühen, welche durchschnittlich mit dem vollendeten und dem nicht vollendeten Teile der Reise verbunden sind.

1. Der § 61 des Gesetzentwurfes wollte entsprechend dem § 617 HGB. für Güter, welche durch einen Unfall verloren gegangen sind, dem Frachtführer keinen Anspruch auf Fracht gewähren und ihn zur Erstattung der etwa vorausgezahlten verpflichten, und zwar wesentlich aus dem Grunde, weil bei einem Werkvertrage die Gefahr für den zufälligen Untergang des unvollendeten Werkes stets von dem Unternehmer insoweit zu tragen ist, als es sich um seinen Vergütungsanspruch handelt (Begr. 89). Die Kommission (Ber. 15) beschloß jedoch, dem Frachtführer auch für Güter, welche durch einen Unfall verloren gegangen sind, Distanzfracht zu gewähren, bei deren Berechnung die im Abs. 2 des § 64 angeführten Faktoren (entsprechend § 631

HGB.) in Anschlag zu bringen sind. Nicht übernommen ist § 630 HGB., welcher die Distanzfracht im Maximum auf den Wert der geretteten Güter beschränkt. Fordert der Frachtführer Distanzfracht für nicht abgelieferte Güter, so hat er zu beweisen, daß sie durch Unfall verloren gegangen sind. Übersteigt eine etwaige Vorschußleistung den Betrag der Distanzfracht, so hat der Frachtführer den Überschuß zurückzuzahlen.

2. Von einem Unfall im Sinne des § 64 kann nur die Rede sein, wenn das die Güter vernichtende Ereignis nicht durch ein Verschulden des Frachtführers bzw. seiner Leute (§ 431 HGB.) oder des Ladungsbeteiligten herbeigeführt worden ist. Im ersteren Falle ist überhaupt keine Fracht, im letzteren Falle volle Fracht zu entrichten. Vgl. auch Anm. 1 c zu § 78.

Verloren gegangen sind die Güter, wenn sie entweder aufgehört haben zu existieren, oder durch eine physische Veränderung ihre ursprüngliche Beschaffenheit eingebüßt haben, oder doch gänzlich entwertet oder ihrem Eigentümer ohne Aussicht auf Wiedererlangung entzogen sind (ROH. **25** 12, RG. **13** 125). Sind lebende Tiere infolge des Unfalls zugrunde gegangen, so ist auch für sie Distanzfracht zu zahlen, da dann der Fall des § 65 nicht vorliegt. (Förtsch, Anm. 3 zu § 64.)

Fracht für zugrunde gegangene oder an Gewicht verminderte Güter.

§ 65. Für Güter, welche infolge ihrer natürlichen Beschaffenheit zugrunde gegangen oder an Gewicht vermindert sind, ist die volle Fracht zu bezahlen. Das Gleiche gilt in Ansehung von Tieren, welche unterwegs gestorben sind.

Im Gegensatze zu § 64 gewährt § 65, entsprechend § 618 Abs. 1 HGB., dem Frachtführer volle Fracht für Güter, die infolge ihrer natürlichen Beschaffenheit zugrunde gegangen oder an Gewicht vermindert sind, und ebenso für transportierte Tiere, welche unterwegs gestorben sind (vgl. Anm. 2 zu § 64). In diesen Fällen beruht der Verlust der Güter auf deren besonderer Natur, und deshalb ist die Gefahr von den Ladungsbeteiligten zu tragen (Begr. 89). Der Frachtführer, welcher die volle Fracht fordert, hat den Beweis zu führen, daß die Voraussetzungen des § 65 vorliegen. Selbstverständlich findet § 65 keine Anwendung auf den Fall, wenn der Frachtführer den Verlust verschuldet hat (Komm.Ber. 16).

Schiffahrtsunkosten. Kleine Haverei.

§ 66. In Ermangelung einer besonderen Vereinbarung fallen die Unkosten der Schiffahrt, insbesondere die Hafen-, Schleusen-, Kanal- und Brückengelder, die Lotsengebühren sowie die im regelmäßigen Verlaufe der Reise aufgewendeten Kosten für Schlepplohn und Ableichterung dem Frachtführer zur Last; dagegen gehören die Ufer-, Krahn- und Wiegegelder, ingleichen die Kosten einer auf Verlangen der Ladungsbeteiligten vorgenommenen Auseisung sowie die besonderen Kosten, welche durch die auf Verlangen der Ladungsbeteiligten bewirkte Übernahme oder Ablieferung der Güter bei Eis, Sturm, Hochwasser, zur Nachtzeit oder an Sonntagen und allgemeinen Feiertagen entstehen, zu denjenigen Auslagen und Aufwendungen, deren Ersatz der Frachtführer verlangen kann.[1]

Die Fälle der großen Haverei werden durch die vorstehenden Bestimmungen nicht berührt.[2]

1. a) Der § 66 enthält Bestimmungen über die Tragung der Schiffahrtsunkosten, falls hierüber nichts bedungen ist. — Der Gesetzentwurf (§ 63) bezeichnete außer der besonderen Vereinbarung auch einen vom Gesetz abweichenden Ortsgebrauch als maßgebend, die Kommission (Ber. 16) hat dies jedoch gestrichen. — In Ermangelung einer besonderen Vereinbarung hat nun nach

§ 66 der Frachtführer die zum Zwecke der Ausführung des übernommenen Transports entstehenden Unkosten zu tragen, während besondere Aufwendungen, die nur im Interesse der Ladung notwendig sind oder durch Handlungen entstehen, welche auf Verlangen der Ladungsbeteiligten vorgenommen werden, ihm zu erstatten sind (Begr. 90). Zu den Unkosten der Schiffahrt gehören auch die gewöhnlichen Überwinterungskosten. Der Frachtführer muß also diejenigen Kosten tragen, welche durch die Unterbrechung der Reise wegen Eintritts des Winterfrostes und durch das Liegenbleiben des Schiffes während des Schlusses der Schiffahrt regelmäßig entstehen, d. h. nicht durch eine außergewöhnliche Gefahr für Schiff und Ladung verursacht werden. Zu diesen Kosten gehören aber nicht die Kosten für das Aufsuchen eines Winterhafens und die Gebühren für dessen Benutzung sowie die übrigen in § 82 Nr. 5 aufgeführten Kosten. Vgl. Anm. zu § 82 Nr. 5. — Hinsichtlich des Schiffsgläubigerrechts für die Schiffahrtsabgaben s. § 102 Nr. 1, für die Lotsengelder § 102 Nr. 3, hinsichtlich der Verjährung vgl. §§ 117, 118.

Die statistische Gebühr (§ 11 Ges. v. 7. Februar 1906 [RGBl. 112]) gehört nicht zu den Unkosten der Schiffahrt im Sinne des § 66, sie ist also dem Frachtführer zu erstatten; vgl. Apt 141.

Wegen der notwendig gewordenen Ableichterung vgl. Anm. 3b zu § 8 und Anm. 3 zu § 44; betreffs der Haftung des Versicherers vgl. §§ 136, 137 VVG. (Anhang D).

b) Die Grundsätze über die Verteilung der Kosten der Ladung und Löschung zwischen dem Frachtführer und dem Absender bzw. Empfänger sind in den §§ 41, 56, 36 Abs. 2 und 37 Abs. 2 enthalten. Daß die Kosten, welche zur Erhaltung der Güter in ihrer ursprünglichen Beschaffenheit aufzuwenden waren, dem Frachtführer zu ersetzen sind, folgt aus allgemeinen Rechtsgrundsätzen; dahin gehören auch die Kosten, welche dadurch entstehen, daß die Ausladung und Bearbeitung der Güter im Winterhafen notwendig wird, um sie vor dem Verderben bei weiterem Verbleibe im Schiffe zu hüten (Begr. 91). Ebenso fallen Aufwendungen für die gesonderte Rettung der Güter aus einer Gefahr nur den Ladungsbeteiligten zur Last.

2. Handelt es sich um die gemeinsame Rettung von Schiff und Ladung aus einer beide zusammen bedrohenden Gefahr, wozu auch einzelne Aufwendungen der im § 66 bezeichneten Art, wie für Schleppung, Leichterung, Auseisung u. dgl. erforderlich werden können, so liegen die Voraussetzungen der großen Haverei vor, und es findet dann nach den für diese geltenden Grundsätzen eine Verteilung der Kosten auf Schiff und Ladung statt (§§ 78 ff., Begr. 91).

Pfandrecht des Frachtführers bei bedungener Frankolieferung.

§ 67. Enthält der Frachtbrief oder Ladeschein die Bestimmung, daß der Frachtführer franko abzuliefern hat, so steht dies im Zweifel der Geltendmachung des Pfandrechts des Frachtführers (§ 440 des Handelsgesetzbuchs) wegen der Zollgelder sowie wegen der sonstigen Auslagen und der Liegegelder für die Zeit nach dem Antritt der Reise nicht entgegen. [1 2 3]

1. Anspruch des Frachtführers auf Zahlung von Fracht- und Nebenkosten.

a) Nach den §§ 440, 442 HGB. ist der Frachtführer nicht verpflichtet, das Frachtgut vor der Befriedigung seiner Ansprüche auszuliefern und zur Verweigerung bis dahin veranlaßt, weil er sonst leicht sein Pfandrecht an dem Gute und seinen Rückgriff gegen den Absender und die sonstigen Vormänner verliert. Der § 64 des Gesetzentwurfes wollte für die Binnenschiffahrt die Bestimmung des § 624 HGB. übernehmen, welcher den Verfrachter, falls Streit über seine Forderungen besteht, zur Auslieferung der Güter gegen Hinterlegung der Streitsumme verpflichtet (Begr. 91). Die Kommission (Ber. 16) strich jedoch die vorgeschlagene Bestimmung, so daß es hier bei den für den Binnenverkehr zu Lande geltenden Vorschriften des Handelsgesetzbuches (§§ 435, 440—443) verbleibt. Es liegt daher das Verhältnis der Zug um Zug-Erfüllung (§§ 320, 631, 641 BGB.; § 435 HGB., § 26 Binnensch.G.) vor; der Frachtführer ist nicht verpflichtet, das Gut gegen Hinterlegung seiner Forderung auszuhändigen, er kann vielmehr Zahlung fordern. Tatsächlich ist auch den häufig unbemittelten Frachtführern, zumal wenn sie Löhne auszuzahlen haben, mit der Hinterlegung wenig gedient, so daß der Richter nicht ohne zwingende Veranlassung eine entsprechende einstweilige Verfügung erlassen sollte. Allerdings können Schwierigkeiten dadurch entstehen, daß der Empfänger in die Lage versetzt werden muß, das Gut zu prüfen und insbesondere größere Ladungen nachzuwiegen (§ 61 d. G.). Der billigen Abwägung der beiderseitigen Interessen entspricht es daher, daß der Frachtführer mit der Leistung wenigstens teilweise vorangeht und von der Ladung nur soviel zurückbehält, als zur Sicherung seiner Forderung (§§ 440—443 HGB.) nötig ist (ROH. **20** 378, RG. **61** 113; vgl. dagegen ROH. **14** 273, SeuffA. **59** 466, HGZ. **07** 247). Er kann über die erfolgte Lieferung Ausstellung eines Lieferscheines verlangen (§ 368 BGB.), insbesondere auch, um bei Frankosendungen von dem Absender die Frachtgelder einziehen zu können.

b) In betreff der gewöhnlichen Verpflichtungen des Empfängers zur Zahlung der Fracht bewendet es bei den §§ 436 bzw. 446 HGB., je nachdem ein Frachtbrief oder Ladeschein ausgestellt ist. Eine Regel, inwieweit der Empfänger für Kosten und Auslagen aufzukommen hat, welche erst nach Ausstellung der Ladepapiere entstanden und in denselben nicht vorgesehen sind, läßt sich nicht geben. Soweit solche Kosten, wie z. B. Liegegelder, von ihm selbst verursacht sind, muß er sie jedenfalls tragen (Begr. 92).

2. Frankosendungen. Der § 67 ist von der Kommission (Ber. 25) hinzugefügt worden, um bei Lieferungen, welche nach dem Frachtbriefe oder Ladescheine franko an den Empfänger erfolgen sollen, bei welchen der Frachtführer also von dem Empfänger keine Fracht fordern kann, dem ersteren doch ein Pfandrecht (§ 440 HGB.) wegen der Zollgelder, sowie wegen der sonstigen Auslagen (vgl. § 66) und Liegegelder (§§ 49,

50, 53, 54) für die Zeit nach dem Antritte der Reise zu gewähren. Dies soll jedoch nur im Zweifel, d. h. wenn nicht auch dieses Recht vertraglich ausgeschlossen ist, gelten. — Fracht und etwaige Nebenkosten kann der Frachtführer bei Frankosendungen gegen Aushändigung des Ladescheins vor Antritt des Transports bezahlt verlangen.

3. **Die Geltendmachung des Pfandrechts** des Frachtführers erfolgt, da es sich um ein gesetzliches Pfandrecht handelt (§ 440 HGB.), gemäß § 1257 BGB. nach den Vorschriften der §§ 1228—1241, 1245, 1246 BGB. Danach erfolgt die Befriedigung des Frachtführers durch außergerichtlichen Verkauf des Frachtguts, welcher zulässig ist, sobald die Forderung des Frachtführers ganz oder zum Teil fällig ist. Der Frachtführer hat die Wahl, welches Stück aus dem Fachtgut er zum Verkauf bringen will. Dem Verkaufe muß eine Androhung des Pfandverkaufs vorausgehen, welche nach § 440 Abs. 4 HGB. an den Empfänger, und wenn dieser nicht zu ermitteln ist oder die Annahme verweigert, an den Absender zu richten ist, auch unterbleiben kann, wenn sie untunlich ist. Der Verkauf darf nicht vor dem Ablauf einer Woche nach der Androhung erfolgen (§ 368 HGB.); ist die Androhung untunlich, so wird die Frist von dem Eintritt der Verkaufsberechtigung an gerechnet. Der Verkauf ist im Wege öffentlicher Versteigerung zu bewirken. Hat das Gut einen Börsen- oder Marktpreis, so kann der Verkauf freihändig durch einen zu solchen Verkäufen ermächtigten Handelsmäkler oder durch eine zur öffentlichen Versteigerung befugte Person zum laufenden Preise bewirkt werden.

Zeit und Ort der Versteigerung sind unter allgemeiner Bezeichnung der zum Verkauf stehenden Sachen öffentlich bekannt zu machen. Der Empfänger, bzw. nach § 440 Abs. 4 Satz 2 der Absender, sind von der Zeit und dem Orte der Versteigerung sowie von dem Verkaufe des Gutes und dem Ergebnis unverzüglich zu benachrichtigen, sofern nicht die Benachrichtigung untunlich ist. Der Verkauf darf nur gegen Barzahlung erfolgen, Gold- und Silbersachen dürfen nicht unter dem Gold- und Silberwerte zugeschlagen werden. Pfandschuldner und Gläubiger können

— unter Zustimmung von Interessenten, deren Recht durch den Verkauf erlischt — eine von den §§ 1234—1240 BGB. abweichende Verkaufsart vereinbaren, jedoch kann auf die Beobachtung der Vorschriften über den öffentlichen Verkauf, die öffentliche Bekanntmachung von Zeit und Ort der Versteigerung und über die Verwertung von Gold- und Silbersachen (§§ 1235, 1237 Satz 1 und 1240) nicht vor dem Eintritte der Verkaufsberechtigung verzichtet werden (§ 1245 BGB.). Das Amtsgericht des Ortes, an welchem das Pfand aufbewahrt wird, kann auf Antrag eines Beteiligten eine von §§ 1235 bis 1240 BGB. abweichende Art des Pfandverkaufs anordnen (§ 1246 BGB., § 166 FGG.).

Dauernde Verhinderung des Reiseantritts durch Zufall.

§ 68. [1] Wird der Antritt der Reise durch Zufall dauernd verhindert, so tritt der Frachtvertrag außer Kraft, ohne daß der eine Teil zur Entschädigung des anderen verpflichtet ist. [2]

Als dauernde Verhinderung ist es insbesondere anzusehen:

1. wenn das Schiff, mit welchem die Beförderung zu erfolgen hatte, verloren geht, oder derart beschädigt wird, daß die Reise nicht ohne eine umfassende Ausbesserung des Schiffes angetreten werden kann; [3] als Ausbesserung dieser Art gilt namentlich eine solche, welche die vollständige Löschung der Ladung notwendig macht; [4]
2. wenn die zu befördernden Güter verloren gehen, vorausgesetzt, daß sie nicht bloß nach Art und Gattung, sondern speziell im Frachtvertrage bezeichnet oder bereits verladen oder doch von dem Frachtführer übernommen waren. [5]

1. Die §§ 68—71 regeln die Wirkungen zufälliger Hindernisse, welche dem Antritt oder der Fortsetzung der Reise entgegentreten, und zwar bezieht sich § 68 auf die dauernde Verhinderung des Antritts, § 69 auf die dauernde Verhinderung der Fortsetzung der Reise. § 70 betrifft die Verpflichtung des Schiffers zur Fürsorge für die Ladung im Falle des Verlustes oder der Beschädigung des Schiffes, § 71 regelt die Rechte des Absenders bei zeitweiliger Verhinderung der Reise ähnlich wie § 428 Abs. 2 HGB. (Begr. 92). Die Vorschriften beziehen sich sowohl auf die Verfrachtung des Schiffes im ganzen wie auf die Teil- und Stückgüterverfrachtung und stellen nachgiebiges Recht dar, so daß sie durch Vereinbarung geändert werden können.

2. a) Der § 68 entspricht im Prinzip dem § 628 HGB. Zufällige, aber dauernde Verhinderung des Antritts der Reise hebt den Frachtvertrag auf, ohne daß ein Teil den andern zu entschädigen hat. Insofern besteht eine Abweichung von dem in §§ 36, 38 Nr. 2, 39 Abs. 4 d. G. statuierten freien Rücktrittsrecht des Absenders, da dieser dort den Frachtführer gemäß § 34 entschädigen muß.

Die Verhinderung des Reiseantritts muß auf Zufall beruhen; im Falle des Verschuldens des einen oder anderen Teils sind die §§ 324, 325 BGB. anzuwenden.

Zur Annahme einer dauernden Verhinderung ist nicht notwendig, daß die Möglichkeit der Reise für alle Zeit ausgeschlossen ist; es genügt, wenn nach den Umständen der erkennbare Zweck der Reise unerreichbar geworden ist, z. B. durch Erlaß eines Einfuhr-, Ausfuhr- oder Durchfuhrverbots hinsichtlich der zu befördernden Waren. Der Abs. 2 bezeichnet nur einzelne Fälle, welche als dauernde Hindernisse angesehen werden sollen (Begr. 93, Komm.Ber. 16). Niedriger Wasserstand, der die Schiffahrt behindert, kann an sich, auch wenn er zu ungewöhnlicher Zeit und in ungewöhnlicher Stärke auftritt, nicht als dauerndes, sondern nur als zeitweiliges Hindernis gelten, weil er immer wieder durch Perioden ausreichenden Wasserstandes abgelöst wird. Daß der Zeitpunkt, wann dies eintreten wird, sich nicht im voraus bestimmen läßt, ist im Sinne des Gesetzes kein Grund, das Hindernis als ein dauerndes anzusehen (HGZ. **06** 268, **08** 215); vgl. Anm. 2 c zu § 71.

b) Soweit Ansprüche des Frachtführers, welche von der Ausführung des Transports unabhängig sind, insbesondere für Liegegelder und Auslagen bereits begründet waren, als das Hindernis eintrat, bleiben sie bestehen (Begr. 93).

3. Das Schiff, dessen Verlust oder Beschädigung zur Aufhebung des Vertrages führen soll, muß das bedungene oder wenigstens soweit spezialisiert sein, daß schon mit der Beladung desselben begonnen worden ist. Verlust des Schiffes liegt bei Reparaturunfähigkeit oder Reparaturunwürdigkeit (§ 479 HGB.) allerdings nicht vor, da aber nach § 68 Nr. 1 d. G. schon die Notwendigkeit einer umfassenden Ausbesserung zur Aufhebung des Vertrages führt, so wird eine im Laufe der Beladung eintretende Beschädigung, welche zur Reparaturunfähigkeit oder Reparaturwürdigkeit führt, vertragsauflösend wirken. Hat der Frachtführer vertragswidrig (§ 44 Abs. 1) ein anderes Schiff als das bedungene beladen, und wird das so beladene Schiff von dem Unfall betroffen, so tritt keine Vertragsauflösung ohne Entschädigungspflicht ein; selbstverständlich auch nicht, wenn das zwar bedungene aber nicht beladene Schiff verloren geht oder beschädigt wird. Ebenso liegt der Fall, wenn die Beförderung mittels eines bestimmten Schiffes zwar nicht bedungen war, der Frachtführer aber ohne zwingenden Grund umgeladen hatte und nunmehr eines von beiden Schiffen verloren geht oder beschädigt wird.

Arrestierung oder Zwangsverkauf des Schiffes fallen in der Regel nicht unter § 68, weil dann meistens nicht von einem Unfall ohne Verschulden des Frachtführers die Rede sein kann.

Die Wiederausladung der Güter geht im Falle des § 68 Nr. 1 auf Kosten des Absenders, da dann der Vertrag nach § 68 Abs. 1 ohne Entschädigungspflicht des Frachtführers aufgehoben ist.

4. Die Regel des § 638 HGB., nach welcher eine zur Ausbesserung des Schiffes notwendig werdende Löschung keinen Grund zur Vertragsauflösung bietet, ist nicht hierher übernommen.

5. Hinsichtlich des Begriffs der verloren gegangenen Güter s. Anm. 2 zu § 64. Vorausgesetzt ist, daß nicht ein Verschulden des Absenders oder Frachtführers bei dem Untergange mitgewirkt hat, und daß die Güter im Sinne der Nr. 2 spezialisiert waren. Eine einseitige Ausscheidung der Güter aus den Beständen des Absenders genügt nicht, andererseits kann eine Übernahme der Güter durch den Frachtführer auch schon an der Einladestelle stattgefunden haben.

Nicht übernommen ist die Regel des § 628 Abs. 2 HGB., nach welcher der Frachtvertrag bestehen bleibt, wenn der Absender sich unverzüglich bereit erklärt, statt der innerhalb der Wartezeit verloren gegangenen, im Frachtvertrag nicht speziell bezeichneten und vom Frachtführer übernommenen Güter andere zu liefern, sofern dadurch die Lage des Frachtführers nicht erschwert wird. Unter den Voraussetzungen des § 68 Nr. 2 ist daher auch eine Einschränkung für die nach § 43 d. G. sonst freigelassene Substitution anderer Güter gegeben, andererseits ist der Absender beim Verluste der Güter von der Fautfracht des § 34 befreit.

Wird das Gut durch eine Beschädigung dauernd transportunfähig, so steht dies dem Verluste gleich.

Bei nur teilweisem Verluste der Güter wird — analog § 636 HGB. — der Absender, wenn er nicht den Rest der Güter gegen Zahlung der vollen Fracht transportieren lassen will, nur befugt sein, andere, die Lage des Frachtführers nicht erschwerende, Güter zu substituieren oder gegen Zahlung der Fautfracht (§§ 36, 34 d. G.) und der sonstigen Forderungen des Frachtführers (Anm. 2 b) einschließlich etwaiger Wiederausladungskosten vom Vertrage zurücktreten. Dem Frachtführer ist nicht zuzumuten, den Transport des Restes unter entsprechender teilweiser Herabsetzung der Fracht auszuführen. Hinsichtlich der Verpflichtung des Schiffers zur Fürsorge für die bereits übernommenen Güter ist § 70 zu beachten.

Dauernde Verhinderung der Reisefortsetzung durch Zufall.

§ 69. Wird nach dem Antritt der Reise die Fortsetzung derselben durch Zufall dauernd verhindert, so finden die Bestimmungen des § 68 mit der Maßgabe Anwendung, daß für den zurückgelegten Teil der Reise Distanzfracht (§ 64 Absatz 2) zu entrichten ist.

Bei einer dauernden Verhinderung der Fortsetzung der Reise finden die gleichen Grundsätze wie nach § 68 statt, jedoch mit der Maßgabe, daß für den zurückgelegten Teil der Reise Distanzfracht im Sinne des § 64 Abs. 1 zu zahlen ist. Vgl. die Anmerkungen zu § 68, insbesondere Anm. 2b. Bei nur teilweisem Untergang der Güter bildet der Wert der geretteten Güter keine Maximalgrenze für die Distanzfracht (vgl. Anm. 1 zu § 64). Ein solcher teilweiser Untergang bildet auch hier keinen Vertragsaufhebungsgrund. Der Frachtführer hat für die beförderten und untergegangenen Güter Distanzfracht (§ 64) und für die noch zu befördernden volle Fracht nach Maßgabe ihres Verhältnisses zu dem untergegangenen Teile zu fordern. Verlangt der Absender die Wiederausladung des Restes, so hat er außerdem den Frachtführer gemäß § 37 Abs. 2 zu entschädigen.

Sorge für Ladung bei Verlust oder Beschädigung des Schiffes.

§ 70. Im Falle des Verlustes oder der Beschädigung des Schiffes ist trotz der Auflösung des Frachtvertrages der Schiffer verpflichtet, bei Abwesenheit der Beteiligten für das Beste der Ladung zu sorgen. Er ist im Falle der Dringlichkeit berechtigt und verpflichtet, auch ohne vorherige Anfrage, je nachdem es den Umständen entspricht, entweder die Ladung für Rechnung der Beteiligten mittels eines

anderen Schiffes nach dem Ablieferungsorte befördern zu lassen oder die Auflagerung derselben zu bewirken. Von den getroffenen Maßregeln sind die Beteiligten unverzüglich in Kenntnis zu setzen. [1 2]

1. Bei Verlust oder schwerer Beschädigung des Schiffes vor oder nach Antritt der Reise tritt nach den §§ 68, 69 der Frachtvertrag außer Kraft. Dies entbindet den Schiffer, welcher nach § 7 den Ladungsbeteiligten (Absender und Empfänger) für die sorgfältige Wahrnehmung seiner Dienstverrichtungen haftet, nicht von der Pflicht, bei Abwesenheit dieser Beteiligten nach Kräften für das Beste der Ladung zu sorgen. Zu einem Verkauf der Ladung ist er nicht befugt. Vgl. § 10 und Anm. 2a dazu. Der § 70 verpflichtet ihn — entsprechend dem Abs. 1 des § 632 HGB. — die Anweisung der Ladungsbeteiligten einzuholen, im Falle der Dringlichkeit aber auch ohne Rückfrage selbst das Nötige vorzukehren und die Güter mittels eines anderen Schiffes nach dem Bestimmungsorte befördern zu lassen oder sie aufzulagern, und die Beteiligten unverzüglich von dem Veranlaßten zu benachrichtigen. Bei Anwesenheit eines der Beteiligten fällt diese Pflicht des Schiffers fort. Hat er auf Anweisung eines solchen Beteiligten gehandelt, so kann er in der Regel die Verantwortung für die getroffenen Maßregeln ablehnen (ROH. **12** 109). Für seine Bemühungen hat er gegen die Ladungsbeteiligten Anspruch auf Vergütung (ROH. **15** 66) und kann von ihnen Ersatz seiner Auslagen fordern, da er in ihrem Interesse und als ihr gesetzlicher Vertreter gehandelt hat (RG. **38** 146). Als selbstverständlich ist der Abs. 2 des § 632 HGB. fortgelassen, daß der Schiffer vor Bezahlung seiner Forderungen in allen diesen Fällen die Güter dem Empfänger oder Absender nicht auszuliefern braucht.

2. Für die schuldhaft unterlassene Erfüllung der im § 70 dem Schiffer auferlegten Pflichten haftet nach den §§ 3 und 4 Ziff. 3 (wie nach Abs. 3 des § 632 HGB.) der Schiffseigner mit dem Schiffe, soweit es gerettet ist, und mit der Fracht.

Zeitweilige Verhinderung der Reise ohne Verschulden des Absenders.

§ 71.[1] Wird der Antritt oder die Fortsetzung der Reise ohne Verschulden des Absenders zeitweilig verhindert, so braucht der Absender die Aufhebung des Hindernisses nicht abzuwarten, er kann vielmehr vom Vertrage zurücktreten.

In diesem Falle sind dem Frachtführer die Kosten der Vorbereitung der Reise, die Kosten der Wiederausladung und für den zurückgelegten Teil der Reise Distanzfracht (§ 64 Absatz 2) zu vergüten.[2]

Muß der Frachtführer überwintern, so findet ein Rücktritt des Absenders nach Maßgabe der vorstehenden Bestimmung nicht statt. In diesem Falle ist der Absender zur Zurücknahme der Güter nur nach den Bestimmungen der §§ 36 bis 39 berechtigt.[3]

1. Durch Art. 12 Nr. IX EG. sind in Abs. 1 die Worte: „ohne Verschulden des Absenders zeitweilig verhindert" statt der früher vorhandenen Worte: „nicht dauernd, sondern nur zeitweilig durch Naturereignisse oder Zufall verhindert" gesetzt worden.

2. a) Die neue Fassung des § 71 Abs. 1 entspricht dem § 428 Abs. 2 HGB. und bringt entgegen dem früheren Wortlaute zum Ausdruck, daß auch eine durch Verschulden des Frachtführers verursachte zeitweilige Verhinderung des Antritts oder der Fortsetzung der Reise den Absender zum Rücktritte von dem Vertrage berechtigt. Der Absender muß, falls nicht das Hindernis von dem Frachtführer verschuldet ist, nach Abs. 2 Distanzfracht und Kosten zahlen; im Falle des Nichtantritts der Reise ist keine Fautfracht zu zahlen.

b) Der Frachtführer hat, auch wenn er das Hindernis nicht verschuldet hat, nicht das in § 71 festgesetzte Rücktrittsrecht, falls es nicht etwa ausdrücklich bedungen ist. Für ihn kommt bei Verzögerung auf seiten des Absenders nur § 34 in Betracht. Sein Recht auf Liegegeld und eventuell auf Schadensersatz bleibt unberührt.

Hat der Frachtführer das Hindernis verschuldet, so kann er die Entschädigung aus § 71 nicht fordern und ist seinerseits entschädigungspflichtig (§§ 326, 327 BGB.).

c) Unter zeitweiliger Verhinderung sind, wie nach § 428 HGB., kurze und nach Lage der Verhältnisse unerhebliche Verzögerungen, zumal wenn sie solche sind, wie sie ihrer Natur nach häufig bei der Schiffahrt vorkommen, nicht zu verstehen, andererseits aber auch nicht solche, die nach Lage der Sache den Vertragszweck vereiteln würden und deshalb einem dauernden Hindernisse gleich zu achten sind (Begr. 95, ROH. **4** 174). Hindernisse im Sinne des § 71 sind namentlich niedriger Wasserstand (vgl. Anm. 2a zu § 68; HGZ. **08** 216), Eisgefahr, Festhaltung der Ladung durch die Zollbehörde (OLG. **10** 354), Streiks usw. — Ein mit Ausschluß der sog. Wasserstandsklausel abgeschlossener Frachtvertrag ist dahin auszulegen, daß der Spediteur sich damit zur Beförderung auch bei zeitweiser Unausführbarkeit verpflichtet HGZ. **06** 262); vgl. Anm. 2a zu § 68.

d) Im Seerecht (§ 637 HGB.) ist das Rücktrittsrecht, wie es § 71 vorsieht, nicht gegeben.

3. a) Nach Abs. 3 ist der Fall, daß eine Überwinterung vor oder während der Reise notwendig wird, nicht nach den Abs. 1 und 2 dieses §, sondern nach den §§ 36—39 zu beurteilen, weil bei der Schiffahrt zur Winterszeit der durch die Überwinterung bedingte Aufenthalt kein unerwartetes Ereignis ist (Begr. 95). Der Absender ist hiernach berechtigt, bei dessen Eintritt von dem Vertrage zurückzutreten, aber nur nach den §§ 36—39, wie bei willkürlichem Rücktritte. Er hat demnach, falls die Überwinterung am Abgangsorte stattfindet, ein Drittel und bei Teil- und Stückgüterverfrachtung die Hälfte der Fracht, wenn aber das Schiff an einem Zwischenorte überwintert, die volle Fracht zu bezahlen, und kann bei Teil- oder Stückgüterverfrachtung auch im Falle der Überwinterung die

Wiederausladung nur unter den im § 38 Ziff. 3 bezeichneten Voraussetzungen verlangen (Begr. 95). Vgl. § 82 Nr. 5.

b) Der Abs. 3 findet keine Anwendung, wenn die Reise von dem Frachtführer schuldhafterweise verzögert wurde und erst hierdurch die Überwinterung auf der Reise notwendig wurde. In diesem Falle entscheiden die allgemeinen Grundsätze über die Schadensersatzpflicht und über das aus dem Erfüllungsinteresse unter Umständen abzuleitende Recht zum Rücktritt vom Vertrage (Begr. 95).

Ladeschein. Meldeadresse.

§ 72. [1] Auf Verlangen des Absenders ist demselben von dem Frachtführer nach Verladung der Güter ein Ladeschein auszustellen, durch welchen der Frachtführer sich zur Auslieferung der Güter an den legitimirten Besitzer des Scheines verpflichtet. Das Verlangen ist vor Beginn der Verladung der Güter zu stellen. [2]

Der Ladeschein hat außer den im § 445 des Handelsgesetzbuchs aufgeführten Angaben auch die Bezeichnung des Schiffes zu enthalten, in welches die Güter verladen sind. [3]

Wird der Ladeschein an die Order einer Person ausgestellt, welche am Ablieferungsorte weder ihren Wohnsitz noch eine Niederlassung hat, so kann der Frachtführer die Bezeichnung einer Meldeadresse verlangen, bei welcher ihm nach der Ankunft am Ablieferungsorte die Person des Ladescheinbesitzers bekannt zu geben ist. Die Meldeadresse ist auf dem Ladescheine zu vermerken. [4]

1. Die §§ 72—76 handeln vom **Ladeschein.** Wenn ein Frachtbrief ausgestellt ist (§ 426 HGB.), so verbleibt es lediglich bei den §§ 432—436 HGB., dagegen kommen, wenn ein Ladeschein ausgestellt ist, die §§ 445—448 u. § 451 HGB. (abgedruckt zu § 26 d. G.) mit den aus den §§ 72—76 sich ergebenden Abänderungen zur Anwendung. Da der Ladeschein nach § 363 Abs. 2 HGB. Orderpapier sein kann, so kommen hier die §§ 363 Abs. 2, 364, 365 HGB. und die Artikel 11—13, 36 und 74 der Wechselordnung in Betracht. Sie lauten:

HGB. § 363 Abs. 2. Ferner können Konnossemente der Seeschiffer, Ladescheine der Frachtführer .... durch Indossament übertragen werden, wenn sie an Order lauten.

HGB. § 364. Durch das Indossament gehen alle Rechte aus dem indossierten Papier auf den Indossatar über.

Dem legitimierten Besitzer der Urkunde kann der Schuldner nur solche Einwendungen entgegensetzen, welche die Gültigkeit seiner Erklärung in der Urkunde betreffen oder sich aus dem Inhalte der Urkunde ergeben oder ihm unmittelbar gegen den Besitzer zustehen.

Der Schuldner ist nur gegen Aushändigung der quittierten Urkunde zur Leistung verpflichtet.

HGB. § 365. In betreff der Form des Indossaments, in betreff der Legitimation des Besitzers und der Prüfung der Legitimation sowie in betreff der Verpflichtung des Besitzers zur Herausgabe, finden die Vorschriften der Artikel 11 bis 13, 36, 74 der Wechselordnung entsprechende Anwendung.

Ist die Urkunde vernichtet oder abhanden gekommen, so unterliegt sie der Kraftloserklärung im Wege des Aufgebotsverfahrens. Ist das Aufgebotsverfahren eingeleitet, so kann der Berechtigte, wenn er bis zur Kraftloserklärung Sicherheit bestellt, Leistung nach Maßgabe der Urkunde von dem Schuldner verlangen.

WO. Art. 11. Das Indossament muß auf den Wechsel, eine Kopie desselben oder ein mit dem Wechsel oder der Kopie verbundenes Blatt (Allonge) geschrieben werden.

WO. Art. 12. Ein Indossament ist gültig, wenn der Indossant auch nur seinen Namen oder seine Firma auf die

Rückseite des Wechsels oder der Kopie oder auf die Allonge schreibt (Blanko-Indossament).

WO. Art. 13. Jeder Inhaber eines Wechsels ist befugt, die auf demselben befindlichen Blanko-Indossamente auszufüllen; er kann den Wechsel aber auch ohne diese Ausfüllung weiter indossieren.

WO. Art. 36. Der Inhaber eines indossierten Wechsels wird durch eine zusammenhängende, bis auf ihn hinuntergehende Reihe von Indossamenten als Eigentümer des Wechsels legitimiert. Das erste Indossament muß demnach mit dem Namen des Remittenten, jedes folgende Indossament mit dem Namen desjenigen unterzeichnet sein, welchen das unmittelbar vorhergehende Indossament als Indossatar benennt. Wenn auf ein Blanko-Indossament ein weiteres Indossament folgt, so wird angenommen, daß der Aussteller des letzteren den Wechsel durch das Blanko-Indossament erworben hat. Ausgestrichene Indossamente werden bei Prüfung der Legitimation als nicht geschrieben angesehen. Die Echtheit der Indossamente zu prüfen, ist der Zahlende nicht verpflichtet.

WO. Art. 74. Der nach den Bestimmungen des Art. 36 legitimierte Besitzer eines Wechsels kann nur dann zur Herausgabe desselben angehalten werden, wenn er den Wechsel in bösem Glauben erworben hat oder ihm bei der Erwerbung des Wechsels eine grobe Fahrlässigkeit zur Last fällt.

2. a) Allgemeines. Nach §§ 444 HGB. kann der Frachtführer einen Ladeschein ausstellen. Der § 72 Abs. 1 Binnensch.-Ges. bestimmt abweichend hiervon, daß der Absender vor Beginn der Verladung (Komm.Ber. S. 25) von dem Frachtführer verlangen kann, daß dieser ihm einen Ladeschein ausstelle. Eine Verpflichtung des Frachtführers zur Ausstellung des Ladescheins in mehreren Exemplaren ist, abweichend von § 642 HGB., im Binnenschiffahrtsgesetze nicht anerkannt; stellt der Frachtführer jedoch mehrere aus, so ist eine entsprechende Anwendung der §§ 646, 648, 649 HGB. nicht ausgeschlossen.

Der Ladeschein ist nach ausdrücklicher Vorschrift des § 72

nach der Verladung auszustellen, die Anwendung des § 642 Abs. 5 HGB., nach welchem er mit Zustimmung des Absenders auch über Güter ausgestellt werden kann, die zur Beförderung übernommen, aber noch nicht abgeladen sind, erscheint danach ausgeschlossen. Verweigert der Frachtführer die Ausstellung des Ladescheins, so kann der Absender ihn durch Klage oder einstweilige Verfügung hierzu anhalten, oder vom Vertrage zurücktreten (Förtsch Anm. 5 zu § 72).

Nach § 445 Abs. 3 HGB. muß der Absender dem Frachtführer auf dessen Verlangen eine Abschrift des Ladescheins aushändigen.

b) Inhalt des Ladescheins. Nach § 445 Abs. 1 HGB. **soll** der Ladeschein enthalten:

1. den Ort und den Tag der Ausstellung;
2. den Namen und den Wohnort des Frachtführers;
3. den Namen des Absenders;
4. den Namen desjenigen, an welchen oder an dessen Order das Gut abgeliefert werden soll; als solcher gilt der Absender, wenn der Ladeschein nur an Order gestellt ist;
5. den Ort der Ablieferung;
6. die Bezeichnung des Gutes nach Beschaffenheit, Menge und Merkzeichen;
7. die Bestimmung über die Fracht und über die auf dem Gute haftenden Nachnahmen sowie im Falle der Vorausbezahlung der Fracht einen Vermerk über die Vorausbezahlung.

Nach § 445 Abs. 2 HGB. **muß** der Ladeschein

8. von dem Frachtführer unterzeichnet sein.

Nach § 72 Abs. 2 Binnensch.Ges. hat der Ladeschein

9. auch die Bezeichnung des Schiffes zu enthalten, in welches die Güter verladen sind. Vgl. hierzu Anm. 3.

Einen Ladeschein mit weiterem Inhalt als vorstehend angegeben kann der Absender nicht verlangen, doch können auf Vereinbarung noch anderweite Bestimmungen entweder direkt oder durch Bezugnahme auf den Frachtbrief oder auf allgemeine Verfrachtungsbedingungen aufgenommen werden (HGB. § 446 Abs. 1, ROH. **17** 72).

Wesentlich für den Begriff des Ladescheins ist außer der Angabe der geladenen Güter, des Empfängers und des Ablieferungsorts und außer dem Empfangsbekenntnis des Frachtführers auch dessen Verpflichtungserklärung zur Auslieferung der Güter; ohne diese Verpflichtungserklärung ist ein Ladeschein im Sinne des Gesetzes nicht vorhanden (RG. **13** 75). Notwendig ist ferner die Unterzeichnung des Ladescheins durch den Aussteller; Unterstempelung genügt nicht, etwaige Handzeichen müssen gerichtlich oder notariell beglaubigt sein (§ 126 Abs. 1 BGB.). Jedoch braucht der Ladeschein nicht von dem Frachtführer selbst unterzeichnet zu werden, er kann nach § 16 Abs. 2 auch von dem Schiffer als dessen gesetzlichen Vertreter (a. M. Werner S. 50), oder kraft besonderer Vollmacht auch von einem anderen Vertreter vollzogen werden.

Der Ladeschein ist entweder Rektapapier oder Orderpapier (§ 363 Abs. 2 HGB.); auch die Ausstellung auf den Inhaber, falls Frachtführer und Absender hierüber einig sind, wird von Cosack (Lehrbuch des Handelsrechts IV. Aufl. S. 462) für zulässig erachtet.

c) Rechtliche Bedeutung der Erklärungen im Ladeschein. Nach § 446 HGB. ist für das Rechtsverhältnis zwischen dem Frachtführer und dem Empfänger ausschließlich der Ladeschein maßgebend; die nicht direkt oder durch ausdrückliche Bezugnahme in den Ladeschein aufgenommenen Bestimmungen des Frachtvertrags sind dem Empfänger gegenüber unwirksam. Hinsichtlich der Haftung des Frachtführers für die Richtigkeit der im Ladeschein enthaltenen Bezeichnung der Güter und des darin angegebenen Quantums kommen die §§ 73—75 sowie die §§ 58—61 d. G. zur Anwendung. Daneben aber haftet der Frachtführer für denjenigen Schaden, welchen der Inhaber des Ladescheins infolge eines bei der Abgabe der Erklärung über die Beschaffenheit des Gutes vorgekommenen Verschuldens des Frachtführers erlitten hat (RG. **5** 81). — Unberührt von dem Ladescheine bleiben die darin nicht geregelten Rechtsbeziehungen zwischen dem Empfänger und dem Frachtführer, welche sich erst nach der Ausstellung des Ladescheins z. B. wegen der Liegegelder für verzögerte Löschung gebildet haben.

d) Legitimation des Empfängers. Im Falle der Ausstellung eines Ladescheins ist nach § 447 HGB. zum Empfange des Gutes derjenige legitimiert, welcher in dem Ladeschein als Empfänger bezeichnet ist, oder auf welchen der Ladeschein, wenn er an Order lautet, durch Indossament übertragen ist. Die Echtheit eines Indossaments braucht der Frachtführer nicht zu prüfen (Art. 36 WO.). Ist der Ladeschein nur an Order gestellt und nicht indossiert, so ist der Absender zum Empfange legitimiert. Immer aber ist der Besitz des Ladescheins auf seiten des die Auslieferung Fordernden vorausgesetzt; selbstverständlich auch beim Ladeschein auf den Inhaber. Aufgebot des verlorenen oder des vernichteten Order- oder Inhaber-Ladescheines ist zulässig (§ 365 Abs. 2 HGB., § 799 BGB.). Behauptet der aus einem Rekta-Ladeschein Berechtigte, zur Rückgabe des Scheines außerstande zu sein, so kann der Frachtführer nach § 371 BGB. das öffentlich beglaubigte Anerkenntnis über seine Befreiung verlangen (Werner S. 52). Etwaige Zessionare oder Bevollmächtigte des Empfängers müssen sich als solche legitimieren.

Der zur Empfangnahme Legitimierte hat schon vor der Ankunft des Gutes am Ablieferungsorte diejenigen Rechte, welche dem Absender nach §§ 36, 37, 68, 69, 71 Binnensch.Ges. in Ansehung der Verfügung über das Gut zustehen. Der Absender als solcher hat in diesem Falle nicht das Dispositionsrecht aus § 434 HGB. über das Gut. Der Frachtführer darf, wenn er sich nicht dem rechtmäßigen Besitzer des Ladescheins haftbar machen will, einer Anweisung des Absenders, das Gut anzuhalten, zurückzugeben oder an einen anderen als den durch den Ladeschein legitimierten Empfänger auszuliefern, nur Folge leisten, wenn ihm der Ladeschein zurückgegeben wird (§ 447 Abs. 2 u. 3).

e) Repräsentation des Gutes durch den Ladeschein. Wenn das Gut von dem Frachtführer übernommen ist, so hat die Übergabe des Ladescheines an denjenigen, welcher durch den Schein zur Empfangnahme des Gutes legitimiert ist, für den Erwerb von Rechten (Eigentum, Pfandrecht) an dem Gute dieselben Wirkungen wie die Übergabe des Gutes. Dies war in dem weggefallenen § 72 des Binnensch.G. v. 15. Juni 1895 ausdrücklich ausgesprochen und ergibt sich jetzt aus der Bezugnahme des § 450 HGB. in § 26 d. G. (Vgl. § 647 HGB., RG. **5** 79). Gleichgültig ist hierbei, ob der Ladeschein an Order ausgestellt ist oder nicht (Begr. 98; Denkschr. 265, 266).

f) **Rückgabe des Ladescheins.** Zur Ablieferung des Gutes ist der Frachtführer nach § 448 HGB. nur gegen Rückgabe des Ladescheins, *auf dem die Ablieferung des Gutes bescheinigt ist*, verpflichtet (vgl. § 364 Abs. 3 HGB). Daraus folgt, daß er die Rückgabe erst verlangen kann, nachdem er das Gut vollständig abgeliefert hat, andererseits muß der Empfänger während der ganzen Dauer der Ablieferung durch den Besitz des Ladescheins legitimiert sein. Der Gefahr, daß der Empfänger den Ladeschein während einer längere Zeit dauernden Ablieferung weiter begibt, wird der Frachtführer dadurch entgegentreten können, daß er bei jeder Teillieferung sich den Ladeschein vorlegen und jede Teillieferung darauf quittieren läßt; vgl. DJZ. **04** 586. Jene Gefahr könnte auch dadurch beseitigt werden, daß der Empfänger auf Verlangen des Frachtführers den Ladeschein bis zur vollständigen Ablieferung an amtlicher Stelle oder bei einem Treuhänder hinterlegt. Dagegen sichert der von dem Kammergericht (OLG. **8** 391) angegebene Weg, daß nämlich der Frachtführer sich von dem Empfänger über die ausgeladenen Teile des Frachtgutes auf einem Duplikat des Ladescheins oder auf einem vorläufigen Empfangsschein Quittung erteilen oder wegen der durch den Frachtvertrag begründeten Forderungen sich Sicherheit bestellen läßt, nicht gegen die Gefahr, daß der Frachtführer wegen Auslieferung des Gutes an einen nicht legitimierten Empfänger haftbar wird, wenn dieser den Ladeschein während der Ablieferung weiter begibt, (§§ 364 Abs. 1 u. 2, 450 HGB.). — Stellt sich bei der Ablieferung ein Manko heraus, so wird dieserhalb die Rückgabe des Ladescheins nicht verweigert werden können, vielmehr wird es genügen, daß der Frachtführer dem Empfänger bescheinigt, daß ein Manko vorhanden bzw. in Streit geblieben ist (DJZ. **04** 586).

Ist der Ladeschein verloren gegangen, so muß das Aufgebotsverfahren (§§ 1004 ff. CPO.) eingeleitet werden. Ist dieses Verfahren eingeleitet, so kann der Empfänger gegen Sicherheitsleistung Aushändigung des Frachtguts fordern (§ 365 Abs. 2 HGB.). Die Forderungen des Frachtführers wird er aber bezahlen müssen, da viele Frachtführer nicht imstande sind, ihre Forderung bis zur Kraftloserklärung des Ladescheins zu stunden. Vgl. Anm. 1 a zu § 67.

g) Ausnahmen. In den Fällen des § 131 ist der Frachtführer nicht verpflichtet, einen Ladeschein auszustellen (§ 444 HGB.), weil dort § 72 Abs. 1 keine Anwendung findet.

3. Der Abs. 2 will durch die erforderte Angabe des Schiffes, in welches die Güter verladen sind, diese selbst genauer kenntlich machen. Findet während der Reise eine Umladung in ein anderes Schiff statt, so wird hierdurch der Auslieferungsanspruch des Ladeschein-Inhabers nicht berührt (Begr. 97).

4. Meldeadresse. Der Ladeschein soll nach § 445 Ziff. 4 HGB. unter anderem den Namen desjenigen enthalten, an den oder an dessen Order das Gut abgeliefert werden soll; als solcher gilt der Absender, wenn der Ladeschein lediglich an Order gestellt ist. Der Ladeschein kann daher an die Order einer Person lauten, welche am Ablieferungsorte weder einen Wohnsitz noch eine Geschäftsniederlassung hat. In Ermangelung näherer Mitteilungen über die Person des Empfängers müßte der Frachtführer sofort nach der Ankunft sein Eintreffen und seine Löschungsbereitschaft öffentlich bekannt machen lassen (§ 47 Abs. 4). Um dies zu vermeiden, ist ihm das Recht eingeräumt, wenn der Ladeschein an die Order einer Person ausgestellt ist, welche am Ablieferungsorte weder ihren Wohnsitz noch eine Niederlassung hat, die Bezeichnung einer Meldeadresse zu verlangen, bei welcher er die Person des Ladeschein-Inhabers erfahren kann. Der Besitz des Ladescheins bleibt für die Berechtigung zur Empfangnahme des Gutes wesentlich, eine Auslieferungsanweisung enthält der Vermerk einer Meldeadresse nicht. Die Meldeadresse ist auf dem Ladeschein zu vermerken, damit die späteren Erwerber der Urkunde in sicherer Weise davon Kenntnis erlangen (Begr. 97).

Haftung des Frachtführers für Zahl, Maß und Gewicht.

§ 73. Der Frachtführer haftet für die Richtigkeit der im Ladescheine enthaltenen Bezeichnung der Zahl, des Maßes oder des Gewichtes der verladenen Güter, es sei denn, daß durch den Zusatz: „Zahl, Maß, Gewicht unbekannt" oder durch einen gleichbedeutenden Vermerk ersichtlich gemacht ist, daß die Güter dem Frachtführer nicht zugezählt, zugemessen oder zugewogen sind.

Erklärt sich der Absender bereit, die Zuzählung, Zumessung oder Zuwiegung der Güter auf seine Kosten vornehmen zu lassen, so ist der Frachtführer nicht berechtigt, einen Zusatz der im Absatz 1 bezeichneten Art in den Ladeschein aufzunehmen.[1]

Die Bestimmungen des § 60 bleiben unberührt.[2]

1. a) Die §§ 73—76 betreffen die Haftung, wenn ein Ladeschein ausgestellt ist. Der § 73 erklärt den Frachtführer als haftbar für die Richtigkeit der im Ladeschein enthaltenen Bezeichnung der Zahl, des Maßes oder des Gewichtes der verladenen Güter, wenn er nicht in demselben erkennbar gemacht hat, daß ihm die Güter nicht zugezählt, zugemessen oder zugewogen worden sind. Dies kann er durch den Zusatz „Zahl, Maß, Gewicht unbekannt" oder durch einen gleichbedeutenden Vermerk im Ladeschein tun — die Ausdrücke: „Zahl, Maß, Gewicht" brauchen gleichzeitig angeführt zu sein, es genügt, wenn die zutreffende Klausel: „Zahl unbekannt" oder „Maß unbekannt" oder dergleichen angewendet worden ist — er ist zu einem solchen Zusatz aber nicht befugt, wenn der Absender sich bereit erklärt, auf seine Kosten die Zuzählung, Zumessung oder Zuwiegung der Güter vornehmen zu lassen. Diese Bestimmung beruht darauf, daß der Frachtführer an sich nicht mehr abzuliefern hat als er empfangen hat, daß dies jedoch, wenn ein

Ladeschein ausgestellt ist, nicht ausreicht, weil ein solcher Schein die Verpflichtung des Frachtführers begründet zur Ablieferung des Gutes nach Maßgabe der in der Urkunde enthaltenen Angaben, falls nicht in der Urkunde selbst die Haftung für diese Angabe abgelehnt ist. Dies entspricht den §§ 651, 655 HGB. Auch in anderen Beziehungen kann der Frachtführer die nach dem Gesetze an sich begründete Haftung für den Inhalt des Ladescheins durch besonderen Vermerk in demselben ausschießen. (Begr. 99). Entspricht der Vermerk: „Zahl usw. unbekannt" nicht den Tatsachen, ist vielmehr das Gut dem Frachtführer zugezählt oder zugemessen bzw. zugewogen, so hat doch der Empfänger hieraus keinen Anspruch gegen den Frachtführer, weil er den Ladeschein mit der daraus sich ergebenden, von dem Frachtführer gewollten, Beschränkung der Haftbarkeit erworben hat (§ 446 HGB.).

b) Ein die Haftung aus § 73 ausschließender Zusatz befreit den Frachtführer nicht von der Haftbarkeit ex recepto für die Auslieferung des wirklich Empfangenen, er haftet also z. B. für das Fehlen eines ganzen Kollo (ROH. **15** 382).

c) Von der Haftung aus § 58 unterscheidet sich diejenige aus § 73 wie folgt: Nach § 58 haftet der Frachtführer für übernommene Güter, wenn er nicht den dort vorgesehenen Entschuldigungsbeweis führt, während er nach § 73 für nicht übernommene Güter haftet, wenn er den Ladeschein unrichtig ausgestellt und nicht seine Haftbarkeit durch einen entsprechenden Vermerk ausgeschlossen hat. Ein Entschuldigungsbeweis ist im Falle des § 73 naturgemäß nicht zugelassen, da die Haftbarkeit aus § 73 in Rücksicht auf das Verkehrsbedürfnis lediglich wegen der objektiv unrichtigen Angabe in dem Ladeschein eingeführt ist. Kannte der Empfänger die Unrichtigkeit des Ladescheins beim Erwerbe, so hat er keinen Anspruch aus § 73.

d) Für die Haftung des Frachtführers aus § 73 bleiben die Vorschriften im § 61 Abs. 1—4 und § 62 Abs. 3 maßgebend. Vgl. auch § 75.

e) Hinsichtlich der Bedeutung des Zusatzes: „Zahl rc. unbekannt" für die Berechnung der Fracht vgl. § 63 und Anm. 1 dazu.

2. Die Bestimmungen hinsichtlich des nach § 60 unter Umständen zulässigen Mindergewichts oder Mindermaßes, und der Verteilung eines bei der Ablieferung etwa vorhandenen Mehr- oder Mindergewichts und Mehr- oder Mindermaßes unter mehrere Empfänger gilt auch, wenn ein Ladeschein mit Angaben über Zahl, Maß oder Gewicht ohne Vorbehalt gezeichnet ist (Abs. 3).

Haftung des Frachtführers für die Bezeichnung der Güter.

§ 74. Der Frachtführer haftet für die Richtigkeit der im Ladescheine enthaltenen Bezeichnung der Güter, sofern er nicht beweist, daß die Unrichtigkeit der Bezeichnung bei Anwendung der Sorgfalt eines gewöhnlichen Frachtführers nicht zu erkennen war.[1]

Sind dem Frachtführer die Güter in Verpackung oder in geschlossenen Gefäßen übergeben und ist dies aus dem Ladescheine zu ersehen, so trifft den Frachtführer keine Verantwortlichkeit für die richtige Bezeichnung des Inhalts, es sei denn, daß ihm eine bösliche Handlungsweise nachgewiesen wird.[2]

1. Der § 74 weicht vom § 652 HGB. ab. Nach diesem haftet der Verfrachter (Frachtführer) dem Empfänger für die Richtigkeit der im Konnossemente enthaltenen Bezeichnung der Güter. Der § 74 hat die Haftung des Frachtführers dahin gemildert, daß ihm der Entschuldigungsbeweis offen gelassen wird, es sei die Unrichtigkeit der Bezeichnung bei Anwendung der Sorgfalt eines gewöhnlichen Frachtführers nicht erkennbar gewesen. Der Entwurf § 72 hatte näher angegeben, daß hier unter Bezeichnung der Güter die „der Gattung, Art und Beschaffenheit“ zu verstehen sei (Begr. S. 99). Die Kommission strich jedoch diese Worte (und schloß sich insoweit dem § 652 HGB. an). Es wurde einerseits geltend gemacht, daß man bei dem „einfachen“ Schiffer nicht die erforderliche Waren-

kenntnis voraussetzen könne (Ber. 17), andererseits (Ber. 25) aber hervorgehoben, daß der Frachtführer bei Ausstellung eines Ladescheins vorsichtig in der Bezeichnung der Güter sein müsse, denn er habe das abzuliefern, was er empfangen zu haben bekennt, und der Ladeschein müsse ein zirkulationsfähiges Papier bleiben; es werde ihm auch nur die Sorgfalt eines gewöhnlichen (nicht eines ordentlichen) Frachtführers, also etwas, das er leisten könne, zugemutet. Die Kommission nahm an, daß der allgemeine Ausdruck: Bezeichnung der Güter hiernach ausreichend klar sein werde. Da aber bei offen verladenen Gütern (in betreff der verpackten s. Abs. 2) die Bezeichnung nach Gattung, Art und Beschaffenheit die übliche ist, so wird sie regelmäßig von dem Absender gewählt und von dem Frachtführer in den Ladeschein übernommen werden.

Die Reichstagskommission ist, wie bemerkt, bei der Formulierung des Paragraphen von den Verhältnissen eines „einfachen" Schiffers ausgegangen; der Frachtführer wird daher bei der Bezeichnung der Güter nur die Sorgfalt eines „Schiffseigners, der sein Schiff selbst führt" (Förtsch Anm. 4 zu § 75), anzuwenden haben. — Nachzulassen ist dem Frachtführer, daß er die Haftung aus § 74 durch einen entsprechenden Vermerk in dem Ladeschein, z. B. „Qualität unbekannt", ablehnt oder einschränkt. Denn weder gehört die zutreffende Bezeichnung der Güter zu den Aufgaben, welche ein Frachtführer nach seiner Vorbildung in der Regel erfüllen kann, noch gehört diese Bezeichnung zu den wesentlichen Bestandteilen des Ladescheins. Der Erwerber des Ladescheins aber wird durch den entsprechenden Vermerk des Frachtführers genügend darauf hingewiesen, daß dieser jene Haftung ablehnt.

Hinsichtlich des Umfangs der Haftung vgl. § 75.

2. Die im Abs. 1 näher bestimmte Haftung fällt dem Frachtführer dann nicht zur Last, wenn er die Güter in Verpackung oder in geschlossenen Gefäßen erhalten und dies bei ihrer Bezeichnung im Ladeschein erkennbar gemacht hat, weil dies ergibt, daß er sie nicht prüfen konnte und nicht geprüft hat, also auch nicht für die Richtigkeit der Bezeichnung einstehen will. Einen

die Haftung ablehnenden Vermerk braucht der Frachtführer in diesem Falle in dem Ladeschein nicht zu machen. Daß er bei eigener oder seiner Leute (§ 431 HGB.) böslichen Handlungsweise trotz eines solchen Vermerks haftet, entspricht allgemeinen Rechtsgrundsätzen. (Begr. 99.) Der Ausdruck bösliche Handlungsweise umfaßt neben dem dolus nicht allgemein die grobe Fahrlässigkeit, sondern nur denjenigen Frevelmut, welcher sich der rechtswidrigen Folgen seiner Handlungsweise bewußt ist (ROH. **17** 301; RG. **1** 22). In solchem Falle haftet der Frachtführer für den vollen Schaden (§ 75).

Umfang der Haftung.

§ 75. **In den Fällen des § 73 Absatz 1 und des § 74 beschränkt sich die Haftung des Frachtführers auf den Ersatz des Minderwerts, welcher aus der Nichtübereinstimmung der Güter mit der im Ladescheine enthaltenen Bezeichnung sich ergibt. Fällt dem Frachtführer eine bösliche Handlungsweise zur Last, so hat er den vollen Schaden zu ersetzen.**

Im Falle der unrichtigen Bezeichnung der Güter im Ladeschein überhaupt (§ 74) oder ihrer Quantität nach (§ 73 Abs. 1) beschränkt sich die Haftung des Frachtführers auf Zahlung des Minderwertes der abgelieferten Güter gegenüber dem gemeinen Handelswerte (§ 430 HGB.), wie er bei richtiger Bezeichnung vorhanden gewesen wäre. Dies entspricht dem § 652 HGB. Dadurch wird der Empfänger von dem anderweiten Nachweise seines Schadens befreit, er darf aber andererseits die Annahme des Gutes nicht ablehnen, vorausgesetzt, daß der Frachtführer dasselbe Gut anbietet, welches er zur Beförderung erhalten hat; anderen Falles kann der Empfangsberechtigte die Annahme ablehnen (vgl. RG. **46** 7). Im Streitfalle hat der Frachtführer die Identität zu beweisen, ihm steht bei Unverletztheit der Verpackung eine Vermutung zur Seite. Dem Frachtführer steht der Regreß an den Absender offen, er ist auch befugt, dem Empfangsberechtigten alle ihm gegen den Absender zustehenden Einreden entgegenzusetzen, wenn der Empfangsberechtigte nur Vertreter des Absenders oder mit diesem identisch ist. Vgl. RG. 20 68.

Im Falle böslicher Handlungsweise (s. Anm. 2 zu § 74) hat der Frachtführer den vollen Schaden (§§ 249 ff. BGB.) zu ersetzen.

Übernahme von Gütern mit erkennbaren Mängeln.

§ 76. Übernimmt der Frachtführer Güter, deren Beschädigung, schlechte Beschaffenheit oder mangelhafte Verpackung bei der Verladung äußerlich erkennbar ist, so hat er den Mangel im Ladescheine zu vermerken, widrigenfalls er dem Empfänger für den aus dem Mangel sich ergebenden Minderwert der Güter verantwortlich ist.

Der § 76 stimmt im Grundsatz mit § 658 HGB. überein. Die Bestimmung ist durch den Zweck des Ladescheins geboten; denn der Erwerber der Urkunde muß, wenn ein betreffender Vermerk im Ladescheine fehlt, davon ausgehen können, daß die Güter wenigstens äußerlich erkennbare Mängel der im § 76 bezeichneten Art bei der Verladung nicht gehabt haben. Der Frachtführer ist demnach verpflichtet, mit der Sorgfalt eines ordentlichen Frachtführers (nicht Kaufmanns oder sonst Warenkundigen) das Gut bei der Übernahme daraufhin zu untersuchen, ob äußerlich erkennbare (nicht bloß sichtbare) Mängel in der Beschaffenheit oder der Verpackung, oder ob Beschädigungen vorhanden sind und bejahenden Falles sie in dem Ladescheine zu vermerken. Bei Unterlassung des Vermerkes haftet er für die Differenz zwischen dem gemeinen Handelswerte mangelfreier Ware und dem Werte der mangelhaften Ware, bei böslicher Handlungsweise für den vollen Schaden (vgl. Anm. zu § 73). Daß in dem Ladescheine die gute Beschaffenheit der Ware oder die Unverletztheit der Verpackung konstatiert sei, ist nicht erfordert, da beim Fehlen eines entsprechenden Vermerkes ohne weiteres angenommen wird, daß solche äußerlich erkennbaren Mängel nicht vorhanden sind. Vgl. ROH. **3** 25, **16** 139; RG. **4** 91). Dagegen ist für die Haftung aus § 76 vorausgesetzt und im Streitfalle von dem Empfänger zu beweisen, daß die Mängel zur Zeit der Übernahme des Gutes durch den Frachtführer vorhanden und äußerlich erkennbar waren. Für Mängel, die bei Anwendung der Sorgfalt eines ordentlichen Frachtführers nicht erkennbar waren, haftet der Frachtführer nicht; hinsichtlich der auf dem Transporte eingetretenen Verluste oder Beschädigungen s. §§ 58 bis 60 d. G. In betreff der Verfolgung der Ansprüche des Empfängers greifen auch hier die Vorschriften in §§ 61, 62 Abs. 3 ein. — Kannte der Empfänger beim Erwerb des Ladescheins die Mängel des Frachtguts, so hat er auch beim Fehlen eines entsprechenden Vermerks im Ladeschein dieserhalb keinen Anspruch gegen den Frachtführer (HGZ. **03** 96).

Hat der Frachtführer einen zutreffenden Vermerk gemäß § 76 in dem Ladescheine gemacht, so kann der Absender nicht dieserhalb die Entgegennahme des Ladescheins verweigern.

Der Frachtführer wird die Haftung aus § 76 durch einen entsprechenden Vermerk in dem Ladeschein z. B. „Für äußerlich erkennbare Mängel oder Beschädigung des Gutes oder der Verpackung wird nicht gehaftet" ablehnen können. Auch durch die in dem Ladeschein erfolgte Bezugnahme auf eine der Ladung entnommene und ihr beigefügte versiegelte Sackprobe wahrt sich der Frachtführer gegen die Haftung aus § 76 d. G. (HGZ. **03** 96). Nach dem korrespondierenden § 658 HGB. schließt der Vermerk: „frei von Bruch", „frei von Leckage" oder „frei von Beschädigung" nicht die Haftung für äußerlich erkennbare Mängel aus. Hat der Frachtführer die Mängel wahrgenommen, so wird er auch durch eine Freizeichnung nicht von der Haftung gegenüber dem Empfänger befreit, es sei denn, daß dieser beim Erwerbe des Ladescheins oder der Ware über die Mängel unterrichtet war.

Für ein Verschulden seiner Leute haftet der Frachtführer gemäß § 431 HGB.

Reisegepäck.

§ 77. Für Verlust oder Beschädigung von Reisegepäck haftet der Schiffseigner, sofern das Gepäck von dem Schiffer oder einer dazu bestellten Person übernommen ist, in gleicher Weise wie der Frachtführer für Frachtgüter.[1]

Er hat wegen des Frachtgeldes ein Pfandrecht an dem Gepäck, solange dasselbe zurückbehalten oder hinterlegt ist.[2] Die Wirkungen und die Geltendmachung des Pfandrechts bestimmen sich im übrigen nach den für das Pfandrecht des Frachtführers an den Frachgütern geltenden Vorschriften.[3]

1. a) Das Binnensch.Ges. enthält keine Regelung der die Personenbeförderung bei der Binnenschiffahrt betreffenden Rechtsverhältnisse. Dieselben bestimmen sich nicht nach den Vorschriften der §§ 26—76 d. G., weil letztere nur von der Beförderung von Gütern handeln (vgl. § 425 HGB.), sondern nach den Regeln vom Werkvertrage (§§ 631 ff. BGB.) und, wenn die Personenbeförderung auf Binnengewässern von hierzu bestimmten Anstalten ausgeführt wird, nach den Vorschriften des HGB. (vgl. § 1 Nr. 5 HGB.). Indessen kommen die Vorschriften des Binnensch.Ges. §§ 1—25 auch für die Beförderung von Personen auf Binnengewässern zur Anwendung (vgl. Bl. f. Rechtspflege **06** 42); auch die Abschnitte V bis X d. G. (vgl. namentlich § 104 Abs. 4) sind auf Schiffe, welche der Personenbeförderung dienen, anwendbar. Vgl. übrigens aus Abschnitt IV den § 45.

b) Hinsichtlich des Reisegepäcks enthält der § 77 einige den §§ 673, 674 HGB. entsprechende Bestimmungen. Er beschränkt jedoch die Haftung für Verlust oder Beschädigung des Reisegepäcks auf das zur Beförderung besonders aufgegebene, weil nur hinsichtlich dieses Gepäcks ein Transportvertrag geschlossen ist; für nicht aufgegebenes Reisegepäck (Handgepäck) haftet der Frachtführer nicht, es sei denn (§ 3, § 4 Ziff. 3), daß der Verlust oder die Beschädigung durch das Verschulden einer Person der Schiffsbesatzung in Ausführung ihrer Dienstverrichtungen verursacht ist. (Begr. 101.) Die Haftung für das zur Beförderung übernommene Reisegepäck nach § 77 ist von der Entrichtung eines Entgelts für die Beförderung unabhängig (Förtsch Anm. 3 zu § 77), diese Haftung regelt sich aber nach dem Wortlaute des § 77 nur im Falle von Verlust oder Beschädigung nach den Vorschriften des dritten Abschnitts (vgl. namentlich §§ 58, 59, 61); im übrigen kommen für die rechtliche Behandlung des Reisegepäcks die Bestimmungen des Handelsgesetzbuchs und des BGB. zur Anwendung, namentlich wird für verspätete Ablieferung nicht auf Grund des § 62 Binnensch.G. sondern gemäß § 276 BGB. gehaftet. Bei der Haftbarkeit für Verlust oder Beschädigung kommt auch § 44 d. G. (Substitution eines Schiffes) in Betracht.

Der Umfang der Haftung für Verlust oder Beschädigung bestimmt sich nach § 430 HGB., so daß, abgesehen von dem Falle des Vorsatzes oder grober Nachlässigkeit, nur der gemeine Handelswert der verlorenen oder beschädigten Sache zugrunde zu legen und noch dasjenige abzuziehen ist, was infolge des Verlustes oder der Beschädigung an Zöllen, sonstigen Kosten und an Gepäckfracht erspart ist. Die Schadensforderung gewährt ein Schiffsgläubigerrecht (§ 102 Nr. 4), sie verjährt in einem Jahre nach der Ablieferung des Gepäcks; im Falle des Verlustes beginnt die einjährige Frist mit dem Ablaufe des Tages, an welchem die Ablieferung hätte bewirkt sein müssen (§§ 439, 414 HGB.). Vgl. Anm. 2 b zu § 117.

Für ein Verschulden seiner Leute und anderer Personen, deren er sich bei der Ausübung der Beförderung bedient, haftet der Schiffseigner wie für eigenes Verschulden (§ 431 HGB.).

Ob § 45 Abs. 4 Binnensch.Ges. (Entfernung gefährlichen Reisegepäcks vom Schiffe) anwendbar ist, kann trotz der Ähnlichkeit der Situation zweifelhaft sein, da § 77 nur von der Anwendbarkeit der Bestimmungen über Verlust oder Beschädigung des Frachtgutes spricht. Verneint man diese Anwendbarkeit, so werden eintretenden Falles die §§ 228 und 904 BGB. über Notstand und Nothilfe anzuwenden sein.

2. Der Abs. 2 stellt das Reisegepäck hinsichtlich des Pfandrechts wegen des Frachtgeldes (Gepäckfracht, nicht Personenfahrgeld) den übrigen Frachtgütern gleich, jedoch, entsprechend § 674 Abs. 2 HGB., mit der Einschränkung, daß das Pfandrecht nur so lange besteht, als das Reisegepäck zurückbehalten oder hinterlegt ist. Mit der Auslieferung an den Passagier erlischt es, abweichend von § 440 HGB., gänzlich.

3. Hinsichtlich der Wirkungen und der Geltendmachung des Pfandrechts an dem Reisegepäck kommen gemäß § 77 Abs. 2 Satz 2 die Vorschriften in § 440 Abs. 1, 2 u. 4, §§ 441, 442 (mit der Abweichung, daß das Pfandrecht nach der Ablieferung nicht mehr geltend gemacht werden kann), § 443, § 366 Abs. 3, § 368 HGB., §§ 1228—1241, 1245, 1246 BGB. und § 166 FGG. zur Anwendung. In betreff der Veräußerung des Pfandes s. Anm. 3 zu § 67.

Der Ablauf der zweijährigen Verjährung der Gepäckfracht (§ 196 Nr. 3 BGB.) hindert den Berechtigten nicht, seine Befriedigung aus dem Reisegepäck zu suchen, solange dasselbe zurückbehalten oder hinterlegt ist (§ 223 BGB.).

Fünfter Abschnitt.

Haverei.

Grosse Haverei. Besondere Haverei.

§ 78. Große Haverei sind alle Schäden, welche einem Schiffe oder der Ladung desselben oder beiden zum Zweck der Errettung beider aus einer gemeinsamen Gefahr von dem Schiffer oder auf dessen Geheiß vorsätzlich zugefügt werden, sowie auch die durch solche Maßregeln ferner verursachten Schäden einschließlich des Verlustes der Fracht für aufgeopferte

Güter, desgleichen die Kosten, welche zu dem bezeichneten Zweck von dem Schiffer oder nach seiner Anweisung von einem der Ladungsbeteiligten aufgewendet werden.[1]

Die große Haverei wird von Schiff und Ladung gemeinschaftlich getragen; die Havereiverteilung tritt jedoch nur ein, wenn sowohl das Schiff als auch die Ladung und zwar jeder dieser Gegenstände entweder ganz oder teilweise wirklich gerettet worden sind.[2]

Alle nicht zur großen Haverei gehörigen, durch einen Unfall verursachten Schäden und Kosten (besondere Haverei) werden von den Eigentümern des Schiffes und der Ladung, von jedem für sich allein getragen.[3]

1. **Große Haverei. a)** Der Abs. 1 des § 78 bestimmt den Begriff und die Voraussetzungen der großen Haverei entsprechend dem § 700 HGB.; sie liegt nur vor bei einer das Schiff und die Ladung gemeinsam bedrohenden und unmittelbar bevorstehenden oder doch verständigerweise von dem Schiffer als vorhanden anzunehmenden Gefahr (ROH. **8** 298, **21** 157, **23** 344; RG. **38** 5). Ob eine Gefährdung, welche zunächst nur Schiff oder Ladung betrifft, zugleich eine Gefährdung des anderen Objektes enthält, kann nur im konkreten Falle nach den Umständen entschieden werden. Eine weitere Voraussetzung der großen Haverei ist, daß die schadenbringende Maßregel vorsätzlich und zur gemeinsamen Rettung von Schiff und Ladung vorgenommen ist (Maßregeln zur Abwendung einer Gefahr, die nur das eine Objekt bedroht, begründen nicht das Vorliegen einer großen Haverei); gleichgültig dagegen ist, ob das Opfer durch Beschädigung des Schiffes oder der Ladung oder durch Kosten verursachende Maßregeln gebracht ist. Daher begründet eine nicht beabsichtigte Beschädigung, welche bei einer gemeinsamen Gefahr das Schiff oder die Ladung trifft

und im schließlichen Erfolge zur Rettung beider ausschlägt, ebensowenig einen Ersatz in großer Haverei, als eine ausschließlich im Interesse des Schiffes oder der Ladung gemachte Aufwendung, welche lediglich durch eine Verbindung nicht vorhergesehener Umstände zur Rettung beider führt. — Als vorsätzlich zugefügt hat aber auch derjenige Schaden zu gelten, welchen der Schiffer als mögliche Folge einer von ihm angeordneten Rettungsmaßnahme vorausgesehen und ev. gewollt hat (HGZ. **06** 104; OLG. **13** 63). — Endlich ist eine Voraussetzung der großen Haverei, daß die Anordnung der Rettungsmaßregel von dem Schiffer oder auf dessen Geheiß als dem Vertreter der sämtlichen beteiligten Interessenten ausgegangen ist; diese Voraussetzung liegt bei eigenmächtigem Einschreiten der Schiffsmannschaft oder dritter Personen daher nicht vor. Es verschlägt jedoch nach § 78 Abs. 1 nichts, ob der Schiffer selbst oder auf dessen Anweisung ein Ladungsbeteiligter die Rettungskosten aufgewendet hat.

b) Das Erfordernis der objektiven Angemessenheit der vom Schiffer ergriffenen Maßregel ist im Gesetze nicht aufgestellt. Die Verantwortlichkeit des letzteren für Sorgfalt bei der Auswahl der zur Rettung aus einer Gefahr geeigneten Mittel ergibt sich aus § 7. (Begr. 104.)

c) Zu den durch die Rettung verursachten Schäden gehören nicht nur die mit dem Havereiakte unmittelbar verbundenen Opfer, sondern auch die aus der Maßregel als weitere Folgen sich ergebenden Verluste und Kosten. Jedoch müssen diese schädlichen Folgen durch die Rettungsmaßregel verursacht sein, es genügt nicht, daß der Schaden nicht eingetreten wäre, wenn die Rettungsmaßregel nicht vorgenommen worden wäre. Z. B. ist, wenn das Schiff wegen einer notwendigen Reparatur in einen Nothafen einlaufen und dort wegen derselben Reparatur die Ladung gelöscht werden mußte, der der Ladung durch das Lagern am Lande erwachsene Schaden nicht als große Haverei zu verteilen (ROH. **8** 217). Dagegen gehört im Falle eines Brandes auf dem Schiffe der durch das Löschwasser entstandene Schaden sowohl an den vom Feuer verschonten als an den von demselben ergriffenen Gütern zur großen Haverei, weil er durch die Rettungshandlung verursacht und es unerheblich ist, ob das Gut ohne die Rettungshandlung vom Feuer vernichtet worden wäre (ROH. 25 100). Doch ist gemäß § 713 HGB. bei der Vergütung für die beschädigten Güter der zur Zeit des Begießens mit Wasser vorhandene, durch den Feuerschaden geminderte Wert in Betracht zu ziehen. Wenn Ladungsgüter geopfert sind, so gehört auch der Verlust an Fracht (da nach § 64 d. G. für solche nur Distanzfracht zu zahlen ist) zu den Havereikosten.

2. a) Der Abs. 2 enthält den Grundsatz, daß die große Haverei von Schiff und Ladung getragen wird, worüber die näheren Bestimmungen im § 85 getroffen sind. Er weicht von § 700 Abs. 2 HGB. nur insoweit ab, als die Fracht nicht beitragspflichtig ist (Komm.Ber. 17). Auch die Fahrgelder der Reisenden werden daher bei der Havereiberechnung nicht berücksichtigt (Begr. 105).

b) Der zweite Satz des Abs. 2 gibt den § 703 HGB. wieder, und enthält das Erfordernis des günstigen Erfolges der Rettungsmaßregel, daß nämlich Schiff und Ladung ganz oder teilweise gerettet worden sind; ist also Schiff oder Ladung ganz verloren, so ist das bezeichnete Erfordernis nicht vorhanden.

3. **Besondere Haverei.** a) Der Abs. 3 faßt die beiden Absätze des § 701 HGB. zusammen. Die besondere Haverei unterscheidet sich von der großen Haverei wesentlich dadurch, daß die letztere auf einem menschlichen Willensakte bei bevorstehender Gefahr beruht, die erstere aber auf einem Unfall, einem Naturereignisse. Auf einen solchen Schaden findet, vorbehaltlich etwaiger Ersatzansprüche wegen Verschuldens eines Beteiligten, die Regel Anwendung, daß der Betroffene ihn zu tragen hat. Auch dann, wenn ein das Schiff oder die Ladung treffender Unfall eine für beide gemeinsame Gefahr herbeiführt, deren Abwendung demnächst Kosten oder Schäden verursacht, welche als große Haverei zu betrachten sind, bleibt doch immer der Unfall selbst mit seinen besonderen Folgen den unmittelbar Beteiligten zur Last. Insbesondere gilt dies von den Herstellungskosten im Falle einer zufälligen Beschädigung des Schiffes, während die

Aufwendungen, welche zur Beseitigung einer aus dieser Beschädigung für Schiff und Ladung erwachsenden Gefahr erforderlich werden, als große Haverei zu behandeln sind (Begr. 105).

b) Nach den vorstehend erörterten Bestimmungen gehören bei der Schleppschiffahrt (vgl. Anm. 6 zu § 4) zur großen Haverei die Schäden und Kosten, welche im Falle gemeinsamer Gefährdung des geschleppten Schiffes und seiner Ladung von dessen Führer zur Rettung angerichtet bzw. aufgewendet sind. Dagegen gehören nicht dahin die Aufwendungen des Schleppers zum Besten des Schleppzuges, da die geschleppten Schiffe nicht als die Ladung des Schleppers betrachtet werden können, eine gemeinsame Gefahr für Schiff und Ladung im Sinne des § 78 also nicht in Frage steht. Ob und inwieweit der Schlepper für außerordentliche Aufwendungen, welche er im Interesse der geschleppten Schiffe gemacht hat, Ersatz verlangen kann, bestimmt sich daher nach dem Vertrage oder nach allgemeinen Rechtsgrundsätzen (Begr. 106). Auch zwischen den verschiedenen Bestandteilen (Kähnen) eines Schleppzuges besteht keine derartige Gemeinschaft, daß eine Havereiverteilung zwischen ihnen denkbar wäre. Werden Kosten für die gleichzeitige Errettung verschiedener Schiffs- und Ladungsgemeinschaften aus einer ihnen drohenden Gefahr aufgewendet, so kann sich nur fragen, ob sie nach Quoten oder nach Verhältnis der Dauer und des Umfanges der jeder einzelnen Schiffs- und Ladungsgemeinschaft geleisteten Hilfe zu verteilen sind (HGZ. **05** 184).

Schuldhafte Herbeiführung der Gefahr.

§ 79.[1] Die Anwendung der Bestimmungen über große Haverei wird dadurch nicht ausgeschlossen, daß die Gefahr infolge des Verschuldens eines Dritten oder auch eines Beteiligten herbeigeführt ist.

Der Beteiligte, welchem ein solches Verschulden zur Last fällt, kann jedoch wegen der ihm etwa entstan-

denen Schäden keine Vergütung fordern und ist den Beitragspflichtigen für den Verlust verantwortlich, welchen sie dadurch erleiden, daß der Schaden als große Haverei zur Verteilung kommt.

Ist die Gefahr durch eine Person der Schiffsbesatzung verschuldet, so trägt die Folgen dieses Verschuldens auch der Schiffseigner nach Maßgabe der §§ 3 und 4.

1. a) Der § 79 stimmt wesentlich mit dem § 702 HGB. überein. Da es sich bei den Bestimmungen über die große Haverei um die Folgen von Maßregeln aus Anlaß einer eingetretenen Gefahr handelt, so ist es an sich ohne Einfluß, wodurch die Gefahr entstanden ist, also auch unerheblich, ob die Gefahr durch das Verschulden eines Dritten oder Beteiligten entstanden ist. Der Beschädigte braucht deshalb nicht zunächst den Schuldigen auf Ersatz des Schadens in Anspruch zu nehmen. Der Beteiligte (Schiffseigner oder Ladungsbeteiligter) aber, welcher die Gefahr durch sein Verschulden herbeigeführt hat, kann selbstverständlich keine Vergütung fordern und haftet den Beitragspflichtigen für den Verlust, den sie dadurch erleiden, daß sie Beiträge zu leisten oder solche auf sich selbst zu übernehmen haben. Diese Folgen treten auch für den Schiffseigner nach Maßgabe der §§ 3 und 4 (Haftung nur mit Schiff und Fracht) ein, wenn die Gefahr durch eine Person der Schiffsbesatzung verschuldet ist (Begr. 106).

b) In der Kommission (Ber. 20) wurde zu § 3 Abs. 2 konstatiert, daß hinsichtlich des Verschuldens bei der großen Haverei (Abs. 2 und 3 des § 79) zu der Schiffsbesatzung auch der sein Schiff selbst führende Schiffseigner gehört, und daß ein solcher Schiffseigner auch bei der großen Haverei für einen durch fehlerhafte Führung des Schiffes entstandenen Schaden ausschließlich mit Schiff und Fracht haftet, es sei denn, daß ihm bösliche Handlungsweise (vgl. Anm. 2 zu § 74) zur Last fällt (Ber. 27).

c) Vertragsmäßige Haftungsbeschränkungen, z. B. die Ablehnung der Haftung für Verschulden des Schiffers, wirken auch gegenüber der in § 79 statuierten gesetzlichen Haftung des Schiffseigners. Ein Ladungsinteressent kann sich also dem Schiffseigner gegenüber auf dessen gesetzliche Haftung für seine Leute dann nicht berufen, wenn der Schiffseigner solche Haftung in dem Frachtvertrage ausgeschlossen hat, und das gilt, einerlei ob es sich um ein Verschulden in bezug auf die Ausführung des Vertrages oder um außerkontraktliches Verschulden handelt (HGZ. **04** 271; OLG. 7 163).

Beitragspflicht bei späterer besonderer Haverei.

§ 80. Die Verpflichtung, von einem geretteten Gegenstande beizutragen, wird dadurch, daß derselbe später von besonderer Haverei betroffen wird, nur dann vollständig aufgehoben, wenn der Gegenstand ganz verloren geht.

Der § 80 lautet wörtlich wie § 704 HGB. und hat darin seinen Grund, daß die Havereibeiträge an der Sache haften, also die Pflicht zu deren Bezahlung fortfällt, wenn die Sache in einem späteren Unfalle ganz zugrunde geht. Es besteht dann keine Beitragspflicht. Unerheblich ist, ob die besondere Haverei durch ein Verschulden herbeigeführt ist, doch bleibt der Schuldige den Vergütungsberechtigten haftbar. Geht der beitragspflichtige Gegenstand nicht gänzlich unter, so bleibt die Beitragspflicht bestehen.

Vergütungsberechtigung bei späterer besonderer Haverei.

§ 81. Der Anspruch auf Vergütung einer zur großen Haverei gehörenden Beschädigung wird durch eine besondere Haverei, welche den beschädigten Gegenstand später trifft, sei es, daß er von neuem beschädigt wird oder ganz verloren geht, nur insoweit aufgehoben, als bewiesen wird, daß der spätere Unfall mit dem früheren nicht allein in keinem Zusammenhange steht, sondern daß er auch den früheren Schaden nach sich gezogen haben würde, wenn dieser nicht bereits entstanden gewesen wäre.

Sind jedoch vor Eintritt des späteren Unfalls zur Wiederherstellung des beschädigten Gegenstandes bereits Aufwendungen gemacht, so bleibt rücksichtlich dieser der Anspruch auf Vergütung bestehen.

Der § 81 lautet wörtlich wie § 705 HGB. und betrifft den Vergütungsanspruch des in großer Haverei Beschädigten. Dieser Paragraph wie der vorhergehende beruhen auf dem Gedanken, daß die Reise ein Ganzes bildet, daß daher für die Rechte und Pflichten der bei der großen Haverei Beteiligten nicht ohne weiteres die Sachlage entscheidend ist, wie sie sich unmittelbar nach der Rettungsmaßregel gestaltet hat, sondern im allgemeinen die Sachlage am Ende der Reise (Begr. 106). Es wird fingiert, daß der in großer Haverei geopferte oder beschädigte Gegenstand sich unverletzt an Bord befindet, und daß der Schade alle einzelnen Bestandteile des Schiffes und der Ladung nach ideellen Teilen betroffen hat. Daher wird im Prinzip der Anspruch auf Vergütung dadurch nicht ausgeschlossen, daß der in großer Haverei beschädigte Gegenstand späterhin noch eine besondere Haverei erleidet. Nur dann, wenn erweislich der spätere Unfall den früheren Schaden nach sich gezogen haben würde, falls dieser nicht bereits entstanden gewesen wäre, fällt die Vergütungsberechtigung fort, weil der Schade in einem solchen Falle auch ohne die große Haverei entstanden wäre. Es wird also z. B. kein Ersatz verlangt werden können, wenn die bei einer großen Haverei mäßig beschädigte Ware demnächst ohne Zusammenhang mit dem Havereifalle durch Zufall über Bord fällt.

Umfang der großen Haverei in einzelnen Fällen.

§ 82. In bezug auf den Umfang der großen Haverei gelten, sofern die allgemeinen Voraussetzungen derselben vorhanden sind, die folgenden Bestimmungen:[1]

1. Wenn Waren, Schiffsteile oder Schiffsgerätschaften über Bord geworfen, Taue oder Segel weggeschnitten, Masten, Anker, Ankertaue oder Ankerketten gekappt worden sind, so gehören zur großen Haverei sowohl diese Schäden selbst, als die durch solche Maßregeln an Schiff oder Ladung ferner verursachten Schäden.[2]
2. Wenn zur Erleichterung des Schiffes die Ladung ganz oder teilweise in Leichterfahrzeuge übergeladen worden ist, so gehört zur großen Haverei sowohl der Leichterlohn, als der Schaden, welcher bei dem Überladen in das Leichterfahrzeug oder bei dem Rückladen in das Schiff der Ladung oder dem Schiffe zugefügt worden ist, sowie der Schaden, welcher die Ladung auf dem Leichterfahrzeuge betroffen hat.

   Muß die Erleichterung im regelmäßigen Verlaufe der Reise erfolgen, so liegt große Haverei nicht vor.[3]
3. Wenn das Schiff absichtlich festgefahren ist, um das Sinken desselben abzuwenden, oder wenn das Schiff absichtlich zum Sinken gebracht ist, um eine Zerstörung desselben und der Ladung durch Feuer zu verhüten, so gehören zur großen

Haverei sowohl die durch die Maßregel entstandenen Schäden als auch die Kosten und Schäden der Abbringung oder Hebung.[4]

Wird das Schiff nicht abgebracht oder gehoben oder wird es nach der Abbringung oder Hebung als reparaturunfähig befunden, so findet eine Havereiverteilung nicht statt.[5]

Ist das Schiff gesunken, ohne daß dies zur Rettung von Schiff und Ladung vorsätzlich herbeigeführt war, so gehören zwar nicht die durch den Unfall veranlaßten Schäden, wohl aber die zur gemeinsamen Hebung von Schiff und Ladung verwendeten Kosten sowie die zu diesem Zweck dem Schiffe oder der Ladung absichtlich zugefügten Schäden zur großen Haverei.[6]

4. Wenn zur Abwendung einer durch Eisgang oder durch andere Umstände verursachten Gefahr, zu deren Beseitigung die ordnungsmäßige Bemannung des Schiffes nicht ausreicht, Hilfsmannschaften oder Schleppdampfer angenommen werden, so gehören die hierdurch entstehenden Kosten und Schäden zur großen Haverei. Erfolgt die Annahme von Schleppdampfern oder Hilfsmannschaften im regelmäßigen Verlaufe der Reise, so liegt große Haverei nicht vor.[7]

5. Wenn das Schiff wegen Eintritts des Winterfrostes gezwungen ist, einen Zwischenhafen aufzusuchen, so gehören zur großen Haverei die Kosten des Ein- und Auslaufens, die Schlepplöhne, die Hafengebühren, die für die Bewachung

des beladenen Schiffes erforderlich gewordenen Kosten und, wenn zur Erleichterung des Schiffes die Ladung ganz oder teilweise in Leichterfahrzeuge übergeladen worden ist, der Leichterlohn, sowie der durch die Leichterung entstandene Schaden gemäß der Bestimmung unter Nr. 2.[8]

1. Entsprechend dem § 706 HGB. bestimmt der § 82 näher den Umfang des zur großen Haverei gehörigen Schadens für bestimmte Fälle, immer vorausgesetzt, daß die allgemeinen Voraussetzungen der großen Haverei (§§ 78, 79 Abs. 1) vorliegen. Der § 82 hat insofern eine einschränkende Bedeutung, als er der Geltendmachung übermäßiger Ersatzansprüche in den hier behandelten Fällen entgegentreten will, es sind deshalb die Folgen der großen Haverei in den Fällen des § 82 in erschöpfender Weise festgelegt (Begr. 107). Für andere Fälle, welche unter § 78 zu subsumieren sind, verbleibt es bei den allgemeinen Bestimmungen.

2. Nr. 1 betrifft die unmittelbare Opferung von Schiffsteilen oder Schiffszubehör oder Ladungsgütern. Bloß vorbeugende Maßregeln gehören nicht hierher, namentlich nicht das in § 45 Abs. 4 vorgesehene Überbordwerfen von gefährlichen Gegenständen. Vgl. ROH. **21** 157.

3. Nr. 2 betrifft die Leichterung, welche nicht im regelmäßigen Verlaufe der Reise, also z. B. nicht lediglich zur Fortsetzung der Reise bei niedrigem Wasserstande (§ 66), sondern zur Abwendung einer Gefahr für Schiff und Ladung vorgenommen wird. Doch kann auch durch niedrigen Wasserstand eine Gefahr für Schiff und Ladung herbeigeführt und eine Ableichterung zur Beseitigung dieser Gefahr erforderlich werden. Eine allgemeine Bestimmung, daß eine Ableichterung wegen niedrigen Wasserstandes unter keinen Umständen als große Haverei gelten solle, ist deshalb nicht getroffen (Begr. 107).

4. Nr. 3 betrifft das absichtliche Festfahren und das Versenken des Schiffes unter Hervorhebung des Zweckes dieser Maßregeln in den praktisch erheblichsten Fällen, ohne dadurch den Fällen präjudizieren zu wollen, in welchen die Maßregeln anderen Zwecken dienen und doch den allgemeinen Voraussetzungen der großen Haverei entsprechen (Begr. 107). Immer aber wird das absichtliche Festfahren und das Versenken des Schiffes zum Zwecke gemeinsamer Rettung erfolgt sein müssen. Absichtliches Festfahren im Sinne des Gesetzes liegt auch dann vor, wenn die Gefahr des Strandens bestand und der Schiffer nur absichtlich eine minder gefährliche Stelle zum Festfahren wählte. Dagegen genügt das bloße Bewußtsein bei der Führung des Schiffes, daß dieses möglicherweise festfahren werde, nicht zur Annahme der Absichtlichkeit (RG. **44** 138).

5. Der Abs. 2 soll verhüten, daß Schiffe, die schon vorher untauglich waren, mißbräuchlich unter dem Vorwande der Errettung aus einer Gefahr auf den Strand gesetzt oder versenkt werden, um demnächst von den Ladungsbeteiligten Ersatz in großer Haverei zu erlangen. Die Reparatur u n f ä h i g k e i t ist nicht wie im § 479 Abs. 1 HGB. gesetzlich definiert, sondern es ist dem Ermessen des Gerichts überlassen, für den betreffenden Fall festzustellen, ob das Fahrzeug wieder in brauchbaren Zustand gesetzt werden kann oder ob die Reparatur, sei es völlig unmöglich, sei es wegen des unverhältnismäßigen Kostenaufwandes, als ausgeschlossen anzusehen ist (Begr. 107).

6. Der Abs. 3 Nr. 3 bestimmt — abweichend von § 706 Nr. 3 Abs. 4 HGB. — nichts über den Fall, wenn das Schiff durch einen Unfall g e s t r a n d e t ist; trotzdem können, wenn die Lage des festgefahrenen Schiffes eine Gefährdung des Schiffes u n d der Ladung zur Folge hat, die Voraussetzungen für die Berechnung der Kosten und Schäden des A b b r i n g e n s nach der allgemeinen Vorschrift des § 78 vorliegen (Begr. 108). Dagegen regelt der Abs. 3, abweichend von § 706 Ziff. 3 HGB., den Fall, wenn das Schiff durch einen Unfall g e s u n k e n ist, weil dann bei der Binnenschiffahrt in der Regel die Hebung des Schiffes und der Ladung möglich sein wird, und die Fortdauer des eingetretenen Zustandes beide gefährdet; es sollen deshalb in einem solchen Falle die zur gemeinsamen (ungetrennten) H e b u n g von

Schiff und Ladung verwendeten Kosten sowie die zu diesem Zwecke dem Schiff oder der Ladung absichtlich zugefügten Schäden zur großen Haverei gehören. Das Schiff braucht nach der Hebung nicht reparaturfähig zu sein, wenn nur die Voraussetzung des § 78 Abs. 2 vorliegt (Mittelstein Anm. 5 zu § 82).

7. Nr. 4 betrifft die Zuziehung von Hilfsmannschaften oder Schleppdampfern zur Abwendung einer unmittelbar für Schiff und Ladung, insbesondere durch Eisgang drohenden Gefahr. Der bloße Eintritt von Frostwetter und die hierdurch gegebene Möglichkeit eines gefährdenden Eisgangs ist nicht genügend. Auch eine Beschleunigung der Reise nur zu dem Zwecke, um der Überwinterung zu entgehen, begründet noch keine große Haverei. Die Voraussetzungen für eine solche sind dann erst gegeben, wenn die Zuziehung der Hilfe infolge einer tatsächlich eingetretenen Eisgefahr zur Rettung von Schiff und Ladung geboten und diese ohne die fremde Hilfe nicht zu bewerkstelligen war. Auch in einem solchen Falle kann dem Anspruche des Schiffseigners auf Ersatz seiner Aufwendungen in großer Haverei der Einwand aus § 79 entgegenstehen, wenn der Schiffer durch zu langes Liegenbleiben im freien Strome die Gefahr selbst verschuldet hat (Begr. 108).

8. a) Nr. 5 betrifft die im Interesse von Schiff und Ladung aufgewendeten, durch das notwendige Aufsuchen eines Zwischenhafens wegen Eintritt des Frostes entstandenen Kosten und Schäden. Nur die hier besonders aufgeführten Kosten und Schäden sollen zur großen Haverei gehören, alle anderen im Winterhafen entstehenden aber dem Frachtführer zur Last bleiben. (Vgl. Komm.Ber. 18; Sten.Ber. über die Reichstagssitzung v. 29. April 1895, S. 1971; Anm. 1 a zu § 66 und § 83).

b) Nach dem klaren Wortlaute des Eingangssatzes zu § 82 ist für die Anwendbarkeit der Nr. 5 vorausgesetzt, daß im übrigen die Begriffsmerkmale der großen Haverei, insbesondere eine gegenwärtige gemeinsame Gefahr für Schiff und Ladung (§ 78), — mag solche auch von einem Beteiligten verschuldet sein (§ 79) — und die gänzliche oder teilweise Rettung von Schiff und Ladung vorliegen. Vgl. HGZ. 99 9 u. 26. Dabei braucht die

Gefahr keine ungewöhnliche zu sein, § 82 Nr. 5 findet vielmehr auch Anwendung, wenn bei normalem Verlaufe des Winters regelmäßig für die auf der Reise befindlichen Schiffe bei Eintritt des Winterfrostes das Aufsuchen eines Zwischenhafens notwendig wird. Diese Notwendigkeit liegt vor, wenn das Schiff weder die Reise fortsetzen noch dort, wo es sich befindet, liegen bleiben kann. Die Tatsache, daß der Schiffer die Reise zu einer Zeit angetreten hat, in welcher bereits Frost herrschte, schließt die Anwendbarkeit des § 82 Nr. 5 nicht aus (vgl. HGZ. **05** 119). Indessen würde § 76 Abs. 2 d. G. eingreifen, wenn der Schiffer die Reise in dem Bewußtsein, der Eisverhältnisse halber den Bestimmungsort nicht erreichen zu können und mit der Absicht angetreten hat, in einem Zwischenhafen zu überwintern, oder wenn er die erforderliche Sorgfalt in der nautischen Beurteilung der Ausführbarkeit vernachlässigt hat.

c) Als Zwischenhafen — (Gegensatz: „Zwischenort“, § 83) im Sinne der Nr. 5 kann auch der Abgangshafen in Betracht kommen, wenn der Schiffer nach begonnener Reise durch Winterfrost gezwungen wird, in den Abgangshafen zurückzukehren (HGZ. **01** 258, OLG. **7** 165). Dagegen liegt große Haverei im Sinne der Nr. 5 dann nicht vor, wenn das Schiff in einem Hafen einfriert, den es im Verlaufe der Reise aufgesucht hat, insbesondere um dort einen Teil seiner Ladung zu löschen. Denn in solchem Falle fehlt das Merkmal des Aufsuchens des Zwischenhafens wegen der Gefahr (HGZ. **00** 271, **01** 53, vgl. dagegen **99** 92).

Als Hafen im Sinne des Binnensch.G. erachtet OLG. Hamburg (HGZ. **02** 123, **06** 100) einen an das Land grenzenden Teil eines Binnengewässers, der von dem Verfügungsberechtigten durch Herrichtung gewisser Vorkehrungen dazu bestimmt ist, Flußschiffen einen gesicherten Ankerplatz zu bieten und ihnen zum Laden und Löschen zu dienen.

d) Streitig ist, ob die dem Schiffer zustehende Heuer, wenn er zur Bewachung auf dem Schiffe bleibt, bzw. ob die Vergütung für seine anderweite, im Interesse von Schiff und Ladung aufgewendete Tätigkeit zur großen Haverei gehört. Für die Verneinung wird angeführt (HGZ. **01** 259), daß unter den „erforderlich gewordenen Kosten" im Sinne der Nr. 5 nur Auslagen des Schiffers verstanden werden können. Indessen würden durch diese Auffassung des Gesetzes Schiffer, die ihr Schiff durch andere fahren lassen, einen Vorteil gegenüber denjenigen erlangen, die ihr Schiff selbst fahren, weil erstere stets in der Lage sein würden, „Auslagen" zu liquidieren. Und es würden ferner die Havereibeteiligten ungerechtfertigt bereichert werden um den Wert der Tätigkeit, welche die zweite Klasse von Schiffern im Zwischenhafen im Interesse von Schiff und Ladung aufgewendet haben (HGZ. **02** 126 u. 178). Jene Kosten werden daher in Havariegrosse zu vergüten sein. Vgl. OLG. **2** 371.

e) Hinsichtlich des Rücktrittsrechts des Absenders s. § 71 Abs. 3.

Aufenthalt im Nothafen.

§ 83. Wird außer dem Falle des § 82 Nr. 5 das Schiff genötigt, die Reise zu unterbrechen und an einem Zwischenorte liegen zu bleiben, so gehören die durch den Aufenthalt an diesem Orte entstehenden Kosten und Schäden nicht zur großen Haverei.[1 2]

1. Wenn das Schiff, außer dem Falle des im § 82 Ziff. 5 besonders regulierten Aufsuchens eines Zwischenhafens wegen Eintritt von Winterfrost, einen Nothafen anlaufen muß, dann schließt der § 83 (gegen § 706 Ziff. 4 HGB.) zur Verhütung von Mißbräuchen die durch den Aufenthalt an diesem Orte entstehenden Kosten und Schäden (aber nur diese, nicht Kosten und Schäden, welche unter § 82 Nr. 4 fallen) von der Berechnung in großer Haverei aus; dies gilt auch, wenn die Unterbrechung der Reise zur Rettung von Schiff und Ladung erfolgte, oder eine bereits vorhandene große Haverei die Unterbrechung der Reise und den Aufenthalt an dem Zwischenorte mittelbar notwendig machte (Begr. 110).

2. Tritt während des Aufenthaltes am Zwischenorte eine neue selbständige Gefahr ein, die zur Rettung von Schiff und

Ladung besondere Kosten und Schäden verursacht, z. B. wird durch plötzlichen Rückgang des Wasserstandes zu jenem Zwecke eine Leichterung notwendig, so findet auf die hierdurch entstehenden Kosten und Schäden der § 83 keine Anwendung (Begr. 110).

Kosten der Auseinandersetzung.

§ 84. Wenn durch die Auseinandersetzung unter den Beteiligten Kosten entstehen, so gehören auch diese Kosten zur großen Haverei. Dies gilt insbesondere von den Kosten für die Ermittelung der Schäden und für die Aufstellung der Rechnung über die große Haverei (Dispache).

Die Kosten der Auseinandersetzung unter den Beteiligten gehören zur großen Haverei, insbesondere die Kosten für die Ermittelung der Schäden und die Aufmachung der Havereirechnung (Dispache). Vgl. § 87. Zu den ersteren sind auch die durch das Beweisverfahren nach den §§ 11—14 verursachten, durch die Verklarung entstandenen Kosten zu rechnen (Begr. 110).

Berechnung der Vergütungen und Beiträge.

§ 85. In bezug auf den Umfang und die Berechnung der für die große Haverei zu beanspruchenden Vergütungen und der für dieselbe zu leistenden Beiträge finden die auf die Seeschiffahrt bezüglichen Bestimmungen der §§ 709 bis 720, 722 bis 724 des Handelsgesetzbuchs entsprechende Anwendung.[1] Güter, welche sich zur Zeit des Havereifalles in einem Leichterfahrzeuge befunden haben (Handelsgesetzbuch § 718), sind jedoch nur unter der Voraussetzung beitragspflichtig, daß sie sich mit dem Schiffe in Gefahr befunden haben.[2] Auch findet bei der Ermittelung des von der Ladung zu leistenden Beitrags (Handelsgesetzbuch § 719) ein Abzug des Zolles für gerettete Güter insoweit statt, als der Zoll noch nicht entrichtet ist.[3]

Bei der Schadensberechnung bleiben die Beschädigungen und Verluste außer Ansatz, welche betreffen:

1. diejenigen Güter, über die weder ein Frachtbrief oder Ladeschein ausgestellt ist, noch das Manifest oder Ladebuch Auskunft gibt;
2. die Kostbarkeiten, Gelder und Wertpapiere, welche dem Frachtführer nicht bezeichnet sind.[4]

Die Ausnahme unter Nr. 1 gilt nicht für den Hafenverkehr.[5]

1. a) Die §§ 709—720, 722—724 HGB. lauten:

Ermittelung des Schadens an Schiff und Zubehör.

HGB. § 709. Der an dem Schiffe oder dem Zubehöre des Schiffes entstandene, zur großen Haverei gehörige Schaden ist, wenn die Ausbesserung während der Reise erfolgt, am Orte der Ausbesserung und vor dieser, sonst an dem Orte, wo die Reise endet, durch Sachverständige zu ermitteln und zu schätzen. Die Taxe muß die Veranschlagung der erforderlichen Ausbesserungskosten enthalten. Sie ist, wenn während der Reise ausgebessert wird, für die Schadensberechnung insoweit maßgebend, als nicht die Ausführungskosten unter den Anschlagssummen bleiben. War die Aufnahme einer Taxe nicht ausführbar, so entscheidet der Betrag der auf die erforderlichen Ausbesserungen wirklich verwendeten Kosten.

Soweit die Ausbesserung nicht während der Reise geschieht, ist die Abschätzung für die Schadensberechnung ausschließlich maßgebend.

Vergütung für Schiff und Zubehör. Abzüge.

HGB. § 710. Der nach Maßgabe des § 709 ermittelte volle Betrag der Ausbesserungskosten bestimmt die zu leistende Vergütung, wenn das Schiff zur Zeit der Beschädigung noch nicht ein volles Jahr zu Wasser war.

Dasselbe gilt von der Vergütung für einzelne Teile des Schiffes, namentlich für die Metallhaut, sowie für einzelne Teile des Zubehörs, wenn solche Teile noch nicht ein volles Jahr in Gebrauch waren.

In den übrigen Fällen wird von dem vollen Betrage wegen des Unterschieds zwischen alt und neu ein Dritteil, bei den Ankerketten ein Sechsteil, bei den Ankern jedoch nichts abgezogen.

Von dem vollen Betrage kommen ferner in Abzug der volle Erlös oder Wert der noch vorhandenen alten Stücke, welche durch neue ersetzt sind oder zu ersetzen sind.

Findet ein solcher Abzug und zugleich der Abzug wegen des Unterschieds zwischen alt und neu statt, so ist zuerst dieser letztere und sodann von dem verbleibenden Betrage der andere Abzug zu machen.

Vergütung für aufgeopferte Güter.

HGB. § 711. Die Vergütung für aufgeopferte Güter wird durch den Marktpreis bestimmt, welchen Güter derselben Art und Beschaffenheit am Bestimmungsorte bei dem Beginne der Löschung des Schiffes haben.

In Ermangelung eines Marktpreises oder sofern über den Marktpreis oder dessen Anwendung, insbesondere mit Rücksicht auf die Beschaffenheit der Güter, Zweifel bestehen, wird der Preis durch Sachverständige ermittelt.

Von dem Preise kommt in Abzug, was an Fracht, Zöllen und Kosten in Folge des Verlustes der Güter erspart wird.

Zu den aufgeopferten Gütern gehören auch diejenigen, welche zur Deckung der großen Haverei verkauft worden sind (§ 706 Nr. 7).

Vergütung für beschädigte Güter.

HGB. § 712. Die Vergütung für Güter, die eine zur großen Haverei gehörige Beschädigung erlitten haben, wird bestimmt durch den Unterschied zwischen dem durch Sachverständige zu ermittelnden Verkaufswerte, welchen die Güter im beschädigten Zustande am Bestimmungsorte bei dem Beginne der Löschung des Schiffes haben, und dem im § 711 bezeichneten Preise nach Abzug der Zölle und Kosten, soweit sie infolge der Beschädigung erspart sind.

Abzüge von der Vergütung aus §§ 711, 712.

HGB. § 713. Die vor, bei oder nach dem Havereifall entstandenen, zur großen Haverei nicht gehörenden Wertsverringerungen und Verluste sind bei der Berechnung der Vergütung (§§ 711, 712) in Abzug zu bringen.

Endigung der Reise ausserhalb des Bestimmungshafens.

HGB. § 714. Endet die Reise für Schiff und Ladung nicht im Bestimmungshafen, sondern an einem anderen Orte, so tritt dieser letztere, endet sie durch Verlust des Schiffes, so tritt der Ort, wohin die Ladung in Sicherheit gebracht ist, für die Ermittelung der Vergütung an die Stelle des Bestimmungsorts.

Vergütung für entgangene Fracht.

HGB. § 715. Die Vergütung für entgangene Fracht wird bestimmt durch den Frachtbetrag, welcher für die aufgeopferten Güter zu entrichten gewesen sein würde, wenn sie mit dem Schiffe an dem Orte ihrer Bestimmung oder, wenn dieser von dem Schiffe nicht erreicht wird, an dem Orte angelangt wären, wo die Reise endet.

Verteilung des Schadens auf Schiff, Ladung und Fracht.

HGB. § 716. Der gesamte Schaden, welcher die große Haverei bildet, wird über das Schiff, die Ladung und die

Fracht nach dem Verhältnisse des Wertes des Schiffes und der Ladung und des Betrags der Fracht verteilt.

Beitrag des Schiffes nebst Zubehör.

HGB. § 717. Das Schiff nebst Zubehör trägt bei:

1. mit dem Werte, welchen es in dem Zustand am Ende der Reise bei dem Beginne der Löschung hat;
2. mit dem als große Haverei in Rechnung kommenden Schaden an Schiff und Zubehör.

Von dem im Abs. 1 Nr. 1 bezeichneten Werte ist der noch vorhandene Wert derjenigen Ausbesserungen und Anschaffungen abzuziehen, welche erst nach dem Havereifall erfolgt sind.

Beitrag der Ladung.

HGB. § 718. Die Ladung trägt bei:

1. mit den am Ende der Reise bei dem Beginne der Löschung noch vorhandenen Gütern oder, wenn die Reise durch den Verlust des Schiffes endet (§ 714), mit den in Sicherheit gebrachten Gütern, soweit in beiden Fällen diese Güter sich zur Zeit des Havereifalls an Bord des Schiffes oder eines Leichterfahrzeugs (§ 706 Nr. 2) befunden haben;
2. mit den aufgeopferten Gütern (§ 711).

Wert der beitragspflichtigen Güter.

HGB. § 719. Bei der Ermittelung des Beitrags kommt in Ansatz:

1. für Güter, die unversehrt sind, der Marktpreis oder der durch Sachverständige zu ermittelnde Preis (§ 711), welchen sie am Ende der Reise bei dem Beginn und am Orte der Löschung des Schiffes, oder, wenn die Reise durch Verlust des Schiffes endet (§ 714), zur Zeit und am Orte der Bergung haben, nach Abzug der Fracht, Zölle und sonstigen Kosten;

2. für Güter, die während der Reise verdorben sind oder eine zur großen Haverei nicht gehörige Beschädigung erlitten haben, der durch Sachverständige zu ermittelnde Verkaufswert (§ 712), welchen die Güter im beschädigten Zustande zu der in Nr. 1 erwähnten Zeit und an dem dort bezeichneten Orte haben, nach Abzug der Fracht, Zölle und sonstigen Kosten;
3. für Güter, die aufgeopfert worden sind, der Betrag, welcher dafür nach § 711 als große Haverei in Rechnung kommt;
4. für Güter, die eine zur großen Haverei gehörige Beschädigung erlitten haben, der nach Nr. 2 zu ermittelnde Wert, welchen die Güter im beschädigten Zustande haben, und der Wertsunterschied, welcher nach § 712 für die Beschädigung als große Haverei in Rechnung kommt.

Beitragspflicht geworfener Güter.

HGB. § 720. Sind Güter geworfen, so haben sie zu der gleichzeitigen oder einer späteren großen Haverei im Falle ihrer Bergung nur beizutragen, wenn der Eigentümer eine Vergütung verlangt.

Abzug wegen Schulden aus späteren Notfällen.

HGB. § 722. Haftet auf einem beitragspflichtigen Gegenstand eine durch einen späteren Notfall begründete Forderung, so trägt der Gegenstand nur mit seinem Werte nach Abzug dieser Forderung bei.

Nicht beitragspflichtige Sachen und Forderungen.

HGB. § 723. Zur großen Haverei tragen nicht bei:
1. die Kriegs- und Mundvorräte des Schiffes;
2. die Heuer und die Habe der Schiffsbesatzung;
3. das Reisegut der Reisenden.

Sind Sachen dieser Art aufgeopfert oder haben sie eine zur großen Haverei gehörige Beschädigung erlitten, so wird dafür nach Maßgabe der §§ 711 bis 715 Vergütung gewährt; für Kostbarkeiten, Kunstgegenstände, Geld und Wertpapiere wird jedoch nur dann Vergütung gewährt, wenn sie dem Schiffer gehörig bezeichnet worden sind (§ 607). Sachen, für die eine Vergütung gewährt wird, tragen mit dem Werte oder dem Wertsunterschiede bei, welcher als große Haverei in Rechnung kommt.

Die im § 708 erwähnten Gegenstände sind beitragspflichtig, soweit sie gerettet sind.

Die Bodmereigelder sind nicht beitragspflichtig.

Untergang oder Wertminderung beitragspflichtiger Sachen nach dem Havereifall.

HGB. § 724. Wenn nach dem Havereifall und bis zum Beginne der Löschung am Ende der Reise ein beitragspflichtiger Gegenstand ganz verloren geht (§ 704) oder zu einem Teile verloren geht oder im Werte verringert, insbesondere gemäß § 722 mit einer Forderung belastet wird, so tritt eine verhältnismäßige Erhöhung der von den übrigen Gegenständen zu entrichtenden Beiträge ein.

Ist der Verlust oder die Wertsverringerung erst nach dem Beginne der Löschung erfolgt, so geht der Beitrag, welcher auf den Gegenstand fällt, soweit dieser zur Berichtigung des Beitrags unzureichend geworden ist, den Vergütungsberechtigten verloren.

b) Die §§ 709—715 HGB. handeln von dem Umfange und der Berechnung der in großer Haverei zu berechnenden Vergütungen, die §§ 716—724 desselben von den hierbei zu leistenden Beiträgen; der im § 85 nicht angezogene § 721 betrifft den Beitrag, welchen die Frachtgelder zu leisten haben, und mußte fortbleiben, weil nach § 78 Abs. 2 BinnenschG. die Fracht, abweichend vom Seerechte, bei der Haverei in der Binnenschiffahrt nicht beitragspflichtig ist (Komm.Ber. 18). Vgl. Anm. 2a zu § 78.

c) Die Vergütung für die dem Schiffe zugefügten Schäden bestimmt sich gemäß §§ 709, 710 HGB. nach dem Betrage der Reparaturkosten, in einzelnen Fällen unter Berücksichtigung gewisser Abzüge (§ 710 Abs. 3 bis 5). Der Beitrag des Schiffes ist in § 717 geregelt.

d) Nach § 133 VVG. haftet im Falle der Versicherung gegen die Gefahren der Binnenschiffahrt der Versicherer unter entsprechender Anwendung der §§ 835—839 HGB. auch für die Beiträge zur großen Haverei. Sind ausschließlich Güter des Schiffseigners verladen, so umfaßt die Versicherung auch die Aufopferungen, welche zur großen Haverei gehören würden, wenn das Eigentum an den Gütern einem anderen zustände.

2. Hinsichtlich der Vergütung für aufgeopferte oder beschädigte Güter ist nach §§ 711—713 als maßgebend der Handelswert zugrunde zu legen, welchen Güter derselben Art und Beschaffenheit zur Zeit des Beginnes der Löschung am Bestimmungsorte haben. Die Beitragspflicht der Güter regelt sich nach §§ 718 bis 720 HGB., jedoch sind nach § 85 Binnensch.G. die in Leichterfahrzeuge umgeladenen Güter nicht allgemein, sondern nur dann für beitragspflichtig erklärt, wenn sie sich mit dem Schiffe selbst in Gefahr befunden haben, weil bei der Binnenschiffahrt nicht ohne weiteres angenommen werden kann, daß die zur Zeit des Havereifalls in Leichterfahrzeuge übergeladenen Güter unter allen Umständen das Schicksal des Schiffes und der in diesem verbliebenen Ladung teilen (Begr. 111).

3. Der § 85 weicht auch von dem § 719 HGB. ab. Der letztere bestimmt, daß bei der Bemessung des Wertes der beitragspflichtigen Güter stets der Zoll in Abrechnung zu bringen ist, und beruht auf der Erwägung, daß im Falle des Unterganges des Gutes der Zoll erspart worden wäre und deshalb nicht als gerettet betrachtet werden kann. Diese Erwägung trifft bei der Binnenschiffahrt nur zu, wenn der Zoll nicht bereits bei Überschreitung der Landesgrenze entrichtet ist (Begr. 111).

4. Die in Abs. 2 getroffene Bestimmung entspricht dem § 708 Nr. 2 u. 3 HGB. Es soll dadurch verhindert werden, daß nicht solche Güter als geworfen bezeichnet werden, die entweder gar nicht oder nur heimlich in der Weise verschifft werden, daß sie nur dann hervortreten, wenn sie als ersatzberechtigt erscheinen, aber sich der Kontrolle entziehen, wenn sie als beitragspflichtig herangezogen werden sollen.

Die Kostbarkeiten rc. (vgl. § 58 Abs. 3) wird der Schiffer voraussichtlich nicht als gewöhnliches Gut opfern, wenn er ihren Wert kennt. Hat also der Besitzer die Deklaration unterlassen, so kann er auch nicht Ersatz des Wertes fordern. Die in § 708 Ziff. 1 HGB. enthaltene Vorschrift, daß die nicht unter Deck geladenen Güter nicht beitragspflichtig sind, ist dagegen als für die Binnenschiffahrt ungeeignet nicht übernommen, und daher haben solche Güter beizutragen (Begr. 112).

5. Die für den Hafenverkehr (§ 131) getroffene Bestimmung war erforderlich, weil bei dieser Art der Güterbeförderung weder Frachtbriefe oder Ladescheine ausgestellt noch Manifeste oder Ladebücher geführt zu werden pflegen (Begr. 112).

Ort der Schadensverteilung.

§ 86. Die Verteilung der Schäden erfolgt an dem Orte, wo die Reise endet.

§ 727 HGB. sagt, daß die Feststellung und Verteilung der Schäden (die Dispache) an dem Bestimmmungsorte, und wenn dieser nicht erreicht wird, in dem Hafen erfolgt, wo die Reise endet. Der § 86 bestimmt abweichend hiervon, daß die Verteilung der Schäden an dem Orte erfolgt, wo die Reise endet. In der Kommission (Ber. 18) wurde, entsprechend Begr. 112, konstatiert, daß hiermit nicht bestimmt werden sollte, die Dispache müsse unbedingt an dem Orte erfolgen, wo die Reise endet, d. h. wo das letzte Gut der haverierten Ladung das Schiff verläßt; es solle vielmehr nur verhütet werden, daß die Aufstellung der Dispache über die Beendigung der Reise hinaus verzögert wird, der Schiffer könne aber schon an einem Zwischenorte die Aufstellung machen. Letzteres wird namentlich dann notwendig werden, wenn beitragspflichtige Güter vor dem Endpunkte der Reise abzuliefern sind. Denn der Schiffer darf solche Güter — zur Vermeidung eigener Verantwortlichkeit — nur gegen Berichtigung oder Sicherstellung der darauf ruhenden, durch Dispache festzustellenden, Havereibeiträge aushändigen (§ 91). — Am Dispachierungsorte sind die Beiträge an die Vergütungsberechtigten zu entrichten, auch entscheidet sich, in Ermangelung anderweiter Vereinbarung, nach dem Rechte des Dispachierungsortes, welche Opfer und Kosten als große Haverei anzusehen sind (RG. 32 6, 38 3, vgl. ROH. 25 2).

Dispache. Dispacheur.

§ 87.[1] Die Dispache ist von dem Schiffer unverzüglich aufzustellen.[2]

Derselbe ist berechtigt und auf Verlangen eines Beteiligten verpflichtet, die Aufstellung einem Sachverständigen (Dispacheur) zu übertragen. In Ermangelung eines für Havereifälle bei der Binnen- oder Seeschiffahrt ein für allemal bestellten Dispacheurs hat auf Antrag das Amtsgericht eine geeignete Person als Dispacheur besonders zu bestellen.[3]

Jeder Beteiligte ist verpflichtet, die zur Aufstellung der Dispache erforderlichen Urkunden, soweit er sie zu seiner Verfügung hat, insbesondere Frachtbriefe, Ladescheine und Fakturen, dem Schiffer oder Dispacheur mitzuteilen.[4]

1. Der frühere Abs. 4 des § 87, welcher den Landesgesetzen vorbehielt, über das Verfahren bei Aufstellung der Dispache und über die Ausführung derselben Bestimmung zu treffen, ist durch Art. 12 Nr. XI EG. aufgehoben. Maßgebend sind jetzt die §§ 149—158 FGG. (RGBl. 98 799 ff.), abgedruckt hinter § 88 d. G.

2. Die unverzügliche Aufstellung der Dispache gehört zu den Dienstobliegenheiten des Schiffers (§ 7 d. G.), durch Zögern macht er sich schadensersatzpflichtig. Ein Einschreiten des Gerichts, wie es in § 150 FGG. gegen den die Tätigkeit ablehnenden Dispacheur vorgesehen ist, findet gegen den Schiffer nicht statt, weil jedem Beteiligten nach § 88 BinnenschG. freisteht, die Aufmachung der Dispache durch einen Dispacheur zu veranlassen. Vgl. Denkschr. z. FGG. S. 79.

Die Dispache ist, auch wenn sie von einem amtlich bestellten Dispacheur angefertigt ist, lediglich ein Gutachten, dessen Verbindlichkeit für die Beteiligten der richterlichen Entscheidung unterliegt (RG. **3** 17). Die Beteiligten können irrtümliche, die Grundlage der Dispache bildende Wertangaben berichtigen (ROH. **23** 180). — Hinsichtlich der Bedeutung einer gemäß §§ 149 ff. aufgestellten und gerichtlich bestätigten Dispache vgl. §§ 157 Abs. 2, 158 FGG. — Die Beteiligten können jederzeit Einsicht in die Dispache und, gegen Erstattung der Kosten, Erteilung einer Abschrift verlangen (§ 152 FGG.).

Da § 87 kein zwingendes Recht enthält, so können die Beteiligten auch von der Aufstellung einer Dispache Abstand nehmen.

3. a) Nach § 729 HGB. wird die Dispache immer durch die ein für allemal bestellten oder in deren Ermangelung durch die vom Gerichte besonders ernannten Personen (Dispacheure) aufgemacht. Die Absätze 1 u. 2 des § 87 ändern dies dahin, daß der Schiffer die Dispache aufzustellen hat, daß er jedoch befugt und auf Verlangen eines Beteiligten (Schiffseigner, Ladungsbeteiligten, Reisenden) verpflichtet ist, sie durch einen Dispacheur machen zu lassen. Über die rechtliche Stellung der Dispacheure vgl. KGJ. **29** A 230. Der Dispacheur kann vom Gericht zur Aufstellung der Dispache angewiesen werden (§ 150 FGG.). Ist kein solcher ein- für allemal für Havereifälle bei der Binnen- oder Seeschiffahrt bestellt (in Preußen erfolgt solche Bestellung von der Handelskammer [§ 42 G. v. 19. August 1897]), so hat das Amtsgericht des Ortes, wo sie aufgemacht werden soll (§ 86 Binnensch.G., § 149 FGG.) eine hierzu geeignete Person besonders zu bestellen. — Der Versicherer gehört in der Regel nicht zu den Beteiligten im Sinne des § 87, weil er an Schiff oder Ladung nicht unmittelbar beteiligt ist [KGJ. **29** A 228]. Aber nach §§ 133 Abs. 2 Satz 2, 147 VVG. (s. Anhang D) ist eine vom Schiffer aufgestellte Dispache für den Versicherer nur verbindlich, wenn er der Aufstellung durch den Schiffer zugestimmt hat. —

b) Gegen die Verfügung, durch welche der Antrag auf Bestellung eines Dispacheurs zurückgewiesen wird, findet die sofortige Beschwerde statt. Eine Anfechtung der Verfügung, durch welche einem solchen Antrag stattgegeben wird, ist ausgeschlossen (§ 148 Abs. 2 FGG.).

c) In Preußen (s. Preußisches GKG. § 101 [Ges.S. 1899 S. 361]) werden für die gerichtliche Bestellung eines Dispacheurs, einschließlich der Bestimmung seiner Vergütung $^3/_{10}$ der Sätze des § 8 des Deutschen Gerichtskostengesetzes erhoben.

4. Der Abs. 3 schließt sich im wesentlichen dem Abs. 2 des § 729 HGB. an; die Aushändigung der hier bezeichneten Urkunden kann auf Antrag des Dispacheurs, nicht des Schiffers, gemäß § 151 FGG. erzwungen werden.

Aufstellung der Dispache durch einen Dispacheur.

§ 88. Wird die Aufstellung der Dispache verzögert, so ist jeder Beteiligte, unbeschadet seines Anspruchs auf Ersatz des durch die Verzögerung entstandenen Schadens, befugt, die Aufstellung der Dispache durch einen Dispacheur selbst zu veranlassen und zu betreiben.[1]

1. § 88 entspricht dem § 728 Abs. 2 HGB. Die hier einschlägigen Bestimmungen des Gesetzes über die Angelegenheiten der freiwilligen Gerichtsbarkeit beziehen sich nur auf die von einem Dispacheur (nicht auf die von dem Schiffer) aufgestellte Dispache. Sie lauten:

Zuständiges Gericht.

FGG. § 149. Für die Verrichtungen, welche den Gerichten in Ansehung der nach dem Handelsgesetzbuch oder nach dem Gesetze, betreffend die privatrechtlichen Verhältnisse der Binnenschiffahrt, aufzumachenden Dispache obliegen, ist das

Amtsgericht des Ortes zuständig, an welchem die Verteilung der Havereischäden zu erfolgen hat.[a]

Pflicht zur Aufmachung der Dispache.

FGG. § 150. Lehnt der Dispacheur den Auftrag eines Beteiligten[b] zur Aufmachung der Dispache aus dem Grunde ab, weil ein Fall der großen Haverei nicht vorliege, so entscheidet über die Verpflichtung des Dispacheurs auf Antrag des Beteiligten das Gericht. Gegen die Verfügung findet die sofortige Beschwerde statt.[c]

---

a) Die Bestellung der Dispacheure erfolgt nach § 87 Binnensch.G. entweder ein für allemal durch die hierzu berufene Stelle oder in Ermangelung eines ständigen Dispacheurs durch das Amtsgericht des Ortes, an welchem die Verteilung der Havereischäden zu erfolgen hat.

b) Wer als Beteiligter im Sinne des § 150 FGG. anzusehen ist und somit dem Dispacheur den Auftrag zur Aufmachung der Dispache erteilen kann, darüber bestimmt das materielle Recht. (§§ 87, 88 Binnensch.G.). Vgl. Anm. 3a zu § 88.

c) Das in § 150 FGG. geordnete gerichtliche Beschwerdeverfahren hat keinen weiteren Zweck und keine weitere Bedeutung, als die Weigerung des Dispacheurs auf ihre Berechtigung zu prüfen und, wenn die Weigerung nicht für begründet befunden wird, den Dispacheur zur Aufmachung der Dispache zu verpflichten, wenn sie dagegen für begründet befunden wird, ihn vor dem Vorwurfe sicher zu stellen, daß er sich seiner Amtspflicht unberechtigterweise entzogen habe. Die im Beschwerdeweg ergangene Entscheidung beansprucht keine Rechtskraft für die von ihr berührten materiellen Streitfragen (KGJ. **20** D 3). Die Ablehnung des Dispacheurs, eine Dispache aufzumachen, weil ein Fall der großen Haverei nicht vorliege, sollte aber wegen der für die Beteiligten daraus entspringenden Gefahr (vgl. Binnensch.G. § 117 Nr. 5) vom Gerichte nur dann gebilligt werden, wenn offensichtlich (vgl. § 153 Abs. 2 FGG.) die

Aushändigung von Schriftstücken an den Dispacheur.

FGG. § 151. Auf Antrag des Dispacheurs kann das Gericht einem Beteiligten [a]) unter Androhung von Ordnungsstrafen aufgeben, dem Dispacheur die in seinem Besitze befindlichen Schriftstücke, zu deren Mitteilung er gesetzlich verpflichtet ist [b]), auszuhändigen. Die einzelne Strafe darf den Betrag von dreihundert Mark nicht übersteigen. [c])

Einsicht in die Dispache und Erteilung einer Abschrift.

FGB. § 152. Der Dispacheur ist verpflichtet, jedem Beteiligten Einsicht in die Dispache zu gewähren und ihm auf

---

Voraussetzungen der großen Haverei fehlen (OLG. **1** 163). Der Dispacheur kann allerdings zur Befolgung der gerichtlichen Verfügung nicht gezwungen werden, er macht sich nur schadensersatzpflichtig, wenn er der gerichtlichen Entscheidung nicht nachkommt. Durch eine solche Entscheidung wird auch den Rechten derjenigen Beteiligten nicht präjudiziert, welche das Vorliegen einer großen Haverei bestreiten; diese müssen aber nach §§ 153, 155, 156 FGG. die Verhandlung über die Dispache herbeiführen und nötigenfalls ihren Widerspruch durch Klage verfolgen (HGZ. **00** 251). Andererseits ist der Dispacheur nicht verpflichtet, den Auftrag eines Beteiligten zur Aufmachung der Dispache abzulehnen, wenn er die Voraussetzungen der großen Haverei nicht als vorliegend erachtet; er kann die Dispache unter Vorbehalt aufstellen und das weitere den Beteiligten überlassen.

a) Vgl. §§ 87, 88 Binnensch.G. u. Anm. zu § 150 FGG.

b) Vgl. § 87 Abs. 3 Binnensch.G.

c) Das Dispachegericht hat für den Erlaß einer Ordnungsstrafverfügung zur Erzwingung der Aushändigung an den Dispacheur nicht von letzterem den Nachweis oder die Glaubhaftmachung des Vorliegens einer großen Haverei zu verlangen, es hat aber zu prüfen, ob er den Auftrag zur Dispache von einem hierzu befugten Beteiligten (§§ 87, 88 Binnensch.G.) erhalten hat (KGJ. **29** A 228).

Verlangen eine Abschrift gegen Erstattung der Kosten zu erteilen.[a]) Das Gleiche gilt, wenn die Dispache nach dem Gesetze, betreffend die privatrechtlichen Verhältnisse der Binnenschiffahrt, von dem Schiffer[b]) aufgemacht worden ist, für diesen.

Antrag auf Verhandlung über die Dispache.

FGG. § 153. Jeder Beteiligte ist befugt, bei dem Gericht eine Verhandlung über die von dem Dispacheur[c]) aufgemachte Dispache zu beantragen. In dem Antrage sind diejenigen Beteiligten zu bezeichnen, welche zu dem Verfahren zugezogen werden sollen.[d])

Wird ein Antrag auf gerichtliche Verhandlung gestellt, so hat das Gericht die Dispache und deren Unterlagen von dem Dispacheur einzuziehen und, wenn nicht offensichtlich die Voraussetzungen der großen Haverei fehlen, den Antragsteller sowie die von ihm bezeichneten Beteiligten zu einem Termine zu laden. Mehrere Anträge können von dem Gerichte zum Zwecke der gleichzeitigen Verhandlung verbunden werden.

---

a) Mit der bloßen Mitteilung des Ergebnisses der Dispache oder eines Auszuges daraus brauchen die Beteiligten sich nicht zu begnügen.

b) Vgl. § 87 Abs. 1 Binnensch.G.

c) Nur über die von dem Dispacheur, nicht auch über die gemäß § 87 Binnensch.G. von dem Schiffer aufgestellte Dispache, findet die gerichtliche Verhandlung gemäß §§ 153 ff. FGG. statt.

d) Ein Offizialverfahren zur Prüfung der Dispache findet nicht statt. Das Gericht wird nur auf Antrag tätig und nur diejenigen Beteiligten werden zu dem Verfahren hinzugezogen, welche von dem Antragsteller bezeichnet werden. Gegen die Ablehnung des Antrags durch das Gericht ist sofortige Beschwerde gegeben (§ 157).

Die Ladung muß den Hinweis darauf enthalten, daß, wenn der Geladene weder in dem Termin erscheine noch vorher Widerspruch gegen die Dispache bei dem Gericht anmelde, sein Einverständnis mit der Dispache angenommen werden würde. In der Ladung ist zu bemerken, daß die Dispache und deren Unterlagen auf der Gerichtsschreiberei eingesehen werden können.

Die Frist zwischen der Ladung und dem Termine muß wenigstens zwei Wochen betragen.

Vervollständigung der Unterlagen.

FGG. § 154. Erachtet das Gericht eine Vervollständigung der Unterlagen der Dispache für notwendig, so hat es die Beibringung der erforderlichen Belege anzuordnen. Die Vorschriften des § 151 finden entsprechende Anwendung.

Verhandlung. Widerspruch. Bestätigung der Dispache.

FGG. § 155. In dem Termin ist mit den Erschienenen über die Dispache zu verhandeln.

Wird ein Widerspruch gegen die Dispache nicht erhoben und ist ein solcher auch vorher nicht angemeldet, so hat das Gericht die Dispache gegenüber den an dem Verfahren Beteiligten zu bestätigen.[a)]

---

a) Über die Verpflichtung zur Tragung der Kosten, welche durch eine gerichtliche Verhandlung über die Bestätigung der Dispache entstehen, entscheidet in Preußen nach Art. 30 Ges. v. 21. September 1899 (Ges.S. S. 249) das Gericht, vor dem die Verhandlung stattfindet; die Entscheidung erfolgt nur auf Antrag eines der an dem Verfahren Beteiligten. Die Kosten sind, unbeschadet der Vorschrift, daß demjenigen, welcher besondere Kosten veranlaßt hat, solche auferlegt werden, von den an dem Verfahren Beteiligten in dem Verhältnisse zu tragen, in welchem sie zu dem Havereischaden bei-

Liegt ein Widerspruch vor, so haben sich die Beteiligten, deren Rechte durch ihn betroffen werden, zu erklären. Wird der Widerspruch als begründet anerkannt oder kommt anderweit eine Einigung zustande, so ist die Dispache demgemäß zu berichtigen. Erledigt sich der Widerspruch nicht, so ist die Dispache insoweit zu bestätigen, als sie durch den Widerspruch nicht berührt wird [a]).

Werden durch den Widerspruch die Rechte eines in dem Termine nicht erschienenen Beteiligten betroffen, so wird angenommen, daß dieser den Widerspruch nicht als begründet anerkenne.

Durchführung eines erhobenen Widerspruches.

FGG. § 156. Soweit ein Widerspruch nicht gemäß § 155 Abs. 3 erledigt wird, hat ihn der Widersprechende durch Erhebung der Klage gegen diejenigen an dem Verfahren Beteiligten, deren Rechte durch den Widerspruch betroffen werden, zu verfolgen. Die das Verteilungsverfahren betreffenden Vorschriften der §§ 878, 879 der Civilprozeßordnung [b]) finden mit der Maßgabe entsprechende Anwendung, daß das Gericht einem Beteiligten auf seinen Antrag, wenn erhebliche Gründe glaubhaft gemacht werden, die Frist zur Erhebung der Klage

---

zutragen haben. Die den einzelnen Beteiligten entstandenen Kosten können, wenn die Umstände es rechtfertigen, gegeneinander aufgehoben werden. Soweit die Beteiligten eine abweichende Vereinbarung treffen, ist diese maßgebend. Vgl. auch § 102 des Preußischen Gerichtskostengesetzes (Ges.S. 1899 S. 361).

[a]) Änderungen der Dispache hat das Gericht nur insoweit vorzunehmen, als ein Widerspruch von den Beteiligten anerkannt oder durch Urteil als begründet erklärt wird. Denn die Entscheidung der Streitpunkte erfolgt im Wege des Prozesses (§ 156).

[b]) Die hier erwähnten §§ 878, 879 CPO. lauten:

CPO. § 878. Der widersprechende Gläubiger muß ohne vorherige Aufforderung binnen einer Frist von einem Monate,

verlängern[a]) kann und daß an die Stelle der Ausführung des Verteilungsplans die Bestätigung der Dispache tritt.

Ist der Widerspruch durch rechtskräftiges Urteil oder in anderer Weise erledigt, so wird die Dispache bestätigt, nachdem sie erforderlichen Falles von dem Amtsgerichte nach Maßgabe der Erledigung der Einwendungen berichtigt ist.

Sofortige Beschwerde.

FGG. § 157. Gegen die Verfügung, durch welche ein nach § 153 gestellter Antrag auf gerichtliche Verhandlung zurückgewiesen oder über die Bestätigung der Dispache entschieden wird, findet die sofortige Beschwerde statt.

---

welche mit dem Terminstage beginnt, dem Gerichte nachweisen, daß er gegen die beteiligten Gläubiger Klage erhoben habe. Nach fruchtlosem Ablaufe dieser Frist wird die Ausführung des Plans ohne Rücksicht auf den Widerspruch angeordnet.

Die Befugnis des Gläubigers, welcher dem Plane widersprochen hat, ein besseres Recht gegen den Gläubiger, welcher einen Geldbetrag nach dem Plane erhalten hat, im Wege der Klage geltend zu machen, wird durch die Versäumung der Frist und durch die Ausführung des Plans nicht ausgeschlossen.

CPO. § 879. Die Klage ist bei dem Verteilungsgericht und, wenn der Streitgegenstand zur Zuständigkeit der Amtsgerichte nicht gehört, bei dem Landgerichte zu erheben, in dessen Bezirke das Verteilungsgericht seinen Sitz hat.

Das Landgericht ist für sämtliche Klagen zuständig, wenn seine Zuständigkeit nach dem Inhalte der erhobenen und in dem Termine nicht zur Erledigung gelangten Widersprüche auch nur in betreff einer Klage begründet ist, sofern nicht die sämtlichen beteiligten Gläubiger vereinbaren, daß das Verteilungsgericht über alle Widersprüche entscheiden solle.

[a]) Eine Verlängerung kann nicht erfolgen, wenn die einmonatige Frist zur Klageerhebung seit dem Terminstage bereits abgelaufen war, als der Antrag einging (OLG. 2 38).

Einwendungen gegen die Dispache, welche mittels Widerspruchs geltend zu machen sind, können nicht im Wege der Beschwerde geltend gemacht werden.[a])

Wirkung der Bestätigung. Zuständigkeit für Klagen gelegentlich der Vollstreckung.

FGG. § 158. Die Bestätigung der Dispache ist nur für das gegenseitige Verhältnis der an dem Verfahren Beteiligten wirksam.

Aus der rechtskräftig bestätigten Dispache findet die Zwangsvollstreckung nach den Vorschriften der Civilprozeßordnung statt.[b])

Für Klagen auf Erteilung der Vollstreckungsklausel sowie für Klagen, durch welche Einwendungen gegen die in der Dispache festgestellten Ansprüche geltend gemacht werden oder die bei der Erteilung der Vollstreckungsklausel als eingetreten angenommene Rechtsnachfolge bestritten wird, ist das Amtsgericht zuständig, welches die Dispache bestätigt hat. Gehört der Anspruch nicht vor die Amtsgerichte, so sind die Klagen bei dem zuständigen Landgerichte zu erheben.

---

a) Die zu dem Verfahren zugezogene Beteiligten können demnach Einwendungen nicht geltend machen, die sie mittelst Beschwerde vorbringen konnten.

b) Da eine persönliche Verpflichtung durch den Havereifall nicht begründet wird (§ 90 Abs. 1 Binnensch.G.), so findet die Zwangsvollstreckung aus der rechtskräftig bestätigten Dispache nur in die beitragspflichtigen Güter statt. Vgl. hierzu § 89 Abs. 2 Binnensch.G. Einwendungen, welche die Richtigkeit der Dispache betreffen und mittels Widerspruchs in dem Verfahren über Bestätigung geltend gemacht werden konnten, sind gemäß § 767 Abs. 2 CPO. ausgeschlossen. Dies gilt jedoch nicht von dem Einwande, daß der Havereibeitrag bezahlt sei, weil der betreffende Beitrag ungeachtet der Zahlung in die Dispache aufzunehmen war. Denkschr. z. FGG. S. 82.

Pfandrecht der Vergütungsberechtigten.

§ 89. Die Vergütungsberechtigten haben wegen der von dem Schiffe zu entrichtenden Beiträge die Rechte von Schiffsgläubigern (§§ 102 bis 115).

Auch in Ansehung der beitragspflichtigen Güter steht den Vergütungsberechtigten an den einzelnen Gütern wegen des von diesen zu entrichtenden Beitrags ein Pfandrecht zu. Das Pfandrecht kann jedoch nach der Auslieferung der Güter nicht zum Nachteile des dritten Erwerbers, welcher den Besitz in gutem Glauben erlangt hat, geltend gemacht werden.[1]

Das an den beitragspflichtigen Gütern den Vergütungsberechtigten zustehende Pfandrecht wird für sämtliche Berechtigte durch den Frachtführer ausgeübt.[2] Die Geltendmachung des Pfandrechts durch den Frachtführer erfolgt nach Maßgabe der Vorschriften, die für das Pfandrecht des Frachtführers wegen der Fracht und der Auslagen gelten.[3]

1. a) Die Absätze 1 u. 2 entsprechen dem § 725 HGB. und gewähren dem Vergütungsberechtigten ein Pfandrecht am Schiffe (§§ 103, 102 Nr. 3, vgl. aber auch § 104) und an den Gütern (§ 89 Abs. 2). Dem Pfandrechte war in dem früheren Gesetzestexte die Wirkung eines Absonderungsrechtes beigelegt. Diese Bestimmung ist durch Art. 12 Nr. XII EG. gestrichen, weil nach § 49 Nr. 2 KO. allen gesetzlichen Pfandrechten das Recht auf abgesonderte Befriedigung beigelegt ist.

b) Das Pfandrecht am Schiffe umfaßt nach §§ 103, 104 d. G. auch das Zubehör und die Bruttofracht derjenigen Frachtfahrt, aus welcher die Havereiforderung entstanden ist. Es ist auch gegen den gutgläubigen Erwerber des Schiffes verfolgbar und bedarf zu seiner Realisierung eines vollstreckbaren Titels (§ 103 Abs. 3); einen solchen Titel bietet auch die rechtskräftig bestätigte Dispache, wenn der Schiffseigner zum Verfahren zugezogen ist (§§ 158 Abs. 2, 153 FGG.).

c) Die beitragspflichtigen Güter haften jedem Vergütungsberechtigten gemeinschaftlich, und zwar nach § 724 HGB. bis zum Beginne der Löschung; bis dahin ist also Verlust oder Wertsminderung beitragspflichtiger Gegenstände ein die Gemeinschaft derselben betreffender Nachteil (§ 724 Abs. 1 HGB.). Tritt Verlust oder Wertsminderung des beitragspflichtigen Gegenstandes erst nach dem Beginne der Löschung ein, so trägt der Vergütungsberechtigte das Risiko bezüglich des darauf ruhenden Beitrags (§ 724 Abs. 2 HGB.).

Das Pfandrecht an den Gütern kann gemäß § 89 Abs. 2 Satz 2 d. G. nach der Auslieferung (d. h. an den Empfänger oder Absender) nicht mehr zum Nachteile des gutgläubigen dritten Erwerbers geltend gemacht werden. In solchem Falle wird der Empfänger gemäß § 90 Abs. 2 persönlich haftbar. Hatte der Dritte beim Erwerbe Kenntnis von der Beitragspflicht des Gutes, so ist das Pfandrecht gegen ihn verfolgbar. Gegen den Empfänger ist das Pfandrecht dauernd verfolgbar. Hinsichtlich der Realisierung des Pfandrechts vgl. Abs. 3 dieses § und Anm. 3 dazu, hinsichtlich der Verjährung §§ 117 Nr. 5, 118 d. G.

2. Der Abs. 3 entspricht dem § 731 Abs. 3 HGB.; er bezieht sich auf die Geltendmachung des Pfandrechts an den Ladungsgütern durch den Frachtführer nicht bloß hinsichtlich der ihm selbst gebührenden Vergütungen, sondern auch hinsichtlich derjenigen Entschädigungen, welche für die von anderen Ladungsbeteiligten gebrachten Opfer zu leisten sind. Die Ausübung des Pfandrechts erfolgt bis zur Auslieferung für sämtliche Berechtigte durch den Frachtführer, nachher kann auch jeder Berechtigte das Pfandrecht verfolgen (Mittelstein Anm. 3 g zu § 89). Versäumt der Frachtführer die Geltendmachung, so macht er sich schadensersatzpflichtig. Vgl. § 91.

3. Vgl. § 440 HGB., abgedruckt hinter § 26 d. G., u. § 368 HGB. Danach kann, wenn eine rechtskräftig bestätigte Dispache vorliegt (§ 158 FGG.), der Verkauf der beitragspflichtigen Güter im Wege der Mobiliarzwangsvollstreckung erfolgen (§ 1233 Abs. 2 BGB.). Anderenfalls erfolgt der Verkauf ohne gerichtliches Verfahren im Wege öffentlicher Versteigerung, bzw., wenn die Sache einen Börsen- oder Marktpreis hat, freihändig durch einen Handelsmäkler oder eine zur öffentlichen Versteigerung befugte Person (§§ 1235, 1221 BGB.) nach Verlauf einer Woche, nachdem dem Empfänger, bzw. wenn dieser nicht zu ermitteln ist, dem Absender der Verkauf angedroht und Zeit und Ort der Versteigerung bekannt gemacht sind (§§ 1228—1257 BGB.). Vgl. noch Anm. 3 zu § 67 d. G.

Persönliche Beitragspflicht.

§ 90. Eine persönliche Verpflichtung zur Entrichtung des Beitrags wird durch den Havereifall nicht begründet.

Der Empfänger beitragspflichtiger Güter wird jedoch, wenn ihm bei der Annahme der Güter bekannt ist, daß davon ein Beitrag zu entrichten sei, für den letzteren insoweit persönlich verpflichtet, als der Beitrag, falls die Auslieferung nicht erfolgt wäre, aus den Gütern hätte geleistet werden können.[1 2]

1. Die Verbindlichkeit der zur Beitragsleistung Verpflichteten kann nicht weiter gehen als bis zum Werte der durch die Havereimaßregel für sie geretteten Gegenstände; denn die Gefahr, durch deren Abwendung die Beitragspflicht begründet wurde, hätte schimmstenfalls zum Verluste dieses Wertes geführt. Die Verbindlichkeit ist an sich eine dingliche, an dem geretteten Schiff oder Gut haftende; sie wird jedoch gegenüber einem Dritten, welchem das Gut vor Leistung des Beitrages ausgeliefert worden, zu einer persönlichen, auf den Beitrag, welcher von dem Ausgelieferten zu leisten und aus diesem zu erlangen gewesen wäre, beschränkten Verpflichtung, wenn der Dritte das Gut mit Kenntnis von der Beitragspflicht erhalten hat. Diese Kenntnis ist von dem Vergütungsberechtigten zu beweisen. Maßgebend ist der Wert der Güter zur Zeit der Auslieferung. Vgl. § 726 HGB., welchem § 90 d. G. nachgebildet ist. Der Empfänger kann behufs Minderung oder Aufhebung seiner persönlichen Verpflichtung einen Zufall geltend machen, welcher die Güter auch betroffen haben würde, wenn ihm das Gut nicht ausgeliefert worden wäre. Die Hinterlegung des Beitrags gemäß § 91 Abs. 2 bildet keinen Ausschließungsgrund für die persönliche Haftung aus § 90 Abs. 2.

Für die Prozeßzinsen und Prozeßkosten haftet der Beklagte stets persönlich (RG. **33** 85). Hinsichtlich des Schiffsgläubigerrechts für die auf dem Schiff haftenden Beiträge zur großen Haverei s. § 102 Nr. 3.

2. Nach § 144 VVG. (s. Anhang D) hat, wenn eine persönliche Verpflichtung zur Entrichtung von Havereibeiträgen entstanden ist (§ 90 Abs. 2 Binnensch.G.), der Versicherer für den Schaden, der durch einen späteren Versicherungsfall verursacht wird, bis zur Höhe der ganzen Versicherungssumme einzustehen, ohne Rücksicht auf diese ihm zur Last fallenden früheren Beiträge.

Auslieferung oder Hinterlegung beitragspflichtiger Güter.

§ 91. Der Schiffer darf Güter, auf welchen Havereibeiträge haften, vor deren Berichtigung oder Sicherstellung nicht ausliefern, widrigenfalls er für die Beiträge insoweit verantwortlich wird, als diese, falls die Auslieferung nicht erfolgt wäre, aus den Gütern hätten geleistet werden können.[1]

Gegen Hinterlegung des beanspruchten Beitrags bei einer öffentlichen Hinterlegungsstelle hat die Auslieferung der Güter zu erfolgen.

Wird diese Hinterlegung verzögert, so ist der Schiffer berechtigt, die Güter in einem öffentlichen

Lagerhause oder in anderer sicherer Weise zu hinterlegen.[2]

1. a) Die Bestimmung des § 90 des Entwurfs (entsprechend § 730 HGB.): „Für die von dem Schiffe zu leistenden Beiträge ist den Ladungsbeteiligten Sicherheit zu bestellen, bevor das Schiff den Ort verlassen darf, wo nach § 85 (§ 86 d. G.) die Verteilung der Schäden erfolgen muß," ist von der Kommission als bei der Binnenschiffahrt entbehrlich und den Frachtführer zu sehr belästigend gestrichen worden (Ber. 19).

b) § 91 Abs. 1 entspricht dem § 731 Abs. 1 HGB., nur ist dort die Haftung des Schiffers unbeschränkt, während sie hier in derselben Weise begrenzt ist, wie in § 90 Abs. 2. Vgl. Anm. zu § 90. Die persönliche Verantwortlichkeit des Schiffers, der beitragspflichtige Güter vor Berichtigung oder Sicherstellung (hinsichtlich der letzteren s. Anm. 2 b) der Beiträge ausliefert, entspricht den allgemeinen Grundsätzen über die Haftung des Schiffers für sorgfältige Ausführung seiner Dienstobliegenheiten (vgl. § 37 Abs. 1). Die Haftbarkeit der beitragspflichtigen Güter für die Havereibeiträge (§ 89 Abs. 2 u. 3) und des Empfängers im Falle des § 90 Abs. 2 bleibt daneben bestehen. Zu bemerken ist, daß der Schiffer als solcher nicht befugt ist, die Havereibeiträge in Empfang zu nehmen (§ 15), ihm muß also die Zahlung der Beiträge an die Berechtigung oder die Sicherstellung nachgewiesen werden.

c) Den durch die Auslieferung geschädigten Ladungsbeteiligten, welche auf Beiträge aus den Gütern angewiesen waren, haftet gegebenen Falles auch der Schiffseigner nach den §§ 3, 4 Ziff. 3. Aus § 7 Abs. 3 ergibt sich, daß er auch persönlich, d. h. nicht bloß mit Schiff und Fracht haftet, wenn er die Auslieferung in Kenntnis des Sachverhalts angeordnet hat. Deshalb ist der entsprechende § 731 Abs. 2 HGB. nicht noch besonders übernommen. Der Schiffer wird durch die Anordnung des Schiffseigners von seiner Haftung nicht frei.

2. a) Die Absätze 2 und 3 bestimmen den Ort der Niederlegung des beanspruchten Beitrags, durch welche das Verlangen der Auslieferung begründet werden soll, und den Ort der Nieder=

legung der Güter, wenn die Niederlegung der Beiträge verzögert wird und der Frachtführer sich von der Verwahrung befreien will (Komm.Ber. S. 19).

b) Absatz 2 bestimmt die Verpflichtung des Schiffers zur Auslieferung der Güter, sobald ihm die Sicherstellung durch Hinterlegung des beanspruchten Beitrags nachgewiesen wird. Eine andere Art der Sicherstellung verpflichtet den Schiffer nicht zur Auslieferung, doch kann er sich mit einer der anderen in § 232 BGB. vorgesehenen Arten der Sicherheitsleistung begnügen.

c) Eine Verzögerung im Sinne des Abs. 3 liegt vor, sobald der Schiffer die Löschbereitschaft (§ 47) und die auf den Gütern haftenden Beiträge angezeigt hat.

d) Die Kosten der Hinterlegung der Güter sind von demjenigen zu erstatten, der zur Entrichtung der Havereibeiträge verpflichtet ist.

Sechster Abschnitt.

Zusammenstoß von Schiffen, Bergung und Hilfeleistung.

Schiffskollision.

§ 92. In bezug auf die Schadensersatzpflicht beim Zusammenstoße von Schiffen auf Flüssen oder sonstigen Binnengewässern finden die Vorschriften der §§ 734 bis 739 des Handelsgesetzbuchs [1] mit der Maßgabe entsprechende Anwendung, daß an die Stelle des Reeders der Schiffseigner tritt. [2]

1. Die angeführten §§ 734 bis 739 HGB. lauten:

Zusammenstoß durch Verschulden der Schiffsbesatzung.

HGB. § 734. Wenn zwei Schiffe zusammenstoßen und

entweder auf einer oder auf beiden Seiten durch den Stoß Schiff oder Ladung allein oder Schiff und Ladung beschädigt werden oder ganz verloren gehen, so ist, falls eine Person der Besatzung des einen Schiffes durch ihr Verschulden den Zusammenstoß herbeigeführt hat, der Reeder dieses Schiffes nach Maßgabe der §§ 485, 486 verpflichtet, den durch den Zusammenstoß dem anderen Schiffe und dessen Ladung zugefügten Schaden zu ersetzen.

Die Eigentümer der Ladung beider Schiffe sind nicht verpflichtet, zum Ersatze des Schadens beizutragen.

Die persönliche Verpflichtung der zur Schiffsbesatzung gehörigen Personen, für die Folgen ihres Verschuldens aufzukommen, wird durch diese Vorschriften nicht berührt.

Unverschuldeter Zusammenstoß. Konkurrierendes Verschulden.

HGB. § 735. Fällt keiner Person der Besatzung des einen oder des anderen Schiffes ein Verschulden zur Last, so findet ein Anspruch auf Ersatz des dem einen oder anderen oder beiden Schiffen zugefügten Schadens nicht statt.

Ist der Zusammenstoß durch beiderseitiges Verschulden herbeigeführt, so hängt die Verpflichtung zum Ersatze sowie der Umfang des zu leistenden Ersatzes von den Umständen, insbesondere davon ab, inwieweit der Zusammenstoß vorwiegend von Personen der einen oder der anderen Besatzung verursacht worden ist.

Anwendbarkeit der §§ 734, 735.

HGB. § 736. Die Vorschriften der §§ 734, 735 kommen zur Anwendung ohne Unterschied, ob beide Schiffe oder das eine oder das andere sich in der Fahrt oder im Treiben befinden oder vor Anker oder am Lande befestigt liegen.

Vermutung im Falle Sinkens nach Zusammenstoß.

HGB. § 737. Ist ein durch den Zusammenstoß beschädigtes Schiff gesunken, bevor es einen Hafen erreichen konnte, so wird vermutet, daß der Untergang des Schiffes eine Folge des Zusammenstoßes war.

Führung durch Zwangslotsen.

HGB. § 738. Hat sich das Schiff unter der Führung eines Zwangslotsen befunden und haben die zur Schiffsbesatzung gehörigen Personen die ihnen obliegenden Pflichten erfüllt, so ist der Reeder des Schiffes von der Verantwortung für den Schaden frei, welcher durch den von dem Lotsen verschuldeten Zusammenstoß entstanden ist.

Zusammenstoß von mehr als zwei Schiffen.

HGB. § 739. Die Vorschriften dieses Titels kommen auch zur Anwendung, wenn mehr als zwei Schiffe zusammenstoßen.

Ist in einem solchen Falle der Zusammenstoß durch eine Person der Besatzung des einen Schiffes verschuldet, so haftet der Reeder des letzteren auch für den Schaden, welcher daraus entsteht, daß durch den Zusammenstoß dieses Schiffes mit einem anderen der Zusammenstoß dieses anderen Schiffes mit einem dritten verursacht ist.

2. a) Allgemeines. Der hier für anwendbar erklärte Abschnitt des HGB. beruht auf dem Gedanken der Haftung des Reeders mit Schiff und Fracht, falls eine Person der Schiffsbesatzung durch ihr Verschulden in Ausführung ihrer Dienstverrichtungen einen Zusammenstoß von S c h i f f e n (nicht auch eines Schiffes mit einem Gegenstand, der nicht Schiff ist, es sei denn, daß dieser Znsammenstoß die Folge des Zusammenstoßens von Schiffen ist [HGZ. **06** 238; OLG. **14** 389]) herbeigeführt hat. Für das Binnenschiffahrtsrecht tritt an die Stelle des Reeders der Schiffseigner, jedoch mit der Besonderheit, daß hier der Schiffseigner, abgesehen von böslicher Handlungsweise, für den durch seine eigene fehlerhafte Führung des Schiffes entstandenen Schaden nur mit Schiff und Fracht haftet (§ 4 Abs. 2 Satz 2). Auch ist der Erwerbszweck für die Qualifizierung als Binnenschiff nicht erheblich (vgl. Anm. 1 zu § 1), deshalb haftet z. B. der Fiskus für den durch den Zusammenstoß eines Zollkreuzers mit einem Binnenschiff entstandenen Schaden, wenn der Zusammenstoß durch ein Verschulden der Besatzung des Zollkreuzers herbeigeführt ist. Vgl. auch RG. **51** 335.

Voraussetzung für die Anwendung des § 92 d. G. und des übrigen Binnenschiffahrtsrechts ist, daß der Zusammenstoß auf einem Flusse oder Binnengewässer stattgefunden hat. Liegt eine solche Unfallsstelle innerhalb der deutschen Territorialhoheit, so ist das Binnenschiffahrtsgesetz anzuwenden, auch wenn die kollidierenden Schiffe sämtlich einer fremden Nationalität angehören (RG. **21** 138); hat der Zusammenstoß außerhalb des deutschen Territorialgebietes stattgefunden, so ist doch die Haftung des Schiffseigners des deutschen Schiffes, insbesondere die Haftung für einen Zwangslotsen (§ 738 HGB.) nach deutschem Rechte zu beurteilen (vgl. OLG. **14** 391).

Ist eines der kollidierenden Schiffe nach seiner maßgebenden Verwendung (Anm. 2 zu § 1) ein Seeschiff, so kommt für dieses Seerecht zur Anwendung (Förtsch, Anm. zu § 92).

Da die Kaiserliche Verordnung v. 9. Mai 1897 (RGBl. 203 ff. u. 412) nach ihrer Einleitung für alle Fahrzeuge auf See und „auf den mit der See im Zusammenhang stehenden, von Seeschiffen befahrenen Gewässern" gilt, so kommt sie insoweit auch für Binnenschiffe in Betracht.

b) Das **Verschulden** muß von einer Person der Schiffsbesatzung (§ 3 Abs. 2) in Ausübung ihrer Dienstverrichtung begangen sein. Zwischen Vorsatz und Fahrlässigkeit und zwischen den verschiedenen Graden der Fahrlässigkeit (§ 277 BGB.) wird — abgesehen von dem Falle des § 4 Abs. 2 Satz 2 — nicht unterschieden. Wer den Anspruch erhebt, muß das Verschulden beweisen, doch greifen hier Vermutungen ein. Stößt z. B. ein fahrendes mit einem festliegenden Schiffe zusammen, so wird vermutet, daß das Verschulden auf seiten des ersteren besteht, falls nicht etwa in der Wahl des Liegeplatzes oder in dem sonstigen Verhalten des liegenden Schiffes, z. B. wegen fehlenden Lichtes, eine Ordnungswidrigkeit zu finden ist (HGZ. **98** 106,

04 188 u. 212; ROH. **3** 40, **9** 171). Bei dem Zusammenstoße zwischen einem überholenden Schiffe und dem überholten muß ersteres sich exkulpieren (ROH. **23** 188). Steht fest, daß ein Schiff gegen eine bestehende Vorschrift, insbesondere über das Ausweichen auf Binnengewässern (vgl. RG. **67** 50), gehandelt hat, so wird vermutet, daß der Zusammenstoß durch die Besatzung dieses Schiffes verschuldet ist (ROH. **23** 187; RG. **21** 109), es sei denn, daß die äußeren Umstände nicht die Möglichkeit gewährten, die Sachlage zu erkennen, für welche dem Schiffe ein bestimmtes Verhalten vorgeschrieben war (RG. **31** 64). Kann nicht ermittelt werden, ob Zufall oder Verschulden der Grund des Zusammenstoßes war, so findet keine Haftung statt. Hinsichtlich der Schleppzüge vgl. Anm. 6 zu § 4 d. G.

c) **Umfang der Haftung.** Der Schiffseigner haftet für den an dem Schiffe und der Ladung entstandenen vollen Schaden (§§ 249 ff. BGB.) nach Maßgabe seines Schiffsvermögens (§ 4 Abs. 3 Binnensch.G.). Daneben besteht die persönliche Haftung des an dem Zusammenstoße Schuldigen (§ 734 Abs. 3 HGB.). Liegt auf seiten des geschädigten Schiffes konkurrierendes Verschulden vor, so ist der Schaden nach Maßgabe des beiderseitigen Verschuldens angemessen zu verteilen (§ 735 Abs. 2 HGB.).

d) Unter der **Ladung** im Sinne des § 734 HGB. sind nur die bereits an Bord des Schiffes befindlichen, nicht die für das Schiff nur bestimmten, oder bereits gelöschten oder in Leichterfahrzeuge übergeladenen Güter zu verstehen (RG. **9** 61). Die Ladung trägt zum Ersatze des Schadens nicht bei. Der Anspruch der Ladungsbeteiligten gegen das schädigende Schiff ist unabhängig von der Frage, ob auf seiten des geschädigten Schiffes konkurrierendes Verschulden vorliegt. Denn § 735 Abs. 2 HGB. bezieht sich nur auf das Verhältnis der Schiffseigner der kollidierenden Schiffe untereinander, nicht auf ihr Verhältnis zu den Ladungsbeteiligten, der Anspruch der letzteren regelt sich nach § 734 HGB. in Verbindung mit §§ 3 und 4 Binnensch.G. (ROH. **13** 113); der § 735 spricht auch ausdrücklich nur von dem Schaden, welcher dem Schiffe oder den Schiffen zugefügt ist. Vgl. JW. **02** 401.

Gegenüber dem von ihnen befrachteten Schiffe haben die Ladungsbeteiligten die Rechte aus dem Frachtvertrage.

e) Zwangslotse ist derjenige, den der Schiffer in Folge obrigkeitlicher Anordnung an Bord nehmen muß, damit jener für die Fahrt in einem bestimmten Gewässer die Führung übernehme (RG. **19** 13; **29** 96). Für dessen Versehen haftet der Schiffseigner weder dem geschädigten Schiff und dessen Ladungsinteressenten noch auch den eigenen Ladungsbeteiligten, weil der Schaden auf Umständen beruht, welche durch die Sorgfalt eines ordentlichen Frachtführers nicht abgewendet werden konnten (§ 58 Abs. 1). Voraussetzung dieser Freiheit von der Haftung ist, daß nicht auf seiten der Schiffsbesatzung des geführten Schiffes ein konkurrierendes kausales Verschulden vorliegt (ROH. **25** 186 u. 230; JW. **02** 174). Der freiwillig angenommene Lootse wird zur Schiffsbesatzung gerechnet (§ 3 und Anm. 2 dazu).

f) Für den Schadensersatzanspruch besteht das **Schiffsgläubigerrecht** aus §§ 102 Nr. 5, 103; eine Veräußerung des schädigenden Schiffes ist dem Ersatzberechtigten unnachteilig.

g) Verjährung. Die hier geregelten außerkontraktlichen Forderungen aus dem Zusammenstoß von Schiffen verjähren nach §§ 117, 118 mit dem Ablauf eines Jahres nach dem Schlusse des Kalenderjahres, in welchem sie fällig geworden sind; betreffs der Verjährung der kontraktlichen Ansprüche des geschleppten Schiffes gegen den Schlepper im Falle des Zusammenstoßens s. Anm. 6 zu § 4.

h) Ausnahmen s. § 131 Abs. 3 u. 4.

i) Laut § 129 Abs. 2 des **Gesetzes über den Versicherungsvertrag** (s. Anhang D) haftet der Versicherer bei der Versicherung eines Schiffes gegen die Gefahren der Binnenschiffahrt auch für den Schaden, den der Versicherungsnehmer dadurch an Schiff und Fracht erleidet, daß er den einem Dritten (RG. **45** 55) durch den Zusammenstoß des versicherten Schiffes mit einem anderen Schiff (nicht auch einem anderen Gegenstand z. B. Brücke, Hafendamm, Schleuse usw.) zugefügten Schaden zu ersetzen hat. Vgl. RG. **35** 113, **40** 51.

Bergung und Hilfeleistung.

§ 93.[1] Wird ein in Gefahr befindliches, von der Schiffsbesatzung verlassenes Schiff, oder wird aus einem solchen, vom Untergange unmittelbar bedrohten Schiffe die Ladung ganz oder teilweise geborgen, so hat der Berger Anspruch auf Bergelohn.[2]

Wird außer den bezeichneten Fällen ein Schiff oder dessen Ladung aus einer Schiffahrtsgefahr durch die Hilfe dritter Personen gerettet, so haben diese Anspruch auf Hilfslohn.[3]

Der Besatzung des Schiffes steht ein Anspruch auf Berge- oder Hilfslohn nicht zu.[4]

1. a) Die §§ 93—100 schließen sich den §§ 740—753 HGB. an, jedoch unter Fortlassung der auf die Binnenschiffahrt nicht passenden Bestimmungen des § 741 (Richterliche Ermäßigung vertraglichen Berge- oder Hilfslohnes), §§ 745—747 (Maßgaben für die richterliche Festsetzung des Berge- und Hilfslohnes) und des § 749 (Verteilung des Lohns zwischen Reeder, Schiffer und Besatzung des bergenden oder helfenden Schiffes). An die Stelle des, durch Gesetz vom 2. Juni 1902 (RGBl. 118) geänderten, § 749 ist hier § 95 Abs. 3 Binnensch.G. getreten.

b) Voraussetzung für die Anwendung der §§ 93 ff. Binnensch.G. ist, daß einem zur Binnenschiffahrt (Anm. 2 zu § 1) bestimmten Schiffe auf einem Flusse oder sonstigen Binnengewässer in Schiffahrtsgefahr Bergung oder Hilfe gewährt ist. Vgl. Mittelstein, Anm. II zu § 93.

c) Maßgebend für die Beurteilung des Rechtsverhältnisses ist das Recht des Ortes, an welchem die Bergung oder Hilfeleistung stattfand.

d) Hinsichtlich der Anwendbarkeit seerechtlicher Vorschriften s. § 101.

e) Verjährung s. §§ 117 Nr. 4, 118.

2. a) Der § 93 unterscheidet wie § 740 HGB. zwischen Bergung und Hilfeleistung. Die erstere umfaßt ausschließlich die Fälle, in welchen der gerettete Gegenstand (Schiff oder Ladung — die Rettung von Menschen allein aus Schiffahrtsgefahr gehört nicht hierher, vgl. § 95 Abs. 2 —) der tatsächlichen Verfügungsgewalt der Schiffsbesatzung entzogen war und von dem Berger selbst in Besitz genommen und in Sicherheit gebracht ist. Alle sonstigen Arten der Beistandsgewährung durch dritte Personen zur Rettung von Schiff oder Ladung fallen unter den Begriff der Hilfeleistung. Das Charakteristische beider ist, daß sie nicht bloß durch die Leistung der Dienste, sondern auch dadurch bedingt werden, daß diese einen günstigen Erfolg gehabt haben. Das Unterscheidungsmerkmal zwischen beiden ist darin zu finden, ob die Leitung der ganzen Unternehmung in der Hand der Rettenden oder in der Hand der Besatzung sich befindet, bzw. ob die Berger die in Sicherheit gebrachten Güter in Besitz nehmen, oder ob die Besatzung die Herrschaft über die Güter behält.

b) Der Anspruch auf Bergelohn ist enger begrenzt als im Seerecht, um zu verhüten, daß Schiffe oder Ladungsgüter, welche von der Besatzung unbeaufsichtigt gelassen sind, unter dem Vorwande der Bergung von Unbefugten ohne Not in Besitz genommen werden, um Bergelohn zu beanspruchen. Der Anspruch ist deshalb nur anerkannt, wenn entweder das Schiff selbst oder aus demselben die Ladung ganz oder teilweise geborgen ist, in jedem dieser Fälle das Schiff von der Besatzung verlassen war und, falls die Ladung gerettet ist, wenn außerdem das Schiff vom Untergange unmittelbar bedroht war (Begr. 116).

Verlassen ist das Schiff, wenn eine Besitzaufgabe vorliegt; vorübergehende Behinderung in der Ausübung der Gewalt (§ 856 Abs. 2 BGB.) steht dem nicht gleich (RG. **57** 25; JW. **04** 185).

Bei der Rettung des in Gefahr befindlichen, von der Schiffsbesatzung verlassenen Schiffes allein braucht die Gefahr keine unmittelbare zu sein (§ 93 Abs. 1 erster Satzteil, vgl. RG. **57** 25).

Unerheblich ist, ob die Bergung nach voraufgegangenem Vertrage oder in Erfüllung einer sonstigen Pflicht geschieht; namentlich kommt nicht in Betracht, ob das rettende Schiff in der in Frage stehenden Zeit durch Vertrag zu anderweiten Dienstleistungen z. B. zu Schleppdiensten verpflichtet war (HGZ. **05** 182). Der Schiffseigner des rettenden und des geborgenen Schiffes können identisch sein (RG. **32** 9, **45** 55); dem Schiffseigner steht dann ein Anspruch auf angemessenen Bergelohn (vgl. auch § 102 Nr. 3) zu. Die rechtliche Zulässigkeit eines Vertrages über Berge- oder Hilfslohn zwischen den Führern zweier demselben Schiffseigner gehörigen Schiffe ist zu verneinen. (HGZ. **03** 139, **04** 258), weil die Schiffsführer hierbei nur als Vertreter des Reeders handeln und niemand mit sich selbst einen Vertrag schließen kann. Es bleibt in solchem Falle lediglich die Tatsache der erfolgten Bergung oder Hilfeleistung und der sich hieraus ergebende Anspruch auf den gesetzlichen Berge- oder Hilfslohn bestehen (RG. **58** 194).

Ein Anspruch auf Bergelohn besteht nicht, wenn die Gefahr durch Verschulden des rettenden Schiffes herbeigeführt worden ist (RG. **3** 142, **59** 312). Vgl. § 96.

War das Schiff bereits gesunken, so bestand keine Schiffahrtsgefahr mehr; die Hebung eines solchen Schiffes ist nach allgemeinen Grundsätzen (BGB. §§ 611 ff., 632 ff., 677 ff.) zu vergüten.

c) In bezug auf Schiffsteile oder Güter, welche auf dem Wasser treiben oder an das Ufer gespült sind (§§ 20, 21 StrandO. v. 17. Mai 1874, RGBl. 73) und von hier aus in Sicherheit gebracht werden, ist ein Bergelohn nicht anerkannt; es bewendet also hinsichtlich solcher Gegenstände bei den Bestimmungen des bürgerlichen Rechtes (§§ 965—982 BGB.) über gefundene Sachen (Begr. 117). Vgl. § 101 d. G. Für die Hebung der vom Schiffe getrennt im Wasser liegenden Ladung kann eine Vergütung nur auf Grund der Vorschriften des bürgerlichen Rechts beansprucht werden (HGZ. **02** 83).

3. a) Bei der Hilfeleistung (s. Anm. 2a) braucht es sich nicht um eine unmittelbare Gefahr für das Schiff zu handeln, es genügt, wenn bei vernünftiger Beurteilung der Verhältnisse angenommen werden durfte, daß das Schiff im Falle des Unterbleibens von Maßnahmen der Gefahr des Untergangs oder der Beschädigung werde ausgesetzt werden (HGZ. **03** 49, **05** 43).

Lag keine Schiffahrtsgefahr vor, so sind geleistete Dienste nach Maßgabe der §§ 611 ff. bzw. §§ 677 ff. abzugelten (vgl. HGZ. **05** 50, **07** 48).

b) Der Vertrag über eine Hilfeleistung in Seenot ist, da es nicht auf die Dienste des Helfers als solche, sondern auf das Ergebnis ankommt, ein Werkvertrag, es kommen also, soweit keine Spezialvorschriften vorliegen, die §§ 631 ff. BGB. zur Anwendung. Der Besteller kann deshalb bis zur Vollendung des Werkes jederzeit den Vertrag kündigen (§ 649) mit der Rechtsfolge, daß der Unternehmer berechtigt ist, als Vertragsanspruch (OLG. 7 480) die vereinbarte Vergütung zu verlangen, von der er sich aber gewisse Abzüge (§ 649) gefallen lassen muß (HGZ. **07** 79); für diese Abzüge ist der Besteller beweispflichtig.

4. Vgl. § 23 Abs. 3 d. G. und § 41 Seem.O. Auch wer erst aus Anlaß der Gefahr zur Besatzung angenommen worden ist, hat keinen Anspruch auf Berge- oder Hilfslohn, seine Abgeltung erfolgt durch den vereinbarten Lohn (Werner 28).

Betrag des Berge- oder Hilfslohnes.

§ 94.[1] In Ermangelung einer Vereinbarung[2] wird die Höhe des Berge- und Hilfslohnes unter Berücksichtigung der Umstände des Falles durch das Gericht nach billigem Ermessen festgesetzt.[3]

Der Berge- und Hilfslohn umfaßt zugleich die Vergütung für die Aufwendungen, welche zum Zweck des Bergens und Rettens geschehen sind.

Nicht darin enthalten sind die Kosten und Gebühren der Behörden, die Kosten für die Aufbewahrung, Erhaltung, Abschätzung und Veräußerung der geborgenen oder geretteten Gegenstände, sowie die auf diesen ruhenden Zölle und sonstigen Abgaben.[4]

Bei der Bestimmung des Betrages des Berge- oder Hilfslohnes kommen insbesondere in Anschlag: der bewiesene Eifer, die verwendete Zeit, die geleisteten Dienste, die geschehenen Aufwendungen, die Zahl der tätig gewesenen Personen, die Gefahr, welcher dieselben ihre Person, ihre Fahrzeuge oder ihre Geräte ausgesetzt haben, sowie die Gefahr, welche den geborgenen oder geretteten Gegenständen gedroht hat, und der nach Abzug der Kosten (Absatz 3) verbliebene Wert derselben.[5]

1. Der Abs. 1 dieses Paragraphen entspricht dem § 742 HGB., dagegen ist der § 741 nicht übernommen, welcher ein richterliches Ermäßigungsrecht für den Fall statuiert, daß noch während der Gefahr ein Vertrag über die Höhe des Berge- oder Hilfslohnes geschlossen ist. Ein solcher Vertrag ist also wegen erheblichen Übermaßes der zugesicherten Vergütung bei der Binnenschiffahrt nicht reduzierbar (dagegen kann im Falle der Ausbeutung einer Notlage § 138 Abs. 2 BGB. eingreifen und dann eine richterliche Festsetzung der angemessenen Vergütung stattfinden [HGZ. 07 210]), er gewährt aber, wenn ein Anspruch auf Berge- oder Hilfslohn nach dem Gesetze nicht begründet war, nicht die Rechte eines solchen, namentlich nicht das damit nach § 97 verbundene Pfandrecht (Begr. 117). Auch die §§ 745—747 HGB. sind nicht übernommen, welche die Festsetzung des Berge- oder Hilfslohnes in einer Quote des Wertes der geborgenen oder geretteten Gegenstände ohne übereinstimmenden Antrag der Parteien verbieten und Bestimmungen enthalten über den Einfluß des Wertes der geretteten Gegenstände auf den Berge- und Hilfslohn und über deren Verhältnis zueinander. Doch werden jene Bestimmungen auch in Binnenschiffahrtssachen bei der richterlichen Festsetzung des Berge- und Hilfslohnes benutzt werden können.

2. Der Schiffer ist befugt, einen Vertrag über Bergung oder Hilfeleistung zu schließen und die Vergütung zu vereinbaren, weil es sich um ein Geschäft handelt, welches durch die Ausführung der Reise erforderlich wird (§ 15 Abs. 1 d. G., HGZ. **01** 244).

3. Die richterliche Festsetzung des Berge- und Hilfslohns hat auf Geld zu lauten; dabei ist ein etwaiger Schaden in Anschlag zu bringen, welchen der Rettende infolge der durch das Rettungswerk herbeigeführten Verzögerung erleidet (RG. **13** 139).

4. Die Absätze 2 u. 3 des Paragraphen entsprechen dem § 743 HGB.; sie beziehen sich sowohl auf den Fall der vertraglichen wie auf denjenigen der richterlichen Festsetzung des Berge- und Hilfslohns. Abs. 2 bezeichnet die Aufwendungen, welche durch die vertragliche oder richterlich festgesetzte Vergütung als abgegolten zu erachten sind, Abs. 3 diejenigen, welche daneben noch gefordert werden können.

5. Abs. 4 entspricht dem § 744 HGB. und enthält Beispiele für die bei der richterlichen Bestimmung des Berge- und Hilfslohns in Betracht zu ziehenden Momente. Bei Bergungsdampfern ist noch auf die Generalunkosten Rücksicht zu nehmen (HGZ. **02** 244). Haben mehrere Schiffe nacheinander das Rettungswerk vollbracht, so ist ihnen der Lohn nach Verhältnis ihrer Tätigkeit zuzubilligen (HGZ. **00** 21). Zu bemerken ist noch, daß die Zahl der tätig, nicht bloß der erforderlich gewesenen Personen zu berücksichtigen ist, weil die Berger nicht im voraus wissen können, wie viele Personen zur Vollendung des Rettungswerkes nötig sein werden; der Richter hat dabei aber auf den bewiesenen Eifer, die verwendete Zeit und andere einflußreiche Umstände Rücksicht zu nehmen.

Verteilung des Berge- und Hilfslohnes.

§ 95. Haben sich mehrere Personen an der Bergung oder Hilfeleistung beteiligt, so wird der Berge- oder Hilfslohn unter dieselben nach Maßgabe der persönlichen und sachlichen Leistungen der einzelnen verteilt.

Zur entsprechenden Teilnahme sind auch diejenigen berechtigt, welche sich in derselben Gefahr der Rettung von Menschen unterzogen haben.[1]

Wird ein Schiff oder dessen Ladung von einem anderen Schiffe geborgen oder gerettet, so hat der Schiffseigner des letzteren einen angemessenen Teil des Berge- oder Hilfslohnes zu beanspruchen.[2]

1. a) Die Absätze 1 und 2 des § 95 entsprechen dem § 748 HGB.; jedoch ist die in § 748 Abs. 1 enthaltene Regel, daß der Berge- und Hilfslohn im Zweifel nach der Kopfzahl zu verteilen ist, nicht übernommen. Diese Regel wird aber auch hier für die persönlichen Leistungen zu verwenden sein, nachdem die Vergütungen für die sachlichen Leistungen (Lieferung von Gegenständen zum Rettungswerk) vorweggenommen ist. Streitigkeiten über den Verteilungsmaßstab sind im Wege des Civilprozesses zu erledigen.

b) Die Bestimmung, daß auch die Rettung von Menschen zur Teilnahme an der Vergütung berechtigt, war erforderlich, weil in § 93 nur die Rettung von Sachen erwähnt ist. Für die Rettung von Menschen wird aber nur dann Vergütung gewährt, wenn solche durch Rettung von Sachen verdient ist. Die geretteten Menschen haben für die Vergütung nicht aufzukommen.

2. a) Der Abs. 3 handelt wie § 749 HGB. von dem Falle, wenn ein Schiff oder dessen Ladung von einem anderen Schiffe geborgen wird, läßt dann aber, abweichend vom HGB., die Verteilung des Berge- oder Hilfslohnes unter mehrere Personen nach den allgemeinen Grundsätzen (Abs. 1 und 2) erfolgen, und bestimmt nur, daß auch der Schiffs*eigner* einen angemessenen Teil zu beanspruchen hat (Begr. 117). Dieser Anspruch besteht auch, wenn die Eigner der beiden Schiffe identisch sind (vgl. Anm. 2 b zu § 93). Nach § 749 HGB. (Fassung v. 2. Juni 1902) kann der Anteil der Schiffsbesatzung nicht durch vorherigen Vertrag mit dem Reeder verkürzt oder beseitigt werden. Im Binnenschiffahrtsrecht besteht Freiheit der Vereinbarung.

b) Zur Einforderung des auf die Besatzung oder auf einzelne Mitglieder derselben entfallenden Teiles ist nicht jeder einzelne Mann der Besatzung oder die Schiffsbesatzung legitimiert, vielmehr erwirbt der Schiffseigner als Geschäftsführer des Unternehmens den Anspruch auf den Lohn, und die Besatzung hat nur gegen ihn einen Anspruch auf Verteilung des auf sie entfallenden Teiles des Lohnes (HGZ. 05 140).

Ausschluß des Berge- und Hilfslohnes.

§ 96. Auf Berge- und Hilfslohn hat keinen Anspruch:

1. wer seine Dienste aufgedrungen, insbesondere wer ohne Erlaubnis des anwesenden Schiffers das Schiff betreten hat;
2. wer von den geborgenen Gegenständen dem Schiffer, dem Eigentümer oder der zuständigen Behörde nicht sofort Anzeige gemacht hat.

Der § 96 entspricht dem § 750 HGB. und hat den Zweck, der Einmischung unbefugter Personen in das Rettungswerk und dem Versuche der Veruntreuung geborgener Gegenstände vorzubeugen (Begr. 117). Ist die Genehmigung zu dem Rettungswerk einmal erteilt, so fällt ihre Zurückziehung unter § 649 BGB. (vgl. Anm. 3 b zu § 93).

Verstößt das Rettungswerk nicht gegen § 96, ist es aber ohne Auftrag begonnen, so ist es zwar auf Verlangen des zu dem Schiffe Berechtigten aufzugeben, jedoch nur wenn für die bereits entstandenen angemessenen Bergungs- bzw. Hilfskosten Sicherheit geleistet wird (analog § 8 Strand.O.).

Liegt ein öffentliches Interesse für das Rettungswerk vor (vgl. z. B. Strand.O. § 25 [RGBl. 02 1]), so kommt der entgegenstehende Wille des zum Schiffen Berechtigten nicht in

Betracht (§ 679 BGB.); der Rettende hat Anspruch auf angemessene Vergütung für seine Arbeit.

Hinsichtlich der Schiffsbesatzung und solcher Personen, welche die Notlage des Schiffes verschuldet haben, vgl. Anm. 4 u. 2 b zu § 93.

Pfandrecht und Klage wegen Bergungs- und Hilfskosten.

§ 97. [1] Wegen der Bergungs- und Hilfskosten, einschließlich des Berge- und Hilfslohnes, stehen dem Gläubiger im Falle der Rettung des Schiffes die Rechte der Schiffsgläubiger (§§ 102 bis 115) und im Falle der Rettung von Gütern ein Pfandrecht an diesen zu.[2] Geborgene Gegenstände können bis zur Sicherheitsleistung zurückbehalten werden.[3]

Die Pfandklage kann hinsichtlich des Schiffes und der Fracht und, solange die Ladungsgüter noch nicht ausgeliefert sind, auch hinsichtlich dieser gegen den Schiffer gerichtet werden. Zuständig ist das Gericht, in dessen Bezirk die Bergung oder Hilfeleistung stattgefunden hat.[4]

1. a) Die §§ 97—100 regeln im Anschlusse an §§ 89—91 d. G. und an §§ 751—753 (vgl. § 696) HGB. das gesetzliche Pfandrecht für die Bergungs- und Hilfskosten (§§ 97 und 98) und die auf die geretteten Gegenstände beschränkte Haftung der Leistungspflichtigen (§§ 99, 100).

b) Die früher in § 97 Abs. 1 enthaltene Vorschrift, daß das Pfandrecht an den geretteten Gütern die in § 41 der KO. bezeichnete Wirkung habe, ist durch Art. 12 Nr. XII EG. gestrichen. Vgl. Anm. 1 zu § 89.

2. Bergungs- und Hilfskosten begründen, abgesehen von den Fällen der §§ 99 u. 100 Abs. 2, auch wenn ein Vertrag über Bergung oder Hilfeleistung abgeschlossen ist, keine persönliche

Verpflichtung, dagegen sind diese Kosten mit dem Pfandrecht (§ 1257 BGB.) an dem Schiffe nebst Zubehör (§ 103 Abs. 1 d. G.) und an der Fracht (§ 104) und den geretteten Gütern ausgestattet. War das Rettungswerk erfolglos, so besteht überhaupt kein Anspruch; ist die Ladung nicht an den Empfangsberechtigten gelangt, so kann gegen diesen auch kein Pfandrecht geltend gemacht werden.

Das Pfandrecht an dem Schiffe nebst Zubehör ist auch gegen den gutgläubigen Erwerber verfolgbar (§ 103). Betreffs der Geltendmachung des Pfandrechts gegen den gutgläubigen Erwerber geborgener oder geretteter Güter s. § 98 u. Anm. 1c zu § 89. Die Befriedigung aus dem Schiffe nebst Zubehör erfolgt gemäß §§ 162 ff. ZVG. (Anhang III B), aus der Fracht nach §§ 828 ff. CPO., aus der Ladung nach §§ 803 ff. CPO. Ein außergerichtliches Verkaufsrecht wie nach § 89 Abs. 3 d. G. steht dem Rettenden nicht zu.

Betreffs der Rangstellung des Pfandrechts innerhalb und außerhalb des Konkurses s. § 116 d. G., § 49 Abs. 2 KO., Art. III Ges. v. 17. Mai 1898 (RGBl. 238).

3. Das Zurückbehaltungsrecht des Bergenden besteht neben dem Pfandrechte, doch kann die Ausübung des ersteren Rechtes durch Sicherheitsbestellung (§§ 232 ff. BGB.) angewendet werden. Die Sicherheitsbestellung durch Bürgen ist ausgeschlossen (§ 273 BGB.).

4. a) Die Geltendmachung des Pfandrechts kann nur mittels der Zwangsvollstreckung, also auf Grund eines vollstreckbaren Titels erfolgen (§ 103 Abs. 3), der regelmäßig im Wege der Klage zu erwirken ist. Zur Vereinfachung ist bestimmt, daß dieselbe hinsichtlich des Schiffes und der Fracht, und solange die Ladungsgüter noch nicht ausgeliefert sind, auch hinsichtlich dieser gegen den Schiffer gerichtet werden kann, um die gesonderten Klagen gegen den Eigentümer des Schiffes und gegen die Eigentümer der geretteten Ladungsgüter entbehrlich zu machen. Als Schiffer ist hier derjenige gemeint, welcher das Schiff zur Zeit der Klageerhebung führt (§ 166 Abs. 2 ZVG.; Mittelstein Anm. 6 zu § 97). Er kommt hier als selbständiger Repräsentant des Schiffsvermögens und der Ladung in Betracht und besitzt insoweit eigene Parteifähigkeit, so daß hier nicht etwa der Schiffseigner bzw. die Ladungsbeteiligten als die in dem Prozesse vertretene Prozeßpartei angesehen werden können. Vielmehr ist hier der Schiffer Partei mit allen daraus sich ergebenden prozessualen Folgen. Vgl. Gruchots Beitr. **47** 408, HGZ. **00** 128. Zugleich ist ein bestimmtes Gericht für diese Klage als zuständig bezeichnet; ein ausschließlicher Gerichtsstand ist jedoch hierdurch nicht gegeben. Sind die Güter ausgeliefert, so kann die Pfandklage nur noch gegen den Empfänger der haftpflichtigen Güter und die Regreßklage gegen den Schiffer (§ 99) in dem sonst zulässigen Gerichtsstande erhoben werden (Begr. 118).

b) Das Pfandrecht besteht wegen des ganzen Anspruchs des Berechtigten an jedem einzelnen der durch die Bergung oder Hilfsleistung geretteten Gegenstände und kann ohne Rücksicht auf die gleichzeitige Haftung anderer Gegenstände geltend gemacht werden (§ 1222 BGB.). Die Verteilung der Kosten unter die Eigentümer der geretteten Gegenstände findet im Falle der großen Haverei nach den für diese geltenden Bestimmungen statt; in anderen Fällen, insbesondere wenn es sich nur um Rettung einer mehreren Absendern oder Empfängern gehörenden Ladung handelt, wird die Verteilung nach dem Werte der geretteten Güter stattzufinden haben (Begr. 118).

Fortfall des Pfandrechts.

§ 98. Nach Auslieferung der Güter kann das Pfandrecht nicht zum Nachteile eines dritten Erwerbers geltend gemacht werden, welcher den Besitz der geborgenen oder geretteten Güter in gutem Glauben erlangt hat.

Vgl. den entsprechenden § 89 Abs. 2 Satz 2 und Anm. 1 c dazu.

Persönliche Verantwortlichkeit des Schiffers und Schiffseigners.

§ 99. Der Schiffer darf die Güter vor Befriedigung oder Sicherstellung des Gläubigers nicht ausliefern, widrigenfalls er dem Gläubiger insoweit verantwortlich wird, als dieser, wenn die Auslieferung nicht bewirkt wäre, aus den Gütern hätte befriedigt werden können.

Hat der Schiffseigner die Auslieferung der Güter angeordnet, so finden die Vorschriften im § 7 Absatz 2, 3 Anwendung.[1 2]

1. Die Verantwortlichkeit des Schiffers, welcher die Güter vor Befriedigung oder Sicherstellung des Gläubigers ausliefert, wird begrenzt durch den Wert der Güter zur Zeit der Auslieferung. Sie findet aber nicht statt, wenn der Schiffer abgesehen von dem Falle einer strafbaren Handlung, auf Anweisung des Schiffseigners gehandelt und in diesem die erforderliche Aufklärung erteilt hat (§ 7 Abs. 2). Hatte der Schiffseigner bei der Erteilung der Anordnung Kenntnis von dem Sachverhalte, so haftet er nach Maßgabe des Wertes der ausgelieferten Güter persönlich. Vgl. § 91 Abs. 1 u. Anm. 1 c dazu und Anm. 1 zu § 90.

Daneben bleibt die Haftung des bösgläubigen Erwerbers (§ 98) und des Empfängers nach § 100 Abs. 2 d. G. bestehen.

2. Für die in § 99 erwähnten Ansprüche ist kein besonderer Gerichtsstand festgesetzt. Vgl. § 97 Abs. 2 u. Anm. 4 a dazu.

Persönliche Haftung für Bergungs- und Hilfskosten.

§ 100. Eine persönliche Verpflichtung zur Entrichtung der Bergungs- und Hilfskosten wird durch die Bergung oder Rettung nicht begründet.[1]

Der Empfänger von Gütern wird jedoch, wenn ihm bei der Annahme bekannt ist, daß davon Bergungs- oder Hilfskosten zu berichtigen sind, für diese Kosten insoweit persönlich verpflichtet, als sie, falls die Auslieferung nicht erfolgt wäre, aus den Gütern hätte berichtigt werden können.[2]

Sind noch andere Gegenstände gemeinschaftlich mit den ausgelieferten Gütern geborgen oder gerettet, so geht die persönliche Haftung des Empfängers nicht über den Betrag hinaus, welcher bei Verteilung der Kosten über sämtliche Gegenstände auf die ausgelieferten Güter fällt.[3]

1. Auch nicht, wenn der Schiffer oder Schiffseigner einen Vertrag über Bergung oder Hilfeleistung abgeschlossen hat. Vgl. § 102 Nr. 3, Anm. 2 zu § 97 und betreffs der Prozeßzinsen und Prozeßkosten RG. **33** 85.

2. Vgl. § 90 und Anmerkung dazu.

3. Durch die Bestimmung des Abs. 3 wird die dingliche Haftung der an den Empfänger ausgelieferten Güter nicht berührt (Förtsch Anm. 4 zu § 100), es wird nur im Falle gemeinschaftlicher Rettung mehrerer Güter die persönliche Haftung des Empfängers aus Abs. 2 des Paragraphen nach oben hin begrenzt durch denjenigen Betrag, welcher bei Verteilung der Kosten über sämtliche gerettete Gegenstände nach deren Wert auf die ausgelieferten Güter entfällt.

Anwendbarkeit seerechtlicher Vorschriften.

§ 101. Für die der See zunächst gelegenen Binnengewässer können durch Verordnung der Landesregierungen hinsichtlich des Verfahrens bei der Bergung und Hilfeleistung und hinsichtlich der zuständigen Behörden, sowie hinsichtlich der Behandlung der geborgenen Gegenstände und der Festsetzung der Bergungs- und Hilfskosten die für die Seeschiffahrt geltenden Vorschriften für anwendbar erklärt werden.

Der § 101 will verhindern, daß in den der See zunächst gelegenen Binnengewässern verschiedene Bestimmungen über die im § 101 bezeichneten Materien zur Anwendung kommen, je nachdem es sich um See- oder Binnenschiffe handelt. Es sollen deshalb insoweit die Landesregierungen befugt sein, durch Verordnung die zutreffenden für die Seeschiffahrt geltenden Bestimmungen auch für die Binnenschiffahrt in jenen Gewässern für verwendbar zu erklären (Begr. 116, 118). In Betracht kommen namentlich die Vorschriften des fünften Abschnitts der Strand.O. vom 17. Mai 1874 (RGBl. 73) über die in Ermangelung einer gütlichen Einigung durch die Strandaufsichtsbehörde zu bewirkende provisorische Festsetzung der Bergungs- und Hilfskosten. Die schließliche richterliche Festsetzung dieser Kosten beim Fehlen einer Einigung kann nicht im Verordnungswege ausgeschlossen werden (§ 94 Abs. 1 d. G., § 39 Strand.O.).

Siebenter Abschnitt.

Schiffsgläubiger. [1]

Forderungen mit Schiffsgläubigerrecht.

§ 102. [2] Die nachstehenden Forderungen gewähren die Rechte eines Schiffsgläubigers:

1. die öffentlichen Schiffs- und Schiffahrtsabgaben, insbesondere die Brücken-, Schleusen-, Kanal- und Hafengelder; [3]
2. die aus den Dienstverträgen herrührenden Forderungen der Schiffsbesatzung; [4]
3. die Lotsengelder, sowie die Bergungs- und Hilfskosten, einschließlich des Berge- und Hilfslohnes;
   die Beiträge des Schiffes zur großen Haverei;
   die Forderungen aus Geschäften, welche der Schiffer außerhalb der im § 15 bezeichneten

Orte zur Abwendung einer dringenden Gefahr von Schiff oder Ladung geschlossen hat, auch wenn der Schiffer Eigentümer oder Miteigentümer des Schiffes ist;[5]

4. die Forderungen wegen Nichtablieferung oder Beschädigung der Ladungsgüter und des im § 77 bezeichneten Reisegepäcks;[6]

5. die nicht unter eine der vorigen Nummern fallenden Forderungen aus Rechtsgeschäften, welche der Schiffer als solcher kraft seiner gesetzlichen Befugnisse (§§ 15, 16) und nicht mit Bezug auf eine Vollmacht geschlossen hat, sowie die nicht unter eine der vorigen Nummern fallenden Forderungen wegen Nichterfüllung oder wegen unvollständiger oder mangelhafter Erfüllung eines von dem Schiffseigner geschlossenen Vertrages, insofern dessen Ausführung zu den Dienstobliegenheiten des Schiffers gehört hat (§ 4 Nr. 2);

   die Forderungen aus dem Verschulden einer Person der Schiffsbesatzung (§ 3, § 4 Nr. 3), auch wenn dieselbe Eigentümer oder Miteigentümer des Schiffes ist;[7]

6. die Forderungen, welche der Berufsgenossenschaft nach den Vorschriften über die Unfallversicherung, der Versicherungsanstalt nach den Vorschriften über die Invalidenversicherung und den Gemeinden und Krankenkassen nach den Vorschriften über die Krankenversicherung gegen den Schiffseigner zustehen.[8]

1. Die Vorschriften über die Schiffsgläubiger (§§ 102 bis 116) schließen sich sowohl was die einzelnen Kategorien der Schiffsgläubiger, als auch was den Umfang, das Rangverhältnis und das Erlöschen ihres Pfandrechts betrifft, im großen und ganzen den Bestimmungen des HGB. §§ 754 ff. an. Als Schiffsgläubiger anerkannt sind nicht nur diejenigen, welchen der Schiffseigner mit Schiff und Fracht haftet, sondern auch einige andere Forderungsberechtigte, bei welchen das öffentliche Interesse oder Rücksichten der Billigkeit oder der Gesichtspunkt der nützlichen Verwendung eine Zurückstellung hinter jene Forderungen als ungerechtfertigt erscheinen lassen (Begr. 119). Solche andere Forderungen sind die in § 102 Nr. 1 erwähnten Abgaben, die Lotsengelder (Nr. 3), die Forderungen aus den Dienstverträgen der Schiffsbesatzung (Nr. 2), Forderungen aus Rechtsgeschäften des Schiffers (Nr. 3 u. 5) und die in Nr. 4 und 6 bezeichneten Forderungen.

Nur die in § 102 aufgezählten Forderungen gewähren ein Schiffsgläubigerrecht.

2. Die nach § 754 Ziff. 1 HGB. mit den Rechten eines Schiffsgläubigers ausgestatteten,

> zu den Kosten der Zwangsvollstreckung nicht gehörenden Kosten der Bewachung und Verwahrung des Schiffes und seines Zubehörs seit der Einbringung des Schiffes in den letzten Hafen, falls das Schiff im Wege der Zwangsvollstreckung verkauft wird,

sind in das Binnensch.G. nicht übernommen, weil „nach allen in Betracht kommenden Vollstreckungsgesetzen die Kosten der dem Zwangsverkaufe des Schiffes vorausgehenden Bewachung und Verwahrung ebenso wie die Kosten des Zwangsverkaufs vorweg vom Kaufpreise abgezogen werden" (Begr. 119). Diese Bemerkung der Begründung ist nicht zutreffend. Denn nach §§ 109, 162, 165 ZVG. sind nur diejenigen Kosten der Bewachung und Verwahrung des Schiffes als Kosten des Verfahrens anzusehen und von dem Kaufpreise abzuziehen, welche seit der gerichtlichen Anordnung der Bewachung und Verwahrung des Schiffes entstanden sind. Die vor dieser Anordnung entstandenen — zu den Kosten der Zwangsvollstreckung nicht gehörenden — Kosten der Bewachung und Verwahrung sind also, wenn das Schiff später im Wege der Zwangsvollstreckung verkauft wird, im Binnensch.G. nicht wie in § 754 Ziff. 1 HGB. mit Schiffsgläubigerrecht ausgestattet.

3. Nr. 1 ist der Nr. 3 des § 754 nachgebildet. Öffentliche Abgaben im Sinne der Nr. 1 brauchen nicht notwendig solche zu sein, die auf Grund einer öffentlich-rechtlichen Vorschrift allgemein erhoben werden, es gehören hierher auch solche Abgaben, welche für eine auf privatrechtlicher Willensentscheidung beruhende Benutzung öffentlicher Anlagen zu entrichten sind, z. B. in Hamburg Quaigelder (HGZ. **00** 82).

Die in Nr. 1 erwähnten Abgaben haben im Verhältnis zueinander den gleichen Rang, gehen aber allen sonstigen Schiffsgläubigerforderungen derselben Frachtfahrt (§ 107 Abs. 1); konkurrieren sie mit Abgaben aus einer früheren Frachtfahrt, so haben sie auch vor diesen den Vorrang (§ 106 Abs. 1).

4. Nr. 2 entspricht der Nr. 3 des § 754; vgl. §§ 5, 20 Abs. 5, 25 Abs. 3 d. G. und hinsichtlich der Rangordnung §§ 104 Abs. 2, 106, 107 Abs. 2. Zwischen den Forderungen des Schiffers und der Mannschaft und der einzelnen Mitglieder der letzteren wird nicht unterschieden.

5. Nr. 3 umfaßt die Nr. 4, 5, 6 des § 754 und hat den gemeinsamen Rechtsgrund einer nützlichen Verwendung in Notfällen; die Nr. 3 enthält jedoch eine Beschränkung gegenüber § 754 Nr. 6 darin, daß nur die Forderungen aus Geschäften in Betracht kommen, welche der Schiffer kraft seiner gesetzlichen Befugnisse außerhalb der im § 15 bezeichneten Orte zur Abwendung einer dringenden Gefahr von Schiff oder Ladung geschlossen hat. Anderweite Forderungen aus den Rechtsgeschäften des Schiffers sind in Nr. 5 erwähnt.

Zwischen den Gebühren des freiwilligen und des Zwangslotsen wird nicht unterschieden; vgl. hierzu auch § 66 d. G. Hinsichtlich der Bergungs- und Hilfskosten s. § 97 Abs. 1, betreffs der Beiträge zur großen Haverei § 89 Abs. 1; betreffs des Ranges s. § 106 Abs. 1, §§ 107, 109.

6. Nr. 4 entspricht der Nr. 7 des § 754. Hier kommen außer der Forderung wegen des übernommenen Reisegepäcks die Forderungen des Absenders und des Empfängers aus §§ 58, 73, 74 d. G. in Betracht.

7. Nr. 5 entspricht den Nr. 8 und 9 des § 754. Das Verschulden einer Person der Schiffsbesatzung kann sowohl die aus dem Frachtvertrag begründeten wie außervertragliche Verhältnisse betreffen.

8. Nr. 6 ersetzt zunächst den § 86 Abs. 2 Ges. v. 13. Juli 1887, betr. die Unfallversicherung der Seeleute, welcher durch Art. 8 Nr. 4 EG. aufgehoben ist. Außerdem aber sind in Nr. 6 auch den Forderungen, welche der Versicherungsanstalt für die Invalidenversicherung (§ 1 Nr. 3 Ges. v. 13. Juli 1899 [RGBl. 463]) und den Gemeinden- und Krankenkassen nach den Vorschriften über die Krankenversicherung gegen den Schiffseigner zustehen, die Rechte der Schiffsgläubiger eingeräumt. Wegen der Rangordnung dieser Forderungen vgl. §§ 108, 109; untereinander rangieren sie nach dem Zeitpunkt ihrer Entstehung (§§ 1257, 1209 BGB.). Es verjähren:

a) Die rückständigen Beiträge an die Berufsgenossenschaft, soweit nicht eine absichtliche Hinterziehung vorliegt, in zwei Jahren nach Ablauf des Kalenderjahres, in welchen sie hätten gezahlt werden müssen (§ 103 Abs. 2 Ges. v. 5. Juli 1900, RGBl. 624);

b) die Forderungen der Versicherungsanstalt für die Invalidenversicherung binnen 2 Jahren nach der Fälligkeit (§ 168 Ges. v. 13. Juli 1899 RGBl. 524);

c) Krankenkassenbeiträge in einem Jahr nach Ablauf des Kalenderjahres, in welchem der Anspruch entstanden ist (§ 55 Ges. v. 10. April 1892, RGBl. 448).

Pfandrecht an Schiff und Zubehör.

§ 103. [1] **Die Schiffsgläubiger haben an dem Schiffe nebst Zubehör ein Pfandrecht.** [2]

Das Pfandrecht ist gegen jeden dritten Besitzer des Schiffes verfolgbar. [3]

Die Befriedigung aus dem Pfande erfolgt auf Grund eines vollstreckbaren Titels nach den Vorschriften über die Zwangsvollstreckung.[4]

1. Die Absätze 1 u. 3 des § 103 entsprechen dem § 755 HGB., Abs. 3 dem § 761 Abs. 1 HGB. Nicht übernommen ist die Bestimmung des § 761 Abs. 2, daß die Pfandklage in allen Fällen auch gegen den Schiffer als Vertreter des Reeders gerichtet werden kann; nur für die Bergungs- und Hilfskosten ist im § 97 nach dieser Richtung eine Ausnahme gemacht.

Die früher in § 103 enthaltene Bestimmung, daß das Pfandrecht der Schiffsgläubigers im Konkurse ein Absonderungsrecht an den Pfandgegenständen gewährt, ist mit Rücksicht auf §§ 49 Nr. 2, 48 KO. durch Art. 12 Nr. XII EG. gestrichen. Vgl. Anm. 1 zu § 89.

2. a) Das Pfandrecht der Schiffsgläubiger bedarf auch bei registrierten Schiffen (§§ 119 ff. d. G.) nicht der Eintragung (§§ 1259 ff. BGB.). Es entsteht mit dem Entstehen der Schiffsgläubigerforderung und ergreift das Schiff nebst Zubehör und nach § 115 d. G. auch die Vergütung und Entschädigung für die Pfandobjekte. Im Konkurse gewährt es ein Absonderungsrecht (vgl. Anm. 1).

b) Schiff im Sinne des § 103 ist dasjenige, durch dessen Verwendung zur Schiffahrt auf Binnengewässern eine der im § 102 d. G. aufgezählten Forderungen entstanden ist (Mittelstein Anm. 1 c zu § 103); bei einer während des Transportes ausgefüllten Überladung des Gutes in eine Schute kommt nicht die Schute, sondern das zum Transport bestimmte Schiff in Betracht. Unerheblich ist, ob das Schiff ganz oder zum Teil einem anderen als dem Schiffsgläubiger gehört (RG. **45** 54, HGZ. **01** 243).

c) Das Zubehör ist im Binnensch.G. nicht wie in § 478 HGB. näher definiert. Maßgebend ist daher für die Begriffsbestimmung

BGB. § 97: Zubehör sind bewegliche Sachen, die, ohne Bestandteil der Hauptsache zu sein, dem wirtschaftlichen Zwecke der Hauptsache zu dienen bestimmt sind und zu ihr in einem dieser Bestimmung entsprechenden räumlichen Verhältnisse stehen. Eine Sache ist nicht Zubehör, wenn sie im Verkehre nicht als Zubehör angesehen wird.

Die vorübergehende Benutzung einer Sache für den wirtschaftlichen Zweck einer anderen begründet nicht die Zubehöreigenschaft. Die vorübergehende Trennung eines Zubehörstücks von der Hauptsache hebt die Zubehöreigenschaft nicht auf.

Die Zubehörstücke unterliegen denselben gesetzlichen Bestimmungen wie das Schiff; eine gesonderte Pfändung des Zubehörs ist ausgeschlossen (§ 865 CPO.). Ob das Zubehör dem Eigentümer des Schiffes gehört, ist unerheblich; die Ausnahme im § 1265 BGB. ist für das Schiffsgläubigerrecht nicht getroffen. Die Zubehörstücke scheiden aus der Pfandverbindlichkeit:

aa) wenn sie veräußert und von dem Schiff entfernt werden, bevor sie durch Arrest, einstweilige Verfügung oder Zwangsvollstreckung zugunsten des Gläubigers in Beschlag genommen worden sind (§ 1121 BGB.);

bb) wenn die Zubehöreigenschaft innerhalb der Grenzen einer ordnungsmäßigen Wirtschaft vor der Beschlagnahme aufgehoben wird (§ 1122 Abs. 2 BGB.).

3. Die nach Abs. 2 unbeschränkte, also auch gegen den gutgläubigen Erwerber zulässige Verfolgbarkeit des Pfandrechts an dem Schiffe nebst Zubehör ist zur Abwendung einer Gefährdung der Schiffsgläubiger statuiert; sie bildet eine Ausnahme von den Regeln der §§ 936, 1208 BGB., § 366 HGB. Das Schiffsgläubigerrecht erlischt dritten Erwerbern gegenüber nur im Falle der Zwangsversteigerung des registrierten Schiffes (§§ 52, 96, 162 ff. ZVG.). Im Falle freiwilliger Veräußerung kann der Erwerber die Ausschließung der ihm unbekannten Schiffsgläubiger durch Aufgebot beantragen (§ 110 d.G., §§ 1002, 1094 CPO.). Auch kann der Eigentümer des Schiffes denjenigen, welcher aus der Verwendung des Schiffes einen Anspruch als Schiffsgläubiger herleitet, an der Durchführung des Anspruchs hindern (§ 771 CPO.), wenn er beweist, daß die Verwendung ihm gegenüber eine widerrechtliche war und der Gläubiger dies bei Begründung seiner Forderung gewußt hat (§ 2 Abs. 2 d. G.). Geht das Schiff in Trümmer, so besteht an diesen das Pfandrecht bis zum Erwerbe des Eigentums seitens eines gutgläubigen Dritten (§ 936 BGB.) fort.

4. a) Dem Schiffsgläubiger ist nicht das Recht eingeräumt, sich durch Verkauf des Pfandes (§§ 1228 ff. BGB.) bezahlt zu machen, er hat auch keinen Anspruch auf den Besitz des Pfandobjekts. Hinsichtlich des Zurückbehaltungsrechts an geborgenen Gegenständen s. § 97 Abs. 1 d. G. Seine Befriedigung aus dem Pfande kann der Schiffsgläubiger nur auf Grund eines vollstreckbaren Titels durch Zwangsvollstreckung betreiben.

b) Den vollstreckbaren Titel erlangt der Schiffsgläubiger durch Klage gegen denjenigen, der zur Zeit der Klageerhebung Schiffseigner bzw. Besitzer des Schiffes ist. Im Falle des § 97 Abs. 2 kann die Klage auch gegen den Schiffer gerichtet werden. Veräußerung des Schiffes während des Rechtsstreits ist ohne Einfluß (§ 265 CPO.). Die Klage geht, wenn nicht gleichzeitig der Fall der persönlichen Haftung vorliegt (§§ 112—115), auf Verurteilung zur Duldung der Zwangsvollstreckung in das Pfandobjekt wegen der Klageforderung bzw. auf Verurteilung in Höhe der Klageforderung bei Vermeidung der Zwangsvollstreckung in das Pfandobjekt. Der Richter hat gegebenen Falles diese Beschränkung von Amts wegen in die Urteilsformel aufzunehmen (HGZ. **01** 135, **08** 180). Für Prozeßzinsen und Prozeßkosten haftet der Beklagte persönlich (RG. **33** 85).

c) Für die Klage sind neben den allgemeinen die besonderen Gerichtsstände des § 6 und des § 97 Abs. 2 d. G. gegeben. Vgl. § 101 Nr. 3 f GVG. Das OLG. Hamburg (HGZ. **01** 52) nimmt als anerkannten Rechtssatz an, daß der Schiffsgläubiger sein Recht dort klagend geltend machen darf, wo das von ihm in Anspruch genommene Schiffsvermögen sich zur Zeit der Klageerhebung findet (vgl. OLG. **2** 292).

d) Die Zwangsvollstreckung erfolgt in registrierte Schiffe gemäß §§ 162 ff. ZVG., in nicht registrierte nach den Grundsätzen über die Pfändung beweglicher Sachen (§§ 803 ff. CPO.). Hinsichtlich des Zubehörs s. oben Anm. 2 b. Die Fracht wird gemäß §§ 828 ff. CPO. gepfändet.

Pfandrecht an der Fracht.

§ 104. [1] Das Pfandrecht der Schiffsgläubiger erstreckt sich außerdem auf die Bruttofracht derjenigen Frachtfahrt, aus welcher ihre Forderung entstanden ist. [2]

Für die im § 102 unter Nr. 2 aufgeführten Forderungen der Schiffsbesatzung besteht ein Pfandrecht an der Fracht der sämtlichen Frachtfahrten, welche unter den Dienstvertrag fallen, aus dem die Forderungen entstanden sind. [3]

Als Frachtfahrt gilt jede Reise, welche entweder auf Grund eines neuen Frachtvertrages oder nach vollständiger Löschung der Ladung angetreten wird. [4]

Der Fracht steht im Sinne dieses Abschnitts das für die Beförderung von Personen zu entrichtende Fahrgeld und bei Schleppschiffen der Schlepplohn gleich. [5]

1. Die Absätze 1—3 des § 104 sind den §§ 756 bis 758 HGB. nachgebildet, der Abs. 3 entspricht dem § 757 HGB. und findet infolge des Abs. 4 entsprechende Anwendung auf den Personentransport und auf die Ausführung von Schleppfahrten durch Schleppschiffe.

2. Bruttofracht ist die gesamte verdiente Fracht der betreffenden Fahrt (Abs. 3 u. 4) einschließlich des zur Befriedigung von Gläubigern verwendeten Teiles, Nettofracht dagegen derjenige Frachtbetrag, welcher nach Abzug der Reiseunkosten übrig bleibt. Die erstere bildet das Pfandobjekt im Sinne des § 104, sie umfaßt Distanzfracht (§§ 64, 71), Fautfracht (§§ 34, 38, 39), Liegegeld und Überliegegeld (§§ 30, 36, 38, 49, 50, 53, 54). An ihre Stelle tritt nach § 115 Abs. 2 die Entschädigung, die dem Schiffseigner wegen der Entziehung der Fracht gezahlt werden muß. Berge- und Hilfslohn gehören nicht zur Fracht.

Ist die Fracht für mehrere Fahrten in einer gemeinschaftlichen Summe festgesetzt, so können die Schiffsgläubiger sich nur an den auf die einzelne Fahrt entfallenden Teil halten.

Das Schiffsgläubigerrecht an der Fracht geht den durch Pfändung der Frachtforderung erlangten Pfandrechten vor (§ 109 Abs. 1), die Abtretung der Frachtforderung ist dem Schiffsgläubiger unnachteilig (§ 112 Abs. 1). Hinsichtlich der Dauer des Pfandrechts an der Fracht s. § 112 Abs. 1, hinsichtlich der persönlichen Haftung des Schiffseigners für die eingezogene Fracht oder Entschädigung s. § 112 Abs. 2, § 115 Abs. 3. Betreffs der Fracht für Güter, die für Rechnung des Schiffseigners verladen sind s. § 112 Abs. 3.

3. Bei der Binnenschiffahrt stehen die Lohnforderungen der Schiffsbesatzung in der Regel nicht in Beziehung zu einer bestimmten Reise, sie werden vielmehr durch die Fortdauer des Dienstverhältnisses begründet (vgl. § 24). Deshalb bestimmt Abs. 2, daß für die aus den Dienstverträgen herrührenden Forderungen der Schiffsbesatzung (vgl. Anm. 4 zu § 102) das Pfandrecht an der Fracht der sämtlichen Fahrten besteht, welche unter den Dienstvertrag fallen, aus dem die Forderung entstanden ist.

4. Ist die Ladung vollständig gelöscht, so ist die Frachtfahrt erledigt. Die Zureise zum Zweck der Ausführung eines abgeschlossenen neuen Frachtvertrags gehört zur neuen Frachtfahrt. Eine neue Frachtfahrt liegt auch vor, wenn die bisherige Ladung auf Grund eines neuen Vertrages ohne Löschung weiter befördert wird. Beim Personentransport ist die Fahrt mit Erreichung des Endziels beendet, bei Schleppern ist der jedesmalige Schleppvertrag für den Begriff der einzelnen Fahrt maßgebend (Mittelstein Anm. 4 zu § 104).

5. Nur der Schlepplohn der eigentlichen Schleppschiffe, nicht der Berge- und Hilfslohn anderer Schiffe, kommt als Pfandobjekt für die Schiffsgläubiger in Betracht, und zwar der Schlepplohn aus der einzelnen Schleppfahrt für die Schiffsgläubiger aus dieser Fahrt.

Pfandrecht für Haupt- und Nebenforderungen.

§ 105. Das einem Schiffsgläubiger zustehende Pfandrecht gilt in gleichem Maße für Kapital, Zinsen und Kosten.

§ 105 entspricht (unter Fortlassung der Bodmereiprämie) dem § 760 HGB. Unter „Kosten" sind die durch Geltendmachung der Forderung oder des Vorrechts entstandenen Prozeßkosten gemeint (vgl. BGB. § 1210).

Rangordnung der Schiffsgläubiger (§§ 106—108).
a. aus verschiedenen Fahrten (§ 106).

§ 106.[1] Von den im § 102 unter Nr. 1 bis 5 aufgeführten Forderungen gehen die eine spätere Frachtfahrt betreffenden denjenigen vor, welche eine frühere Frachtfahrt betreffen. Zu den die letzte Frachtfahrt betreffenden Forderungen werden auch diejenigen gerechnet, welche nach Beendigung dieser Frachtfahrt entstanden sind.[2]

Für die im § 102 unter Nr. 2 aufgeführten Forderungen der Schiffsbesatzung bestimmt sich das Vorzugsrecht nach der letzten Frachtfahrt, welche unter den Dienstvertrag fällt, aus dem die Forderungen entstanden sind.[3]

1. a) Die §§ 106, 107 entsprechen den §§ 767 bis 769 HGB. und gehen von dem Grundsatze aus, daß die aus Anlaß der späteren Fahrt entstandenen Forderungen aus § 102 Ziff. 1—5 den eine frühere Fahrt betreffenden Forderungen in der Rangordnung vorgehen.

b) Allen Schiffsgläubigerrechten aus § 102 gehen vor: Die Reichskasse, die Staatskassen und die Gemeinden, sowie die Amts-, Kreis- und Provinzialverbände wegen öffentlicher Abgaben, in Ansehung der zurückgehaltenen oder in Beschlag genommenen zoll- und steuerpflichtigen Sachen (§ 49 Nr. 1 u. Abs. 2 KO., Art. III EG. z. Ges. betr. Änderungen der KO. [RGBl. 1898 S. 249]).

2. Über den Begriff der Frachtfahrt s. § 104 Abs. 3 und Anm. 4 dazu. Der Schiffseigner, welcher in Kenntnis des Rechts eines lediglich auf Schiff und Fracht angewiesenen Schiffsgläubigers das Schiff zu einer neuen Reise aussendet, wird nach näherer Maßgabe des § 114 persönlich verpflichtet.

3. Hat die Schiffsbesatzung auf Grund desselben Dienstvertrages mehrere Fahrten mitgemacht, so gelten infolge der Bestimmung des Abs. 2 die Forderungen aus allen Frachtfahrten als in der letzten Frachtfahrt entstanden. Infolgedessen erlangen solche Rückstände aus früheren Fahrten das Vorrecht vor den ihnen sonst vorgehenden Schiffsgläubigerforderungen des § 102 Nr. 3 bis 5 aus der späteren Fahrt (Ausnahme von der Regel des § 106 Satz 1). Unerheblich ist, ob die Schiffsbesatzung befugt war, die Auszahlung des Lohnes schon früher zu fordern (§ 24). Als Forderung aus dem letzten Dienstvertrag ist es auch anzusehen, wenn der Vertrag zwar abgelaufen, aber ohne Änderung der Bedingungen fortgesetzt worden ist (vgl. RG. **20** 189).

b. aus derselben Fahrt (§ 107).

§ 107. [1] Die Rangordnung der Forderungen, welche dieselbe Frachtfahrt betreffen oder als dieselbe Frachtfahrt betreffend anzusehen sind (§ 106), [2] bestimmt sich durch die Nummernfolge, in welcher die Forderungen im § 102 aufgeführt sind.

Von den unter Nr. 1, 2, 4 und 5 bezeichneten Forderungen haben die unter derselben Nummer aufgeführten den gleichen Rang ohne Rücksicht auf die Zeit ihrer Entstehung. [3]

Von den unter Nr. 3 bezeichneten Forderungen

geht die später entstandene der früher entstandenen vor; die gleichzeitig entstandenen sind gleichberechtigt. Forderungen, welche aus Anlaß einen und desselben Notfalles entstanden sind, gelten als gleichzeitig entstanden.

1. Das Rangverhältnis unter den dieselbe Fahrt betreffenden Forderungen ist nach ihrer Natur und Entstehung bestimmt, wie in den §§ 768, 769 HGB. Das zugrunde liegende Prinzip ist, daß derjenige Gläubiger vorgeht, durch dessen Leistungen das Pfandobjekt auch für die anderen erhalten bzw. die Erreichung des Bestimmungsorts ermöglicht ist, so daß diese Leistungen auch als dem andern Gläubiger zugute gekommen anzusehen sind.

2. Als dieselbe Frachtfahrt betreffend anzusehen sind die Forderungen der Schiffsbesatzung aus mehreren Frachtfahrten, wenn ihnen derselbe Dienstvertrag zugrunde liegt. Vgl. Anm. 2 zu § 106.

3. Bei den Forderungen der Schiffsbesatzung wird zwischen den Forderungen des Schiffers und der einzelnen Mitglieder der Schiffsmannschaft nicht unterschieden.

c. Rang der Forderungen der Versicherungsanstalten (§ 108).

§ 108. Die im § 102 unter Nr. 6 bezeichneten Forderungen stehen allen übrigen Forderungen von Schiffsgläubigern, ohne Rücksicht auf die Zeit ihrer Entstehung, nach.

Die Forderungen aus der Unfall-, Invaliditäts- und Krankenversicherung stehen mit den einzelnen Fahrten in keiner Verbindung; sie nehmen die letzte Stelle unter den Pfandrechten der Schiffsgläubiger ein. Untereinander rangieren sie nach dem Zeitpunkt ihrer Entstehung (§§ 1257, 1209 BGB.; vgl. § 770 HGB.).

Verhältnis des Schiffsgläubigerrechts zu anderen Pfandrechten.

§ 109. Das Pfandrecht des Schiffsgläubigers hat den Vorrang vor den sonstigen Pfandrechten an Schiff oder Fracht, für die im § 102 unter Nr. 4 bis 6 aufgeführten Forderungen jedoch hinsichtlich des Schiffes nur insoweit, als jene Pfandrechte nicht früher entstanden sind. [1]

Soweit hiernach die sonstigen Pfandrechte an dem Schiffe der Forderung eines Schiffsgläubigers vorgehen, haben sie zugleich den Vorrang vor den dieser Forderung nachstehenden Forderungen anderer Schiffsgläubiger. [2]

Erleidet ein Schiffsgläubiger, welchem der Schiffseigner nur mit Schiff und Fracht haftet, [3] dadurch einen Ausfall an seiner Forderung, daß seinem Pfandrecht an dem Schiffe das Pfandrecht eines Gläubigers vorgeht, der nicht Schiffsgläubiger ist, so wird der Schiffseigner in Höhe dieses Ausfalles persönlich verpflichtet.

1. a) § 109 enthält eine erhebliche Abweichung von § 776 HGB., nach welchem Schiffsgläubiger, die ihr Pfandrecht verfolgen, den Vorzug vor anderen Pfandgläubigern oder sonstigen Gläubigern haben.

b) Die in § 102 Nr. 1, 2 u. 3 bezeichneten Forderungen haben das Vorzugsrecht vor allen anderen an dem Schiffe oder der Fracht begründeten sonstigen Forderungen, auch wenn diese früher entstanden sind. Dies gilt auch für die im § 102 Nr. 4—6 bezeichneten Forderungen jedoch nur hinsichtlich des Pfandrechtes an der Fracht. Die letzterwähnten Forderungen stehen aber hinsichtlich des Schiffes den früher entstandenen sonstigen Pfandrechten nach. Diese Bestimmung hat darin ihren Grund, daß anderenfalls niemand dem Schiffseigner im Falle des Bedürfnisses gegen Verpfändung des Schiffes und der Fracht kreditieren würde, wenn er befürchten müßte, daß er allen in Zukunft etwa noch entstehenden Ersatzansprüchen von Ladungsbeteiligten oder Entschädigungsberechtigten (§ 102 Nr. 4 bis 6) nachzustehen hätte (Begr. 122). In dem Verhältnisse der sonstigen Pfandrechte am Schiffe zu den Forderungen aus § 102 Nr. 4—6 verbleibt es daher bei der Rechtsregel prior tempore potior jure (§ 1257 (BGB.). Da hierdurch jedoch den erwähnten Schiffsgläubigern, welchen der Schiffseigner nur mit Schiff und Fracht haftet, ein Ausfall entstehen kann, weil ein zu den Schiffsgläubigern nicht gehörender Berechtigter ihnen vorgeht, und da in der Belastung des Schiffes mit dem Pfandrechte für eine Forderung, die nicht einem Schiffsgläubiger als solchem zusteht, eine Bereicherung des sonstigen Vermögens des Schiffseigners zum Nachteile des Schiffsvermögens liegt, so ist im Abs. 3 dieses Paragraphen die persönliche Haftung des Schiffseigners für den Ausfall bestimmt (Begr. 122).

c) Konkurrieren Pfandrechte und Schiffsgläubigerrechte, die teils im Inland und teils im Ausland entstanden sind, so entscheidet über den Rang das Gesetz des zur Entscheidung berufenen Gerichts (RG. **45** 281).

2) Der Abs. 2 soll die folgende Schwierigkeit heben: Während nach Abs. 1 für die im § 102 Nr. 4—6 angegebenen Forderungen im Verhältnisse zu sonstigen Pfandrechten hinsichtlich des Vorzugsrechtes am Schiffe die Priorität der Entstehung entscheidet, also eine der ersteren als früher entstanden einem demnächst in das Schiffsregister eingetragenen Pfandrechte vorgehen kann, würde eine aus Anlaß einer späteren Frachtfahrt entstandene, nach § 102 Nr. 1—5 begründete Forderung eines Schiffsgläubigers dem eingetragenen Pfandrechte nachstehen, aber nach § 106 Abs. 1 der zuerst erwähnten vorgehen, weil sie aus der späteren Frachtfahrt herrührt. Das Gesetz löst den Konflikt zugunsten der außer dem Kreise der Schiffsgläubiger stehenden Pfandrechte im Interesse der Kreditfähigkeit des Schiffers, indem es für den gedachten Fall den sonstigen Pfandrechten, wenn sie einen Vorrang vor der Forderung eines Schiffsgläubigers haben, zugleich insoweit den Vorrang vor denjenigen Schiffsgläubigern gewährt, welche jenem Schiffsgläubiger in der Reihenfolge nachstehen. Die bezeichnete Folge kann nur eintreten, wenn die Einziehung der älteren Forderung des Schiffsgläubigers bis zum Antritte einer neuen Frachtfahrt verzögert worden ist. Die getroffene Bestimmung hat die Wirkung, daß, soweit der Betrag der älteren Forderung denjenigen der späteren Forderung übersteigt, das Vorzugsrecht der ersteren gegenüber einem dazwischen stehenden sonstigen Pfandrechte bestehen bleibt (Begr. 123). — Der Gedanke ist im Gesetze selbst etwas dunkel ausgedrückt, läßt sich aber deutlicher dahin ausdrücken, daß die sonstigen Pfandrechte (Hypotheken) ihre Stelle behalten und nur die Forderungen der Schiffsgläubiger der früheren und späteren Fahrt insoweit ihren Platz wechseln, als erforderlich ist, um denen der späteren Fahrt das Vorzugsrecht vor denen der früheren Fahrt zu beschaffen. Beträgt z. B. die zuerst entstandene Forderung eines Schiffsgläubigers 8000 Mark, die Hypothek 10 000 Mark, und die spätere Schiffsgläubigerforderung 5000 Mark, so kommen bei der Kaufgelderbelegung zuerst 5000 Mark der letzten Forderung, dann 3000 Mark der zuerst entstandenen, dann 10 000 Mark Hypothek und schließlich die restlichen 5000 Mark von der zuerst entstandenen Forderung zur Hebung. Beträgt aber die zuerst entstandene Forderung eines Schiffsgläubigers 5000 Mark, ist sodann eine Hypothek von 10 000 Mark eingetragen und auf späterer Fahrt die Forderung eines Schiffsgläubigers von 8000 Mark entstanden, so kommen bei der Kaufgelderbelegung zuerst 5000 Mark der letzten Forderung, dann die 10 000 Mark Hypothek, sodann 3000 Mark der letzten Forderung und erst demnächst die 5000 Mark der zuerst entstandenen Forderung zur Hebung.

3. Vgl. § 4 Abs. 1. Die von Förtsch (Anm. 4 zu § 109) noch zitierten §§ 90 Abs. 1 (Havereibeitrag) und 100 Abs. 1 (Bergungs- und Hilfskosten) kommen hier nicht in Betracht, weil diese beiden Forderungen unter Nr. 3 des § 102 fallen, also gemäß § 109 Abs. 1 den unbedingten Vorrang vor den nicht mit Schiffsgläubigerrecht ausgestatteten Pfandrechten haben.

Aufgebot der Schiffsgläubiger.

§ 110.[1] Wird außer dem Falle der Zwangsversteigerung das Schiff veräußert, so ist der Erwerber berechtigt, die Ausschließung der unbekannten Schiffsgläubiger mit ihren Pfandrechten im Wege des Aufgebotsverfahrens zu beantragen.[2 3]

1. a) Die §§ 110—113 handeln von dem Erlöschen des Pfandrechts der Schiffsgläubiger und von der persönlichen Verpflichtung des Schiffseigners, welche in einem gewissen Umfang eintritt, wenn mit dem Erlöschen des Pfandrechts eine Bereicherung des sonstigen Vermögens des Schiffseigners auf Kosten des Schiffsvermögens verbunden ist.

b) Der frühere § 110 d. G., welcher bestimmte, daß die Pfandrechte der Schiffsgläubiger und die sonstigen durch Willenserklärung oder Gesetz erworbenen Pfandrechte durch den im Inland im Wege der Zwangsvollstreckung erfolgten Verkauf des Schiffes erlöschen, ist durch die Vorschriften des Zwangsversteigerungsgesetzes (§§ 52, 91, 105 ff., 162, 169) entbehrlich geworden und deshalb durch Art. 12 Nr. XVI EG. aufgehoben.

c) Die in dem früheren § 111 Abs. 2 u. 3 für den Fall des Fehlens landesgesetzlicher Vorschriften über das Aufgebot von Schiffsgläubigern enthaltene subsidiäre reichsrechtliche Regelung dieses Aufgebots ist in dem jetzigen § 110 als unmittelbare Vorschrift des Reichsrechts gegeben.

2. Die Rechte der Schiffsgläubiger erlöschen im Falle einer im Inland auf Grund des Zwangsversteigerungsgesetzes durchgeführten Versteigerung des registrierten Schiffes (vgl. Anm. 3 zu § 102, §§ 52, 91, 162 ff. ZVG.); die Wirkungen einer im Ausland erfolgten Versteigerung des Schiffes auf die Rechte der inländischen Gläubiger werden nach ausländischem Recht zu beurteilen sein.

In allen anderen Fällen des Eigentumswechsels an dem Schiffe kann das Schiffsgläubigerrecht auch gegen den gutgläubigen Erwerber geltend gemacht werden (§ 103 Abs. 2 d. G.). Insbesondere bewirkt nach den Vorschriften des § 103 Abs. 2 und des § 110 die öffentliche Versteigerung gepfändeter, nicht registrierter, Schiffe nicht den Untergang der Schiffsgläubigerrechte. Die abweichenden Bestimmungen der §§ 935 Abs. 2, 936 Abs. 1 u. 2, 1242 BGB. können gegenüber der Spezialvorschrift des § 103 Abs. 2 d. G. nicht als durchgreifend erachtet werden. Deshalb ist in § 110 d. G. dem nicht durch Zwangsversteigerung Erwerbenden die Befugnis eingeräumt, die Ausschließung der unbekannten Schiffsgläubiger im Wege des Aufgebotsverfahrens zu beantragen. Diese Befugnis steht dem Erwerber in allen Fällen der Veräußerung des Schiffes, gleichviel ob es registriert ist oder nicht, zu. Der Schiffseigner als solcher bzw. dessen Erben im Falle des Eigentumswechsels durch Erbgang sind nicht befugt, das Aufgebotsverfahren zu beantragen (hinsichtlich des Erwerbes des Miteigentums s. § 111). Der Erwerber wird seine Berechtigung zu dem Antrage durch den Nachweis des Eigentumsübergangs darzulegen haben.

Die Ausschließung bezieht sich nur auf die dem Antragsteller unbekannten Schiffsgläubiger (CPO. § 1002 Abs. 4 u. 6), sie wirkt auch nur gegenüber dem Erwerber; der persönliche Anspruch gegen den Verkäufer, der das Kaufgeld eingezogen hat, bleibt unberührt (§ 113 d. G.). Das Ausschlußurteil kann gemäß §§ 957, 958 CPO. angefochten werden.

Die früheren landesgesetzlichen Vorschriften über das Erlöschen von Pfandrechten bei freiwilliger Veräußerung des Schiffes sind durch § 110 d. G. außer Kraft gesetzt (Denkschr. 298).

3. Die Zuständigkeit und das Verfahren beim Aufgebot von Schiffsgläubigern werden durch §§ 1002, 1024 Abs. 1 CPO. wie folgt geregelt:

CPO. § 1002. Für das Aufgebotsverfahren zum Zwecke der Ausschließung von Schiffsgläubigern auf Grund . . . des § 110 des Gesetzes, betreffend die privatrechtlichen Verhältnisse der Binnenschiffahrt, gelten die nachfolgenden besonderen Bestimmungen.

Zuständig ist das Gericht, in dessen Bezirke sich ... der Heimatsort[aa]) des Schiffes befindet.

Unterliegt das Schiff der Eintragung in das Schiffsregister,[bb]) so kann der Antrag erst nach der Eintragung der Veräußerung des Schiffes gestellt werden.

Der Antragsteller hat die ihm bekannten Forderungen von Schiffsgläubigern[cc]) anzugeben.

Die Aufgebotsfrist muß mindestens drei Monate betragen.

In dem Aufgebot ist den Schiffsgläubigern, welche sich nicht melden, als Rechtsnachteil anzudrohen, daß ihre Pfandrechte erlöschen, sofern nicht ihre Forderungen dem Antragsteller bekannt sind.

CPO. § 1024 Abs. 1. Bei Aufgeboten, welche auf Grund ... des § 110 des Gesetzes, betreffend die privatrechtlichen Verhältnisse der Binnenschiffahrt, ergehen, können die Landesgesetze die Art der Veröffentlichung des Aufgebots und des Ausschlußurteils sowie die Aufgebotsfrist anders bestimmen, als in den §§ 948, 950, 956 vorgeschrieben ist.

Veräußerung einer Schiffspart.

§ 111. Die Vorschrift des § 110 findet keine Anwendung, wenn nur der Anteil eines Miteigentümers des Schiffes den Gegenstand der Veräußerung bildet.

1. In Anlehnung an den in das HGB. nicht übernommenen Art. 769 ADH. bestimmt § 111 d. G., daß der freihändige Verkauf von Schiffsparten (vgl. Anm. 1 b zu § 1) auf den Fortbestand der Pfandrechte der Schiffsgläubiger ohne Einfluß ist, weil sie auf dem ganzen Schiffe ruhen. Aus demselben Grunde ist auch die Zwangsvollstreckung in eine Schiffspart ohne Einfluß auf die Schiffsgläubigerrechte.

Dagegen erlöschen die auf der Schiffspart ruhenden Pfandrechte im Falle des Verkaufes der Part an einem re-

---

aa) § 6 Binnensch.G.

bb) §§ 119 ff. Binnensch.G.

cc) § 102 Binnensch.G.

gistrierten Schiffe im Zwangsvollstreckungsverfahren. Denn nach § 858 CPO. wird in solchem Falle die Hinterlegung des Erlöses und ein Verteilungsverfahren angeordnet, die Pfandforderungen werden in den Teilungsplan aufgenommen. Die Zwangsvollstreckung in eine solche Part, welche als bewegliche Sache behandelt wird, regelt sich nach § 858 CPO. Vgl. Vorbemerkung 3 zu Anh. B.

Dauer des Pfandrechts an der Fracht. Haftung des Schiffseigners.

§ 112. Das Pfandrecht der Schiffsgläubiger an der Fracht ist so lange wirksam, als die Fracht noch aussteht oder die Frachtgelder in den Händen des Schiffers sind. Dies gilt auch im Falle einer Abtretung der Frachtforderung.[1]

Insoweit der Schiffseigner die Fracht eingezogen hat, haftet er den Schiffsgläubigern, welchen dadurch das Pfand ganz oder zum Teil entgeht, persönlich, und zwar einem jeden in Höhe desjenigen Betrages, welcher für denselben bei Verteilung des eingezogenen Betrages nach der gesetzlichen Rangordnung sich ergibt.[2]

Dieselbe persönliche Haftung des Schiffseigners tritt ein in Ansehung der am Abladungsorte zur Abladungszeit üblichen Fracht für Güter, welche für seine Rechnung abgeladen sind.[3]

Hat der Schiffseigner die Fracht zur Befriedigung eines oder mehrerer Gläubiger, welchen ein Pfandrecht an derselben zustand, verwendet, so ist er den Gläubigern, welchen der Vorzug gebührt hätte, nur insoweit verantwortlich, als erwiesen wird, daß er dieselben wissentlich verkürzt hat.[4]

1. a) Der Abs. 1 des § 112 entspricht den Absätzen 1 und 3 des § 771 HGB. Das gesetzliche Pfandrecht der Schiffsgläubiger darf nicht dahin führen, daß die Ladungsbeteiligten verhindert werden, die Fracht dem Schiffer (§ 15) zu zahlen. Es ist deshalb nicht nur so lange für wirksam erklärt, als die Fracht aussteht, sondern auch solange die Frachtgelder, wenn auch nicht in derselben Münzsorte oder unvermischt, sich in den Händen des Schiffers befinden und zwar ohne Rücksicht darauf, ob die Einziehung seitens des Schiffers auf Grund gesetzlicher oder rechtsgeschäftlicher Vollmacht erfolgt ist. Die Bestimmung wäre jedoch wirkungslos, wenn man dem Schiffer oder Schiffseigner gestattete, die ausstehende Frachtforderung abzutreten und schon durch die Cession das Pfandobjekt den Gläubigern zu entziehen. Deshalb ist ausdrücklich vorgeschrieben, daß eine solche Abtretung das Pfandrecht der Schiffsgläubiger, solange es nach dem ersten Satze des § 112 besteht, nicht beeinträchtigt; sie brauchen daher ihr Recht nicht gegen den Cessionar zu verfolgen, sondern können es auf Grund eines gegen den Schiffseigner (in dem Falle des § 97 Abs. 1 auch gegen den Schiffer) erwirkten vollstreckbaren Titels gemäß §§ 828 ff. der CPO. geltend machen. Hat der Cessionar aber die Frachtgelder eingezogen, so ist das Pfandrecht erloschen und der Schiffseigner ist den Gläubigern für die empfangene Valuta gemäß § 112 Abs. 2 u. 4 persönlich regreßpflichtig (Begr. 125).

b) Hinsichtlich der Realisierung des Pfandrechts s. Anm. 4 zu § 103 d. G.

2. a) Der Abs. 2 des § 112 entspricht dem Abs. 4 des § 771 HGB. Wenn auch der Schiffseigner den Schiffsgläubigern durch Einziehung der Fracht persönlich haftbar wird, so tritt dies doch nur insoweit ein, als sie bei der ordnungsmäßigen Verteilung nach der gesetzlichen Reihenfolge Zahlung erhalten hätten, wenn die Fracht nicht eingezogen worden wäre. Denn mit der Veränderung der haftbaren Güter verlieren die Erwägungen, welche zur Aufstellung der Rangordnung Veranlassung gegeben haben, nicht ihre Begründung. Der Schiffsgläubiger kann daher auch im Konkurse des Schiffseigners nicht seine ganze

Forderung, sondern nur denjenigen Teil geltend machen, welchen er bei ordnungsmäßiger Verteilung erhalten haben würde. Beweispflichtig für solchen Abzug von der Forderung erscheint aber der Schiffseigner, weil nur er von allen in Betracht kommenden vorgehenden oder gleichberechtigten Schiffsgläubigerforderungen Kenntnis hat.

b) Unter Einziehung der Fracht ist hier jede Verwendung derselben zum Vorteile des Schiffseigners zu verstehen. Sie liegt daher vor, wenn zwar der Schiffer die Frachtgelder erhoben, aber im Einverständnisse mit dem Schiffseigner oder innerhalb seiner gesetzlichen Befugnisse für diesen verausgabt oder auf eigene Forderungen gegen den Schiffseigner verrechnet hat. Hat der Schiffer die Fracht eingezogen und in eigenem Interesse verbraucht, so ist der Schiffseigner nicht haftbar.

Unerheblich ist, ob das Schiffsgläubigerrecht vor oder nach Einziehung der Fracht entstanden ist, was namentlich bei etwaigen Frachtvorschüssen von Bedeutung ist.

3. Auch hier muß der Schiffsgläubiger sich den Einwand entgegensetzen lassen, daß er bei Berücksichtigung anderer Schiffsgläubiger nicht den vollen Betrag seiner Forderung erhalten haben würde. Den Maßstab für die Haftung des Schiffseigners bildet die übliche Fracht, welche am Orte und zur Zeit der Beladung für die auf Rechnung des Schiffseigners verladenen Güter zu entrichten war.

4. Der Abs. 4 des § 112 schützt den Schiffseigner, welcher die Fracht bona fide unter die Schiffsgläubiger nach der gesetzlichen Reihenfolge verteilt, weil es leicht vorkommen kann, daß ihm zwar die Forderung, nicht aber die Tatsache, auf welcher das Vorrecht beruht, bekannt ist. Ebenso § 772 HGB.

Einziehung des Schiffs-Kaufgeldes durch den Schiffseigner.

§ 113. [1] Insoweit bei der Zwangsversteigerung oder bei einer sonstigen Veräußerung des Schiffes der Schiffseigner das Kaufgeld eingezogen hat, haftet er den Schiffsgläubigern, deren Pfandrechte infolge der Zwangsversteigerung oder infolge eines nach § 110 eingeleiteten Aufgebotsverfahrens erloschen sind, persönlich in gleicher Weise, wie im Falle der Einziehung der Fracht.[2]

1. § 113 beruht in seiner jetzigen Fassung auf Art. 12 Nr. XIX EG. und entspricht dem § 773 HGB.

2. Insoweit der Schiffseigner bei einer zwangsweisen oder freiwilligen Veräußerung des Schiffes etwas eingezogen hat, das ohne die Ausschließung dem Schiffsgläubiger zugute gekommen wäre, haftet er diesem persönlich für den erlittenen Ausfall. (Vgl. Anm. 2 zu § 110 und Anm. 2 zu § 112.) Eine Einziehung des Kaufgeldes im Sinne des § 113 liegt auch vor, wenn der Schiffseigner einen auf ihn entfallenen Teil des Kaufgeldes an einen Dritten abgetreten hat, oder wenn bei der Zwangsversteigerung etwas von dem Kaufgelde an einem Landgläubiger des Schiffseigners gelangt ist. Vgl. aber auch § 112 Abs. 4.

Neue Reise.

§ 114. Sendet der Schiffseigner, nachdem er von der Forderung eines Schiffsgläubigers, für welche er nur mit Schiff und Fracht haftet, Kenntnis erhalten hat, das Schiff zu einer neuen Reise aus, ohne daß dies zugleich im Interesse des Gläubigers geboten war, so wird er für die Forderung in Höhe desjenigen Betrages auch persönlich verpflichtet, welcher für den Gläubiger sich ergeben haben würde, falls der Wert, den das Schiff bei Antritt der Reise hatte, unter die Schiffsgläubiger nach der gesetzlichen Rangordnung verteilt worden wäre.[1]

Bis zum Beweise des Gegenteils wird angenommen, daß der Gläubiger bei dieser Verteilung seine vollständige Befriedigung erlangt haben würde.[2]

1. a) Die Absätze 1 und 2 des § 114 entsprechen den Absätzen 1 und 2 des § 774 HGB. und haben ihren Grund darin, daß das Schiff durch die neue Reise neuen Gefahren und dadurch der Gefahr der Entstehung neuer, mit Vorzugsrecht (§ 106) ausgestatteter, Schiffsgläubigerrechte ausgesetzt wird. Eine wirkliche Verschlechterung des Schiffes oder eine Haftungsbegründung braucht durch die neue Reise nicht herbeigeführt zu sein, die Gefahr genügt, um den Schiffseigner persönlich haftbar zu machen (HGZ. **00** 135). Vorausgesetzt ist aber, daß die beschränkte Haftung unter der Herrschaft des zu neuer Reise aussendenden Schiffseigners existent geworden ist, weil nur dann davon die Rede sein kann, daß er „auch persönlich" verpflichtet werde. Der Erwerber eines Schiffes, auf welchem eine Schiffsschuld lastet, wird nicht persönlich haftbar, wenn er das Schiff in Kenntnis dieser Haftung auf eine neue Reise aussendet (HGZ. **03** 292; OLG. **7** 166); das Schiffsgläubigerrecht bleibt allerdings von diesem Eigentumswechsel unberührt (§ 103 Abs. 2).

b) Hinsichtlich des Begriffs „Neue Reise" s. Anm. 4 zu § 104. Als neue Reise ist auch jede Reise im Hafenverkehr (vgl. § 131) anzusehen, durch welche das Schiff der Gefahr der Verschlechterung und der Verstrickung in andere Schiffsgläubigerrechte ausgesetzt worden ist (HGZ. **00** 135).

c) Kenntnis von der Forderung des Schiffsgläubigers hat der Schiffseigner erhalten, „wenn der Gläubiger unter Aufstellung der zur Begründung seines Anspruchs erforderlichen tatsächlichen Behauptungen den Anspruch erhoben hatte, oder wenn dem Schiffseigner anderweitig solche Tatsachen bekannt geworden waren, welche zur Begründung der Forderung eines Schiffsgläubigers geeignet erscheinen" (RG. **33** 83).

d) Nach dem Wortlaut des Gesetzes würde der Schiffseigner bis zu dem Betrage desjenigen Wertes persönlich haften, den das Schiff bei Antritt der neuen Reise hatte; er würde also nicht berechtigt sein, etwaige Reparaturkosten, die er vor Antritt der neuen Reise auf das Schiff verwendet hat, in Abzug zu bringen. Der Zweck der Gesetzesbestimmung ist aber nur die Einführung einer persönlichen Haftung des Schiffseigners dafür, daß die Aussendung des Schiffes auf die neue Reise dessen maßgeblichen Wert als Exekutionsobjekt für den Schiffsgläubiger nicht mindert. Deshalb kommt nur derjenige Wert in Betracht, den das Schiff vor der etwaigen Reparatur gehabt hat (OLG. **6** 362; RG. **33** 82). Hinsichtlich der Beweislast s. Abs. 2.

e) Mehrere Schiffseigner haften im Falle des § 114 als Gesamtschuldner (RG. **33** 87).

f) Ausnahmen. Daß der Antritt einer neuen Reise auch im Interesse der Gläubiger geboten war, kann z. B. der Fall sein, wenn das Schiff sich an einem Orte befindet, wo es mit Rücksicht auf den bevorstehenden Winter nicht gehörig geschützt war (Begr. 125). Den Entschuldigungsbeweis hat der Schiffseigner zu führen.

2. Im Abs. 2 ist die Beweislast des Minderwertes dem Schiffseigner auferlegt, weil der Gläubiger kaum in der Lage wäre, vor Abgang des Schiffes dessen Wert feststellen zu lassen. — Für die Zinsen seit der Klagezustellung und für die Prozeßkosten haftet der Schiffseigner unbeschränkt persönlich (RG. **33** 85, OLG. **6** 36 2).

Schiffsgläubigerrecht an Ersatzforderungen für das Pfandobjekt.

§ 115. Die Vergütung für Aufopferung oder Beschädigung in Fällen der großen Haverei tritt für die Schiffsgläubiger an Stelle des Gegenstandes, für den die Vergütung bestimmt ist.

Dasselbe gilt von der Entschädigung, die wegen des Verlustes oder der Beschädigung des Schiffes oder wegen der durch Verlust oder Beschädigung von Gütern herbeigeführten Entziehung der Fracht dem Schiffseigner von demjenigen gezahlt werden muß, welcher den Schaden durch eine rechtswidrige Handlung verursacht hat.[1]

Hat der Schiffseigner die Vergütung oder Entschädigung eingezogen, so haftet er in Höhe des eingezogenen Betrages den Schiffsgläubigern persönlich in gleicher Weise wie den Gläubigern einer Reise im Falle der Einziehung der Fracht (§ 112).[2]

1. § 115 entspricht dem § 775 HGB. Dem Pfandrecht der Schiffsgläubiger unterliegt die Vergütung für Aufopferung oder Beschädigung in Fällen der großen Haverei (§§ 709, 710 HGB.) und die Entschädigung, welche der Schiffseigner in den Fällen des Abs. 2 von demjenigen zu erhalten hat, welcher den Schaden rechtswidrig zugefügt hat (vgl. §§ 734 ff. HGB.). Daraus folgt aber nicht, daß die Schiffsgläubiger an die Stelle der Vergütungs- oder Entschädigungsberechtigten treten und deshalb z. B. als Beteiligte die Dispache betreiben könnten und zur Verhandlung darüber hinzuziehen wären, vielmehr tritt lediglich die Vergütung oder Entschädigung an die Stelle des ursprünglichen Haftungsobjekts und die Schiffsgläubiger müssen den Anspruch darauf gemäß §§ 828 ff. CPO. pfänden lassen. — Die Abtretung der Ersatzforderung ist den Schiffsgläubigern gegenüber unwirksam (§ 112). — Versicherungsgelder fallen nicht unter § 115.

2. Im Falle der Einziehung der Vergütung oder Entschädigung, welcher die Einziehung durch den Zessionar gleichsteht, haftet der Schiffseigner persönlich wie in den Fällen der §§ 112 Abs. 2 u. 4, 114; wäre dies nicht bestimmt, so würde der Schiffseigner sich zum Nachteile der Schiffsgläubiger bereichern (Begr. 125). Die Einziehung des Personenfahrgeldes und des Schlepplohns steht im Sinne des Abs. 3 der Einziehung der Fracht gleich (§ 104 Abs. 4). Vgl. Anm. 2 u. 4 zu § 112.

Rangordnung der auf den Ladungsgütern haftenden Pfandrechte.

§ 116.[1] **Die wegen der Beiträge zur großen Haverei und der Bergungs- und Hilfskosten auf den Ladungsgütern haftenden Pfandrechte gehen den im**

§ 443 des Handelsgesetzbuchs bezeichneten Pfandrechten vor. Unter den ersteren Pfandrechten hat das später entstandene vor dem früher entstandenen den Vorzug; die gleichzeitig entstandenen sind gleichberechtigt; Forderungen, welche aus Anlaß desselben Notfalles entstanden sind, gelten als gleichzeitig entstanden.

In den Fällen der großen Haverei und des Verlustes oder der Beschädigung durch rechtswidrige Handlungen finden die Vorschriften des § 115 entsprechende Anwendung.[2]

1. Der § 116 regelt im Anschlusse an § 777 HGB. das Rangverhältnis unter den auf den Ladungsgütern haftenden Pfandrechten. Es sollen danach die Pfandrechte wegen der Beiträge zur großen Haverei (§ 89 Abs. 2 u. 3) und der Bergungs- und Hilfskosten (§ 97) den im § 443 HGB. bezeichneten Pfandrechten des Kommissionärs, Spediteurs, Lagerhalters und Frachtführers (vgl. § 77) vorgehen, untereinander aber so rangieren, daß das später entstandene Pfandrecht dem früher entstandenen vorgeht (vgl. § 107 Abs. 3).

2. Der Abs. 2 erklärt die Grundsätze des § 115 für analog anwendbar auf die Pfandrechte an den Ladungsgütern. Danach tritt also die Vergütung für Ladungsgüter bei großer Haverei und im Falle ihrer Beschädigung durch rechtswidrige Handlungen allen in Anm. 1 bezeichneten Pfandrechtsgläubigern gegenüber an die Stelle der Güter. Hat der Ladungsbeteiligte die Vergütung eingezogen, so haftet er in Höhe des eingezogenen Betrages diesen Pfandgläubigern gegenüber persönlich nach Maßgabe von § 112 Abs. 2 u. 4. Die Abtretung des Anspruchs auf Vergütung ist auch hier den Pfandrechtsgläubigern gegenüber unwirksam (§ 112 Abs. 1). Die Einziehung durch den Cessionar gilt als Einziehung durch den Ladungsbeteiligten.

Achter Abschnitt.

Verjährung.

Verjährungsfrist.

§ 117. [1, 2] Mit dem Ablaufe eines Jahres verjähren:

1. die öffentlichen Schiffs- und Schiffahrtsabgaben, insbesondere die Brücken-, Schleusen-, Kanal- und Hafengelder;
2. die aus den Dienstverträgen herrührenden Forderungen der Schiffsbesatzung;
3. die Lotsengelder;
4. die Bergungs- und Hilfskosten einschließlich des Berge- und Hilfslohnes;
5. die Beiträge zur großen Haverei;
6. die Forderungen aus Geschäften, welche der Schiffer kraft seiner gesetzlichen Befugnisse (§§ 15, 16) und nicht mit Bezug auf eine Vollmacht geschlossen hat;
7. die Forderungen aus dem Verschulden einer Person der Schiffsbesatzung (§ 3, § 4 Nr. 3, §§ 7, 92).

1. a) Der § 117 beläßt es bei der im § 901 HGB. für die Forderungen der Schiffsgläubiger aufgestellten Verjährungsfrist von *einem* Jahre, und zwar auch für die Forderungen aus dem Zusammenstoße von Schiffen, wie die in Nr. 7 erfolgte Heranziehung des § 92 ergibt. Ausgenommen von dieser Verjährungsfrist sind die in § 102 Nr. 6 erwähnten Forderungen mit Schiffsgläubigerrecht; betreffs ihrer Verjährung s. Anm. 8 zu § 102. Auch das Schiffsgläubigerrecht wegen Nichtablieferung oder Beschädigung der Ladungsgüter bzw. des in § 77 bezeichneten Reisegepäcks unterliegt nicht der Verjährung aus §§ 117, 118 d. G.; bezüglich seiner s. Anm. 2b. Schließlich fehlen in § 117 von den Schiffsgläubigerforderungen auch diejenigen aus der Nichterfüllung oder unvollständigen oder mangelhaften Erfüllung eines von dem Schiffseigner geschlossenen Vertrages, insofern dessen Ausführung zu den Dienstobliegenheiten des Schiffers gehört (§ 102 Nr. 5, § 4 Nr. 2); hinsichtlich ihrer wird die dreißigjährige Verjährung aus § 195 BGB. Platz greifen müssen; vgl. Blätter für Rechtspfl. **06** 43.

Andererseits sind hier in Nr. 5 allgemein die Beiträge zur großen Haverei aufgeführt, während in § 102 Nr. 3 nur die Beiträge des Schiffes zur großen Haverei erwähnt sind (vgl. § 89 Abs. 2).

Hinsichtlich der Verjährung von Forderungen des geschleppten Schiffes gegen den Schlepper s. Anm. 6 zu § 4.

b) Die §§ 117, 118 handeln nur von der Dauer und dem Beginne der Verjährungsfrist für die hier erwähnten Forderungen; in allen übrigen Beziehungen unterliegt diese Verjährung den allgemeinen Bestimmungen der §§ 202—225 BGB. Insbesondere hindert die Verjährung des etwa bestehenden persönlichen Anspruchs den Berechtigten nicht, seine Befriedigung aus dem dinglich haftenden Gegenstande zu suchen (§ 223 Abs. 1 BGB.). Zuzustimmen ist der Begründung des Gesetzentwurfs (S. 126), daß in Fällen, in welchen es sich um Ansprüche von Schiffsgläubigern handelt, die Verjährung außer dem Pfandrecht auch das daneben etwa begründete persönliche Forderungsrecht ergreift. Denn § 117 d. G. unterscheidet nicht zwischen persönlichen und dinglichen Ansprüchen und unterwirft die hier aufgezählten Forderungen allgemein der einjährigen Verjährungsfrist, so daß z. B. die Lohnforderung des Schiffsmannes sowohl dinglich wie persönlich (§ 102 Nr. 2, § 5 d. G.) in einem Jahre (§§ 117, 118) verjährt. Unberührt hiervon bleibt allerdings der Fall, daß bezüglich des einen Anspruchs besondere die Verjährung hindernde Gründe vorliegen (Vgl. RG. **36** 116).

2. a) Die früher in Nr. 8 auch für die Forderungen des Frachtführers aus dem Frachtvertrage, insbesondere wegen der Fracht mit Nebengebühren, Liegegeldern und Auslagen sowie für die Ansprüche wegen des Fahrgeldes der beförderten Personen festgesetzte einjährige Frist ist infolge der Streichung dieser Nr. (s. EG. Art. 12 Nr. XX) und des Eintretens des § 196 Nr. 3 BGB. weggefallen. Für alle diese Ansprüche tritt demnach die zweijährige Verjährung aus § 196 Nr. 3 ein, obwohl dort nur von „Fahrgeld, Fracht . . . . . mit Einschluß der Auslagen“ die Rede ist.

b) Die Forderungen gegen den Frachtführer wegen Verlustes, Minderung, Beschädigung oder verspäteter Ablieferung von Frachtgütern verjähren nach § 26 d. G. in Verbindung mit den dort in Bezug genommenen §§ 439, 414 HGB. in einem Jahre und zwar beginnt die Verjährung, abweichend von § 118 d. G., im Falle der Beschädigung oder Minderung mit dem Ablaufe des Tages, an welchem die Ablieferung stattgefunden hat, im Falle des Verlustes oder der verspäteten Ablieferung mit dem Ablaufe des Tages, an welchem die Ablieferung hätte bewirkt sein müssen (§ 414 Abs. 1 u. 2; RG. **49** 94; vgl. HGZ. **06** 106). Dies gilt auch, wenn diese Forderungen gegen den Frachtführer, der zugleich Schiffseigner ist, auf ein Verschulden der Schiffsbesatzung (§ 117 Nr. 7) gegründet werden, weil die Verjährung der erwähnten Forderungen gegen den Frachtführer sich nach § 26 d. G. und §§ 439, 414 HGB. regelt. Diese Verjährungsfrist kann, abweichend von § 225 BGB., durch Vertrag verlängert werden (§ 414 Abs. 1); Abkürzung der Verjährungsfrist ist allgemein zulässig (§ 225 Satz 2 BGB.). Ist der Verlust, die Minderung, die Beschädigung oder verspätete Ablieferung des Gutes durch den Frachtführer oder seine Leute (§ 432 HGB.) vorsätzlich herbeigeführt, so tritt die dreißigjährige Verjährung ein (§ 414 Abs. 4 HGB.). Grobe Fahrlässigkeit genügt nicht zur Ausschließung der kurzen Verjährung (Denkschr. 247).

Forderungen für Verlust oder Beschädigung übernommenen Reisegepäcks unterliegen auch hinsichtlich der Verjährung derselben rechtlichen Beurteilung wie die entsprechenden Forderungen für Frachtgüter (§ 77 Abs. 1).

Beginn der Verjährung.

§ 118. **Die Verjährung beginnt mit dem Schlusse des Jahres, in welchem die Forderung fällig geworden ist.**

Der § 118 bestimmt allgemein den Beginn der Verjährung auf den Schluß des Kalenderjahres, in welchem die Forderung fällig geworden ist. (Vgl. § 201 BGB.). Auch wenn der Schadensersatz aus § 117 Nr. 7 in Form einer Rente gefordert wird, beginnt die Verjährung einheitlich mit dem Schlusse des Jahres, in welchem die Schadensersatzforderung überhaupt fällig geworden ist (HGZ. 02 226).

Neunter Abschnitt.

Schiffsregister.

Vorbemerkung.

1. a) Die Bestimmungen über das Schiffsregister sind den vorausgehenden acht Abschnitten nachgestellt, um keinen Zweifel darüber zu lassen, daß diese Abschnitte ohne Rücksicht auf die Registrierung oder Registrierungsfähigkeit der Schiffe zur Anwendung kommen (Begr. 128). Auch die Vorschriften des zehnten Abschnitts werden nicht davon berührt, ob die Schiffe registriert bzw. registrierungspflichtig sind.

b) Abschnitt IX ist, ohne Rücksicht auf die Nationalität des Schiffseigners, in allen Fällen anzuwenden, in welchen mit einem Binnenschiff (§ 1) auf deutschen Flüssen oder sonstigen Binnengewässern Schiffahrt betrieben wird (vgl. Mittelstein, Vorbem. III b zu Abschn. IX).

2. a) Das Schiffsregister ist wesentlich dazu bestimmt, den Personen, welche Fracht- oder Versicherungsverträge abschließen oder Ansprüche als Schiffsgläubiger gegen den Schiffseigner geltend machen wollen, ein zuverlässiges Mittel zur Auskunft über die tatsächlichen und rechtlichen Verhältnisse des betreffenden

Schiffes zu verschaffen; jedoch sind — von der rechtsgeschäftlichen Verpfändung (§§ 1259 ff. BGB.) abgesehen — die Eintragungen in das Schiffsregister nicht wesentlich für die Schaffung von Rechtsverhältnissen an dem Schiffe. Insbesondere ist die Eigentumsübertragung, obwohl sie im Register vermerkt werden soll (vgl. § 126 Abs. 2, § 124 Nr. 5 u. 6) von der Eintragung in das Register nicht abhängig und die Anmeldung des Eigentumsübergangs nur durch Strafandrohung gesichert (§ 127). Die vorhandene Eigentumseintragung schafft daher nur eine Vermutung für das Eigentum an dem Schiffe. Ebensowenig ist dem Inhalt des Registers öffentlicher Glaube zugunsten der Erwerber von Rechten an dem Schiffe beigelegt; auch ist die Bestimmung des § 15 Abs. 2 HGB. nicht übernommen, daß ein Dritter die eingetragenen und bekannt gemachten Tatsachen gegen sich gelten lassen muß, wenn er nicht beweist, daß er sie weder kannte noch kennen mußte. — Nach § 435 BGB. ist der Verkäufer eines Schiffes verpflichtet, die im Schiffsregister eingetragenen Rechte, welche nicht bestehen, auf seine Kosten zur Löschung zu bringen, wenn sie im Fall ihres Bestehens das dem Käufer zu verschaffende Recht beeinträchtigen würden.

b) Grundlegende Bedeutung hat die Eintragung im Schiffsregister für die Verpfändung des Schiffes. Denn nach §§ 1260 ff., 1271 BGB. ist zur Bestellung des Pfandrechts an einem registrierten Schiffe und an dem Anteil eines registrierten Schiffes die Eintragung des Pfandrechts in dem Schiffsregister erforderlich (s. Anhang A 1). Das Arrestpfandrecht wird zwar durch Pfändung des Schiffes als beweglichen Vermögensstückes bewirkt; ist es aber auf Antrag des Gläubigers gemäß § 931 Abs. 3 CPO. in das Schiffsregister eingetragen, so finden darauf die Vorschriften des BGB. über das durch Rechtsgeschäft bestellte Pfandrecht Anwendung. Betreffs der formellen Vorschriften für die Eintragung von Schiffspfandrechten in das Register s. §§ 100—124 FGG. (Anhang A 2).

c) Ist das Schiff registriert, so erfolgt die Zwangsvollstreckung nur durch Zwangsversteigerung nach den Vorschriften der §§ 864, 870 Abs. 2 CPO., §§ 162 ff. ZVG. (s. Anh. B).

In betreff der Zwangsvollstreckung in einen Anteil an einem registrierten Schiffe s. Vorbemerkung 3 zu Anhang B. Dem Antrag auf Anordnung der Veräußerung der Part ist ein, nicht über eine Woche alter, Auszug aus dem Schiffsregister beizufügen, der alle die Part betreffenden Eintragungen enthält (§ 858 Abs. 3 CPO.). Das Vollstreckungsgericht soll der Registerbehörde von der Erlassung des Pfändungsbeschlusses unverzüglich Mitteilung machen (§ 858 Abs. 5 CPO.).

d) Vormerkungen und Widersprüche und Eintragungen auf Grund einstweiliger Verfügungen werden im Schiffsregister nach §§ 895, 942, 941 CPO. vermerkt; hinsichtlich ihrer Löschung s. § 103 FGG. (Anh. A 2).

3. Die Registrierung der registerpflichtigen Schiffe (§§ 119, 128 d. G.) ist, abweichend von dem Flaggengesetze v. 22. Juni 1899, derart obligatorisch, daß die zur Anmeldung Verpflichteten durch Ordnungsstrafen zur Anmeldung anzuhalten sind; vgl. Anm. 1 zu § 127. In Preußen haben außerdem die zuständigen Minister bestimmt, daß jede Eichbehörde in vierteljährlichen Zeitabschnitten, und zwar spätestens am ersten August, November, Februar und Mai für die vorangegangenen Kalenderquartale den Registergerichten des Heimatsortes der geeichten Schiffe die Eintragungen in das Verzeichnis der Eichungen und Eichprüfungen auszugsweise mitzuteilen hat. Bei Dampfschiffen und anderen Schiffen mit eigener Triebkraft, deren Tragfähigkeit 15 Tonnen oder weniger beträgt, und bei sonstigen Schiffen höchstens 20 Tonnen Tragfähigkeit hat die Mitteilung zu unterbleiben. Vgl. Allgem. Verf. v. 16. Juli 04 (JMBl. 186); abgedruckt im Anhang E Nr. 5.

4. a) Die Führung des Schiffsregisters für Binnenschiffe ist durch § 120 Abs. 1 d. G. den Gerichten übertragen. Deshalb finden hier die allgemeinen Vorschriften des Gesetzes über die Angelegenheiten der freiwilligen Gerichtsbarkeit insbesondere über die Beschwerde Anwendung (§§ 1, 19 ff. FGG.), und zwar auch dann, wenn gemäß § 120 Abs. 2 d. G. und § 27 des Flaggengesetzes v. 22. Juni 99 andere Behörden als die Gerichte mit der Führung des Binnenschiffsregisters betraut sind (§ 194 FGG.). Dies trifft für Hamburg zu, wo laut Senatsverordnung v. 27. Dez. 95 (Ges.S. 161) die Führung des Registers für Flußschiffe der Deputation für Handel und Schiffahrt übertragen ist.

b) In Preußen ist auf Grund des Art. 29 Ges. v. 21. Sept. 99 (Ges.S. 255) die Führung des Schiffsregisters geregelt durch die Allg. Verf. v. 11. Dez. 99 (JMBl. 753). Vgl. auch Allg. Verf. v. 16. Nov. 95 (JMBl. 403) und v. 28. April 96 (JMBl. 132). S. Anhang E.

Registrierungspflicht.

§ 119. [1] Für Dampfschiffe und andere Schiffe mit eigener Triebkraft, deren Tragfähigkeit mehr als 15000 Kilogramm beträgt, sowie für sonstige Schiffe mit einer Tragfähigkeit von mehr als 20000 Kilogramm sind Schiffsregister zu führen. [2]

1. Die Registerpflichtigkeit ist im § 119 für Schiffe, ohne Unterschied welchem Zwecke sie dienen (vgl. § 1 Anm. 1a), bestimmt, deren Tragfähigkeit (nach dem Gewichte, welches das Schiff von der unteren bis zur oberen Schwimmebene sinken läßt) mehr als 15 000 bzw. 20 000 kg beträgt. Die Tragfähigkeit von 15 Tonnen bei Dampfschiffen und anderen Schiffen mit eigener Triebkraft, und von 20 Tonnen bei sonstigen Schiffen entspricht annähernd einem durchschnittlichen Brutto-Raumgehalt von 50 Kubikmeter (Begr. 128). Vgl. § 16 Flagg.G.

2. Die Feststellung der Tragfähigkeit unterliegt noch der Bestimmung der Landesregierungen (vgl. für Preußen § 36 Allg. Verf. v. 11. Dez. 99); diese können nach § 128 auch Schiffe mit geringerer Tragfähigkeit als in § 119 angegeben, als registerpflichtig bezeichnen.

Registerbehörde.

§ 120. [1] Das Schiffsregister wird bei dem zur Führung des Handelsregisters zuständigen Gerichte geführt.

Die Landesregierungen sind befugt, die Führung des Registers für die Bezirke mehrerer Gerichte einem von diesen zu übertragen oder mit derselben da, wo die Führung der Register für Seeschiffe anderen Behörden obliegt, die letzteren zu betrauen. [2]

1. Der Abs. 1 des § 120 überträgt die Führung des Schiffsregisters dem zur Führung des Handelsregisters zuständigen Gerichte, also nach § 125 Abs. 1 FGG. dem Amtsgerichte. Der Absatz 2 enthält einen Vorbehalt für die Landesregierungen, um einer zu weit gehenden Zersplitterung der Schiffsregister vorzubeugen oder um die Vereinigung derselben mit den Registern herbeizuführen, welche für die Seeschiffe von anderen Behörden geführt werden (Begr. 129).

2. Der hier eingeräumten Befugnis entsprechend ist in Hamburg die Deputation für Handel und Schiffahrt als Registerbehörde für Seeschiffe mit der Führung des Binnenschiffsregisters betraut. Vgl. Vorbemerkung 4 a vor Abschnitt IX. In Preußen wird das Schiffsregister bei jedem Amtsgerichte für seinen Bezirk geführt. Allg. Verf. v. 16. Nov. 95 (JMBl. 403; vgl. Anh. E). Mit der Anlegung der Schiffsregister ist jedoch nur vorzugehen, wenn außer Zweifel steht, daß registerpflichtige Schiffe in dem Bezirke ihren Heimatsort haben.

Öffentlichkeit des Schiffsregisters.

§ 121. Das Schiffsregister ist öffentlich; die Einsicht ist während der gewöhnlichen Dienststunden einem jeden gestattet. Von den Eintragungen können gegen Erlegung der Kosten Abschriften gefordert werden, die auf Verlangen zu beglaubigen sind.

Der § 121 entspricht dem § 5 des Flaggengesetzes v. 22. Juni 1899. Von den im übrigen inhaltlich übereinstimmenden Absätzen 1 u. 2 des § 9 HGB. weicht er insofern ab, als dort jeder

a) die Einsicht der zum Handelsregister eingereichten Schriftstücke,

b) Abschrift dieser Schriftstücke, sofern ein berechtigtes Interesse glaubhaft gemacht wird,

fordern darf. Hier greift einigermaßen ergänzend § 34 FGG. ein, nach welchem die Einsicht in die Gerichtsakten und Erteilung von Abschriften daraus jedem insoweit gewährt werden kann, als er ein berechtigtes Interesse glaubhaft macht (Mittelstein Anm. 3 zu § 121). Vgl. für Preußen §§ 8, 10 Allg. Verf. v. 11. Dez. 99 (Anh. E).

Die Einsicht des Schiffsregisters ist von dem Nachweis eines Interesses nicht abhängig.

Anmeldung des Schiffes zur Eintragung.

§ 122. Jedes Schiff ist bei der Registerbehörde des Heimatsortes zur Eintragung in das Schiffsregister anzumelden.

Die erste Eintragung des Schiffes in das Register erfolgt nicht von Amtswegen, sondern auf geschehene Anmeldung (hinsichtlich der Eintragung bei Verlegung des Heimatsortes s. § 126 Abs. 4); zur Anmeldung sind aber die hierzu Verpflichteten (§ 123) durch Ordnungsstrafen anzuhalten. Die Anmeldung ist an keine Form gebunden, sie kann daher nicht bloß persönlich vor der Behörde erklärt, sondern auch schriftlich eingereicht werden; die Unterschrift des Anmeldenden braucht nicht öffentlich beglaubigt zu sein. Vgl. für Preußen Allg. Verf. v. 28. April 96 und § 1 der Allg. Verf. v. 11. Dez. 99 (Anhang E).

Die Anmeldung ist bei der Registerbehörde des Heimatsortes (§ 6) zu bewirken. Wird die Schiffahrt mit dem Schiffe von mehreren Orten aus betrieben oder ist ein Heimatsort nicht festzustellen, so kommen Abs. 2 u. 3 des § 6 zur Anwendung. Die Anmeldung vor Beginn des Betriebes ist nicht ausgeschlossen, sofern glaubhaft gemacht wird, daß der Schiffahrtsbetrieb von dem für die Anmeldung gewählten Ort aus bewirkt werden soll (Mittelstein Anm. 2 zu § 122).

Die Wahl der Registerbehörde ist nicht freigegeben; das Schiff kann nur bei der Behörde des Heimatsortes registriert werden. Auch eine mehrfache Eintragung desselben

Schiffes ist nicht zugelassen; vgl. § 126 Abs. 4 d. G. und für Preußen § 11 der Allg. Verf. v. 11. Dez. 99.

Betreffs der Anmeldung von Veränderungen s. § 126.

Anmeldepflicht.

§ 123. Die Verpflichtung zur Anmeldung liegt dem Eigentümer des Schiffes und, wenn mehrere Miteigentümer vorhanden sind, einem jeden von ihnen ob.

Bei einer offenen Handelsgesellschaft, einer Kommanditgesellschaft oder einer Aktienkommanditgesellschaft sind die persönlich haftenden Gesellschafter, bei einer juristischen Person, einer Aktiengesellschaft, einer Gesellschaft mit beschränkter Haftung oder einer eingetragenen Genossenschaft die gesetzlichen Vertreter zur Anmeldung verpflichtet.

Sind mehrere Verpflichtete vorhanden, so genügt die Anmeldung durch einen von ihnen.

Der § 123 bezeichnet die zur ersten Anmeldung verpflichteten Personen und erklärt in seinem Abs. 3 die Anmeldung durch einen Verpflichteten oder einen gesetzlichen Vertreter für genügend, wenn auch mehrere vorhanden sind; dies gilt auch dann, wenn gesetzlich oder statutarisch zur Abgabe rechtsverbindlicher Erklärungen die Mitwirkung mehrerer Vertreter nötig ist (Begr. 129). Anmeldepflichtig bleiben allerdings alle Miteigentümer bzw. persönlich haftenden Gesellschafter oder gesetzlichen Vertreter, so daß die Ordnungsstrafe (§ 127) gegen jeden von ihnen verhängt werden kann, wenn die Anmeldung nicht entsprechend der Vorschrift des § 124 bewirkt wird.

Der Ausrüster (§ 2) ist zur Abmeldung nicht verpflichtet, weil nach § 123 Abs. 1 diese Pflicht nur dem Eigentümer des Schiffes auferlegt ist.

Die Anmeldepflicht besteht auch für Ausländer, deren

Schiffe in Deutschland ihren Heimatsort haben. Vgl. Vorbem. 1 b vor Abschnitt IX.

Inhalt der Anmeldung.

§ 124. Die Anmeldung muß enthalten:[1]

1. die Gattung und das Material sowie den Namen, die Nummer oder die sonstigen Merkzeichen des Schiffes;
2. die Tragfähigkeit[2] und bei Dampfschiffen oder sonstigen Schiffen mit eigener Triebkraft die Stärke des Motors;
3. die Zeit und den Ort der Erbauung;
4. den Heimatsort;[3]
5. den Namen und die nähere Bezeichnung[4] des Eigentümers oder der Miteigentümer und im letzteren Falle die Größe des Anteiles eines jeden Miteigentümers; bei Handelsgesellschaften genügt, auch soweit sie nicht juristische Personen sind, die Angabe der Firma und des Sitzes der Gesellschaft;[5]
6. den Rechtsgrund, auf welchem das Eigentum oder die Eigentumsanteile beruhen.

Die Angaben sind glaubhaft zu machen.[6]

1. Die Anmeldung muß die in § 124 aufgeführten Angaben enthalten, nur wird von der Anmeldung des Namens des Schiffes abzusehen sein, wenn das Schiff keinen Namen führt. In solchem Falle genügt die Angabe der zur Feststellung der Identität des Schiffes dienenden Merkzeichen (Begr. 130; vgl. für Preußen § 35 Abs. 2 Allg. Verf. v. 11. Dez. 99). Eine Anmeldung, die nicht den hier vorgeschriebenen Inhalt hat, ist nicht ordnungsgemäß (§§ 127, 123).

2. Vgl. § 119.

3. Vgl. §§ 6 u. 122.

4. Die nähere Bezeichnung des Eigentümers wird sich auf Vornamen, Stand oder Beruf und Wohnort zu erstrecken haben. Nach einem Urteile des Reichsgerichts (RGSt. 7 65) entscheidet das Ermessen der Registerbehörde im Einzelfall, ob zur „näheren Bezeichnung" auch der Wohnort gehört. Ist aus solchem Grunde der Wohnort einmal eingetragen, so muß jede spätere Veränderung des Wohnorts angezeigt werden (§ 126). Vgl. für Preußen § 17 Allg. Verf. v. 11. Dez. 99).

5. Die namentliche Aufzählung aller einzelnen persönlich haftenden Gesellschafter ist entbehrlich. Vgl. für Preußen § 40 Allg. Verf. v. 11. Dez. 99, wo die abweichende, für Seeschiffe geltende, Vorschrift des § 27 Abs. 2 Satz 3 nicht für anwendbar erklärt ist.

6. Die Glaubhaftmachung ist als zweckentsprechendes Mittel vorgeschrieben, um den Beteiligten zuverlässige Auskunft über die eingetragenen Tatsachen zu gewähren. Bei der ersten Anmeldung eines neu gebauten Schiffes wird in der Regel die Vorlegung des Meßbriefes genügen; in anderen Fällen wird es auch der Beibringung der Erwerbsurkunden oder in Ermangelung solcher einer Bescheinigung der Ortsbehörde über das Eigentum am Schiffe bedürfen (Begr. 130). Nach dem hier maßgebenden § 15 FGG. kann behufs der Glaubhaftmachung auch Versicherung an Eidesstatt zugelassen werden. Vgl. für Preußen § 36 Allg. Verf. v. 11. Dez. 99.

Eintragung. Schiffsbrief.

§ 125. Jedes Schiff wird in das Schiffsregister unter einer besonderen Ordnungsnummer eingetragen.

Die Eintragung hat die im § 124 bezeichneten Angaben und den Tag der Eintragung zu enthalten.[1]

Über die Eintragung wird von der Registerbehörde

eine Urkunde (Schiffsbrief) erteilt, in welche der vollständige Inhalt der Eintragung aufzunehmen ist.[2]

1. Daneben dient das Schiffsregister zur Eintragung von Pfandrechten, Vormerkungen und Widersprüchen; vgl. Vorbem. 2 vor Abschn. IX. Hinsichtlich des für Preußen vorgeschriebenen Formulars zu den Eintragungen s. Anhang E.

2. Der Schiffsbrief soll den Schiffseigner oder Schiffer in die Lage setzen, sich gegenüber dritten Beteiligten oder den Behörden über die in das Register eingetragenen Tatsachen auszuweisen; nachträgliche Eintragungen werden gemäß § 126 Abs. 3 auf dem Schiffsbriefe vermerkt. Die von den Verwaltungsbehörden auszustellenden sonstigen Schiffspapiere (Meßbriefe, Schiffspatente, Schiffsatteste u. dgl.) behalten daneben ihre Bedeutung (Begr. 130). Eine Vorschrift, wie in §§ 11 Abs. 3, 21 Flagg.G., daß der Schiffer bei Straffolgen verpflichtet ist, den Schiffsbrief während der Reise stets an Bord des Schiffes mitzuführen, ist hier nicht gegeben; vgl. jedoch § 8 Abs. 1 Binnensch.G.

Hinsichtlich der Ausstellung neuer und der Vernichtung erledigter Schiffsbriefe vgl. für Preußen §§ 42, 43 Allg. Verf. v. 11. Dez. 99.

Anmeldung von Veränderungen.

§ 126. Wenn Veränderungen in den eingetragenen Tatsachen oder Rechtsverhältnissen eintreten oder wenn das Schiff zugrunde geht oder reparaturunfähig wird, so ist dies zur Eintragung in das Schiffsregister anzumelden.[1]

In bezug auf die Verpflichtung zur Anmeldung finden die Vorschriften der §§ 123, 124 entsprechende Anwendung. Zur Anmeldung der Veräußerung des Schiffes oder eines Anteiles an demselben ist der Erwerber verpflichtet.[2]

Der Schiffsbrief ist mit der Anmeldung einzureichen;

die Eintragung wird auf demselben durch die Registerbehörde vermerkt.[3]

Im Falle der Verlegung des Heimatsortes aus dem Registerbezirke hat die Registerbehörde nach Vollzug der Eintragung den Schiffsbrief mit einer beglaubigten Abschrift des Registerinhalts der neuen Registerbehörde zur Bewirkung der Eintragung zu übersenden.[4]

1. Der § 126 bezeichnet im Abs. 1 die Anmeldungen, welche gemacht werden sollen, um das Schiffsregister auf dem Laufenden zu erhalten. Insbesondere schreibt er die Anmeldung vor, wenn das Schiff untergeht oder zum Wrack (reparaturunfähig) wird (Anm. 5 zu § 82); in solchem Falle führt die Anmeldepflicht zur Löschung des Schiffes im Register. Vgl. für Preußen § 43 Abs. 5 der Allg. Verf. v. 11. Dez. 99 und Spalte 9 des Binnenschiffsregisters. Eine Befugnis der Registerbehörden, Schiffe von Amts wegen im Register zu löschen, ist vom Gesetze nicht anerkannt.

2. Im Abs. 2 sind die Vorschriften der §§ 123, 124 über die zur ersten Anmeldung verpflichteten Personen und die Glaubhaftmachung der angemeldeten Tatsachen und Rechtsverhältnisse angezogen, und zur Vermeidung von Zweifeln ist bei Veräußerungen des Schiffes ausdrücklich dem Erwerber die Anzeigepflicht auferlegt. Dem Veräußerer liegt die Anzeige nicht ob.

3. Der Abs. 3 bezweckt, den Schiffsbrief mit dem Register in Übereinstimmung zu halten. Auch die Vorlegung drs noch vorhandenen Schiffsbriefs wird durch Ordnungsstrafen erzwungen werden können (Förtsch Anm. 5 zu § 126). Wird das Schiff im Register gelöscht (s. Anm. 1), so ist der Schiffsbrief unbrauchbar zu machen. Vgl. für Preußen § 43 Abs. 5 Allg. Verf. v. 11. Dez. 99.

4. a) Der Abs. 4 dient zur Vereinfachung des Verfahrens und sichert zugleich die Übertragung etwaiger in dem alten Register eingetragener Pfandrechte in das neue Register. In die beglaubigte Abschrift ist der Registerinhalt nur insoweit aufzunehmen, als er noch gilt (Begr. 131). Die neue Registerbehörde ist an die Entscheidung und an die Eintragung der bisherigen Registerbehörde gebunden, sie ist verpflichtet, den Inhalt des bisherigen Registers in ihr Register zu übernehmen und darf insbesondere die Übernahme der Eintragung nicht um deswillen ablehnen, weil sie die Verlegung des Heimatsorts nicht als glaubhaft gemacht ansieht (KGJ. **26** B 7, **28** A 244; OLG. **10** 355). Vgl. für Preußen §§ 11, 40, 33 Allg. Verf. v. 11. Dez. 99. Im Falle der Verlegung des Heimatsortes in das Ausland findet Abs. 4 keine Anwendung (Mittelstein Anm. 5 zu § 126).

b) In Preußen ist im Falle des Abs. 4 für die Eintragung des Schiffes in das Register der neuen Registerbehörde die Gebühr aus § 78 Nr. **2** Pr. GKG. (Eintragung von Veränderungen) und für die Erteilung eines neuen Schiffsbriefs die Hälfte der Gebühr des § 66 Nr. 1 daselbst, wie für den Vermerk einer Veränderung auf dem Schiffsbriefe, zu berechnen (KGJ. **26** B 7).

Ordnungsstrafen.

§ 127. Das Gericht hat die Beteiligten zu den ihnen obliegenden Anmeldungen durch Ordnungsstrafen anzuhalten.[1]

Das Verfahren bestimmt sich nach den Vorschriften, welche für die Verhängung von Ordnungsstrafen in betreff der Anmeldungen zum Handelsregister gelten.[2]

1. Der § 127 will die vom Gesetze erforderten Anmeldungen, die erste sowie die späteren durch Verhängung von Ordnungsstrafen sichern, im Gegensatze zum Flaggengesetz vom 22. Juni 1899, in welchem Strafbestimmungen zur Erzwingung der ersten Anmeldung nicht vorgesehen, dagegen für die Unterlassung der Anmeldung von Veränderungen öffentliche Strafen (§§ 20, 14, 13 Flagg.G.) angedroht sind.

2. Da das Verfahren sich laut Abs. 2 nach den Vorschriften regelt, welche für die Verhängung von Ordnungsstrafen in betreff der Anmeldungen zum Handelsregister gelten, so kommen § 14 HGB., §§ 33, 132—139 FGG. in Betracht Sie lauten:

HGB. § 14. Wer verpflichtet ist, eine Anmeldung . . . zum Handelsregister vorzunehmen, ist hierzu von dem Registergerichte durch Ordnungsstrafen anzuhalten. Die einzelne Strafe darf den Betrag von dreihundert Mark nicht übersteigen.

FGG. § 33. Soll in den gesetzlich zugelassenen Fällen jemand durch Ordnungsstrafen zur Befolgung einer gerichtlichen Anordnung angehalten werden, so muß der Festsetzung der Strafe eine Androhung vorausgehen. Die einzelne Strafe darf den Betrag von dreihundert Mark nicht übersteigen.

FGG. § 132. Sobald das Registergericht von einem sein Einschreiten nach den §§ 14, . . . des Handelsgesetzbuchs rechtfertigenden Sachverhalte glaubhafte Kenntnis erhält, hat es dem Beteiligten unter Androhung einer Ordnungsstrafe aufzugeben, innerhalb einer bestimmten Frist seiner gesetzlichen Verpflichtung nachzukommen oder die Unterlassung mittels Einspruchs gegen die Verfügung zu rechtfertigen.

Die Beschwerde gegen diese Verfügung ist unzulässig.

FGG. § 133. Wird innerhalb der bestimmten Frist weder der gesetzlichen Verpflichtung genügt noch Einspruch erhoben, so ist die angedrohte Strafe festzusetzen und zugleich die frühere Verfügung unter Androhung einer erneuten Ordnungsstrafe zu wiederholen.

In gleicher Weise ist fortzufahren, bis der gesetzlichen Verpflichtung genügt oder Einspruch erhoben wird.

FGG. § 134. Wird rechtzeitig Einspruch erhoben, so hat das Gericht, wenn sich der Einspruch nicht ohne weiteres als begründet ergibt, zur Erörterung der Sache den Beteiligten zu einem Termine zu laden.

Das Gericht kann, auch wenn der Beteiligte nicht erscheint, nach Lage der Sache entscheiden.

FGG. § 135. Wird der Einspruch für begründet erachtet, so ist die erlassene Verfügung aufzuheben.

Anderenfalls hat das Gericht den Einspruch zu verwerfen und die angedrohte Strafe festzusetzen. Das Gericht kann, wenn die Umstände es rechtfertigen, von der Festsetzung einer Strafe absehen oder eine geringere als die angedrohte Strafe festsetzen.

Im Falle der Verwerfung des Einspruchs hat das Gericht zugleich eine erneute Verfügung nach § 132 zu erlassen. Die in dieser Verfügung bestimmte Frist beginnt mit dem Eintritte der Rechtskraft der Verwerfung des Einspruchs.

FGG. § 136. Wird im Falle des § 133 gegen die wiederholte Verfügung Einspruch erhoben und dieser für begründet erachtet, so kann das Gericht, wenn die Umstände es rechtfertigen, zugleich die früher festgesetzte Strafe aufheben oder an deren Stelle eine geringere Strafe festsetzen.

FGG. § 137. Gegen die Versäumung der Einspruchsfrist ist auf Antrag nach Maßgabe des § 22 Abs. 2 die Wiedereinsetzung in den vorigen Stand zu erteilen.

FGG. § 138. Bei der Festsetzung der Ordnungsstrafe ist der Beteiligte zugleich in die Kosten des Verfahrens zu verurteilen.

FGG. § 139. Gegen den Beschluß, durch welchen die Ordnungsstrafe festgesetzt oder der Einspruch verworfen wird, findet die sofortige Beschwerde statt.

Ist die Strafe nach Maßgabe des § 133 festgesetzt, so kann die Beschwerde nicht darauf gestützt werden, daß die Verfügung, durch welche die Strafe angedroht worden ist, nicht gerechtfertigt gewesen sei.

Registirerung kleinerer Schiffe.

§ 128. Die Landesregierungen können bestimmen, daß auch Schiffe von einer geringeren als der im § 119 bezeichneten Tragfähigkeit in das Schiffsregister einzutragen sind. Auf die Anmeldung und Eintragung solcher Schiffe finden die Bestimmungen dieses Abschnitts gleichfalls Anwendung.[1 2]

1. Den Landesregierungen ist, um lokalen Bedürfnissen genügen zu können, die Befugnis eingeräumt, zu bestimmen, daß auch Schiffe mit geringerer Tragfähigkeit als der im § 119 bezeichneten einzutragen sind oder auf Antrag des Schiffseigners eingetragen werden können (Begr. 132).

2. In Preußen kann der Justizminister im Falle des § 128 d. G. sieben Zehnteile der nach § 78 Pr. GKG. v. 25. Juni 1895 für die Eintragung eines Schiffes in das Schiffsregister zu erhebenden Gebühren außer Ansatz lassen (§ 2 Ges. v. 14. März 1896, Ges.S. 39).

Landesgesetzliche Binnenschiffsregister.

§ 129. Schiffe, welche beim Inkrafttreten dieses Gesetzes in ein nach den Landesgesetzen geführtes Register für Binnenschiffe eingetragen sind, bedürfen keiner erneuten Eintragung.[1]

Hinsichtlich der diese Schiffe betreffenden Eintragungen gelten die bezeichneten Register als Schiffsregister im Sinne des gegenwärtigen Gesetzes.[2]

1. Nach § 129 bedarf es keiner erneuten Eintragung der Schiffe, welche bereits in ein nach den Landesgesetzen geführtes Register für Binnenschiffe eingetragen sind, während Neueintragungen nach den Bestimmungen des vorliegenden Gesetzes zu erfolgen haben. Solche Landesgesetze bestehen für Hamburg und Bremen. Die bei den Preußischen Wasserbehörden im Gebrauche befindlichen Nachweisungen über vermessene Schiffsgefäße sind nicht den „nach den Landesgesetzen geführten Registern“ gleich zu achten, weil sie lediglich auf Verwaltungsanordnung beruhen (Erl. d. Min. f. öff. Arbeiten v. 28. Mai 97, MBl. f. inn. Verw. 1175).

2. Der Abs. 2 stellt jene Landesregister hinsichtlich der ferneren diese Schiffe betreffenden Eintragungen den reichsgesetzlichen Registern gleich, so daß solche Eintragungen in jene Register erfolgen können.

Zehnter Abschnitt.

Schlußbestimmungen.

Zuständigkeit des Reichsgerichts.

§ 130. [1] In bürgerlichen Rechtsstreitigkeiten, in welchen durch Klage oder Widerklage ein Anspruch auf Grund dieses Gesetzes geltend gemacht ist, wird die Verhandlung und Entscheidung letzter Instanz im Sinne des § 8 des Einführungsgesetzes zum Gerichtsverfassungsgesetze dem Reichsgerichte zugewiesen. [2]

1. Der frühere § 138 Abs. 1 d. G., nach welchem die landgerichtlichen Ansprüche aus den Rechtsverhältnissen der Binnenschiffahrt vor die Kammern für Handelssachen verwiesen waren, ist durch Art. 12 Nr. XXII EG. gestrichen. Maßgebend ist jetzt:

GVG. § 101. Vor die Kammern für Handelssachen gehören nach Maßgabe der folgenden Vorschriften diejenigen den Landgerichten in erster Instanz zugewiesenen bürgerlichen Rechtsstreitigkeiten, in welchen durch die Klage ein Anspruch geltend gemacht wird:

3 f) aus den Rechtsverhältnissen des ... Rechts der Binnenschiffahrt, insbesondere aus denjenigen, welche sich ... auf die Rechte und Pflichten ... des Schiffseigners ... und der Schiffsbesatzung, auf ... die Haverei, auf den Schadensersatz im Falle des Zusammenstoßes von Schiffen, auf die Bergung und Hilfeleistung und auf die Ansprüche der Schiffsgläubiger beziehen.

2. Durch die Bezugnahme auf § 8 EG. z. GVG. ist ausgeschlossen, daß die Revisionen und Beschwerden in den in § 101 Nr. 3 f. GVG. erwähnten Rechtsstreitigkeiten landesgesetzlich einem obersten Landesgericht zugewiesen werden. Zu bemerken ist, daß auch durch die Widerklage die Zuständigkeit des Reichsgerichts begründet wird, während nach der früheren Ge-

setzesfassung nur die Klage erwähnt war. — Unberührt bleibt die Zuständigkeit der Gewerbegerichte für Streitigkeiten zwischen Personen der Schiffsmannschaft und dem Schiffer oder Schiffseigner und für Streitigkeiten zwischen dem Schiffer und Schiffseigner eines Binnenfahrzeugs. Vgl. Anm. 2 c zu § 21 u. Anm. 1 e zu § 20.

Ausnahmen.

§ 131. Bei Schiffen, welche nur zu Fahrten innerhalb desselben Ortes bestimmt sind, finden auf das Rechtsverhältnis des Schiffers, sowie auf die Beförderung von Gütern die Bestimmungen in § 8 Absatz 4, §§ 15 bis 19, 27 bis 57 und § 72 Absatz 1 keine Anwendung.[1]

Durch die Landesregierungen kann bestimmt werden, daß Fahrten zwischen benachbarten Orten der Fahrt innerhalb desselben Ortes im Sinne des ersten Absatzes gleichstehen.[2]

Auf Schiffahrtsbetriebe, welche im Anschlusse an den Eisenbahnverkehr geführt werden und der staatlichen Eisenbahnaufsichtsbehörde unterstellt sind, finden die vorhergehenden Bestimmungen dieses Gesetzes keine Anwendung.[3]

Das Gleiche gilt bezüglich des Betriebes von Fähranstalten, soweit nicht der Betrieb mittels frei schwimmender Schiffe stattfindet.[4]

1. a) Für den Schiffahrtsverkehr zwischen verschiedenen Stellen desselben Ortes durch Schiffe, welche nur zu solchen Fahrten bestimmt sind (Schuten u. dgl.), sind die im § 131 angeführten Bestimmungen dieses Gesetzes über die persönliche Haftung des Schiffseigners (vgl. unten Anm. c) für Fahrtüchtigkeit des Schiffes beim Antritt der Reise (§ 8 Abs. 4), über die gesetzliche Vertretungsmacht des Schiffers (§§ 15—19), über Einnahme und Beförderung der Ladung (§§ 27—40), über die Pflichten des Frachtführers und des Absenders hinsichtlich der Verladung (§§ 41—45), über die Löschung der Ladung (§§ 46 bis 57) und über die Verpflichtung des Frachtführers zur Ausstellung des Ladescheins (§ 72 Abs. 1) als unanwendbar erklärt. Insbesondere findet auch das Rücktrittsrecht des Absenders (§ 36) im örtlichen Schiffsverkehr keine Anwendung. Vorausgesetzt ist, daß das Schiff lediglich für den örtlichen Schiffsverkehr bestimmt und im gegebenen Falle darin verwendet worden ist.

Insoweit hier das Binnenschiffahrtsgesetz für unanwendbar erklärt ist, wird die im örtlichen Verkehre bestehende Übung als maßgebend zu erachten sein. An Stelle des Ladescheins (§ 72 Abs. 1) wird, wenn der Absender eine schriftliche Erklärung über die erfolgte Abladung der Güter fordert, eine einfache Empfangsbescheinigung des Schiffers genügen. — Förtsch (Anm. 2) und Mittelstein (Anm. 1 c) erachten an Stelle der hier für unanwendbar erklärten § 42 Abs. 2 (Zeit des Reiseantritts), § 52 (Verfügung des Frachtführers über die Ladung) und § 72 Abs. 1 die in § 26 d. G. nicht in Bezug genommenen §§ 428 Abs. 1, 437 und 444 HGB. für die Beförderung von Gütern im Hafenverkehr für anwendbar; zu bemerken ist dabei, daß auch § 428 Abs. 1 HGB. für den Antritt der Reise beim Fehlen einer Vereinbarung in erster Linie den Ortsgebrauch als maßgebend bezeichnet.

b) In allen in Abs. 1 nicht ausgenommenen Beziehungen untersteht auch der örtliche Schiffsverkehr den Vorschriften des Binnenschiffahrtsgesetzes, insbesondere ist auch hier als Schiffer im Sinne des Gesetzes der Führer des Schiffes anzusehen. Von welcher Dauer die Reise des Schiffes ist, und ob der Führer mehr oder weniger beständig ein bestimmtes Schiff führt, ist unerheblich (RG. **48** 68; vgl. OLG. **2** 185). Schutenführer sind demnach Schiffer im Sinne des Binnensch.G. (HGZ. **06** 173). — Von den Umständen des Falles hängt es ab, ob dem Schutenführer aus einem vorübergehenden Verlassen seiner Schute ein

Vorwurf zu machen ist (HGZ. **07** 96). Als Maß der Vertragspflicht in bezug auf die nächtliche Bewachung der für die Güterbeförderung verwendeten Schuten fordert das Reichsgericht (**48**, 69), daß angeordnet werde, wie sich gegebenen Falles der Schiffer zu verhalten hat, daß die getroffenen Anordnungen ausreichend und ausführbar seien, und daß auf ihre Befolgung durch geeignete Aufsichtsführung ernstlich und nachdrücklich gehalten werde. Vgl. HGZ. **01** 143 u. 272, **03** 286 u. 258, **06** 298; RG. **49** 92.

c) Die Unanwendbarkeit des § 8 Abs. 4 ist durch die Reichstagskommission (Ber. 27) mit Rücksicht auf die Verhältnisse des Bugsierverkehrs und der Ewerführerei an Hafenorten, namentlich in Hamburg-Altona, eingefügt worden. „Man erwog, daß man für die Fahrtüchtigkeit des Schiffes bei Antritt der Reise den Schiffseigner nicht noch über die Haftung mit Schiff und Fracht hinaus haftbar machen dürfe, wo, wie beispielsweise bei einer großen Ewerführerbaas der Schiffseigner absolut nicht imstande sei, die vielen kleinen ihm gehörigen Fahrzeuge (Schuten), die zudem oft am Tage vorher beladen, also schon deswegen gar nicht genau untersucht werden könnten, morgens früh bei der Abfahrt auf ihre Fahrtüchtigkeit zu prüfen; aber auch der kleinere Schiffseigner müsse sich auf die Pflichterfüllung des Schutenführers verlassen." Hiernach muß man, obwohl in § 131 Abs. 1 entsprechend dem Wortlaut des Gesetzentwurfs von der Unanwendbarkeit des § 8 Abs. 4 auf das Rechtsverhältnis des Schiffers die Rede ist, diese Unanwendbarkeit auf die persönliche Haftung des Schiffseigners beziehen, vgl. RG. **60** 377; die Haftbarkeit des Schiffseigners mit Schiff und Fracht auch für die Fahrtüchtigkeit folgt gegebenen Falles aus § 4 Ziff. 3. Unberührt bleibt auch die Haftung des Frachtführers aus § 58 d. G., da diese durch § 131 für den örtlichen Verkehr nicht aufgehoben ist; diese Haftung ist entweder eine persönliche oder gemäß § 4 auf Schiff und Fracht beschränkt (RG. **60** 378).

2. Der Abs. 2 ermächtigt die Landesregierungen mit Rücksicht auf die lokalen Umstände Fahrten zwischen benachbarten Orten den Fahrten innerhalb desselben Ortes im Sinne des

Abs. 1 gleichzustellen. Für den Fall, daß es sich um Orte handelt, welche verschiedenen Bundesstaaten angehören, soll einem etwaigen Bedürfnis durch den Erlaß übereinstimmender Anordnungen seitens der beteiligten Landesbehörden Rechnung getragen werden (Begr. 140).

3. Abs. 3 des § 131 schließt die darin bezeichneten Schiffahrtsbetriebe wegen ihrer engen Verbindung mit der Eisenbahn, an welche sie sich anschließen, von der Anwendung der §§ 1—130 d. G. aus, weil auf solche Transporte im wesentlichen die für die Eisenbahn geltenden Bestimmungen anzuwenden sind. Dies trifft namentlich bei den von den Eisenbahnen selbst betriebenen Trajektanstalten zu, auf welchen Personen und Güter in und mit den Eisenbahnwagen übergesetzt werden. Auch für manche andere Schiffahrtsunternehmungen, insbesondere für die Dampfschiffahrt auf dem Bodensee, welche den Bestimmungen des Berner Vertrages über den internationalen Eisenbahnfrachtverkehr unterliegt, gilt der bezeichnete Gesichtspunkt (Begr. 140).

4. Der Abs. 4 hat darin seinen Grund, daß bei den nicht mittels freischwimmender Schiffe betriebenen Fähranstalten ein eigentlicher Schiffahrtsbetrieb nicht vorliegt (Begr. 140). Auf sie finden die §§ 1—130 des Binnensch.G. keine Anwendung, wohl aber § 132.

Befähigungsnachweis der Schiffer und Maschinisten.

§ 132. Der Bundesrat ist befugt, Bestimmungen über den Befähigungsnachweis der Schiffer und Maschinisten für Binnenschiffe zu treffen. Bezüglich der Schiffahrt auf Seen, welche keine fahrbare Verbindung mit einer anderen Wasserstraße haben, steht die Befugnis der Landesregierung zu.[1]

Wer den Bestimmungen zuwider das Gewerbe eines Schiffers oder Maschinisten ausübt, wird mit Geldstrafe bis zu dreihundert Mark bestraft.[2]

1. a) Der Abs. 3 des § 31 Gew.O. beschränkt sich mit Bezug auf den Befähigungsnachweis hinsichtlich der Binnenschiffahrt auf die Vorschrift, daß insoweit als in betreff der Schiffer und Lotsen auf Strömen infolge von Staatsverträgen besondere Bestimmungen getroffen sind, es bei diesen sein Bewenden behält. Ferner überläßt es § 34 Abs. 3 GewO. den Landesgesetzen, den Betrieb des Lotsengewerbes an eine besondere Genehmigung zu knüpfen. An diesen beiden Bestimmungen wird durch das vorliegende Gesetz nichts geändert. Insbesondere bleiben als Staatsverträge zu beachten:

Donauschiffahrtsakte v. 7. Nov. 1857 Art. XVI,
Additionalakte zur Elbschiffahrtsakte vom 13. April 1844 §§ 12—17,
Revidierte Rheinschiffahrtsakte v. 17. Okt. 1868 Art. 15 bis 21,
Weserschiffahrtsakte v. 10. Sept. 1823 § 4 und Additionalakte zu derselben v. 3. Sept. 1857 Art. VI nebst Anlage 4 § 3.

Außerdem kommt in Betracht Art. 10 der Schiffahrtsordnung für den Bodensee v. 22. Sept. 1867.

b) Der § 132 Abs. 1 verleiht dem Bundesrat, und auf abgeschlossenen Seen den Landesregierungen die Befugnis, unter Berücksichtigung der jeweils auf den einzelnen Wasserstraßen obwaltenden Verhältnisse Bestimmungen über den Befähigungsnachweis der Schiffer und Maschinisten auf Binnenschiffen (einschließlich der in § 131 erwähnten) zu treffen. Für den Befähigungsnachweis der Steuerleute auf Binnenschiffen sind keine Bundesratsbestimmungen vorgesehen.

c) In der Plenarsitzung des Reichstags vom 29. April 1895 blieb die Frage streitig, inwieweit nach dem § 132 Abs. 1 der Bundesrat befugt ist, auch innerhalb der bestehenden Schiffahrtskonventionen auf Grund einer Verständigung mit den Vertragsstaaten die Bestimmungen über den Befähigungsnachweis zu ändern, wenn diese Verträge das Recht, den Befähigungsnachweis zu ordnen, ausdrücklich der Landesgesetzgebung oder

Landesverwaltung oder der vertragsmäßigen Feststellung durch die beteiligten Regierungen vorbehalten.

2. Abs. 2 entspricht dem § 147 Nr. 1 GewO. und bezieht sich nur auf Zuwiderhandlungen gegen die nach Abs. 1 erlassenen Bundesratsbestimmungen.

Höhere Verwaltungsbehörde.

§ 133. Welche Behörden in jedem Bundesstaate unter der Bezeichnung „höhere Verwaltungsbehörde" im Sinne dieses Gesetzes zu verstehen sind, wird durch die Zentralbehörde des Bundesstaates bekannt gemacht.

Vgl. §§ 29 Abs. 5, 32, 48 Abs. 4 d. G. — In Preußen sind unter der „höheren Verwaltungsbehörde" im Sinne dieses Gesetzes die Oberpräsidenten zu verstehen.

II.

Gesetz, betreffend

die privatrechtlichen Verhältnisse der Flößerei.

Vom 15. Juni 1895 (RGBl. 1895 S. 341).

---

1. Am 13. Dezember 1894 legte der Reichskanzler dem Reichstage den Entwurf eines Gesetzes betr. die privatrechtlichen Verhältnisse der Flößerei vor (Nr. 82 der Drucksachen. 9. Legislaturperiode. III. Session 1894/95). Der Entwurf wurde in der Sitzung vom 26. Januar 1895 zum ersten Male beraten und an eine Kommission verwiesen, welche in Nr. 254 der Drucksachen ihren Bericht erstattete. Die zweite Beratung fand im Reichstage am 29. April und die dritte am 4. Mai 1895 statt. Das aus jenen Beratungen hervorgegangene Gesetz ist am 15. Juni 1895 sanktioniert und im RGBl. 1895 S. 341 veröffentlicht. Es trat am 1. Januar 1896 in Kraft, durch die neuere Gesetzgebung ist es nicht geändert.

2. Das Gesetz betrifft nur die Flößerei mit verbundenen Hölzern (vgl. § 22 Abs. 2 Satz 2) und schließt sich im großen und ganzen dem Binnensch.G. an.

Es behandelt:

in §§ 1—16 die Rechte und Pflichten des Floßführers,
„ §§ 17—21 die Rechtsverhältnisse der Floßmannschaft,
„ §§ 22, 23 die Beschädigung durch Flöße,
„ §§ 24—29 Bergung und Hilfeleistung,

in § 30 die Verjährung,
„ § 31 die Zuständigkeit des Reichsgerichts,
„ § 32 den Befähigungsnachweis.

Floßführer. Frachtflößer.

§ 1. Floßführer[1] ist, wer ein Floß[2] auf Flüssen oder sonstigen Binnengewässern[3] führt, gleichviel ob er bei einem Unternehmer, welcher die Beförderung des Floßes übernommen hat (Frachtflößer), oder bei dem Eigentümer des Floßes im Dienste steht, oder ob er die Beförderung des Floßes selbst als Frachtflößer übernommen hat.

1. a) Unter Floßführer versteht das Gesetz denjenigen, welchem als dem Vorgesetzten der übrigen Floßbesatzung die verantwortliche Führung des Floßes obliegt. Unter Frachtflößer ist derjenige verstanden, welcher — in der Regel gegen eine Gesamtvergütung — die Beförderung des Floßes übernommen hat (Frachtführer). Auf das Verhältnis des Frachtflößers zu dem Absender und Empfänger finden unter der Voraussetzung des gewerbemäßigen Betriebes die Bestimmungen der §§ 425 bis 451 HGB. Anwendung, insbesondere gilt dies bezüglich der Haftung für Verlust, Beschädigung oder verspätete Ablieferung der Hölzer, bezüglich des Verhältnisses mehrerer aufeinander folgender Frachtflößer und der Geltendmachung der Ansprüche aus dem Frachtvertrage gegen den Empfänger, ferner bezüglich des Pfandrechts des Frachtflößers an den Hölzern wegen der Fracht und der Auslagen (Begr. 9).

b) Der Floßführer kann in einem Dienstverhältnisse zu dem Frachtflößer oder zu dem Floßeigentümer stehen; ersteres ist der Fall, wenn er von dem Frachtflößer zur Führung des Floßes angenommen ist, letzteres, wenn er von dem Floßeigentümer, der selbst die Beförderung besorgt und die Floßbesatzung anstellt, zu jenem Dienste angenommen ist. Mit dem im Gesetze (§§ 2, 5, 6, 8, 9, 10, 11, 15) gebrauchten Ausdruck „Dienstherr" ist daher je nach Lage des Falles entweder der Frachtflößer oder der Floßeigentümer bezeichnet.

c) Möglich ist auch, daß der Frachtflößer zugleich die Stellung des Floßführers ausübt (vgl. § 7). In solchem Falle verdingt sich der Floßführer aber nicht zum persönlichen Dienst als Führer des Floßes, der Vertrag hat vielmehr die Beförderung des Floßes zum Gegenstande. Der Floßführer erhält dann nicht einen persönlichen Lohn für seine Tätigkeit, sondern eine Gesamtvergütung, für welche er alle gewöhnlich vorkommenden Auslagen, insbesondere die Löhne der von ihm angenommenen und in seinem Dienste stehenden Floßmannschaft zu bestreiten hat, wogegen im Falle eines persönlichen Dienstverhältnisses des Floßführers diese Kosten von dem Floßeigentümer getragen werden (Begr. 9).

d) In betreff der Verjährung s. § 30 Nr. 2 u. 5.

2. Floß im Sinne des Gesetzes sind Hölzer, die zwecks Beförderung auf Flüssen oder Binnengewässern verbunden sind; in betreff des Erfordernisses eines Schlafraumes für die Mannschaft s. § 3 Abs. 2.

3. Vgl. Binnensch.G. § 1 u. Anm. 2b dazu.

Sorgfalt und Haftung des Floßführers.

§ 2. [1] **Der Floßführer ist verpflichtet, bei seinen Obliegenheiten, namentlich bei der Erfüllung der von ihm auszuführenden Verträge, die Sorgfalt eines ordentlichen Floßführers anzuwenden.**

Er haftet für jeden durch die Vernachlässigung dieser Sorgfalt entstandenen Schaden [2] nicht nur dem Dienstherrn, sondern auch dem Absender und dem Empfänger des Floßes, [3] sowie den Personen der Floßmannschaft, es sei denn, daß er auf Anweisung des Dienstherrn gehandelt hat.

Auch in dem letzteren Falle bleibt der Floßführer verantwortlich, wenn er es unterlassen hat, dem

Dienstherrn die nach Lage des Falles erforderliche Aufklärung zu erteilen, oder wenn ihm eine strafbare Handlung zur Last fällt.

1. Der § 2 entspricht dem § 7 Binnensch.G., dessen Abs. 4 betr. die Haftung des Dienstherrn für seine Anweisungen als hier entbehrlich nicht ausdrücklich übernommen ist (Begr. 10).

2. Die Haftung ist unbeschränkt. Auch der Dienstherr haftet für das Verschulden des Floßführers nach §§ 278, 831 BGB. bzw. als Frachtflößer nach § 431 HGB. Vgl. auch §§ 22, 23 d. G. und hinsichtlich des Begriffs „Dienstherr" Anm. 1 b zu § 1. — Der Stellvertreter (§ 5) ist gegebenen Falles Floßführer im Sinne des Gesetzes.

3. Unter „Absender" ist im vorliegenden Gesetze derjenige verstanden, welcher die Beförderung seines Floßes einem Frachtflößer übertragen hat (Begr. 10), unter Empfänger derjenige, an welchen das Floß abgeliefert werden soll, auf den der Frachtbrief oder Lieferschein lautet (Komm.Ber. 1). Vgl. Anm. 2 c zu § 46 Binnensch.G.

Dienstobliegenheiten des Floßführers. Schlafraum.

§ 3. Der Floßführer hat vor Antritt der Reise dafür zu sorgen, daß das Floß fest und dauerhaft verbunden, gehörig ausgerüstet, insbesondere mit den nötigen Reserveausrüstungsgegenständen versehen und hinreichend bemannt ist. [1]

Dauert die Reise voraussichtlich so lange, daß ein Übernachten der Floßmannschaft auf dem Floße nötig ist, so muß das letztere mit einem Schlafraume versehen sein. [2]

1. Der Abs. 1 des § 3 entspricht dem § 8 Abs. 1 Binnensch.G. Zur Sorge für die gehörige Ausrüstung des Floßes gehört namentlich die Prüfung, ob die Taue und Ketten sowie die sonst zur

Befestigung des Floßes erforderlichen Vorrichtungen in gutem und brauchbarem Zustande vorhanden sind (Begr. 10). Ein in der Kommission gestellter Antrag, daß das Floß mit einer Laufplanke und einem Rettungskahn versehen sein muß, ist dort schließlich mit Rücksicht auf die Verschiedenheit der Verhältnisse auf den Flüssen und im Hinblick auf die Unfallverhütungsvorschriften der Binnenschiffahrts-Berufsgenossenschaften abgelehnt worden. In diesen Vorschriften ist über Vorhandensein und Beschaffenheit von Laufbrettern, Ankerkähnen und Tragfähigkeit der letzteren Bestimmung getroffen. Außerdem unterliegen die Flößereibetriebe den Bestimmungen des § 120 a der Gewerbeordnung, wonach die Unternehmer verpflichtet sind, die Betriebsvorrichtungen und Gerätschaften so einzurichten und zu unterhalten und den Betrieb so zu regeln, daß die Arbeiter gegen Gefahren für Leben und Gesundheit soweit geschützt sind, wie es die Natur des Betriebes gestattet.

2. Der Abs. 2 des § 3 ist in der Kommission entstanden. Ein Schlafraum muß danach nur vorhanden sein, wenn die Reise voraussichtlich ein Übernachten erforderlich macht. Dehnt der als eintägig vorgesehene Transport sich wider Absicht und Erwarten länger aus, so liegt in dem Nichtvorhandensein des Schlafraums kein Verschulden (Komm.Ber. 4).

Haftung für Angaben im Frachtbrief oder Ladeschein. Borkeverlust.

§ 4. Der Floßführer hat vor Antritt der Reise sich zu überzeugen, daß die Angaben über Stückzahl und Länge der Hölzer in den auf die Beförderung bezüglichen Urkunden (Frachtbrief, Lieferschein) richtig sind, und die Änderung unrichtiger Angaben herbeizuführen.[1] Unterläßt er dies, so wird bis zum Beweise des Gegenteils angenommen, daß der Floßführer die Hölzer in der Zahl und Länge, wie sie in den Urkunden verzeichnet sind, empfangen hat.[2]

Für Borkeverlust ist der Floßführer sowie der Frachtflößer nur im Falle einer böslichen Handlungsweise verantwortlich. [3]

1. Die Verantwortlichkeit des Floßführers für die richtige Ablieferung der ihm übergebenen Hölzer folgt aus § 2. Es ist ihm die Verpflichtung auferlegt, vor Antritt der Reise zu prüfen, ob die Angaben der Begleitpapiere (Frachtbrief oder Lieferschein) über Zahl und Länge der Hölzer richtig sind, und etwa unrichtige Angaben berichtigen zu lassen; anderenfalls werden diese Angaben als richtig angenommen, vorbehaltlich des ihm obliegenden Beweises des Gegenteils. Hinsichtlich der etwaigen anderen Angaben in den auf die Beförderung bezüglichen Urkunden (Stärke, Breite, Art oder Beschaffenheit der Hölzer) ist eine Prüfungspflicht unter dem gleichen Präjudiz nicht angedroht.

2. Die hier aufgestellte Beweisvermutung beschränkt sich nicht ausschließlich auf das Verhältnis des Floßführers zu den übrigen Beteiligten, sondern ist in gleicher Weise für die Haftung des Frachtflößers, in dessen Diensten der Floßführer steht, maßgebend. Auch dieser hat daher die Angaben des Frachtbriefes oder Lieferscheines über Stückzahl und Länge der Hölzer gegen sich gelten zu lassen. Ist der Lieferschein als Ladeschein (§§ 444—449 HGB.) verwendet, so genügt nicht einmal der Nachweis der Unrichtigkeit der Angaben, um den Frachtflößer schlechthin von der Haftung zu befreien; in einem solchen Falle ist vielmehr der Frachtflößer dem legitimierten Besitzer des Scheines für jeden Schaden verantwortlich, welcher diesem durch die von dem Frachtflößer verschuldete Unrichtigkeit der Angaben entstanden ist. (RG. 5 81; Begr. 11.)

3. Hinsichtlich „böslicher Handlungsweise" vgl. Anm. 5 c zu § 4 Binnensch.G.

Behinderung des Floßführers. Stellvertreter.

§ 5. Wenn der Floßführer durch Krankheit oder andere Ursachen verhindert ist, das Floß zu führen,

so darf er den Antritt oder die Fortsetzung der Reise nicht ungebührlich verzögern; er muß vielmehr, wenn Zeit und Umstände es gestatten, die Anordnung des Dienstherrn einholen und für die Zwischenzeit die geeigneten Vorkehrungen treffen, im entgegengesetzten Falle aber einen anderen Floßführer einsetzen.

Für diesen Stellvertreter ist er nur insofern verantwortlich, als ihm bei der Wahl desselben ein Verschulden zur Last fällt.

Der § 5 entspricht dem § 9 Binnensch.G. Der gemäß dieser Vorschrift eingesetzte Stellvertreter ist Floßführer im Sinne des Gesetzes. Wegen der dem behinderten Floßführer obliegenden Mitteilung s. §§ 6 und 7 d. G.

Benachrichtigung des Dienstherrn.

§ 6. Der Floßführer ist verpflichtet, von Beschädigungen des Floßes, von Verlusten an Ausrüstungsgegenständen sowie von der Einsetzung eines anderen Floßführers (§ 5) den Dienstherrn in Kenntnis zu setzen.

Er hat in allen erheblichen Fällen, namentlich wenn er die Reise einzustellen oder zu verändern sich genötigt findet, die Erteilung von Verhaltungsmaßregeln bei dem Dienstherrn nachzusuchen, sofern es die Umstände gestatten.

Der § 6 entspricht dem Abs. 1 des § 10 Binnensch.G.; vgl. Anm. 1 dazu.

Mitteilungen an den Absender.

§ 7. Wenn der Floßführer nicht im Dienste eines Frachtflößers oder des Floßeigentümers steht, sondern selbst als Frachtflößer die Beförderung des Floßes übernommen hat, so sind die in den §§ 5 und 6 vorgeschriebenen Mitteilungen an den Absender zu richten.

Verklarung. (§§ 8—11.)

Obliegenheiten des Floßführers.

§ 8. Wird das Floß von einem Unfall betroffen, so ist der Floßführer berechtigt und auf Verlangen seines Dienstherrn, des Absenders oder des Empfängers des Floßes verpflichtet, vor dem Amtsgerichte des Ortes, an welchem die Reise endet, und, wenn das Floß vorher an einem anderen Orte längere Zeit liegen bleiben muß, vor dem Amtsgerichte dieses Ortes eine Beweisaufnahme über den tatsächlichen Hergang, sowie über den Umfang des eingetretenen Schadens und über die zur Abwendung oder Verringerung desselben angewendeten Mittel zu beantragen. Er hat sich selbst zum Zeugnisse zu erbieten und die zur Feststellung des Sachverhältnisses sonst dienlichen Beweismittel zu bezeichnen.

Die §§ 8—11 entsprechen den §§ 11—14 Binnensch.G. (vgl. die Anmerkungen zu jenen §§, insbesondere Anm. 2 zu § 11 Binnensch.G.). Die Motive zu §§ 8—11 d. G. (Begr. 12) lauten: „Wenn das Floß von einem Unfalle betroffen wird, bei welchem es selbst Schaden leidet, oder seinerseits eine Beschädigung verursacht, für welche nach den Bestimmungen der §§ 22, 23 die Haftung mit dem Floß eintritt, so liegt es ebenso wie bei Unfällen, die einem Schiff oder seiner Ladung zustoßen, im Interesse aller Beteiligten, daß der Sachverhalt in einem schleunigen Verfahren festgestellt und hierdurch eine zuverlässige Beurteilung der Frage ermöglicht wird, welchen Umfang der eingetretene Schaden hat, und wer für ihn verantwortlich ist. Deshalb sind die in den §§ 11—14 des Binnensch.G. über das gerichtliche Beweisverfahren bei Schiffsunfällen mit den durch die Verschiedenheit der Verhältnisse bedingten Abweichungen auf die Flößerei übertragen".

Bestimmung und Bekanntmachung des Termins.

§ 9. Zur Aufnahme des Beweises bestimmt das Gericht einen tunlichst nahen Termin, zu welchem der Floßführer und die sonst bezeichneten Zeugen zu laden sind. Dem Dienstherrn des Floßführers sowie dem Absender und dem Empfänger des Floßes ist von dem Termine Mitteilung zu machen, soweit es ohne unverhältnismäßige Verzögerung des Verfahrens geschehen kann. Die Mitteilung kann durch öffentliche Bekanntmachung erfolgen.

Verfahren bei der Beweisaufnahme.

§ 10. Die Aufnahme des Beweises erfolgt nach den Vorschriften der Zivilprozeßordnung.

Soweit hiernach nicht die Beeidigung des Floßführers ausgeschlossen ist, beschließt über dieselbe das Gericht nach freiem Ermessen.

Der Dienstherr des Floßführers, der Absender und der Empfänger des Floßes, sowie die etwa sonst durch den Unfall Betroffenen sind berechtigt, in Person oder durch Vertreter der Verhandlung beizuwohnen. Sie können eine Ausdehnung der Beweisaufnahme auf weitere Beweismittel beantragen.

Das Gericht ist befugt, eine Ausdehnung der Beweisaufnahme auch von Amts wegen anzuordnen, soweit dies zur Aufklärung des Sachverhalts erforderlich erscheint.

Kosten.

§ 11. In bezug auf die Erhebung von Gebühren und Auslagen finden die für das Verfahren zur Sicherung des Beweises geltenden Bestimmungen des Gerichtskostengesetzes mit der Maßgabe Anwendung, daß als Gebühr nur die Hälfte der dort vorgesehenen Sätze und höchstens ein Betrag von dreißig Mark erhoben wird.

Ist das Verfahren auf Verlangen des Absenders oder des Empfängers beantragt, so hat derselbe die entstandenen Kosten zu erstatten, soweit er nicht Anspruch auf Ersatz des durch den Unfall ihm entstandenen Schadens hat. Die Verpflichtung des Dienstherrn, dem Floßführer die verauslagten Kosten zu erstatten, wird hierdurch nicht berührt.

Pflichten des Floßführers am Ablieferungsorte (§§ 12—14).

Benachrichtigung des Empfängers.

§ 12. Sobald das Floß am Ablieferungsorte angekommen ist, hat der Floßführer dies dem Empfänger anzuzeigen.[2])

Wenn der Empfänger nicht zu ermitteln ist, so muß die Anzeige durch öffentliche Bekanntmachung in ortsüblicher Weise erfolgen.[3]

1. Die §§ 12—14 enthalten Vorschriften für das Verhalten des Floßführers nach der Ankunft am Ablieferungsorte, gleich-

viel, ob er von dem Floßeigentümer oder dem Frachtflößer angestellt ist. Die Vorschriften schließen sich den §§ 46, 47, 52 Binnensch.G. an.

2. Hinsichtlich des Begriffs: „Empfänger" vgl. Anm. 3 zu § 2. Daß die Anzeige an einem Werktage innerhalb der ortsüblichen Geschäftsstunden erfolgen muß, ist hier nicht wie im § 47 Abs. 2 Binnensch.G. bestimmt, indessen greifen mit derselben Wirkung die §§ 193, 242 BGB. ein.

3. Der öffentlichen Bekanntmachung müssen geeignete Ermittelungen, insbesondere bei einer etwaigen Meldeadresse bzw. bei der Polizeibehörde, voraufgehen; die Kosten der öffentlichen Bekanntmachung hat der Empfänger bzw. der Absender zu tragen (vgl. Anm. 5 zu § 47 Binnensch.G.).

Festlegung des Floßes.

§ 13. [1] Der Floßführer hat das Floß an dem ihm von dem Empfänger angewiesenen Platze festzulegen.

Wenn die Anweisung nicht rechtzeitig erfolgt, oder wenn die Wassertiefe, die örtlichen Verordnungen oder Einrichtungen oder die Sperrung des Platzes durch andere Flöße oder durch Schiffe die Befolgung der erteilten Anweisung nicht gestatten, so kann der Floßführer, falls der Empfänger auf die Aufforderung nicht unverzüglich einen geeigneten Platz bezeichnet, selbst einen Platz zum Festlegen des Floßes wählen.

Bei der Auswahl dieses Platzes hat der Floßführer das Interesse des Empfängers tunlichst zu berücksichtigen; auch hat er ihm unverzüglich von der Festlegung des Floßes Mitteilung zu machen. [2]

Ist der von dem Empfänger bezeichnete Platz nur

zeitweilig nicht zu erreichen, so ist der Floßführer auf Verlangen des Empfängers verpflichtet, mit der Mannschaft so lange bei dem Floße zu bleiben, bis es an diesem Platze festgelegt ist. Die durch den Aufenthalt entstehenden Mehrkosten hat der Empfänger zu ersetzen.[3]

1. § 13 Abs. 1—3 entspricht dem § 46 Abs. 1 u. 2 Binnensch.G. und betrifft den Fall, daß nicht ein bestimmter Platz zur Festlegung des Floßes vereinbart ist. Vgl. Anm. 2b zu § 46 Binnensch.G.

2. Eine kostenfreie Löschzeit, wie sie bei der Binnenschiffahrt dem Empfänger zum Zwecke der Löschung gewährt werden muß, kommt bei der Flößerei nicht in Betracht. Nach der Festlegung des Floßes an dem angewiesenen bzw. von dem Floßführer unter Beachtung von § 13 Abs. 2 u. 3 gewählten Platze ist die Ablieferung des Floßes in der Regel erfolgt.

3. Der Abs. 4 des § 13 berücksichtigt den besonderen Fall, daß der vom Empfänger bezeichnete Platz nur zeitweilig nicht zu erreichen ist. Der Empfänger hat dann das Recht, das Floß noch nachträglich an diesen Platz bringen zu lassen, und der Floßführer ist verpflichtet, auf Verlangen des Empfängers und auf dessen Kosten mit der Mannschaft so lange bei dem Floß zu bleiben, bis das Hindernis beseitigt und das Floß an den betreffenden Platz übergeführt ist (Begr. 13).

Annahmeweigerung und Unauffindbarkeit des Empfängers.

§ 14. Verweigert der Empfänger die Annahme des Floßes oder ist er nicht zu ermitteln, so ist der Floßführer befugt, das Floß einem Spediteur oder einem sonst geeigneten Dritten für Rechnung und Gefahr des Empfängers zu übergeben.

Er hat hiervon den Absender und, falls der Empfänger bekannt ist, auch diesen unverzüglich zu benachrichtigen.

Der § 14 entspricht dem § 52 Binnensch.G. Eine Verpflichtung, wie angegeben zu verfahren, ist dem Floßführer nicht auferlegt, sondern nur eine Befugnis erteilt, um sich von der custodia befreien zu können. Eine öffentliche Bekanntmachung wie in § 52 Abs. 3 Binnensch.G. ist hier nicht vorgeschrieben.

Vertretungsbefugnis des Frachtführers.

§ 15. Zur Vornahme von Rechtsgeschäften für den Dienstherrn, insbesondere zur Einziehung der Frachtforderung desselben, ist der Floßführer nur auf Grund einer ihn hierzu ermächtigenden Vollmacht befugt.

Der § 15 will jeden Zweifel darüber ausschließen, ob der Floßführer etwa wie der Schiffer (§ 15 Binnensch.G.) eine gewisse gesetzliche Vertretungsvollmacht für den Dienstherrn hat. Das Gesetz verneint dies. Der Floßführer als solcher (vgl. § 1) kann daher die Frachtforderung nur auf Grund einer Vollmacht, die ihm im Frachtbriefe oder Lieferscheine erteilt sein kann, einziehen. Selbstverständlich aber kann der Floßführer, wenn er selbst als Frachtflößer die Beförderung des Floßes übernommen hat, von dem Empfänger die Fracht verlangen. — Nach § 15 d. G. erscheint der Floßführer auch nicht befugt, während der Reise Flößer zu entlassen oder anzustellen (Mittelstein Anm. 1 zu § 15). Hinsichtlich seiner Befugnis zur Einsetzung eines anderen Floßführers vgl. § 5.

Dienstverhältnis des Floßführers.

§ 16. Der Floßführer untersteht, soweit nicht in diesem Gesetze ein anderes bestimmt ist, den Vorschriften, welche für die im § 133a der Gewerbeordnung bezeichneten Personen gelten.

Das Dienstverhältnis des Floßführers endigt, sofern nicht ein anderes verabredet ist, mit der Vollendung der Reise und der Ablieferung des Floßes.

Hinsichtlich der Voraussetzungen, unter welchen beiden Teilen das Recht zusteht, die Auflösung des Dienstverhältnisses vor Ablauf der vertragsmäßigen Zeit und ohne Innehaltung einer Kündigungsfrist zu verlangen, bewendet es bei den Bestimmungen der §§ 133b bis 133d der Gewerbeordnung.

Ist ein die sofortige Entlassung rechtfertigender Grund nicht vorhanden, so kann der Floßführer zwar jederzeit seines Dienstes enthoben werden, jedoch unbeschadet seiner Entschädigungsansprüche für die vertragsmäßige Dauer des Dienstverhältnisses.

Wird das Dienstverhältnis vor der Ankunft des Floßes am Ablieferungsorte während der Reise aufgehoben, so hat der Floßführer Anspruch auf die Kosten der Rückreise nach dem Orte, an welchem er in Dienst getreten ist. Diese Bestimmung findet keine Anwendung, wenn der Floßführer sich einer Handlung schuldig gemacht hat, welche geeignet ist, seine sofortige Entlassung zu rechtfertigen.[2]

1. Der § 16 entspricht dem § 20 Binnensch.G. mit den Abweichungen, welche sich daraus ergeben, daß der Floßführer in der Regel nur für eine bestimmte Reise, welche am Ablieferungsorte enden soll, angenommen wird. Jedoch bezieht sich § 16, wie die Bezugnahme auf die Vorschriften der Gewerbeordnung ergibt, nur auf denjenigen Floßführer, der im Dienste des Floßeigentümers oder des Frachtflößers steht, nicht auch auf denjenigen, der selbst als Frachtflößer tätig ist (Anm. 1 c zu § 1). Hinsichtlich der hier in Betracht kommenden Vorschriften der

GewO., des BGB. und des GewGG. vgl. Anm. 1 zu § 20, Binnensch.G.

2. Aus § 16 d. G. und den in Anm. 1 erwähnten Vorschriften ergibt sich für das Dienstverhältnis des Floßführers folgendes:

a) Der Floßführer gilt als Betriebsbeamter im Sinne des § 133 a GewO., soweit nicht im § 16 d. G. etwas anderes bestimmt ist (§ 16 Abs. 1).

b) Für die Dauer des Dienstverhältnisses ist in erster Linie die Vereinbarung maßgebend (§ 16 Abs. 2).

c) Mangels anderer Vereinbarung endigt das Dienstverhältnis mit der Vollendung der Reise und der Ablieferung des Floßes (§ 16 Abs. 2).

d) Vor Ablauf der vertragsmäßigen oder gesetzlichen (§ 16 Abs. 2) Zeit kann das Dienstverhältnis beim Vorliegen wichtiger Gründe nach näherer Maßgabe der §§ 133 b bis 133 d GewO. jederzeit von beiden Teilen aufgelöst werden (Abs. 3).

e) Außerdem kann der Floßführer zu jeder Zeit seines Dienstes enthoben werden, er hat aber, wenn ein seine Entlassung rechtfertigender Grund (s. Anm. d) nicht vorliegt, Anspruch auf Entschädigung für die vertragsmäßige oder gesetzliche Dauer (Abs. 2) des Verhältnisses und auf Rückreisekosten nach dem Orte des Dienstantritts (Abs. 4 u. 5).

f) Bei rechtswidriger vorzeitiger Auflösung des Dienstverhältnisses von seiten des Floßführers hat der Dienstherr den Entschädigungsanspruch aus § 124 b GewO.

g) Kommt der Dienstherr mit der Annahme der Dienste in Verzug, so greift § 615 BGB. ein.

h) Wer den Floßführer verleitet, vor rechtmäßiger Beendigung des Dienstverhältnisses den Dienst zu verlassen, ist schadensersatzpflichtig gemäß § 125 GewO.

i) Für die Konkurrenzklausel kommt § 133 f GewO. zur Anwendung.

k) Falls der Jahresarbeitsverdienst des Floßführers an Lohn oder Gehalt 2000 M. nicht übersteigt, ist für die Streitigkeiten zwischen Floßführer und Dienstherrn § 4 GewGG. (RGBl. 01 S. 249) maßgebend (vgl. Anm. 1e zu § 20 Binnensch.G.).

3. In betreff der Verjährung der Forderungen des Floßführers aus dem Dienstvertrage (vgl. Anm. 2e u. 2g) s. § 30 d. G.

Floßmannschaft (§§ 17—21).

Begriff.

§ 17. Zur Floßmannschaft gehören mit Ausnahme des Floßführers alle zum Flößereidienste auf dem Floße angestellten Personen.

Die Floßmannschaft untersteht der Gewerbeordnung.

Die §§ 17—21 entsprechen im wesentlichen den §§ 21—25 Binnensch.G. Die Streitigkeiten der Floßmannschaft mit ihrem Arbeitgeber gehören nach Maßgabe des § 4 GewGG. zur Zuständigkeit der Gewerbegerichte (s. Anm. 1e zu § 20, Anm. 2 zu § 21 Binnensch.G.).

Dienstantritt.

§ 18. Die Verpflichtung des Floßmannes zum Dienstantritt beginnt, wenn nichts anderes verabredet ist, mit dem Abschlusse des Dienstvertrages. Tritt der Floßmann den Dienst nicht binnen vierundzwanzig Stunden an, so braucht er nicht mehr angenommen zu werden. Seine Verbindlichkeit zum Schadensersatze wird hierdurch nicht berührt.

Vgl. Anm. 1 u. 2 zu § 22 Binnensch.G.

Dienstpflichten.

§ 19. Der Floßmann ist verpflichtet, in Ansehung des Floßdienstes den Anordnungen des Floßführers

Folge zu leisten und jederzeit alle für die Flößerei ihm übertragenen Arbeiten zu verrichten.[1]

Er darf das Floß ohne Erlaubnis des Floßführers nicht verlassen.

Wird das Floß von einem Unfall betroffen, so hat der Floßmann für Rettung der Personen und für Sicherung der Floßteile und der Gerätschaften den Anordnungen des Floßführers gemäß nach besten Kräften zu sorgen.[2]

1. Zu den Arbeiten für die Flößerei, welche der Floßführer zu verrichten hat, gehören nicht nur die auf die Fortbewegung des Floßes bezüglichen Verrichtungen, sondern auch die Arbeiten, welche behufs Herstellung des Floßes und etwa zur Verbringung der Hölzer an das Land erforderlich sind (Begr. 14). Vgl. Anm. zu § 23 Binnensch.G.; insbesondere findet im Flößereibetriebe keine zwangsweise Anhaltung des Floßmannes zur Diensterfüllung und kein Anspruch auf Sonntagsruhe Platz.

2. Vgl. § 24 Abs. 3 d. G.

Löhnungstermin.

§ 20. Wenn über die Zeit der Lohnzahlung nichts anderes vereinbart ist, so kann der Floßmann am Schlusse jeder zweiten Woche die Auszahlung des verdienten Lohnes verlangen.

Vgl. die Anmerkungen zu § 24 Binnensch.G. und hinsichtlich der Verjährung § 30 Nr. 2 u. Abs. 2 d. G.

Dienstbeendigung.

§ 21. Das Dienstverhältnis des Floßmannes endigt, sofern nicht ein anderes verabredet ist, mit der Vollendung der Reise und der Ablieferung des Floßes.[1]

Hinsichtlich der Voraussetzungen, unter welchen beiden Teilen das Recht zusteht, die Auflösung des Dienstverhältnisses vor Ablauf der vertragsmäßigen Zeit zu verlangen, finden die Bestimmungen der §§ 123 bis 124a der Gewerbeordnung[2] mit der Maßgabe Anwendung, daß die sofortige Entlassung des Floßmannes auch stattfinden kann, wenn der Antritt oder die Fortsetzung der Reise durch den Eintritt des Winters verhindert wird.[3]

Ist ein die sofortige Entlassung rechtfertigender Grund nicht vorhanden, so kann der Floßmann zwar jederzeit seines Dienstes enthoben werden, jedoch unbeschadet seiner Entschädigungsansprüche für die vertragsmäßige Dauer des Dienstverhältnisses.

Wird das Dienstverhältnis vor der Ankunft des Floßes am Ablieferungsorte während der Reise aufgehoben, so hat der Floßmann Anspruch auf die Kosten der Rückreise nach dem Orte, an welchem er in Dienst getreten ist. Diese Bestimmung findet keine Anwendung, wenn der Floßmann sich einer Handlung schuldig gemacht hat, welche geeignet ist, seine sofortige Entlassung zu rechtfertigen.[4]

1. Vgl. Anm. 2 b u. c zu § 16 d. G.

2. Vgl. Anm. 1 a zu § 25 Binnensch.G.

3. Der bloße Eintritt des Winters ist kein Entlassungsgrund, vielmehr muß Reiseantritt oder Reisefortsetzung durch den Eintritt des Winters verhindert sein. Vgl. Anm. 2 zu § 25 Binnensch.G.

4. Vgl. Anm. 2 e zu § 16 d. G.

Beschädigung durch Flöße (§§ 22, 23).

a) Dingliche Haftung.

§ 22. Für Beschädigungen, welche infolge des Verschuldens des Floßführers oder einer Person der Floßmannschaft durch das Floß verursacht werden, haftet der Eigentümer mit dem Floße, unbeschadet seines Rückgriffsrechts gegen den Frachtflößer und gegen die schuldigen Personen. Für das Verschulden eines Zwangslotsen ist der Eigentümer nicht verantwortlich.[1]

Dem Entschädigungsberechtigten steht wegen seines Anspruchs ein Pfandrecht an dem Floße mit den im § 41 der Konkursordnung[2] bezeichneten Wirkungen zu. Das Pfandrecht ist, solange das geflößte Holz noch ein geschlossenes Floß bildet, gegen jeden Besitzer verfolgbar. Nach diesem Zeitpunkte kann das Pfandrecht nicht zum Nachteile des dritten Erwerbers, der den Besitz in gutem Glauben erlangt hat, geltend gemacht werden.[3]

Die Klage kann, solange das Floß noch nicht abgeliefert ist, gegen den Floßführer gerichtet werden.[4]

1. a) § 22 Abs. 1 bestimmt die Haftung des Floßeigentümers mit dem Floße für Beschädigungen, welche dasselbe infolge eines Verschuldens des Floßführers oder der Floßmannschaft verursacht und zwar ohne Rücksicht darauf, ob die Besatzung im Dienste des Floßeigentümers gestanden hat oder nicht. „Denn wer sein Material ohne Benutzung eines Schiffsgefäßes unter Umständen befördert, die, ähnlich wie die Bewegungen eines Fahrzeuges, mit besonderen Gefahren für andere verbunden sind, muß es sich gefallen lassen, daß dieses Material für den Schaden, den es bei dem Transport angerichtet hat, von den Geschädigten in Anspruch genommen wird" (Begr. 15). Unerheblich ist, ob zur Zeit der Beschädigung das Floß noch als solches bestand, oder ob die infolge ungenügender Verbindung (Verschulden des Floßführers) auseinandergehenden Teile des Floßes den Schaden verursacht haben (§ 3 d. G.; OLG. **13** 65, HGZ. **06** 22). Der Eigentümer als solcher (vgl. Anm. 2 zu § 23) haftet dagegen nicht für Schäden, welche durch Verschulden der Floßbesatzung bei Ausführung ihrer Dienstverrichtungen, aber nicht unmittelbar durch das Floß, sondern in anderer Weise herbeigeführt sind. Bei konkurrierendem Verschulden des Geschädigten greift § 254 BGB. ein.

b) Wird der Floßeigentümer, der die Beförderung des Floßes einem Frachtflößer übertragen hat, auf Grund des § 22 in Anspruch genommen, so kann er auf Grund des § 431 HGB. Regreß an den Frachtflößer und die schuldigen Personen nehmen (Begr. 16); diese Regreßforderung verjährt in einem Jahre (§ 30 Nr. 3).

c) Hinsichtlich des Zwangslotsen vgl. Anm. 2a zu § 3 Binnensch.G.

2. Jetzt §§ 49 Nr. 2, 48 KO.

3. a) Nach Abs. 1 haftet der Eigentümer nur mit dem Floße, nicht persönlich (§ 23). Den Entschädigungsberechtigten ist daher ein Pfandrecht eingeräumt, welches im Konkurse nach §§ 49 Nr. 2, 48 KO. ein Absonderungsrecht an dem Floße gewährt.

b) Gegenstand des Pfandrechtes ist das Floß in demjenigen Umfange, welchen es bei Zufügung des Schadens hatte. Jede zu einem Ganzen verbundene, für sich schwimmende Menge von Floßhölzern muß als ein selbständiges Floß im Sinne des Gesetzes angesehen werden. Es ist auch ohne Bedeutung, ob ein Floß vorher mit anderen Flößen zu einem Ganzen verbunden war oder später mit anderen in dieser Weise verbunden wird. Namentlich wird hierdurch, selbst wenn die verschiedenen Teile eines solchen Gesamtfloßes demselben Eigentümer gehören, die Haftung des Eigentümers und das Pfandrecht des Geschädigten nicht auf andere Hölzer ausgedehnt als auf diejenigen, aus welchen das den Schaden verursachende Floß zur Zeit der Schadenszufügung bestand (Begr. 16).

c) Das Pfandrecht gewährt dem Geschädigten nur das Recht, vorzugsweise Befriedigung aus dem Floße im Wege der Klage zu erwirken, nicht aber das Recht, das Floß oder Teile desselben an sich zu nehmen oder festzuhalten. Die Klage geht auf Verurteilung zur Vermeidung der Zwangsvollstreckung in das Floß, der Richter hat die Beschränkung von Amts wegen in die Urteilsformel aufzunehmen. Veräußerung des Floßes während des Rechtsstreits ist ohne Einfluß (vgl. Anm. 4a zu § 97, Anm. 4b zu § 103 Binnensch.G.). — Unberührt bleiben die landesgesetzlichen Bestimmungen, welche dem Grundbesitzer die Befugnis einräumen, einen Gegenstand, durch welchen sein Grundstück beschädigt worden ist, unter gewissen Voraussetzungen im Wege der Selbsthilfe zu pfänden und nur gegen Sicherheitsleistung freizugeben. Vgl. Art. 89 EG. z. BGB.

d) Das Pfandrecht ist gegen jeden dritten Besitzer verfolgbar, so lange das geflößte Holz noch ein geschlossenes Floß bildet, also als Fahrzeug zu betrachten ist (Komm.Ber. 6). Ist dasselbe aufgelöst, so ist das Holz nur wie eine Ware zu betrachten, und das Pfandrecht kann von da ab (entsprechend § 89 Abs. 2 u. § 98 Binnensch.G., § 366 HGB.) zum Nachteile des dritten Erwerbers, der den Besitz in gutem Glauben erlangt hat, nicht geltend gemacht werden.

e) Die Schadensersatzforderung aus § 22 verjährt in einem Jahre (§ 30 Nr. 3).

4. a) Hinsichtlich der Ablieferung vgl. Anm. 2 zu § 13.

b) Für die Klage ist, abweichend von § 28 Abs. 3 kein besonderer Gerichtsstand bestimmt, sie ist daher im allgemeinen Gerichtsstande des Floßführers oder gemäß § 32 CPO. dort anzubringen, wo die Beschädigung verübt worden ist. Da das Pfandrecht ferner nach Abs. 2 Satz 2 gegen jeden Besitzer verfolgbar ist, so ist für die Klage, entsprechend § 103 Abs. 2 Binnensch.G. (vgl. Anm. 4c dazu), ein Gerichtsstand auch bei demjenigen Gerichte gegeben, in dessen Bezirke das Floß sich zur Zeit der Klageerhebung befindet. Hinsichtlich der Zuständigkeit der Kammern für Handelssachen vgl. Anm. zu § 31 d. G.

b) Persönliche Haftung.

§ 23. Eine persönliche Verpflichtung des Eigentümers wird durch die Bestimmungen des § 22 nicht begründet. Soweit jedoch im Falle der Veräußerung des Floßes das Pfandrecht an diesem erlischt, haftet der Veräußerer in Höhe des Erlöses persönlich.[1]

Eine nach dem bürgerlichen Rechte begründete persönliche Haftung des Eigentümers des Floßes oder des Frachtflößers wird hierdurch nicht berührt.[2]

1. Satz 2 des § 23 Abs. 1 beruht auf demselben Grunde, wie § 113 Binnensch.G. Da der Eigentümer nur mit dem Floße haftet, so soll er zum Nachteile der Pfandgläubiger sich durch die Veräußerung nicht mit dem Erlöse bereichern dürfen.

2. Das Gesetz enthält keine Bestimmung, ob der Frachtflößer, abgesehen von seiner Regreßpflicht gegenüber dem Floßeigentümer, auch dem Geschädigten gegenüber unmittelbar für den infolge Verschuldens der Floßbesatzung durch das Floß verursachten Schaden haftet. In dieser Beziehung sowie in betreff der Frage, ob der Floßeigentümer, welcher zugleich der Dienstherr der Besatzung ist, für deren Verschulden auch persönlich haftet, verbleibt es bei den Bestimmungen des allgemeinen bürgerlichen Rechtes. Danach kommen zur Anwendung:

a) wenn der Dienstherr sich der Floßbesatzung zur Erfüllung einer Verbindlichkeit gegenüber dem Beschädigten bediente, die §§ 431 HGB. (abgedruckt bei § 26 Binnensch.G.) und 278 BGB.,

b) für außerkontraktliche Verhältnisse § 831 BGB.

Die Bestimmungen des BGB. lauten:

§ **278.** Der Schuldner hat ein Verschulden seines gesetzlichen Vertreters und der Personen, deren er sich zur Erfüllung seiner Verbindlichkeit bedient, in gleichem Umfange zu vertreten wie eigenes Verschulden. Die Vorschrift des § 276 Abs. 2 findet keine Anwendung.[aa)]

---

aa) Die Haftung wegen Vorsatzes des Vertreters und der Hilfspersonen kann also hier im voraus erlassen werden. Auch

§ 831. Wer einen Anderen zu einer Verrichtung bestellt, ist zum Ersatze des Schadens verpflichtet, den der Andere in Ausführung der Verrichtung einem Dritten widerrechtlich zufügt. Die Ersatzpflicht tritt nicht ein, wenn der Geschäftsherr bei der Auswahl der bestellten Person und, sofern er Vorrichtungen oder Gerätschaften zu beschaffen oder die Ausführung der Verrichtung zu leiten hat, bei der Beschaffung oder der Leitung die im Verkehr erforderliche Sorgfalt beobachtet oder wenn der Schaden auch bei Anwendung dieser Sorgfalt entstanden sein würde.

Die gleiche Verantwortlichkeit trifft denjenigen, welcher für den Geschäftsherrn die Besorgung eines der im Abs. 1 Satz 2 bezeichneten Geschäfte durch Vertrag übernimmt.

Hinsichtlich der Haftung des Floßeigentümers und des Frachtflößers für eigenes Verschulden verbleibt es ebenfalls bei den Bestimmungen des allgemeinen bürgerlichen Rechtes.

Bergung und Hilfeleistung (§§ 24—29).

Bergelohn. Hilfslohn.

§ 24.[1] **Wird ein in Gefahr befindliches, von der Floßbesatzung[2] verlassenes Floß oder werden Teile eines Floßes, welche auf dem Wasser treiben oder an das Ufer getrieben sind, geborgen, so hat der Berger Anspruch auf Bergelohn.**[3]

Wird außer den bezeichneten Fällen ein Floß durch die Hilfe dritter Personen aus einer Gefahr gerettet, so haben diese Anspruch auf Hilfslohn.[4]

Der Besatzung des Floßes steht ein Anspruch auf Berge- oder Hilfslohn nicht zu.[5]

---

die Haftung für Versehen des Schuldners selbst kann vertraglich ausgeschlossen werden (§ 276 Abs. 2 BGB.).

1. Die §§ 24—29 entsprechen im wesentlichen den §§ 93—100 Binnensch.G. Vgl. die Anmerkungen dazu und hinsichtlich der Verjährung des Berge- und Hilfslohnes § 30 Nr. 4 d. G.

2. Die Floßbesatzung wird aus dem Floßführer (§ 1) und der Floßmannschaft (§ 17) gebildet.

3. Der § 24 berücksichtigt in Anlehnung an die §§ 20, 21 der Strandungsordnung vom 17. Mai 1874 (RGBl. S. 73) die Bergung auch hinsichtlich der auf dem Wasser treibenden oder an das Ufer getriebenen Floßteile (Stämme, Balken oder Bretter), er gewährt Bergelohn, versagt ihn aber (§ 27 Nr. 2), wenn von den geborgenen Gegenständen nicht sofort Anzeige gemacht wird. — Im Falle rechtswidriger Zueignung angetriebener Floßteile tritt Bestrafung wegen Unterschlagung ein.

4. Die Hilfeleistung im Sinne des Gesetzes wird einem in Gefahr befindlichen aber von der Besatzung nicht verlassenen Floße gewährt.

5. Vgl. Anm. 4 zu § 93 Binnensch.G.

Betrag des Berge- und Hilfslohnes. Kosten.

§ 25. In Ermangelung einer Vereinbarung wird die Höhe des Berge- oder Hilfslohnes unter Berücksichtigung der Umstände des Falles durch das Gericht nach billigem Ermessen festgesetzt.

Der Berge- und Hilfslohn umfaßt zugleich die Vergütung für die Aufwendungen, welche zum Zweck des Bergens und Rettens geschehen sind.

Nicht darin enthalten sind die Kosten und Gebühren der Behörden, die Kosten für die Aufbewahrung, Erhaltung, Abschätzung und Veräußerung der geborgenen oder geretteten Gegenstände, sowie die auf diesen ruhenden Zölle und sonstigen Abgaben.

Bei der Bestimmung des Betrages des Berge- oder

Hilfslohnes kommen insbesondere in Anschlag: der bewiesene Eifer, die verwendete Zeit, die geleisteten Dienste, die geschehenen Aufwendungen, die Zahl der tätig gewesenen Personen, die Gefahr, welcher dieselben ihre Person, ihre Fahrzeuge oder ihre Geräte ausgesetzt haben, sowie die Gefahr, welche den geborgenen oder geretteten Gegenständen gedroht hat, und der nach Abzug der Kosten (Absatz 3) verbliebene Wert derselben.

Vgl. die Anmerkungen zu § 94 Binnensch.G. und hinsichtlich der Verjährung der Bergungs- und Hilfs k o st e n § 30 Nr. 4 d. G.

Verteilung des Berge- und Hilfslohnes.

§ 26. Haben sich mehrere Personen an der Bergung oder Hilfeleistung beteiligt, so wird der Berge- oder Hilfslohn unter dieselben nach Maßgabe der persönlichen und sachlichen Leistungen der einzelnen verteilt.

Zur entsprechenden Teilnahme sind auch diejenigen berechtigt, welche sich in derselben Gefahr der Rettung von Menschen unterzogen haben.

Vgl. Anm. 1 zu § 95 Binnensch.G.

Ausschluß des Berge- und Hilfslohns.

§ 27. Auf Berge- und Hilfslohn hat keinen Anspruch:

1. wer seine Dienste aufgedrungen, insbesondere wer ohne Erlaubnis des anwesenden Floßführers das Floß betreten hat;

2. wer von den geborgenen Gegenständen dem Floßführer, dem Eigentümer oder der zuständigen Behörde nicht sofort Anzeige gemacht hat.

Vgl. Anm. zu § 96 Binnensch.G.

Pfandrecht für Bergungs- und Hilfskosten. Gegenpartei und Gerichtsstand.

§ 28. [1] Wegen der Bergungs- und Hilfskosten, einschließlich des Berge- und Hilfslohnes, steht dem Gläubiger an den geborgenen oder geretteten Gegenständen ein Pfandrecht mit den im § 41 der Konkursordnung bezeichneten Wirkungen zu. [2] Geborgene Gegenstände können bis zur Sicherheitsleistung zurückbehalten werden. [3]

In bezug auf die Verfolgbarkeit des Pfandrechts gegen dritte Besitzer finden die Bestimmungen des § 22 Absatz 2 [4] und in bezug auf die persönliche Verpflichtung des Eigentümers des Floßes die Bestimmungen des § 23 Absatz 1 entsprechende Anwendung. [5]

Die Pfandklage kann, solange die geretteten Gegenstände noch nicht an den Empfänger ausgeliefert sind, gegen den Floßführer gerichtet werden. [6] Zuständig ist das Gericht, in dessen Bezirke die Bergung oder Hilfeleistung stattgefunden hat. [7]

1. Der § 28 entspricht dem § 97 Binnensch.G., nur greifen laut Abs. 2 hinsichtlich der Verfolgbarkeit des Pfandrechts nicht die für das Schiffsgläubigerrecht gegebenen Bestimmungen, sondern die durch die besonderen Verhältnisse der Flößerei bedingten Beschränkungen Platz, welche in § 22 Abs. 2 d. G. für die Ersatzforderungen wegen Beschädigung durch Flöße festgesetzt sind.

2. Bergungs- und Hilfskosten begründen, abgesehen von dem Falle des Erlöschens des Pfandrechts durch Veräußerung des Floßes seitens des Eigentümers (§ 28 Abs. 2, § 23 Abs. 1 Satz 2), keine persönliche Verpflichtung. Hieran ändert auch der Umstand nichts, daß die Hilfe nachgesucht worden ist; doch kann eine persönliche Verpflichtung vertragsmäßig übernommen werden, der Floßführer als solcher ist aber zu ihrer Übernahme namens des Dienstherrn nicht befugt (§ 15). Dagegen ist der Anspruch auf Bergungs- und Hilfskosten mit dem Pfandrecht an den geborgenen oder geretteten Gegenständen (also nicht an dem übrigen Floße, wenn nur Floßteile geborgen sind [§ 24 Abs. 1]) ausgestattet. Die in § 41 der Konkursordnung früherer Fassung festgesetzte Wirkung (Absonderungsrecht) regelt sich jetzt nach §§ 49 Nr. 2, 48 KO.

War das Rettungswerk erfolglos, so besteht kein Anspruch.

3. Vgl. Anm. 3 zu § 97 Binnensch.G.

4. Das Pfandrecht an dem geborgenen oder geretteten Floß ist gegen jeden dritten Besitzer verfolgbar, solange das geflößte Holz noch ein geschlossenes Floß bildet (§ 22 Abs. 2 Satz 2). Ist es aufgelöst, so kann das Pfandrecht an den Hölzern nicht zum Nachteile des dritten gutgläubigen Erwerbers geltend gemacht werden. Floßteile, welche Gegenstand des Rettungswerks waren, unterliegen den Grundsätzen über den Erwerb von Rechten an beweglichen Sachen (§§ 932, 936 BGB., § 366 HGB.)

5. Vgl. Anm. 1 zu § 23 d. G.

6. Vgl. Anm. 4 a zu § 97 Binnensch.G.

7. Ein ausschließlicher Gerichtsstand ist hiermit nicht gegeben.

Rangordnung der Pfandrechte.

§ 29. Die Pfandrechte für Bergungs- und Hilfskosten haben den Vorrang vor den Pfandrechten für Ansprüche wegen Beschädigung durch das Floß (§ 22). Unter mehreren Pfandrechten der ersteren Art geht das später entstandene dem früher entstandenen vor; mehrere Pfandrechte für Ansprüche wegen Beschädigung stehen im Range gleich.

Beide Arten von Pfandrechten gehen allen sonstigen Pfandrechten vor.

Nach § 29 haben die Bergungs- und Hilfskosten, da bei ihnen der Gesichtspunkt der nützlichen Verwendung entscheidet, den Vorrang vor allen sonst etwa begründeten Pfandrechten, und aus demselben Grunde geht unter den ersteren das später entstandene den früheren vor. Dagegen stehen mehrere Ansprüche für Beschädigungen durch das Floß einander im Range gleich. Die Bergungs- und Hilfskosten sowie die Ansprüche für Beschädigungen gehen allen anderen Pfandrechten, insbesondere auch dem Pfandrechte des Frachtflößers wegen Fracht- und Nebenkosten (HGB. § 440) vor. — Die Bestimmung des § 14 Vereinszoll-G. vom 1. Juli 1869, wonach die zollpflichtigen Gegenstände ohne Rücksicht auf die Rechte eines Dritten für den darauf ruhenden Zoll haften, bleibt unberührt (Begr. 18). Vgl. auch § 49 Abs. 2 KO. und Art. III EG. z. Ges. betr. Änderungen der KO. vom 17. Mai 1898 (RGBl. 1898 S. 249), wonach die Reichskasse, die Staatskassen und die Gemeinden, sowie die Amts-, Kreis- und Provinzialverbände in Ansehnung der zurückgehaltenen oder in Beschlag genommenen zoll- und steuerpflichtigen Sachen allen gesetzlichen und Pfändungspfandrechten vorgehen.

Verjährung.

§ 30. [1] Mit dem Ablaufe eines Jahres verjähren:

1. die öffentlichen Abgaben für die Flößerei, insbesondere die Brücken-, Schleusen-, Kanal-, und Hafengelder;
2. die aus den Dienstverträgen herrührenden Forderungen des Floßführers und der Floßmannschaft; [2]

3. die Ersatzansprüche wegen Beschädigung durch ein Floß, sowie die Erstattungsforderung des Eigentümers des Floßes gegen den Frachtflößer und gegen den Floßführer oder die Floßmannschaft (§ 22 Absatz 1);[3]
4. die Bergungs- und Hilfskosten, einschließlich des Berge- und Hilfslohnes;
5. die Forderungen des Frachtflößers wegen der Fracht mit Nebengebühren und Auslagen.[4]

Die Verjährung beginnt mit dem Schlusse des Jahres, in welchem die Forderung fällig geworden ist.

1. a) Der § 30 entspricht den §§ 117, 118 Binnensch.G. Daneben bewendet es bei den §§ 439, 414 Abs. 1 u. 2 HGB., nach welchen die Ansprüche des Absenders des Floßes gegen den Frachtflößer wegen Verlustes, Minderung, Beschädigung oder verspäteter Ablieferung des Gutes in einem Jahre vom Tage der erfolgten bzw. zu bewirkenden Ablieferung ab verjähren (vgl. Anm. 2 b zu § 117 Binnensch.G.).

b) § 30 handelt nur von dem Beginn und der Dauer der Verjährungsfrist, in allen übrigen Beziehungen unterliegt diese Verjährung den allgemeinen Vorschriften der §§ 202—225 BGB. (vgl. Anm. 1 b zu § 117 Binnensch.G.).

2. Vgl. §§ 16 u. 21 (auch Kosten der Rückreise gehören hierher), § 5 (Forderung des Stellvertreters). Die Forderung aus § 13 Abs. 4 fällt nicht unter § 30 Nr. 2.

3. Nur die Schadensersatzforderung und die Regreßforderung aus § 22 Abs. 1, nicht auch die persönliche Verbindlichkeit des Floßeigentümers und des Frachtflößers aus § 23 unterliegt der Verjährung aus § 30 Nr. 3. Vgl. aber auch § 223 Abs. 1 BGB. und Anm. 1 b zu § 117 Binnensch.G.

4. Diese Spezialbestimmung enthält eine, nach Art. 32 EG.

z. BGB. in Kraft gebliebene, Abweichung von der in § 196 Nr. 3 BGB. allgemein für die Frachtforderung festgesetzten zweijährigen Verjährungsfrist. (Vgl. Anm. 2 a zu § 117 Binnensch.G.).

Zuständigkeit des Reichsgerichts.

§ 31. In bürgerlichen Rechtsstreitigkeiten, in welchen durch die Klage ein Anspruch auf Grund der Bestimmungen dieses Gesetzes geltend gemacht ist, wird die Verhandlung und Entscheidung letzter Instanz im Sinne des § 8 des Einführungsgesetzes zum Gerichtsverfassungsgesetze dem Reichsgerichte zugewiesen.

1. Der § 31 entspricht bezüglich der Klage dem § 130 Binnensch.G.; die Widerklage (vgl. Anm. 2 zu § 130 Binnensch.G.) ist hier nicht erwähnt, sie ist also auf die Begründung der Zuständigkeit des Reichsgerichts ohne Einfluß. Eine Vorschrift über die Zuständigkeit der Kammern für Handelssachen für alle Ansprüche aus den Rechtsverhältnissen der Flößerei ist nicht gegeben. Soweit es sich um Streitigkeiten zwischen dem Floßeigentümer und dem Frachtflößer handelt, ist diese Zuständigkeit nach § 101 Ziff. 1 GVG. begründet, wenn der zugrunde liegende Vertrag auf seiten beider Beteiligten ein Handelsgeschäft ist (Begr. 18). Unberührt bleibt die Zuständigkeit der Gewerbegerichte für Streitigkeiten zwischen dem Floßführer oder der Floßmannschaft und dem Dienstherrn. (Vgl. §§ 16 u. 17 d. G. und die Anm. dazu).

Befähigungsnachweis für Floßführer.

§ 32. Der Bundesrat ist befugt, Bestimmungen über den Befähigungsnachweis der Floßführer zu treffen. Bezüglich der Flößerei auf Wasserstraßen, auf welchen eine regelmäßige Schiffahrt nicht stattfindet, steht diese Befugnis der Landesregierung zu.

Wer den Bestimmungen zuwider das Gewerbe eines Floßführers ausübt, wird mit Geldstrafe bis zu dreihundert Mark bestraft.

Vgl. § 132 Binnensch.G.

Inkrafttreten des Gesetzes.

§ 33. Dieses Gesetz tritt am 1. Januar 1896 in Kraft.

III.

Anhang.

A. Pfandrecht an registrierten Schiffen und Schiffsanteilen.

Der zehnte Abschnitt des Binnenschiffahrtsgesetzes vom 15. Juni 1895, behandelnd „Verpfändung und Zwangsvollstreckung" ist durch Art. 12 Nr. XXI EG. aufgehoben. Seit dem 1. Januar 1900 regelt sich das Pfandrecht an Binnenschiffen nach den Vorschriften des Bürgerlichen Gesetzbuches und der sonstigen Reichsgesetze.

Für das Pfandrecht an registrierten Schiffen und Schiffsanteilen kommen

1. in materieller Beziehung

in Betracht die §§ 1259—1272 BGB.

Schiffspfandrecht.

BGB. § 1259. Für das Pfandrecht [1] an einem im Schiffsregister eingetragenen Schiffe [2] gelten die besonderen Vorschriften der §§ 1260 bis 1271.

1. a) Hier ist nur von dem vertragsmäßigen Schiffspfandrecht die Rede. In betreff des nach dem Binnensch.G. bestehenden gesetzlichen Pfandrechts (Schiffsgläubigerrecht) vgl. §§ 103—115 Binnensch.G. Betreffs sonstiger gesetzlicher Pfandrechte (vgl. z. B. § 647 BGB.) s. §§ 1257, 1268 BGB. und Vorbem. 1 vor Anhang B.

b) Auch Vormerkungen zur Sicherung eines Pfandrechts können im Schiffsregister eingetragen werden und zwar sowohl auf Grund einer Bewilligung wie eines vorläufig vollstreckbaren Urteils (§ 895 CPO.); vgl. § 24 KO.

2. a) Den registrierten Schiffen stehen die Anteile (Schiffsparten) an solchen gleich (§ 1272 BGB.).

b) Entscheidend ist die Tatsache der Registrierung des Schiffes, unerheblich dagegen, ob es nach den Vorschriften über die Registrierung (Binnensch.G. §§ 119 bis 129) registriert werden mußte oder durfte.

c) In betreff der nicht im Schiffsregister eingetragenen Schiffe s. Anhang C und Vorbemerkung 1 vor § 162 ZVG.

Bestellung des Pfandrechts.

BGB. § 1260. Zur Bestellung des Pfandrechts ist die Einigung[1] des Eigentümers[2] des Schiffes und des Gläubigers darüber, daß dem Gläubiger das Pfandrecht zustehen soll, und die Eintragung des Pfandrechts in das Schiffsregister erforderlich. Die Vorschriften des § 873 Abs. 2 und des § 878 finden entsprechende Anwendung.[3]

In der Eintragung müssen der Gläubiger, der Geldbetrag der Forderung[4] und, wenn die Forderung verzinslich ist, der Zinssatz angegeben werden. Zur näheren Bezeichnung der Forderung kann auf die Eintragungsbewilligung Bezug genommen werden.[5]

1. Die Einigung bedarf keiner Form. Indessen sind vor der Eintragung die Beteiligten an die Einigung nur gebunden, wenn die Erklärungen entweder

a) gerichtlich oder notariell beurkundet oder

b) vor der Behörde, bei welcher das Register geführt wird, abgegeben oder

c) bei dieser Behörde eingereicht sind.

Es genügt auch,

d) wenn der Eigentümer dem Gläubiger eine den Vorschriften der Grundbuchordnung entsprechende Erklärung aushändigt (§ 873 Abs. 2 BGB.).

2. **a)** Die von dem Eigentümer des Schiffes abgegebene Eintragungsbewilligung (Anm. 1 a—d) bleibt wirksam, auch wenn er in der Verfügung über das Schiff z. B. durch Konkurseröffnung beschränkt wird, nachdem der Antrag auf Eintragung der Verpfändung bei der Registerbehörde gestellt ist (§ 878 BGB.).

b) Ist der Verpfänder nicht Eigentümer des Schiffes, so erlangt der Gläubiger durch die Eintragung kein gültiges Pfandrecht, denn das Schiffsregister steht in dieser Beziehung dem Grundbuche nicht gleich. Vgl. Vorbem. 2 a von Abschn. IX Binnensch.G. Erlangt der Verpfänder später das Eigentum an dem Schiffe, so wird die Verpfändung wirksam (§ 185 BGB.).

3. Siehe Anm. 1 u. 2 a.

4. Vgl. § 106 FGG. und betreffs des Umfanges der Haftung § 1264 BGB. Hinsichtlich der Zulässigkeit einer Maximalhypothek vgl. § 1271.

5. Vgl. §§ 100, 101, 106, 107, 108, 110, 111 FGG., abgedruckt im Anhang A 2.

Rangverhältnis der Pfandrechte.

BGB. § 1261. Das Rangverhältnis der an dem Schiffe bestellten Pfandrechte bestimmt sich nach den Vorschriften der §§ 879 bis 881[1]) und des § 1151.[2])

1. **a)** Also nach der Reihenfolge der Eintragungen (§ 879 BGB.). Das Rangverhältnis kann nachträglich durch Einigung des zurücktretenden und der vortretenden Berechtigten und Eintragung der Änderung in das Schiffsregister geändert werden (§ 880). Der Eigentümer kann sich bei der Verpfändung die Befugnis vorbehalten, ein anderes, dem Umfange nach bestimmtes, Pfandrecht eintragen zu lassen (§ 881). Vgl. § 114 FGG.

b) Wegen des Rangverhältnisses des Schiffspfandrechts zu den Schiffsgläubigerrechten s. § 109 Binnensch.G.

2. Wird die Forderung nachträglich geteilt, so ist zur Änderung des Rangverhältnisses der Teilforderungen die Zustimmung des Schiffseigentümers nicht erforderlich (§ 1151).

Dauer des Pfandrechts.

BGB. § 1262. Solange das Pfandrecht im Schiffsregister eingetragen ist, behält es im Falle der Veräußerung oder Belastung des Schiffes seine Kraft, auch wenn der Erwerber in gutem Glauben ist.[1]

Ist das Pfandrecht mit Unrecht gelöscht, so gelten im Falle der Veräußerung des Schiffes die Vorschriften des § 936 Abs. 1 Satz 1, Abs. 2 auch dann, wenn der Erwerber das Eigentum ohne Übergabe erlangt; die Vorschrift des § 936 Abs. 3 findet keine Anwendung.[2] Wird ein Pfandrecht, welches dem mit Unrecht gelöschten Pfandrecht im Range nachsteht, auf einen Dritten übertragen, so findet die Vorschrift des § 1208 Satz 1 Anwendung.[3 4]

1. Vorausgesetzt ist hierbei, daß das eingetragene Schiffspfandrecht noch zu Recht besteht. Denn da es eine von der ihm zugrunde liegenden Forderung gesonderte Existenz nicht führt, und da das Schiffsregister nicht dem Grundbuche gleichsteht (vgl. Anm. 2 b zu § 1260), so kann das Schiffspfandrecht trotz Fortdauer der Eintragung im Schiffsregister erloschen sein z. B. durch Erlöschen der Forderung (§ 1252 BGB.), durch Zusammentreffen von Pfandrecht und Schiffseigentum in einer Person (§ 1256 a. a. O.), durch Aufgebot des Gläubigers (§ 1269). In solchen Fällen hat weder der als Gläubiger Eingetragene ein Recht gegen den Schiffseigentümer, noch erlangt der Erwerber ein solches.

In betreff des Erlöschens des Schiffspfandrechts infolge der Zwangsversteigerung des Schiffes vgl. §§ 91, 162 ZVG.

2. Der Erwerber des Schiffes erlangt also das Eigentum frei von dem (mit Unrecht) gelöschten Pfandrechte, auch wenn

der früher Pfandberechtigte im Besitze des Schiffes ist, es sei denn, daß der Erwerber zur Zeit der Erwerbung wußte oder nur infolge grober Fahrlässigkeit nicht wußte (§ 932 Abs. 2 BGB.), daß die Löschung des Pfandrechts ungerechtfertigt war. Hinsichtlich der Fälle, in welchen der Erwerber das Eigentum ohne Übergabe erlangt, vgl. §§ 929 Satz 2, 930, 931 BGB.; § 474 HGB. ist auf Binnenschiffe nicht anwendbar.

3. Das Pfandrecht des Dritten geht dann dem mit Unrecht gelöschten Pfandrechte vor, es sei denn, daß er zur Zeit des Erwerbes des Pfandrechts wußte oder infolge grober Fahrlässigkeit nicht wußte, daß die Löschung des vorgehenden Rechtes mit Unrecht erfolgt war. — Im Gesetze ist der Fall nicht berücksichtigt, daß nach der unrechtmäßigen Löschung eines Schiffspfandrechts ein anderes Schiffspfandrecht neu eingetragen wird. Auch in solchem Falle wird wie im Falle der Übertragung eines dem gelöschten Pfandrecht nachstehenden Pfandrechts der gute Glaube des neu Eingetragenen ausschlaggebend sein.

4. Die Beteiligten können sich gegen die Gefahren, welche aus einer ungerechtfertigten Löschung des Pfandrechts entstehen, gemäß § 102 FGG. dadurch sichern, daß sie die Berichtigung des Schiffsregisters herbeiführen (vgl. auch § 1263 BGB.).

Berichtigung des Registers. Widerspruch.

BGB. § 1263. Steht der Inhalt des Schiffsregisters in Ansehung eines Pfandrechts mit der wirklichen Rechtslage nicht im Einklange, so kann die Berichtigung des Registers nach den für die Berichtigung des Grundbuchs geltenden Vorschriften der §§ 894, 895, 897, 898 verlangt werden. [1]

Ist ein Pfandrecht mit Unrecht gelöscht worden, so kann ein Widerspruch gegen die Richtigkeit des Schiffsregisters nach § 899 Abs. 2 eingetragen werden. [2] Solange der Widerspruch eingetragen ist, gilt im Falle der Veräußerung oder Belastung des Schiffes dem Erwerber gegenüber das gleiche, wie wenn das Pfandrecht eingetragen wäre.

1. Das Recht auf Berichtigung ist unverjährbar (§ 898). Wird die Unrichtigkeit durch öffentliche Urkunden nachgewiesen, so bedarf es zur Berichtigung nicht der Bewilligung desjenigen, dessen Recht von der Berichtigung getroffen wird (§§ 102, 105, 107 FGG.). Die zur Berichtigung erforderlichen Kosten hat derjenige zu tragen, welcher die Berichtigung verlangt, sofern nicht aus dem zwischen ihm und dem Verpflichteten bestehenden Rechtsverhältnisse sich ein anderes ergibt (§ 897). Hinsichtlich der Berichtigung von Amts wegen vgl. §§ 119, 123 FGG.

2. Auf Grund einer einstweiligen Verfügung oder einer Bewilligung desjenigen, dessen Recht durch die Berichtigung betroffen wird. Zur Erlassung der einstweiligen Verfügung ist nicht erforderlich, daß eine Gefährdung des Rechtes des Widersprechenden glaubhaft gemacht wird; das Gericht ist befugt, die Registerbehörde um die Eintragung zu ersuchen (§ 941 CPO.).

Umfang der Haftung.

BGB. § 1264. Die Haftung des Schiffes beschränkt sich auf den eingetragenen Betrag der Forderung und die Zinsen nach dem eingetragenen Zinssatze. Die Haftung für gesetzliche Zinsen und für Kosten bestimmt sich nach der für die Hypothek geltenden Vorschrift des § 1118.*)

Ist die Forderung unverzinslich oder ist der Zinssatz niedriger als fünf vom Hundert, so kann das Pfandrecht ohne Zustimmung der im Range gleich- oder nachstehenden Berechtigten dahin erweitert werden, daß das Schiff für Zinsen bis zu fünf vom Hundert haftet.

*) Das Schiff haftet auch für die gesetzlichen Zinsen der Forderung sowie für die Kosten der Kündigung und der die Befriedigung aus dem Schiffe bezweckenden Rechtsverfolgung, dagegen, abweichend von § 1210 BGB., nicht für Vertragsstrafen, insoweit solche nicht etwa durch Maximalhypothek (§ 1271) gesichert sind. Denn nach § 1264 Satz 1 beschränkt sich die Haftung des Schiffes, abgesehen von Zinsen und Kosten, auf den eingetragenen Betrag der Forderung.

Gegenstand der Haftung.

BGB. § 1265. Das Pfandrecht erstreckt sich auf das Zubehör des Schiffes mit Ausnahme der Zubehörstücke, die nicht in das Eigentum des Eigentümers des Schiffes gelangt sind.[1]

Auf die Haftung der Zubehörstücke finden die für die Hypothek geltenden Vorschriften der §§ 1121, 1122 entsprechende Anwendung.[2]

1. Wegen des Begriffs der Zubehörstücke vgl. Anm. 2c zu § 103 Binnensch.G. Das Schiffspfandrecht erstreckt sich auch auf solche dem Eigentümer des Schiffes gehörige Zubehörstücke, die erst nach der Verpfändung des Schiffes Zubehör geworden sind. Auf Frachtgelder erstreckt sich das Schiffspfandrecht im Gegensatze zum Schiffsgläubigerrecht (vgl. §§ 104, 112 Binnensch.G.) nicht.

2. In betreff des Ausscheidens der Zubehörstücke aus der Pfandverbindlichkeit vgl. Anm. 2c zu § 103 Binnensch.G.

Anwendbarkeit der Vorschriften über das Mobiliarpfandrecht.

BGB. § 1266. Die Vorschriften der §§ 1205 bis 1257 finden insoweit keine Anwendung, als sich daraus, daß der Pfandgläubiger nicht den Besitz des Schiffes erlangt, Abweichungen ergeben.[1] In dem Falle des § 1254[2] tritt an die Stelle des Anspruchs auf Rückgabe des Pfandes das Recht, die Aufhebung des Pfandrechts zu verlangen.

1. Insbesondere ist der Privatverkauf des Schiffes durch den Pfandgläubiger ausgeschlossen, weil der Schiffspfandgläubiger nicht den Besitz des Schiffes hat (vgl. § 1268). Anwendbar bleiben die §§ 1204 u. 1250 (Untrennbarkeit von Forderung und Pfandrecht), 1211 (Einreden), 1222 (Solidarhaftung mehrerer Pfandsachen), 1229 (Verbot der **lex commissoria**), 1224 u. 1225 (Befriedigung), 1249 (Ablösungsrecht), 1252, 1255, 1256 (Erlöschen und Aufhebung des Pfandrechts). Dem Schiffspfandgläubiger ist auch das Recht einzuräumen, das Schiff

im Falle der Gefährdung der Sicherheit oder der Wertsminderung gemäß § 1268 zur Versteigerung zu bringen (§ 1219).

2. D. h. wenn dem Pfandrecht eine Einrede entgegensteht, durch welche seine Geltendmachung ausgeschlossen wird.

Aushändigung der Urkunden zwecks Löschung des Pfandrechts.

BGB. § 1267. Der Verpfänder[1] kann gegen Befriedigung des Pfandgläubigers die Aushändigung der zur Löschung des Pfandrechts erforderlichen Urkunden[2] verlangen. Das gleiche Recht steht dem persönlichen Schuldner zu, wenn er ein rechtliches Interesse an der Berichtigung des Schiffsregisters hat.[3]

1. Oder der Eigentümer, welcher das Schiff nach der Verpfändung erworben hat.

2. Vgl. § 107 FGG.

3. Z. B. wenn er dem Eigentümer des Schiffes gegenüber verpflichtet ist, die Berichtigung des Schiffsregisters herbeizuführen (vgl. § 435 BGB.).

Befriedigung des Gläubigers.

BGB. § 1268. Der Pfandgläubiger kann seine Befriedigung aus dem Schiffe und dem Zubehöre nur auf Grund eines vollstreckbaren Titels nach den für die Zwangsvollstreckung geltenden Vorschriften*) suchen.

*) Dies sind, da hier nur registrierte Schiffe in Betracht kommen, die §§ 162—170 ZVG. (s. Anhang B).

Aufgebot des Gläubigers.

BGB. § 1269. Ist der Gläubiger unbekannt, so kann er im Wege des Aufgebotsverfahrens[1] mit seinem Pfandrecht ausgeschlossen werden, wenn die im § 1170[2] oder die im § 1171[3] für die Ausschließung eines Hypothekengläubigers bestimmten Voraussetzungen vorliegen. Mit der Erlassung des Ausschlußurteils erlischt das Pfandrecht. Die Vorschrift des § 1171 Abs. 3 findet Anwendung.[4]

1. Vgl. § 988 CPO.

2. Ablauf von 10 Jahren seit der letzten auf das Pfandrecht sich beziehenden Eintragung bzw. seit der Fälligkeit der Forderung, falls nicht innerhalb dieser Frist eine zur Unterbrechung der Verjährung geeignete Anerkennung des Gläubigerrechts (§ 208 BGB.) seitens des Eigentümers des Schiffes erfolgt ist.

3. Hinterlegung des Betrages der fälligen Forderung nebst Zinsen für höchstens 4 Jahre unter Verzicht auf das Recht zur Rücknahme.

4. Danach erlischt das Recht des Gläubigers auf den hinterlegten Betrag mit dem Ablaufe von dreißig Jahren nach der Erlassung des Ausschlußurteils, wenn nicht der Gläubiger sich vorher bei der Hinterlegungsstelle meldet; der Hinterleger ist zur Rücknahme berechtigt, auch wenn er auf das Recht zur Rücknahme verzichtet hat.

Pfandrecht für Inhaber- und Orderforderungen.

BGB. § 1270. Auf das Pfandrecht für die Forderung aus einer Schuldverschreibung auf den Inhaber, aus einem Wechsel oder aus einem anderen Papiere, das durch Indossament übertragen werden kann, finden die Vorschriften des § 1189[1], auf das Pfandrecht für die Forderung aus einer Schuldverschreibung auf den Inhaber finden auch die Vorschriften des § 1188[2] entsprechende Anwendung.

1. Danach kann für Inhaber- und Orderforderungen eine Sicherungshypothek an einem Binnenschiffe bestellt werden. Durch Eintragung in das Schiffsregister kann hierbei für den jeweiligen Gläubiger ein Vertreter bestellt werden, welcher befugt und auf Verlangen des Schiffseigentümers verpflichtet ist, mit Wirkung für und gegen jeden späteren Gläubiger Ver-

fügungen über die Hypothek zu treffen und den Gläubiger bei der Geltendmachung der Hypothek zu vertreten.

2. Die Sicherungshypothek für eine Inhaberforderung kann durch einseitige Erklärung des Eigentümers gegenüber der Registerbehörde und Eintragung in das Register bestellt werden (vgl. auch §§ 112, 117 FGG.).

Maximalhypothek.

BGB. § 1271. Das Pfandrecht kann in der Weise bestellt werden, daß nur der Höchstbetrag, bis zu dem das Schiff haften soll, bestimmt, im übrigen die Feststellung der Forderung vorbehalten wird. Der Höchstbetrag muß in das Schiffsregister eingetragen werden.

Ist die Forderung verzinslich, so werden die Zinsen in den Höchstbetrag eingerechnet.

Die hier vorgesehene Hypothek ist die Maximalhypothek des § 1190 BGB.; sie hat bis zur erfolgten Feststellung der Forderung die Bedeutung einer Sicherungshypothek.

Pfandrecht an der Schiffspart.

BGB. § 1272. Die Vorschriften der §§ 1260 bis 1271 gelten auch für das Pfandrecht an einer Schiffspart.

Der Anteil an einem registrierten Schiffe wird rücksichtlich der rechtsgeschäftlichen Verpfändung dem Schiffe gleich behandelt. Im Falle der Kollision zwischen dem Pfandrecht an einer Schiffspart und an dem ganzen Schiffe ist nach § 1261 BGB. die Reihenfolge der Eintragungen maßgebend. Hinsichtlich der Zwangsvollstreckung in Anteile an registrierten Schiffen vgl. Vorbem. 3 zu Anhang B.

Wegen der Anteile an nicht registrierten Schiffen s. Anhang C.

2. Die formellen Vorschriften über das Schiffspfandrecht sind enthalten in dem Gesetze über die

Angelegenheiten der freiwilligen Gerichtsbarkeit vom 17./20. Mai 1898. Es lautet:

Sechster Abschnitt.
Schiffspfandrecht.

Antrag auf Eintragung.

FGG. § 100. In Ansehung eines Pfandrechts an einem im Schiffsregister eingetragenen Schiffe soll, soweit nicht das Gesetz ein anderes vorschreibt, eine Eintragung nur auf Antrag erfolgen. Der Zeitpunkt, in welchem der Antrag bei der Registerbehörde eingeht, soll auf dem Antrage genau vermerkt werden.

Antragsberechtigt ist jeder, dessen Recht von der Eintragung betroffen wird oder zu dessen Gunsten die Eintragung erfolgen soll. Die Vorschriften der §§ 14 bis 18 der Grundbuchordnung finden entsprechende Anwendung.

Die §§ 14—18 der Grundbuchordnung lauten:

GBO. § 14. Die Berichtigung des Grundbuchs durch Eintragung eines Berechtigten darf auch von demjenigen beantragt werden, welcher auf Grund eines gegen den Berechtigten vollstreckbaren Titels eine Eintragung in das Grundbuch verlangen kann, sofern die Zulässigkeit dieser Eintragung von der vorgängigen Berichtigung des Grundbuchs abhängt.

GBO. § 15. Ist die zu einer Eintragung erforderliche Erklärung von einem Notar beurkundet oder beglaubigt, so gilt dieser als ermächtigt, im Namen eines Antragsberechtigten die Eintragung zu beantragen.

GBO. § 16. Einem Eintragungsantrage, dessen Erledigung an einen Vorbehalt geknüpft wird, soll nicht stattgegeben werden.

Werden mehrere Eintragungen beantragt, so kann von dem Antragsteller bestimmt werden, daß die eine Eintragung nicht ohne die andere erfolgen soll.

GBO. § 17. Werden mehrere Eintragungen beantragt, durch die dasselbe Recht betroffen wird, so darf die später beantragte Eintragung nicht vor der Erledigung des früher gestellten Antrags erfolgen.

GBO. § 18. Steht einer beantragten Eintragung ein Hindernis entgegen, so hat das Grundbuchamt entweder den Antrag unter Angabe der Gründe zurückzuweisen oder dem Antragsteller eine angemessene Frist zur Hebung des Hindernisses zu bestimmen. Im letzteren Falle ist der Antrag nach dem Ablaufe der Frist zurückzuweisen, wenn nicht inzwischen die Hebung des Hindernisses nachgewiesen ist.

Wird vor der Erledigung des Antrags eine andere Eintragung beantragt, durch die dasselbe Recht betroffen wird, so ist zugunsten des früher gestellten Antrags von Amts wegen eine Vormerkung oder ein Widerspruch einzutragen; die Eintragung gilt im Sinne des § 17 als Erledigung dieses Antrags. Die Vormerkung oder der Widerspruch wird von Amts wegen gelöscht, wenn der früher gestellte Antrag zurückgewiesen wird.

Bewilligung der Eintragung.

FGG. § 101. Eine Eintragung erfolgt, wenn derjenige sie bewilligt, dessen Recht von ihr betroffen wird.

Die Eintragungsbewilligung wird ersetzt durch ein rechtskräftiges, hinsichtlich der Eintragung einer Vormerkung oder eines Widerspruches schon durch ein vorläufig vollstreckbares, Urteil (§§ 894—896 CPO.).

Berichtigung des Schiffsregisters.

FGG. § 102. Zur Berichtigung des Schiffsregisters bedarf es der Bewilligung desjenigen, dessen Recht von der Berichtigung betroffen wird, nicht, wenn die Unrichtigkeit nachgewiesen wird. Dies gilt insbesondere für die Eintragung oder Löschung einer Verfügungsbeschränkung.

Vgl. Anm. 4 zu § 1262 und Anm. 1 zu § 1263 BGB.

Löschung einer Vormerkung oder eines Widerspruchs.

FGG. § 103. Ist eine Vormerkung oder ein Widerspruch auf Grund einer einstweiligen Verfügung eingetragen, so bedarf es zur Löschung nicht der Bewilligung des Berechtigten, wenn die einstweilige Verfügung durch eine vollstreckbare Entscheidung aufgehoben ist. Diese Vorschrift findet entsprechende Anwendung, wenn auf Grund eines vorläufig vollstreckbaren Urteils nach den Vorschriften der Civilprozeßordnung eine Vormerkung oder ein Widerspruch eingetragen ist.

Abtretung oder Belastung einer eingetragenen Forderung.

FGG. § 104. Soll die Übertragung einer Forderung, für die ein Pfandrecht am Schiffe eingetragen ist oder für die ein solches Pfandrecht als Pfand haftet, eingetragen werden, so genügt es, wenn an Stelle der Eintragungsbewilligung die Abtretungserklärung des bisherigen Gläubigers vorgelegt wird.

Diese Vorschrift findet entsprechende Anwendung, wenn eine Belastung der Forderung eingetragen werden soll.

Voraussetzung der Löschung.

FGG. § 105. Ein Pfandrecht am Schiffe darf nur mit Zustimmung des eingetragenen Eigentümers, ein das Pfandrecht belastendes Recht nur mit Zustimmung des eingetragenen Pfandgläubigers gelöscht werden. Für eine Löschung, die zur Berichtigung des Schiffsregisters erfolgen soll, ist die Zustimmung nicht erforderlich, wenn die Unrichtigkeit des Registers nachgewiesen wird.

Inhalt der Eintragungsbewilligung.

FGG. § 106. In der Eintragungsbewilligung oder, wenn eine solche nicht erforderlich ist, in dem Eintragungsantrage sind der Name und die Ordnungsnummer, unter welcher das Schiff im Schiffsregister eingetragen ist, sowie die einzutragenden Geldbeträge in Reichswährung anzugeben.

Form der Eintragungsbewilligung.

FGG. § 107. Eine Eintragung soll nur erfolgen, wenn die Eintragungsbewilligung oder die sonstigen zu der Eintragung erforderlichen Erklärungen vor der Registerbehörde*) zu Protokoll gegeben oder durch öffentliche oder öffentlich beglaubigte Urkunden nachgewiesen werden.

Andere Voraussetzungen der Eintragung bedürfen, soweit sie nicht bei der Registerbehörde offenkundig sind, des Nachweises durch öffentliche Urkunden. Die Vorschriften der §§ 33 bis 38 der Grundbuchordnung finden entsprechende Anwendung.

*) In Preußen ist das Protokoll von dem Richter aufzunehmen (§ 3 Abs. 3 Allg. Verf. v. 11. Dez. 1899).

Form des Eintragungsantrags.

FGG. § 108. Für den Eintragungsantrag sowie für die Vollmacht zur Stellung eines solchen gelten die Vorschriften des § 107 Abs. 1 nur, wenn durch den Antrag zugleich eine zu der Eintragung erforderliche Erklärung ersetzt werden soll.

Zurücknahme des Antrags.

FGG. § 109. Erklärungen, durch die ein Eintragungsantrag zurückgenommen oder eine zur Stellung des Eintragungsantrags erteilte Vollmacht widerrufen wird, bedürfen der im § 107 Abs. 1 vorgeschriebenen Form.

Ersuchen um Eintragung.

FGG. § 110. In den Fällen, in denen nach gesetzlicher Vorschrift eine Behörde befugt ist, die Registerbehörde um eine Eintragung zu ersuchen, erfolgt die Eintragung auf Grund des Ersuchens der Behörde.

Vgl. §§ 931, 941, 942 CPO., § 54 Abs. 2 FGG., § 169 ZVG.

Voraussetzungen der Eintragung.

FGG. § 111. Eine Eintragung soll nur erfolgen, wenn derjenige, dessen Recht durch sie betroffen wird, als der Berechtigte eingetragen ist.

Ist derjenige, dessen Recht durch eine Eintragung betroffen wird, Erbe des eingetragenen Berechtigten, so findet die Vorschrift des Abs. 1 keine Anwendung, wenn die Übertragung oder die Aufhebung des Rechtes eingetragen werden soll oder wenn der Eintragungsantrag durch die Bewilligung des Erblassers oder eines Nachlaßpflegers oder durch einen gegen den Erblasser oder den Nachlaßpfleger vollstreckbaren Titel begründet wird. Das Gleiche gilt für eine Eintragung auf Grund der Bewilligung eines Testamentsvollstreckers oder auf Grund eines gegen diesen vollstreckbaren Titels, sofern die Bewilligung oder der Titel gegen den Erben wirksam ist.

Pfandrecht für Inhaber- und Orderforderungen.

FGG. § 112. Bei einem Pfandrechte für die Forderung aus einer Schuldverschreibung auf den Inhaber, aus einem Wechsel oder einem anderen Papiere, das durch Indossament übertragen werden kann, soll eine Eintragung nur erfolgen, wenn die Urkunde vorgelegt wird.

Diese Vorschrift findet keine Anwendung, wenn eine Eintragung auf Grund der Bewilligung eines nach den §§ 1189, 1270 des Bürgerlichen Gesetzbuchs bestellten Vertreters oder auf Grund einer gegen diesen erlassenen gerichtlichen Entscheidung bewirkt werden soll.

Datum der Eintragung. Unterschrift.

FGG. § 113. Jede Eintragung soll den Tag, an welchem sie erfolgt ist, angeben und mit der Unterschrift des zuständigen Beamten versehen werden.

In Preußen sollen die Eintragungen in das Schiffsregister von dem Richter mit Angabe des Wortlauts verfügt, von dem Gerichtsschreiber ausgeführt und von beiden unterschrieben werden (Art. 29 Abs. 2 Ges. v. 21. Sept. 1899 [Ges.S. 255]). Vgl. § 3 Allg. Verf. v. 11. Dez. 1899 (JMBl. 753).

Reihenfolge der Eintragungen.

FGG. § 114. Die Eintragungen erhalten diejenige Reihenfolge, welche der Zeitfolge der Anträge entspricht; sind die Anträge gleichzeitig gestellt, so ist, wenn unter den Eintragungen ein Rangverhältnis besteht, im Schiffsregister zu vermerken, daß die Eintragungen gleichen Rang haben.

Diese Vorschriften finden insoweit keine Anwendung, als das Rangverhältnis von den Antragstellern abweichend bestimmt ist.

Löschung.

FGG. § 115. Die Löschung eines Rechtes oder einer Verfügungsbeschränkung erfolgt durch Eintragung eines Löschungsvermerkes.

Mithaft mehrerer Schiffe.

FGG. § 116. Werden mehrere Schiffe mit einem Pfandrechte belastet, so ist auf dem Blatte jedes Schiffes die Mitbelastung der übrigen von Amts wegen erkennbar zu machen. Das Gleiche gilt, wenn mit einem an einem Schiffe bestehenden Pfandrechte nachträglich noch ein anderes Schiff belastet wird. Soweit eine Mitbelastung erlischt, ist dies von Amts wegen zu vermerken.

Teilschuldverschreibungen auf den Inhaber.

FGG. § 117. Bei der Eintragung eines Pfandrechts für Teilschuldverschreibungen auf den Inhaber genügt es, wenn der Gesamtbetrag der Forderungen unter Angabe der Anzahl, des Betrags und der Bezeichnung der Teile eingetragen wird.

Testamentsvollstrecker.

FGG. § 118. Ist ein Testamentsvollstrecker ernannt, so ist dies bei der Eintragung des Erben des Gläubigers von Amts wegen miteinzutragen, es sei denn, daß das eingetragene Recht der Verwaltung des Testamentsvollstreckers nicht unterliegt.

Berichtigung von Amts wegen.

FGG. § 119. Ergibt sich, daß die Registerbehörde unter Verletzung gesetzlicher Vorschriften eine Eintragung vorgenommen hat, durch die das Schiffsregister unrichtig geworden ist, so ist von Amts wegen ein Widerspruch einzutragen. Erweist sich eine Eintragung nach ihrem Inhalt als unzulässig, so ist sie von Amts wegen zu löschen.

Vermerk auf dem Schiffsbriefe.

FGG. § 120. Jede Eintragung ist baldtunlichst auf dem Schiffscertifikat oder dem Schiffsbriefe zu vermerken.

Wird eine Urkunde über die Pfandforderung vorgelegt, so ist die Eintragung auch auf dieser Urkunde unter kurzer Bezeichnung des Inhalts der Eintragungen, welche dem Pfandrecht im Range vorgehen oder gleichstehen, zu vermerken.[1] Der Vermerk ist mit Unterschrift und Siegel zu versehen.[2]

1. Die Gültigkeit der Eintragung ist jedoch von diesem Vermerk nicht abhängig. Eine dem Hypothekenbrief entsprechende Urkunde wird nicht ausgestellt.

2. In Preußen ist der Vermerk vom Richter und Gerichtsschreiber zu unterschreiben (§ 5 Allg. Verf. v. 11. Dez. 1899).

Bekanntmachung der Eintragung.

FGG. § 121. Jede Eintragung soll dem Antragsteller und dem eingetragenen Eigentümer sowie im übrigen allen aus dem Schiffsregister ersichtlichen Personen bekannt gemacht werden, zu deren Gunsten die Eintragung erfolgt ist oder deren Recht durch sie betroffen wird. Auf die Bekanntmachung kann verzichtet werden.

Vgl. für Preußen § 6 Allg. Verf. v. 11. Dez. 1899.

Beschwerde.

FGG. § 122. Die Beschwerde gegen eine Eintragung ist unzulässig. Im Wege der Beschwerde kann jedoch verlangt werden, daß die Registerbehörde angewiesen wird, nach § 119 einen Widerspruch einzutragen oder eine Löschung vorzunehmen.

Einstweilige Anordnung.

FGG. § 123. Das Beschwerdegericht kann vor der Entscheidung durch eine einstweilige Anordnung der Registerbehörde aufgeben, eine Vormerkung oder einen Widerspruch einzutragen.

Die Vormerkung oder der Widerspruch wird von Amts wegen gelöscht, wenn die Beschwerde zurückgenommen oder zurückgewiesen wird.

Weitere Beschwerde.

FGG. § 124. Bei der Einlegung der weiteren Beschwerde durch Einreichung einer Beschwerdeschrift bedarf es der Zuziehung eines Rechtsanwalts nicht, wenn die Beschwerde von dem Notar eingelegt wird, der die zu der Eintragung erforderliche Erklärung beurkundet oder beglaubigt und im Namen eines Antragsberechtigten den Eintragungsantrag gestellt hat. Die Vorschrift des § 29 Abs. 1 Satz 3*) bleibt unberührt.

*) Dieser Satz lautet:

Der Zuziehung eines Rechtsanwalts bedarf es nicht, wenn die Beschwerde von einer Behörde oder von einem Notar eingelegt wird, der in der Angelegenheit für den Beschwerdeführer einen Antrag bei dem Gericht erster Instanz gestellt hat.

B. Zwangsvollstreckung in registrierte Schiffe und Schiffsanteile.

1. Obwohl die Schiffe zu den beweglichen Sachen gehören, so sind sie doch wegen ihrer großen wirtschaftlichen Bedeutung ebenso wie bezüglich der Verpfändung (§§ 1259—1271 BGB.) so auch hinsichtlich der Zwangsvollstreckung den Grundstücken gleichgestellt (§ 864 CPO.), soweit nicht ihre natürliche Beschaffenheit besondere Vorschriften erforderlich macht (vgl. §§ 165, 168, 170 ZVG.). Jedoch bezieht sich diese Gleichstellung nur auf die im Schiffsregister eingetragenen Schiffe. — Auch wer wegen einer Forderung aus einem Werkvertrag (§ 647 BGB.) ein gesetzliches Pfandrecht an einem im Schiffsregister eingetragenen Schiffe hat, kann seine Befriedigung aus dem Schiffe nur nach den für die Zwangsvollstreckung in das unbewegliche Vermögen geltenden Vorschriften suchen; der Pfandverkauf gemäß § 1228 BGB. ist unzulässig (vgl. KGJ. **28** A 275; OLG. **9** 292).

Die nicht registrierten Schiffe, gleichviel, ob für sie eine Registrierungspflicht besteht oder nicht (§ 119 Binnensch.G.), unterstehen den Vorschriften der CPO. über die Versteigerung beweglicher Sachen (vgl. Anhang C).

2. a) Hinsichtlich der **Zwangsvollstreckung** bestimmen:

CPO. § 864 Abs. 1. Der Zwangsvollstreckung in das unbewegliche Vermögen unterliegen . . . die im Schiffsregister eingetragenen Schiffe.

CPO. § 865. Die Zwangsvollstreckung . . . umfaßt auch die Gegenstände, auf welche sich . . . bei Schiffen das eingetragene Pfandrecht erstreckt.

Diese Gegenstände können, soweit sie Zubehör sind, nicht gepfändet werden. Im übrigen unterliegen sie der Zwangsvollstreckung in das bewegliche Vermögen, solange nicht ihre Beschlagnahme im Wege der Zwangsvollstreckung in das unbewegliche Vermögen erfolgt ist.

CPO. § 869. Die Zwangsversteigerung und die Zwangsverwaltung werden durch ein besonderes Gesetz geregelt.

CPO. § 870 Abs. 2. Die Zwangsvollstreckung in ein eingetragenes Schiff erfolgt nur durch Zwangsversteigerung.

Die Vorschrift des § 446 HGB., nach welcher ein zum Abgehen fertiges Schiff nicht im Wege der Zwangsvollstreckung zur Zwangsversteigerung gebracht oder mit Arrest belegt werden darf, gilt nicht für Binnenschiffe.

b) Zwangseintragungen hinsichtlich registrierter Schiffe sind vorgesehen in § 895 CPO. (Vormerkung oder Widerspruch auf Grund eines vorläufig vollstreckbaren Urteils), CPO. § 931 (Arrestpfandrecht, vgl. Anm. c), CPO. §§ 941, 942 (Vormerkung oder Widerspruch auf Grund einstweiliger Verfügung), § 169 ZVG. (Eintragung des nicht berichtigten Meistgebots), § 54 Abs. 2 FGG. (Sicherungshypothek gegen Vormund, Pfleger oder Beistand).

c) Die Vollziehung des **Arrestes** in ein registriertes Schiff wird nach §§ 930, 931 CPO. wie bei einer beweglichen Sache durch Pfändung bewirkt; der Gerichtsvollzieher nimmt das Schiff in Besitz. Die Pfändung begründet ein Pfandrecht mit dem Vorrechte vor allen später begründeten Pfandrechten. Auf Antrag des Gläubigers kann das Arrestpfandrecht noch als Maximalhypothek in das Schiffsregister in der Weise eingetragen werden, daß als Höchstbetrag derjenige Betrag bezeichnet wird, durch dessen Hinterlegung der Arrest gehemmt wird (vgl. § 1271 BGB.). Das Vollstreckungsgericht kann, im Falle der Gefahr einer beträchtlichen Wertsverminderung oder wenn die Aufbewahrung unverhältnismäßige Kosten verursachen würde, auf Antrag die Versteigerung des Schiffes und die Hinterlegung des Erlöses anordnen. Ist zur Zeit der Arrestvollziehung die Zwangsversteigerung des Schiffes eingeleitet (§ 162 ZVG.), so gilt die in jenem Verfahren erfolgte Beschlagnahme als frühere Pfändung. Im übrigen finden die Vorschriften des BGB. über das durch Rechtsgeschäft bestellte Pfandrecht an einem registrierten Schiffe Anwendung (§§ 1260 ff. BGB.).

Hinsichtlich der Arrestierung der zum Abgehen fertigen Schiffe s. oben Anm. 2 a.

d) Die **Zwangsverwaltung** registrierter Schiffe ist nicht zulässig (§ 870 Abs. 2 CPO.).

3. Die Zwangsvollstreckung in den **Anteil an einem registrierten Schiffe** (vgl. Anm. zu § 111 Binnensch.G.) erfolgt gemäß § 857 Abs. 2 durch Zustellung des gerichtlichen Gebots an den Schuldner, sich jeder Verfügung über die Schiffspart zu enthalten. Im übrigen bestimmt

CPO. § 858: Auf die Zwangsvollstreckung in den Anteil an einem im Schiffsregister eingetragenen Schiffe (Schiffspart) finden die Bestimmungen des § 857 [aa]) mit folgenden Abweichungen Anwendung.

Als Vollstreckungsgericht ist das Amtsgericht zuständig, in dessen Bezirke sich der Heimatshafen oder der Heimatsort [bb]) des Schiffes befindet.

Dem Antrag auf Anordnung der Veräußerung der Part

---

aa) Die Pfändung ist mit dem Zeitpunkt als bewirkt anzusehen, in welchem dem Schuldner das Gebot zugestellt ist, sich jeder Verfügung über die Schiffspart zu enthalten.

Die Veräußerung der Part wird von dem Gericht angeordnet.

bb) s. § 6 Binnensch.G.

ist ein Auszug aus dem Schiffsregister beizufügen, cc) der alle die Part betreffenden Eintragungen enthält; der Auszug darf nicht älter als eine Woche sein.

Der Pfändungsbeschluß soll dem Korrespondentreeder zugestellt werden; die Pfändung wird auch mit dieser Zustellung wirksam.

Das Vollstreckungsgericht soll der Registerbehörde von der Erlassung des Pfändungsbeschlusses unverzüglich Mitteilung machen.

Ergibt der Auszug aus dem Schiffsregister, daß die Part mit einem Pfandrechte belastet ist, welches einem anderen als dem betreibenden Gläubiger zusteht, so ist die Hinterlegung des Erlöses anzuordnen. Die Verteilung des Erlöses erfolgt in diesem Falle nach den Bestimmungen der §§ 873—882; Forderungen, für die ein Pfandrecht an der Part eingetragen ist, sind nach dem Inhalte des Schiffsregisters in den Teilungsplan aufzunehmen. dd)

4. Über die **Zwangsversteigerung** registrierter Schiffe erging gemäß dem Vorbehalt in § 869 CPO. (s. oben 2 a) das Gesetz vom 24. März 1897/20. Mai 1898. Es lautet:

Zweiter Abschnitt.

Zwangsversteigerung von Schiffen im Wege der Zwangsvollstreckung.

Inländische Schiffe.

ZVG. § 162. Auf die Zwangsversteigerung eines im Schiffsregister eingetragenen Schiffes finden die

---

cc) Damit die im Schiffsregister eingetragenen Pfandgläubiger zu dem Verteilungsverfahren zugezogen werden.

dd) Die auf dem ganzen Schiffe haftenden Pfandrechte werden von dem Verfahren nicht berührt und sind deshalb in den Teilungsplan nicht mit aufzunehmen.

Vorschriften des ersten Abschnitts entsprechende Anwendung, soweit sich nicht aus den §§ 163 bis 170 ein anderes ergibt.

Hier sind nur die im inländischen Register eingetragenen Schiffe gemeint; hinsichtlich ausländischer Schiffe vgl. unten § 171. Entscheidend ist die Tatsache der Eintragung, nicht die Eintragungspflicht (vgl. Vorbem. 1 zu Anhang B). — Das Zubehör des Schiffes (vgl. § 1265 BGB. u. Anm. 2 c zu § 103 Binnensch.G.) unterliegt denselben gesetzlichen Bestimmungen wie das Schiff, eine gesonderte Pfändung des Zubehörs ist ausgeschlossen (§ 865 CPO.). Die Frachtgelder gehören in dieser Hinsicht nicht zum Zubehör, wie sie auch dem Schiffspfandrecht nicht unterworfen sind (§ 1265 BGB.).

Zuständiges Gericht. Beteiligte.

ZVG. § 163. Als Vollstreckungsgericht ist das Amtsgericht zuständig, in dessen Bezirke sich das Schiff befindet.

Für das Verfahren tritt an die Stelle des Grundbuchs das Schiffsregister.

Die Berufsgenossenschaft für die Unfallversicherung und die Versicherungsanstalt für die Invaliditäts- und Altersversicherung gelten als Beteiligte,*) auch wenn sie eine Forderung nicht angemeldet haben.

*) Beteiligte sind außer dem betreibenden Gläubiger und dem Schuldner die Schiffsgläubiger (§§ 102 ff. Binnensch.G.) und die in das Schiffsregister eingetragenen Pfandgläubiger (s. §§ 1259 ff. BGB.). Die letzteren werden nach Maßgabe der beglaubigten Abschrift des Schiffsregisters von Amts wegen berücksichtigt, die Schiffsgläubiger dagegen — abgesehen von den hier in Abs. 3 Bezeichneten (vgl. § 102 Nr. 6 Binnensch.G.) — müssen ihre Rechte anmelden. Vgl. § 166 ZVG.

Voraussetzungen der Zwangsversteigerung.

ZVG. § 164. Die Zwangsversteigerung darf, soweit sich nicht aus den Vorschriften des Handelsgesetz-

buchs oder des Gesetzes, betreffend die privatrechtlichen Verhältnisse der Binnenschiffahrt,[1] ein anderes ergibt, nur angeordnet werden, wenn der Schuldner das Schiff im Eigenbesitze[2] hat. Die hiernach zur Begründung des Antrags auf Zwangsversteigerung erforderlichen Tatsachen sind durch Urkunden glaubhaft zu machen, soweit sie nicht bei dem Gericht offenkundig sind. Dem Antrag auf Zwangsversteigerung ist ein Zeugnis der Registerbehörde über die Eintragung des Schiffes in das Schiffsregister beizufügen.

1. Vgl. §§ 2 Abs. 2, 97 Abs. 2, 103 Abs. 2 Binnensch.G.

2. Eigenbesitzer ist nach § 872 BGB., wer eine Sache als ihm gehörend, d. h. mit dem Willen, sie als eigene zu haben, besitzt. Eigentum und Eigenbesitz wird in der Regel zusammenfallen. Da nun durch die Eintragung im Schiffsregister eine Vermutung für das Eigentum des Eingetragenen begründet wird (vgl. Vorbem. 2a zu Abschn. IX Binnensch.G.), so wird die nach Satz 3 des § 164 nur erforderliche Glaubhaftmachung des Eigentums durch das Schiffsregister erbracht werden können. Hat der Eigentümer den Besitz in der Absicht des Verzichts aufgegeben, und ist das Schiff danach als herrenlos zu betrachten (§§ 958, 959 BGB.), so ist unter entsprechender Anwendung der §§ 58, 787 CPO. von dem Vorsitzenden des Prozeßgerichts bzw. von dem Vollstreckungsgericht ein Vertreter zu bestellen und das Verfahren gegen letzteren zu betreiben (HGZ. **00** 229).

Bewachung und Verwahrung des Schiffes.

ZVG. § 165. Bei der Anordnung der Zwangsversteigerung hat das Gericht zugleich die Bewachung und Verwahrung des Schiffes anzuordnen.[1] Die Beschlagnahme wird auch mit der Vollziehung dieser Anordnung wirksam.[2]

1. Wegen der Kosten der Bewachung und Verwahrung vgl. Anm. 2 zu § 102 Binnensch.G.

2. Außerdem wird nach § 22 ZVG. die Beschlagnahme auch mit dem Zeitpunkte wirksam, in welchem der eine Zwangsversteigerung anordnende Beschluß dem Schuldner zugestellt wird, oder in welchem das Ersuchen um Eintragung des Versteigerungsvermerks der Registerbehörde zugeht, sofern in dem letzteren Falle auf das Ersuchen die Eintragung erfolgt.

Verfahren gegen den Schiffer.

ZVG. § 166. Ist gegen den Schiffer auf Grund eines vollstreckbaren Titels, der auch gegenüber dem Reeder oder Schiffseigner wirksam ist,[1] das Verfahren angeordnet, so wirkt die Beschlagnahme zugleich gegen den Reeder oder Schiffseigner.

Der Schiffer gilt in diesem Falle als Beteiligter nur so lange, als er das Schiff führt; ein neuer Schiffer gilt als Beteiligter, wenn er sich bei dem Gerichte meldet und seine Angabe auf Verlangen des Gerichts oder eines Beteiligten glaubhaft macht.[2]

1. Vgl. § 97 Abs. 2 Binnensch.G.

2. Der Schiffer ist in allen Fällen nur als solcher an dem Verfahren beteiligt. Die gegen ihn eintretende Beschlagnahme des Schiffes wirkt daher gegenüber dem Schiffseigner so, als wenn das Verfahren unmittelbar gegen diesen eingeleitet worden wäre und dauert gegen den Schiffer nur so lange, wie sein Dienstverhältnis besteht (Begr. z. ZVG. S. 67).

Inhalt der Terminsbestimmung.

ZVG. § 167. Die Bezeichnung des Schiffes in der Bestimmung des Versteigerungstermins soll nach dem Schiffsregister erfolgen.

Die Terminsbestimmung muß die Aufforderung an die Schiffsgläubiger und die sonstigen Berechtigten enthalten, ihre Rechte, soweit sie zur Zeit der Eintragung des Versteigerungsvermerkes aus dem Schiffsregister nicht ersichtlich waren, spätestens im Verteilungstermin anzumelden, widrigenfalls die Rechte bei der Verteilung des Versteigerungserlöses nicht berücksichtigt werden würden.

Als Berechtigter kommt namentlich auch der Eigentümer des Schiffes in Betracht, weil der Eigentumserwerb sich unabhängig von der Eintragung in das Schiffsregister vollzieht und das Verfahren gegen den Schiffer (§ 97 Abs. 2 Binnensch.G.), gegen jeden dritten Besitzer (§ 103 Abs. 2) und gegen den Ausrüster (§ 2) betrieben werden kann.

Bekanntmachung der Terminsbestimmung.

ZVG. § 168. Befindet sich der Heimatshafen oder Heimatsort des Schiffes in dem Bezirk eines anderen Gerichts, so soll die Terminsbestimmung auch durch das für Bekanntmachungen dieses Gerichts bestimmte Blatt bekannt gemacht werden.

Die im § 39 Abs. 2 vorgesehene Anordnung ist unzulässig.*)

*) Die Einrückung der Terminsbestimmung in das für Bekanntmachungen bestimmte Blatt des Vollstreckungsgerichts darf also nicht unterbleiben.

Berichtigung des Meistgebots.

ZVG. § 169. Die Vorschriften über das geringste Gebot finden keine Anwendung. Das Meistgebot ist in seinem ganzen Betrage durch Zahlung zu berichtigen.[1]

Soweit die Berichtigung nicht im Verteilungstermin erfolgt, ist für die Forderung gegen den Ersteher ein Pfandrecht an dem Schiffe in das Schiffsregister einzutragen.[2] Das Pfandrecht entsteht mit der Eintragung, auch wenn der Ersteher das Schiff inzwischen veräußert hat.[3] Im übrigen finden die Vorschriften des Bürgerlichen Gesetzbuchs über das durch Rechtsgeschäft bestellte Pfandrecht an einem Schiffe Anwendung.[4]

1. Soweit nicht Zahlungsfristen bewilligt sind (§§ 60, 61 ZVG.).

2. Sind mehrere Schiffspfandgläubiger vorhanden, so ist das Meistgebot in eine entsprechende Anzahl von Forderungen nach Maßgabe der früheren zu zerlegen und einzutragen (Gruchot Beitr. **45** 811).

Eine Wiederversteigerung des Schiffes wegen Nichtzahlung des Kaufgeldes findet nicht statt. Denn § 169 Abs. 2 enthält eine Sonderbestimmung für die Versteigerung von registrierten Schiffen und sieht, abweichend von der allgemeinen Bestimmung des § 118 d. G., als Folge der Nichtzahlung des Kaufgeldes nur dessen Eintragung, nicht aber eine Befugnis des Gläubigers vor, unter Verzicht auf diese Eintragung die Wiederversteigerung zu beantragen.

3. Die Vorschrift des § 936 BGB. über den gutgläubigen Erwerb beweglicher Sachen findet demnach hier nicht Anwendung; das Pfandrecht für das Meistgebot entsteht mit der Eintragung, auch wenn das Schiff in der Zeit zwischen dem Zuschlag und der Eintragung an einen Gutgläubigen veräußert wird.

4. Vgl. §§ 1261—1269 BGB.

Bewachung und Verwahrung des versteigerten Schiffes.

ZVG. § 170. An die Stelle der nach § 94 Abs. 1 zulässigen Verwaltung tritt die gerichtliche Bewachung und Verwahrung des versteigerten Schiffes.*)

Das Gericht hat die getroffenen Maßregeln aufzuheben, wenn der zu ihrer Fortsetzung erforderliche Geldbetrag nicht vorgeschossen wird.

*) Nach Erteilung des Zuschlags kann somit auf Antrag eines Beteiligten, welcher Befriedigung aus dem Meistgebote zu erwarten hat, die gerichtliche Bewachung und Verwahrung des Schiffes angeordnet werden, solange nicht die Zahlung oder Hinterlegung des Meistgebots erfolgt ist.

Ausländische Schiffe.

ZVG. § 171. Auf die Zwangsversteigerung eines ausländischen Schiffes, das, wenn es ein deutsches Schiff wäre, in das Schiffsregister eingetragen werden müßte, finden die Vorschriften der §§ 162 bis 167, 169, 170 insoweit Anwendung, als sie nicht die Eintragung in das Schiffsregister voraussetzen.[1]

Die Terminsbestimmung soll, soweit es ohne erhebliche Verzögerung des Verfahrens tunlich ist, auch den aus den Schiffspapieren ersichtlichen Schiffsgläubigern und sonstigen Beteiligten zugestellt und, wenn das Schiff im Schiffsregister eines fremden Staates eingetragen ist, der Registerbehörde mitgeteilt werden.[2]

Die Aufhebung der vom Gericht angeordneten Überwachung und Verwahrung des Schiffes sowie die Übergabe an den Ersteher darf erst erfolgen, wenn die Berichtigung des Meistgebots oder die Einwilligung der Beteiligten nachgewiesen wird.[3]

1. Der Betreibende braucht daher z. B. das Zeugnis über die Eintragung des Schiffes nicht beizubringen.

2. Damit Pfandgläubiger und sonstige Beteiligte ihre Rechte wahrnehmen können.

3. Diese Vorschrift ist zur Sicherung der Beteiligten gegeben, weil bei den in einem deutschen Schiffsregister nicht eingetragenen Schiffen die Begründung eines Pfandrechts, wie nach § 169 Abs. 2, ausgeschlossen ist.

Dritter Abschnitt.

Zwangsversteigerung und Zwangsverwaltung in besonderen Fällen.

ZVG. § 172. Wird die Zwangsversteigerung oder die Zwangsverwaltung von dem Konkursverwalter beantragt, so finden die Vorschriften des ersten und zweiten Abschnitts entsprechende Anwendung, soweit sich nicht aus den §§ 173, 174 ein anderes ergibt.

ZVG. § **173.** Der Beschluß, durch welchen das Verfahren angeordnet wird, gilt nicht als Beschlagnahme. Im Sinne der §§ 13, 55 ist jedoch die Zustellung des Beschlusses an den Konkursverwalter als Beschlagnahme anzusehen.

ZVG. § **174.** Hat ein Gläubiger für seine Forderung gegen den Gemeinschuldner ein von dem Konkursverwalter anerkanntes Recht auf Befriedigung aus dem Grundstücke, so kann er bis zum Schlusse der Verhandlung im Versteigerungstermine verlangen, daß bei der Feststellung des geringsten Gebots nur die seinem Anspruche vorgehenden Rechte berücksichtigt werden; in diesem Falle ist das Grundstück auch mit der verlangten Abweichung auszubieten.

ZVG. § **175.** Hat ein Nachlaßgläubiger für seine Forderung ein Recht auf Befriedigung aus einem zum Nachlasse gehörenden Grundstücke, so kann der Erbe nach der Annahme der Erbschaft die Zwangsversteigerung des Grundstücks beantragen. Zu dem Antrag ist auch jeder andere berechtigt, welcher das Aufgebot der Nachlaßgläubiger beantragen kann.

Diese Vorschriften finden keine Anwendung, wenn der Erbe für die Nachlaßverbindlichkeiten unbeschränkt haftet oder wenn der Nachlaßgläubiger im Aufgebotsverfahren ausgeschlossen ist oder nach den §§ 1974, 1989 des Bürgerlichen Gesetzbuchs einem ausgeschlossenen Gläubiger gleichsteht.

ZVG. § **176.** Wird die Zwangsversteigerung nach § 175 beantragt, so finden die Vorschriften des ersten und zweiten Abschnitts sowie der §§ 173, 174 entsprechende Anwendung, soweit sich nicht aus den §§ 177, 178 ein anderes ergibt.

ZVG. § 177. Der Antragsteller hat die Tatsachen, welche sein Recht zur Stellung des Antrags begründen, durch Urkunden glaubhaft zu machen, soweit sie nicht bei dem Gericht offenkundig sind.

ZVG. § 178. Die Zwangsversteigerung soll nicht angeordnet werden, wenn die Eröffnung des Nachlaßkonkurses beantragt ist.

Durch die Eröffnung des Nachlaßkonkurses wird die Zwangsversteigerung nicht beendigt; für das weitere Verfahren gilt der Konkursverwalter als Antragsteller.

ZVG. § 179. Ist ein Nachlaßgläubiger, der verlangen konnte, daß das geringste Gebot nach Maßgabe des § 174 ohne Berücksichtigung seines Anspruchs festgestellt werde, bei der Feststellung des geringsten Gebots berücksichtigt, so kann ihm die Befriedigung aus dem übrigen Nachlasse verweigert werden.

ZVG. § 180. Soll die Zwangsversteigerung zum Zwecke der Aufhebung einer Gemeinschaft erfolgen, so finden die Vorschriften des ersten und zweiten Abschnitts entsprechende Anwendung, soweit sich nicht aus den §§ 181 bis 184 ein anderes ergibt.

ZVG. § 181. Ein vollstreckbarer Titel ist nicht erforderlich.

Die Zwangsversteigerung eines Grundstücks darf nur angeordnet werden, wenn der Antragsteller als Eigentümer im Grundbuch eingetragen oder Erbe eines eingetragenen Eigentümers ist oder wenn er das Recht des Eigentümers oder des Erben auf Aufhebung der Gemeinschaft ausübt. Von dem Vormund eines Miteigentümers kann der Antrag nur mit Genehmigung des Vormundschaftsgerichts gestellt werden.

Betrifft der Antrag ein Schiff, so ist durch Urkunden glaubhaft zu machen, daß das Eigentum dem Antragsteller und denjenigen, gegen welche sich der Antrag richtet, gemeinschaftlich zusteht und daß einer von ihnen im Besitze des Schiffes ist.

Die Vorschrift des § 17 Abs. 3 findet auch auf die Erbfolge des Antragstellers Anwendung.

ZVG. § 182. Bei der Feststellung des geringsten Gebots sind die den Anteil des Antragstellers belastenden oder mitbelastenden Rechte an dem Grundstücke sowie alle Rechte zu berücksichtigen, die einem dieser Rechte vorgehen oder gleichstehen.

Ist hiernach bei einem Anteil ein größerer Betrag zu berücksichtigen, als bei einem anderen Anteile, so erhöht sich das geringste Gebot um den zur Ausgleichung unter den Miteigentümern erforderlichen Betrag.

Auf die Versteigerung eines Schiffes finden die Vorschriften über das geringste Gebot entsprechende Anwedung.

ZVG. § 183. Im Falle der Vermietung oder Verpachtung des Grundstücks finden die Vorschriften des § 57 Satz 2, 3 keine Anwendung.

ZVG. § 184. Ein Miteigentümer braucht für sein Gebot keine Sicherheit zu leisten, wenn ihm eine durch das Gebot ganz oder teilweise gedeckte Hypothek, Grundschuld oder Rentenschuld zusteht.

C. Pfandrecht an nicht registrierten Schiffen und Schiffsanteilen und Zwangsvollstreckung in solche.

1. a) Die **Verpfändung** der nicht in einem deutschen Schiffsregister eingetragenen Schiffe, mögen sie auch als ausländische im Auslande registriert sein, erfolgt gemäß §§ 1204—1256 BGB. durch Einigung der Vertragschließenden über Bestellung eines Pfandrechts und durch Übergabe. **Anteile** an solchen Schiffen werden diesen gleich behandelt; die Übergabe kann gemäß § 1206 BGB. durch Einräumung des Mitbesitzes erfolgen. Der Pfandgläubiger übt nach § 1258 die Rechte aus, die sich aus der Gemeinschaft der Miteigentümer in Ansehung der Verwaltung des Schiffes und der Art seiner Benutzung ergeben. Der Verkauf des Anteils erfolgt nach Eintritt der Verkaufsberechtigung (§ 1228 Abs. 2) in Gemäßheit der §§ 1233 ff., 1258 Abs. 4 BGB.

b) In **Bremen** können **im Bau befindliche** Schiffe, welche nach ihrer Vollendung die im § 119 Binnensch.G. bezeichnete Tragfähigkeit besitzen werden, noch vor der Registrierung durch Eintragung in einem **besonderen** Register verpfändet werden (Art. 20 EG., § 30 Bremisch. Ausf.G. zum BGB. v. 18. Juli 1899 [Ges.Bl. 69]).

2. Die Zwangsvollstreckung in nicht registrierte Schiffe und Anteile an solchen erfolgt nach den Vorschriften der CPO. (§§ 803—827, 857) über die Zwangsvollstreckung in das bewegliche Vermögen. Auf **ausländische** Schiffe, bei denen im übrigen die Voraussetzungen für die Eintragung in ein deutsches Binnenschiffsregister vorliegen, findet § 171 ZVG. Anwendung.

Die Vollziehung des **Arrestes** in nicht registrierte Schiffe bzw. Anteile an solchen wird durch Pfändung bzw durch Zustellung des Gebots an den Schuldner, sich jeder Verfügung über die Part zu enthalten bewirkt (§§ 930, 857 CPO. vgl. Vorbem. 2 c zu Anh. B).

D. Transportversicherung.

Gesetz über den Versicherungsvertrag.

Vom 30. Mai 1908 (RGBl. 263).

Fünfter Titel.

Transportversicherung.

Vorbemerkung. 1. Die Begründung zum VVG. S. 129 bemerkt: „Die Vorschriften über die Transportversicherung umfassen sowohl die Versicherung von Gütern gegen die Gefahren der Beförderung zu Lande und auf Binnengewässern als die Versicherung von Schiffen gegen die Gefahren der Binnenschiffahrt. Das Gesetz schließt sich nach Möglichkeit den für die Seeversicherung geltenden Vorschriften des HGB. an; dem HGB. folgt es namentlich auch darin, daß es in bezug auf die Güterversicherung den Grundsatz der Vertragsfreiheit festhält (§ 187 Abs. 1)." Dies hat die Bedeutung, daß die zwingenden Vorschriften des Gesetzes nur gelten, soweit nicht ein anderes ausdrücklich oder stillschweigend vereinbart ist. Durch Kaiserliche Verordnung kann mit Zustimmung des Bundesrats bestimmt werden, daß bei der Versicherung von Schiffen gegen die Gefahren der Binnenschiffahrt die in dem Gesetze über den Versicherungsvertrag vorgesehenen Beschränkungen der Vertragsfreiheit ganz oder zum Teil außer Anwendung bleiben (VVG. § 188 Abs. 1).

„Die Vorschriften des Gesetzes über die Güterversicherung finden stets Anwendung, wenn jemand das Interesse versichert, das er daran hat, daß das zu befördernde Gut die Gefahren des Transports übersteht, gleichviel von welcher Art dieses Interesse ist. Die bezüglichen Vorschriften greifen daher nicht nur Platz, wenn der Sachwert der Güter den Gegenstand der Versicherung bildet, sondern sie gelten, soweit sich nicht aus ihrem Inhalt ein anderes ergibt, auch für die Versicherung des von der Ankunft der Güter am Abgangsort erwarteten (imaginären) Gewinns. Von besonderen Vorschriften über den erwarteten Gewinn, namentlich über die Höhe, in welcher er jeweils als versichert gilt (HGB. §§ 801, 802), sieht das Gesetz ab. Es ist deshalb Sache der Parteien, das Nähere hierüber, soweit nötig, durch den Vertrag festzusetzen. Auch die Versicherung der Fracht ist im Gesetz nicht besonders geregelt. Ihre weitere Ausgestaltung bleibt der Bestimmung der Beteiligten vorbehalten."

2. Eine besondere Form ist für den Abschluß des Versicherungsvertrags nicht vorgeschrieben. Der Versicherer ist aber verpflichtet, eine von ihm unterzeichnete Urkunde über den Versicherungsvertrag (Versicherungsschein) dem Versicherungsnehmer auszuhändigen (VVG. § 3 Abs. 1); jedoch bildet auch diese Vorschrift kein zwingendes Recht, sondern ist durch Vereinbarung abänderbar (vgl. § 35 Satz 2; Begr. 18).

3. **a)** Der Transportversicherungsschein (Transportversicherungspolice) kann nach § 363 Abs. 2 HGB. an Order gestellt und demgemäß durch Indossament übertragen werden; er unterliegt dann den Vorschriften der §§ 363—365 HGB. Ist er auf den Inhaber ausgestellt, so wird er dadurch nicht zur eigentlichen Inhaberurkunde (§ 793 BGB.), es treten vielmehr lediglich die in § 808 BGB. bestimmten Wirkungen ein, d. h. der Versicherer ist zwar berechtigt, aber nicht verpflichtet, die Leistung an den Inhaber zu bewirken. Es ist aber nicht ausgeschlossen, daß der Versicherer sich in dem Versicherungsschein dem legitimierten Inhaber gegenüber Beschränkungen hinsichtlich der gegen den Versicherungsnehmer begründeten Einreden unterwirft (Begr. 19).

b) Transportversicherungsscheine, welche an Order oder auf den Inhaber ausgestellt sind, unterliegen der Kraftloserklärung (§ 365 Abs. 2 HGB., § 808 Abs. 2 BGB.). Der Versicherer ist, wenn ein solcher Versicherungsschein abhanden gekommen oder vernichtet ist, erst nach dessen Kraftloserklärung verpflichtet, eine Ersatzurkunde auszustellen und braucht nicht auf Grund eines öffentlich beglaubigten Anerkenntnisses des Versicherungsnehmers, daß die Schuld erloschen sei, Zahlung zu leisten (VVG. § 3 Abs. 2, § 4 Abs. 2). „Es bleibt aber dem

Versicherer unbenommen, die gerichtliche Kraftloserklärung des auf den Inhaber lautenden Versicherungsscheines auszuschließen und an ihrer Stelle ein einfacheres Verfahren vorzusehen, insbesondere zu bestimmen, daß im Falle des Verlustes der Urkunde die Ausstellung der Ersatzurkunde oder die Auszahlung der Versicherungssumme erfolgt, wenn nach einer von dem Versicherer erlassenen öffentlichen Bekanntmachung dritte Personen Rechte nicht geltend gemacht haben" (Begr. 20).

Versicherte Gefahren bei Versicherung von Gütern und Schiffen.

VVG. § 129. Bei der Versicherung von Gütern gegen die Gefahren der Beförderung zu Lande oder auf Binnengewässern trägt der Versicherer alle Gefahren, denen die Güter während der Dauer der Versicherung ausgesetzt sind.

Bei der Versicherung eines Schiffes gegen die Gefahren der Binnenschiffahrt trägt der Versicherer alle Gefahren, denen das Schiff während der Dauer der Versicherung ausgesetzt ist. Der Versicherer haftet auch für den Schaden, den der Versicherungsnehmer infolge eines Zusammenstoßes von Schiffen dadurch erleidet, daß er den einem Dritten zugefügten Schaden zu ersetzen hat.

Verschulden des Versicherungsnehmers.

VVG. § 130. Der Versicherer haftet nicht für einen Schaden, der von dem Versicherungsnehmer vorsätzlich oder fahrlässig verursacht wird. Er hat jedoch den von dem Versicherungsnehmer durch eine fehlerhafte Führung des Schiffes verursachten Schaden zu ersetzen, es sei denn, daß dem Versicherungsnehmer eine bösliche Handlungsweise zur Last fällt.

Verschulden des Absenders oder Empfängers. Natürliche Beschaffenheit der Güter.

BVG. § 131. Bei der Versicherung von Gütern haftet der Versicherer nicht für einen Schaden, der von dem Absender oder dem Empfänger in dieser Eigenschaft vorsätzlich oder fahrlässig verursacht wird.

Das Gleiche gilt von einem Schaden, der durch die natürliche Beschaffenheit der Güter, namentlich durch inneren Verderb, Schwinden, gewöhnliche Leckage, sowie durch mangelhafte Verpackung der Güter oder durch Ratten oder Mäuse verursacht wird; ist jedoch die Reise durch einen Unfall, für den der Versicherer haftet, ungewöhnlich verzögert worden, so fällt der Schaden dem Versicherer insoweit zur Last, als er infolge der Verzögerung eingetreten ist.

Fahrtüchtigkeit des versicherten Schiffes.

BVG. § 132. Bei der Versicherung eines Schiffes haftet der Versicherer nicht für einen Schaden, der daraus entsteht, daß das Schiff in einem nicht fahrtüchtigen Zustand oder nicht gehörig ausgerüstet oder bemannt die Reise antritt.

Das Gleiche gilt von einem Schaden, der nur eine Folge der Abnutzung des Schiffes im gewöhnlichen Gebrauch ist oder nur durch Alter, Fäulnis oder Wurmfraß verursacht wird.

Haftung des Versicherers im Falle großer Haverei.

BVG. § 133. Die Versicherung gegen die Gefahren der Binnenschiffahrt umfaßt die Beiträge zur großen Haverei. Sind ausschließlich Güter des Schiffseigners verladen, so umfaßt die Versicherung auch die Aufopferungen, welche zur großen Haverei gehören würden, wenn das Eigentum an den Gütern einem anderen zustände.

Die Vorschriften der §§ 835 bis 839 des Handelsgesetzbuchs finden entsprechende Anwendung. Eine vom Schiffer aufgestellte Dispache ist für den Versicherer nur verbindlich, wenn er der Aufstellung durch den Schiffer zugestimmt hat.

Dauer der Güterversicherung.

VVG. § 134. Die Versicherung von Gütern erstreckt sich auf die ganze Dauer der versicherten Reise.

Die Versicherung beginnt mit dem Zeitpunkt, in welchem die Güter von dem Frachtführer zur Beförderung oder, wenn die Beförderung nicht sofort erfolgen kann, zur einstweiligen Verwahrung angenommen werden. Sie endigt mit dem Zeitpunkt, in welchem die Güter dem Empfänger am Ablieferungsort abgeliefert oder, wenn sich ein Ablieferungshindernis ergibt, rechtmäßig hinterlegt oder verkauft werden.

Benutzung von Leichterfahrzeugen.

VVG. § 136. Sind Güter gegen die Gefahren der Beförderung auf Binnengewässern versichert, so trägt der Versicherer die Gefahr der Benutzung von Leichterfahrzeugen bei der Verladung oder der Ausladung, wenn die Benutzung ortsüblich ist.

Änderung der Beförderungsart versicherter Güter.

VVG. § 137. Werden die versicherten Güter in anderer Art als mit dem Schiffe befördert, mit welchem sie nach dem Versicherungsvertrage befördert werden sollen, so haftet der Versicherer nicht.

Werden jedoch die Güter nach dem Beginne der Versicherung infolge eines Unfalls, für den der Versicherer haftet, mit einem anderen als dem im Versicherungsvertrage bestimmten Schiffe oder zu Lande befördert, so fällt die Beförderung unter die Versicherung. Das Gleiche gilt, wenn nach dem Beginne der Versicherung ohne Zustimmung des Versicherungsnehmers die Beförderung geändert oder die Reise des Schiffes aufgegeben wird.

Die Versicherung umfaßt in den Fällen des Abs. 2 die Kosten der Umladung und der einstweiligen Lagerung sowie die Mehrkosten der Weiterbeförderung.

§§ 138, 139. Dauer der Versicherung eines Schiffes.

a) § 138. Versicherung für eine Reise.

VVG. § 138. Die Versicherung eines Schiffes beginnt, wenn sie für eine Reise genommen ist, mit dem Zeitpunkt, in welchem mit der Einnahme der Ladung angefangen wird, oder, wenn keine Ladung einzunehmen ist, mit der Abfahrt. Sie endigt mit dem Zeitpunkt, in welchem die Löschung der Ladung am Bestimmungsorte beendigt ist, oder, wenn keine Ladung zu löschen ist, mit der Ankunft am Bestimmungsorte. Wird die Löschung von dem Versicherungsnehmer ungebührlich verzögert, so endigt die Versicherung mit dem Zeitpunkt, in welchem die Löschung beendigt sein würde, falls die Verzögerung nicht stattgefunden hätte.

Wird vor der Beendigung der Löschung für eine neue Reise Ladung eingenommen, so endigt die Versicherung mit dem Zeitpunkt, in welchem mit der Einnahme angefangen wird.

Wird nach dem Beginne der Versicherung die versicherte Reise aufgegeben, so tritt in Ansehung der Beendigung der Versicherung der Ort, wo die Reise aufhört, an die Stelle des Bestimmungsorts.

b) § 139. Versicherung auf Zeit.

VVG. § 139. Ist ein auf Zeit versichertes Schiff

bei dem Ablaufe der vereinbarten Versicherungszeit unterwegs, so gilt das Versicherungsverhältnis als verlängert bis zur Ankunft des Schiffes am nächsten Bestimmungsort und, falls an diesem gelöscht wird, bis zu dem nach § 138 für die Beendigung der Versicherung maßgebenden Zeitpunkte. Der Versicherungsnehmer kann die Verlängerung, solange das Schiff noch nicht unterwegs ist, durch eine gegenüber dem Versicherer abzugebende Erklärung ausschließen.

Versicherungswert der Güter.

VVG. § 140. Als Versicherungswert der Güter gilt der gemeine Handelswert und in dessen Ermangelung der gemeine Wert, den die Güter am Orte der Absendung in dem Zeitpunkt haben, welcher nach den §§ 134 bis 136 für den Beginn der Versicherung maßgebend ist, unter Hinzurechnung der Versicherungskosten sowie derjenigen Kosten, welche bis zur Annahme der Güter durch den Frachtführer entstehen.

Der sich nach Abs. 1 ergebende Wert der Güter gilt auch bei dem Eintritte des Versicherungsfalls als Versicherungswert.

Haben die Güter eine Beschädigung erlitten, so ist bei der Berechnung des Schadens festzustellen, in welchem Verhältnisse der Handelswert oder gemeine Wert, den die Güter im unbeschädigten Zustand am Ablieferungsorte haben würden, zu dem Werte steht, den sie dort im beschädigten Zustande haben; ein diesem Verhältnis entsprechender Bruchteil des Versicherungswerts gilt als Betrag des Schadens.

Versicherungswert des Schiffes.

VVG. § 141. Als Versicherungswert des Schiffes gilt der Wert, den das Schiff bei dem Beginne der Versicherung hat. Dieser Wert gilt auch bei dem Eintritte des Versicherungsfalls als Versicherungwert.

Bei einer Beschädigung des Schiffes gelten, falls das Schiff ausbesserungsfähig ist, die nach den §§ 709, 710 des Handelsgesetzbuchs zu berechnenden Ausbesserungskosten als Betrag des Schadens.

Gefahrerhöhung oder Veräußerung bei Güterversicherung.

VVG. § 142. Bei der Versicherung von Gütern ist der Versicherer nicht berechtigt, das Versicherungsverhältnis wegen einer unabhängig von dem Willen des Versicherungsnehmers eingetretenen Erhöhung der Gefahr oder wegen einer Veräußerung der versicherten Güter zu kündigen. Der Versicherungsnehmer ist nicht verpflichtet, eine solche Gefahrerhöhung oder eine Veräußerung dem Versicherer anzuzeigen.

Gefahrerhöhung oder Veräußerung bei Schiffsversicherung.

VVG. § 143. Wird bei der Versicherung eines Schiffes das Versicherungsverhältnis, während das Schiff unterwegs ist, von dem Versicherer wegen einer unabhängig von dem Willen des Versicherungsnehmers eingetretenen Erhöhung der Gefahr oder wegen Veräußerung des Schiffes gekündigt, so wirkt die Kündigung nicht vor der Beendigung der Reise. Tritt während des bezeichneten Zeitraums ein Versicherungsfall ein, so wird die Verpflichtung des Versicherers zur Leistung nicht dadurch berührt, daß die Anzeige der Gefahrerhöhung oder der Veräußerung unterblieben ist.

Ist die Verpflichtung zur Anzeige schon vor dem Beginne der Reise verletzt, so finden die Vorschriften des Abs. 1 nur Anwendung, wenn die Gefahrerhöhung oder die Veräußerung dem Versicherer vor dem Beginne der Reise bekannt geworden ist.

Bei einer Zwangsversteigerung des versicherten

Schiffes finden die Vorschriften über die Veräußerung entsprechende Anwendung.

Aufwendungen des Versicherungsnehmers zur Abwendung oder Minderung des Schadens.

VVG. § 144. Aufwendungen, die der Versicherungsnehmer gemäß § 62 zur Abwendung oder Minderung des Schadens macht, fallen, soweit der Versicherungsnehmer sie für geboten halten durfte, dem Versicherer ohne Rücksicht darauf zur Last, ob sie zusammen mit der übrigen Entschädigung die Versicherungssumme übersteigen.

Sind Aufwendungen zur Abwendung oder Minderung oder zur Ermittelung und Feststellung eines Schadens oder zur Wiederherstellung oder Ausbesserung der durch einen Versicherungsfall beschädigten Sache gemacht oder Beiträge zur großen Haverei geleistet oder ist eine persönliche Verpflichtung des Versicherungsnehmers zur Entrichtung solcher Beiträge entstanden, so haftet der Versicherer für den Schaden, der durch einen späteren Versicherungsfall verursacht wird, ohne Rücksicht auf die ihm zur Last fallenden früheren Aufwendungen und Beiträge.

Abandon des Versicherers.

VVG. § 145. Der Versicherer ist nach dem Eintritt eines Versicherungsfalls berechtigt, sich durch Zahlung der Versicherungssumme von allen weiteren Verbindlichkeiten zu befreien. Der Versicherer bleibt jedoch zum Ersatze der Kosten verpflichtet, welche zur Abwendung oder Minderung des Schadens oder zur Wiederherstellung oder Ausbesserung der versicherten Sache verwendet worden sind, bevor seine Erklärung, daß er sich durch Zahlung der Versicherungssumme befreien wolle, dem Versicherungsnehmer zugegangen ist.

Anzeigepflicht des Versicherungsnehmers.

VVG. § **146.** Bei der Versicherung gegen die Gefahren der Binnenschiffahrt hat der Versicherungsnehmer jeden Unfall, der das Schiff oder die Ladung trifft, auch wenn dadurch ein Entschädigungsanspruch für ihn nicht begründet wird, dem Versicherer unverzüglich anzuzeigen, sofern der Unfall für die von dem Versicherer zu tragende Gefahr von Erheblichkeit ist.

Durchgehende Policen.

VVG. § **147.** Ist die Versicherung für eine Reise genommen, die teils zur See, teils auf Binnengewässern oder zu Lande ausgeführt wird, so finden auf die Versicherung, auch soweit sie die Reise auf Binnengewässern oder zu Lande betrifft, die Vorschriften des Handelsgesetzbuchs über die Seeversicherung entsprechende Anwendung. Unberührt bleiben die Vorschriften des § 133 Abs. 2 Satz 2, des § 134 Abs. 2 und des § 135 über die Dispache des Schiffers, über den Beginn und das Ende der Versicherung sowie über die Haftung des Versicherers für die Beförderung zu und von der Eisenbahn.

Übergang der Schadensersatzansprüche des Versicherungsnehmers auf den Versicherer.

VVG. § **148.** Die Vorschrift des § 67 Abs. 1 Satz 2 findet auf die Transportversicherung keine Anwendung.

E. Ausführungsbestimmungen für Preußen.

1. Allgemeine Verfügung vom 16. November 1895, betreffend die Führung des Schiffsregisters nach dem Gesetze über die privatrechtlichen Verhältnisse der Binnenschiffahrt vom 15. Juni 1895.

(JMBl. 403.)

Nachdem über die Frage, ob und in welchem Umfange die Führung des Schiffsregisters nach § 121 Abs. 2 des Gesetzes, betreffend die privatrechtlichen Verhältnisse der Binnenschiffahrt vom 15. Juni 1895 (jetzt § 120 Abs. 2), für die Bezirke mehrerer Gerichte einem von diesen zu übertragen sei, die von sämtlichen Oberlandesgerichtspräsidenten erforderten Berichte nunmehr erstattet worden sind, habe ich beschlossen, von der gesetzlichen Ermächtigung zu solcher Übertragung bis auf weiteres keinen Gebrauch zu machen.

Es verbleibt daher bei der Vorschrift des § 121 Abs. 1 (jetzt § 120 Abs. 1) des genannten Gesetzes, daß das Schiffsregister bei dem zur Führung des Handelsregisters zuständigen Gerichte — also bei jedem Amtsgerichte für seinen Bezirk — zu führen ist.

Mit der Anlegung der Schiffsregister ist jedoch nur vorzugehen, wenn außer Zweifel steht, daß registerpflichtige Schiffe in dem Bezirke ihren Heimatsort haben.

2. Allgemeine Verfügung vom 28. April 1896, betreffend die Führung des Schiffsregisters nach dem Gesetze über die privatrechtlichen Verhältnisse der Binnenschiffahrt vom 15. Juni 1895.

(JMBl. 1896 S. 132.)

Durch mehrere an mich gerichtete Beschwerden finde ich mich veranlaßt, die mit der Führung des Schiffsregisters für Binnenschiffe betrauten Gerichte erneut darauf hinzuweisen, daß für die Anmeldungen der Schiffe zur Eintragung in das Schiffsregister eine bestimmte Form in dem Reichsgesetze vom 15. Juni 1895 nicht vorgeschrieben ist. Nur die Angaben, welche in den Anmeldungen enthalten sein müssen und zur Eintragung in das Register gelangen sollen, sind glaubhaft zu machen (§ 125 [jetzt § 124] des Gesetzes). Die Anmeldungen selbst können daher nicht bloß persönlich vor Gericht erklärt, sondern auch schriftlich eingereicht werden; das von mehreren Gerichten gestellte Verlangen, daß bei schriftlichen Anmeldungen die Unterschrift des Anmeldenden gerichtlich oder notariell beglaubigt sein müsse, findet in dem Gesetze keine Begründung und kann auch nicht, wie geschehen, auf die hier unanwendbaren, die Anmeldungen von Handelsfirmen betreffenden Artikel 19 und 25 des Handelsgesetzbuchs gestützt werden.

3. **Gesetz über die freiwillige Gerichtsbarkeit vom 21. September 1899** (Ges.S. 249 ff.).

Art. 29. Die näheren Bestimmungen über die Einrichtung und die Führung .... des Schiffsregisters werden vom Justizminister getroffen.

Die Eintragungen in das Schiffsregister sollen von dem Richter mit Angabe des Wortlauts verfügt, von dem Gerichtsschreiber ausgeführt und von beiden unterschrieben werden.

Die beglaubigten Abschriften aus dem Schiffsregister sind von dem Richter und dem Gerichtsschreiber zu unterschreiben.

Art. 35. Zur Beglaubigung von Abschriften sind auch die Gerichtsschreiber befugt. Die Vorschriften über die Beglaubigung von Abschriften aus ... dem Schiffsregister bleiben unberührt.

4. Allgemeine Verfügung vom 11. Dezember 1899 über die Führung des Schiffsregisters.

(JMBl. 753 ff.)

I. Allgemeines.

§ 1. Die Anzeigen, welche sich auf die Eintragung des Schiffes in das Schiffsregister, die Veränderungen in den eingetragenen Tatsachen und Rechtsverhältnissen (..... § 126 des Gesetzes, betreffend die privatrechtlichen Verhältnisse der Binnenschiffahrt) oder die Löschung des Schiffes im Register beziehen, bedürfen keiner besonderen Form; sie können zum Protokolle des Gerichtsschreibers erfolgen.

§ 2. Die Bearbeitung der Registersachen, insbesondere die Eintragung des Schiffes in das Register, die Ausstellung und Erteilung der ... Schiffsbriefe sowie die Aushändigung der Schiffsmeßbriefe ist zu beschleunigen.

§ 3. Die Obliegenheiten des Richters und des Gerichtsschreibers bei der Führung des Schiffsregisters und bei den auf die Eintragungen bezüglichen Verhandlungen sowie in betreff der Vorlegung des Registers bestimmen sich, soweit nicht durch Reichsgesetz [1] oder durch Artikel 29 des Preußischen Gesetzes über die freiwillige Gerichtsbarkeit [2] besondere Anordnungen getroffen sind, nach den für das Handelsregister geltenden Vorschriften. [3]

Der Richter hat die im § 8 dieser Verfügung und im § 164 des Reichsgesetzes über die Zwangsversteigerung und die Zwangsverwaltung [4] erwähnten Bescheinigungen und Zeugnisse auszustellen.

Wird eine Erklärung, welche der im § 107 des Reichsgesetzes über die Angelegenheiten der freiwilligen Gerichtsbarkeit vorgeschriebenen Form [5] bedarf, vor dem Registergericht abgegeben, so ist das Protokoll von dem Richter aufzunehmen.

1. Vgl. §§ 120 ff., 127 Binnensch.G.
2. Vgl. Anhang E Nr. 3.
3. Vgl. HGB. §§ 8—16, FGG. §§ 125 ff.
4. s. Anhang B.
5. s. Anhang A 2.

§ 4. Die Entgegennahme eines auf eine Eintragung gerichteten Antrags oder Ersuchens sowie die Beurkundung des Zeitpunkts, in welchem der Antrag oder das Ersuchen bei dem Registergericht eingeht, sollen, wenn der Antrag oder das Ersuchen in Ansehung eines Pfandrechts an einem Schiffe gestellt wird, nur durch die mit der Führung des Registers über das betreffende Schiff beauftragten Beamten, und zwar entweder durch den Richter oder durch den Gerichtsschreiber, erfolgen.

Bezieht sich der Antrag oder das Ersuchen auf mehrere Schiffe, in Ansehung deren die Führung des Registers verschiedenen Beamten obliegt, so kann die Entgegennahme oder die Beurkundung durch jeden dieser Beamten erfolgen.

§ 5. Der nach § 120 Abs. 2 des Reichsgesetzes über die Angelegenheiten der freiwilligen Gerichtsbarkeit*) auf eine Urkunde über die Pfandforderung zu setzende Vermerk ist von dem Richter und dem Gerichtsschreiber zu unterschreiben.

*) S. Anhang A 2.

§ 6. Die Eintragungen in das Register sind, auch soweit sie sich nicht auf Pfandrechte beziehen, den im § 121 des Reichsgesetzes über die Angelegenheiten der freiwilligen Gerichtsbarkeit*) bezeichneten Personen bekannt zu machen. Auf die Bekanntmachung kann verzichtet werden.

Die Bekanntmachung ist von dem Richter zu verfügen und von dem Gerichtsschreiber unter seiner Unterschrift herbeizuführen. Der Gerichtsschreiber hat bei der gerichtlichen Verfügung zu vermerken, wem die Bekanntmachung zur Beförderung übergeben und wann die Übergabe erfolgt ist.

Eine öffentliche Bekanntmachung der Eintragungen findet nicht statt.

*) S. Anhang A 2.

§ 7. Wird eine Eintragung abgelehnt, so sind die Gründe der Ablehnung mitzuteilen.

§ 8. Das Gericht hat auf Verlangen eine Bescheinigung darüber zu erteilen, daß bezüglich des Gegenstandes einer Eintragung weitere Eintragungen nicht vorhanden sind oder daß eine bestimmte Eintragung nicht erfolgt ist.

§ 9. In die Abschriften aus dem Register sind die rot unterstrichenen Eintragungen nur aufzunehmen, soweit dies beantragt oder nach den Umständen angemessen ist.

Soll eine beglaubigte Abschrift nur von einem Teile des Registerblatts erteilt werden, so sind in die Abschrift diejenigen Eintragungen aufzunehmen, welche den Gegenstand betreffen, auf den sich die Abschrift beziehen soll. In dem Beglaubigungsvermerk ist der Gegenstand anzugeben und zu bezeugen, daß weitere den Gegenstand betreffende Eintragungen in dem Register nicht enthalten sin .

§ 10. Für jedes Schiff werden nach den Vorschriften der Geschäftsordnung für die Gerichtsschreibereien der Amtsgerichte besondere Akten gehalten.

Werden Urkunden, auf die eine Eintragung sich gründet oder Bezug nimmt, zurückgegeben, so ist eine beglaubigte Abschrift zurückzubehalten. In der Abschrift können diejenigen Teile der Urkunde, welche für die Führung des Schiffsregisters ohne Bedeutung sind, weggelassen werden; der Richter bestimmt den Umfang der Abschrift.

Ist die Urkunde in anderen der Vernichtung nicht unterliegenden Akten des Amtsgerichts enthalten, so genügt eine Verweisung auf die anderen Akten.

§ **11.** Im Falle der Verlegung des ... Heimatsorts aus dem Registerbezirke sind der neuen Registerbehörde außer dem ... Schiffsbrief und außer einer beglaubigten Abschrift des Registerinhalts auch die Registerakten zu übersenden.*)

Ist mit der Verlegung des ... Heimatsorts ein Eigentumswechsel verbunden, so hat das bisherige Registergericht die Eintragung des neuen Eigentümers zu bewirken und diese nicht der neuen Registerbehörde zu überlassen.

*) Vgl. § 126 Abs. 4 Binnensch.G.

§ **12.** Die Schiffsregister werden in einem oder mehreren dauerhaft gebundenen Bänden geführt. Es ist dazu Papier der Verwendungsklasse 2a (vgl. die Allgemeine Verfügung vom 2. Januar 1892, betreffend das für den Amtsgebrauch anzuschaffende Papier, — Just.Minist.Bl. S. 9) von einer Bogengröße von 46×59 cm zu verwenden.*)

Jeder Band des ... Binnenschiffsregisters erhält entsprechend der Reihenfolge der Anlegung eine römische Ziffer und ist mit laufenden Seitenzahlen zu versehen.

*) Vgl. Allg. Verf. v. 18. Dezember 99 (JMBl. 804).

§ **13.** Jedes Schiff erhält ein besonderes Blatt, jedes Blatt eine besondere Ordnungsnummer. Diese bestimmt sich nach der Reihenfolge der unter fortlaufender Zahl zu bewirkenden Eintragungen.

§ **14.** Die Eintragungen sind deutlich und ohne Abkürzungen zu schreiben; in dem Register darf nichts radiert oder sonst unleserlich gemacht werden.

Eine Eintragung, die durch eine spätere Eintragung ihre Bedeutung verloren hat, ist nach Maßgabe der Anordnung des Richters rot zu unterstreichen.

§ 15. Schreibfehler und ähnliche offenbare Unrichtigkeiten, die in einer Eintragung vorkommen, sind nach Maßgabe der Anordnung des Richters in derselben Spalte zu berichtigen. Die Berichtigung ist den Beteiligten bekannt zu machen und baldtunlichst auf den Schiffsurkunden zu vermerken.

§ 16. Jeder Eintragung ist außer der Angabe des Tages der Eintragung und außer der Unterschrift des Richters und des Gerichtsschreibers eine Verweisung auf die Stelle der Registerakten beizufügen, wo sich die zugrunde liegende Verfügung befindet.

Die Eintragung ist unter Bezeichnung des Tages, an dem sie erfolgt ist, von dem Gerichtsschreiber in den Registerakten bei der gerichtlichen Verfügung zu vermerken.

§ 17. Zur Bezeichnung der Berechtigten sind im Register anzugeben:

1. bei natürlichen Personen der Name (Vorname, Familienname), der Stand, der Beruf sowie der Wohnort und, soweit diese Angaben nicht tunlich oder nicht ausreichend sind, andere die Berechtigten deutlich kennzeichnende Merkmale;

2. bei Handelsgesellschaften, bei eingetragenen Genossenschaften und juristischen Personen anderer Art die Firma oder der Name und der Sitz.

. . . .

II. Seeschiffsregister.

§§ 18—33. . . . .

III. Binnenschiffsregister.

Anlage 2

§ 34. Das Binnenschiffsregister*) wird nach dem anliegenden Formular eingerichtet.

*) Entsprechend der in Anhang E. Nr. 1 abgedruckten Verf. v. 16. Nov. 1895 wird das Binnenschiffsregister bei jedem

Amtsgerichte für dessen Bezirk geführt. Vgl. Binnensch.G. § 120.

§ 35. In Spalte 1 sind der Name, die Nummer oder sonstige Merkzeichen des Schiffes sowie dessen Gattung und Material einzutragen. In Ansehung des Namens und der Nummer finden die Vorschriften des § 20 Abs. 1[1], in Ansehung der Gattung die Vorschriften des § 21[2] Anwendung.

Die Eintragung des Namens ist nur für den Fall vorgeschrieben, daß das Schiff einen solchen führt; eine Verpflichtung zur Beilegung eines Namens besteht nicht.[3]

1. § 20 Abs. 1 lautet:

„In Spalte 1 ist außer dem Namen, den das Schiff zur Zeit der Eintragung führt, auch der etwaige frühere Name anzugeben, wenn das Schiff unter diesem Namen vorher in das Register einer deutschen Registerbehörde eingetragen war. Erhält das Schiff nach seiner Eintragung einen anderen Namen, so ist auch dieser Name in Spalte 1 zu vermerken."

2. § 21 lautet:

„In Spalte 2 ist die Gattung des Schiffes mit den für die Bezeichnung üblichen Ausdrücken anzugeben. Erfährt die Gattung des Schiffes eine Veränderung, so ist auch die neue Gattung in Spalte 2 *[Binnenschiffsregister Spalte 1]* zu vermerken."

3. Vgl. Anm. 1 zu § 124 Binnensch.G.

§ 36. In Spalte 2 sind die Tragfähigkeit[1] des Schiffes und bei Dampfschiffen und sonstigen Schiffen mit eigener Triebkraft die Stärke des Motors einzutragen. Der Inhalt der Eintragung ist aus den bei der Anmeldung des Schiffes glaubhaft zu machenden Angaben der Beteiligten, insbesondere aus den Meßbriefen, Eichscheinen oder Dampfkessel-Revisions-Attesten sowie aus sonstigen Bescheinigungen der zuständigen Behörden oder auch der Erbauer zu entnehmen.[2] Bei der Eintragung ist auf die ihr zugrunde liegende Urkunde unter Angabe ihres Ausstellers und ihres Datums Bezug zu nehmen.

Bei Veränderungen in der Tragfähigkeit des Schiffes oder in der Stärke des Motors ist durch einen Vermerk in Spalte 2 auf die betreffende Eintragung in Spalte 8 hinzuweisen.

1. Vgl. § 119 Binnensch.G. und Anm. 2 dazu.

2. Vgl. Anm. 6 zu § 124 Binnensch.G.

§ 37. Die Verwendung der Spalte 3 richtet sich nach den Vorschriften des § 23.*)

*) § 23 lautet:

„In Spalte 4 *[Binnenschiffsregister Spalte 3]* ist auch die Werft, auf der das Schiff gebaut ist, anzugeben. Sind Zeit und Ort der Erbauung nicht ohne unverhältnismäßige Weiterungen zu ermitteln, so genügt eine allgemeine Angabe mit der Bemerkung, daß die betreffende Tatsache nicht festgestellt sei."

§ 38. In Spalte 4 ist der Ort, von dem aus die Schiffahrt mit dem Schiffe betrieben wird,[1] einzutragen. Die Vorschriften des § 24 Abs. 2, 3[2] finden entsprechende Anwendung.

1. Heimatsort (§§ 6, 124 Nr. 4 Binnensch.G.).

2. § 24 Abs. 2 u. 3 lauten:

„Erhält das Schiff später einen anderen im Bezirke des Registergerichts belegenen Heimatshafen *[Heimatsort]*, so ist auch dieser in Spalte 5 *[Binnenschiffsregister Spalte 4]* anzugeben."

„Liegt der neue Heimatshafen *[Heimatsort]* in einem anderen Registerbezirke, so ist bei der neuen Eintragung auch der frühere Heimatshafen *[Heimatsort]* in Spalte 5 *[Binnenschiffsregister Spalte 4]* zu vermerken, die neue Eintragung erfolgt von Amts wegen."

§ 39. Die Spalte 5 ist zu den im § 26 bestimmten Eintragungen zu verwenden.*)

*) § 26 lautet:

„Die Spalte 7 *[Binnenschiffsregister Spalte 5]* ist außer zur Angabe des Tages der Eintragung auch zur Aufnahme der Verweisung auf die Registerakten bei der Eintragung des Schiffes bestimmt. War das Schiff schon vorher in das Register einer deutschen Registerbehörde eingetragen, so ist in Spalte 7 *[Binnenschiffsregister Spalte 5]* auch die frühere Eintragung zu vermerken."

§ 40. Auf die Eintragungen in Spalte 6 finden die Vorschriften des § 27 Abs. 1, Abs. 2 Satz 1, 2, Abs. 3 Satz 1, Abs. 4, 5, [1] auf die Eintragungen in die Spalten 7 bis 10 finden die Vorschriften des § 28 Abs. 1, [2] des § 29 Satz 1 bis 3 [3] sowie der §§ 30, [4] 31, [5] auf die Übertragung des Schiffes auf ein anderes Blatt finden die Vorschriften des § 33 [6] entsprechende Anwendung.

1. Die hier in Bezug genommenen Vorschriften des § 27 lauten:

„Die Spalte 8 *[Binnenschiffsregister Spalte 6]* dient zur Darstellung der zur Zeit der Eintragung des Schiffes vorhandenen Eigentumsverhältnisse und ist für die Unterschriften des Richters und des Gerichtsschreibers bei der Eintragung des Schiffes bestimmt.

Die Unterspalte a ist nur auszufüllen, wenn eine Reederei besteht. In diesem Falle erhält jeder Mitreeder eine fortlaufende Nummer.

In Unterspalte b ist der Name und die nähere Bezeichnung der Reeder gemäß den Vorschriften des § 17 einzutragen.

In Unterspalte c ist bei einer Reederei die Größe der den einzelnen Mitreedern gehörenden Schiffsparten in Form eines Bruches zu vermerken. Verringert sich später die Größe einer Schiffspart, so ist unter der bisherigen Eintragung die dem Mitreeder noch gehörende Schiffspart anzugeben.

In Unterspalte d ist der Rechtsgrund, auf welchem die Erwerbung des Schiffes beruht, und bei einer Reederei neben der in der Unterspalte b erfolgten Bezeichnung jedes Mitreeders der Rechtsgrund, auf welchem die Erwerbung seiner Schiffspart beruht, unter Bezeichnung der darüber beigebrachten Urkunden einzutragen."

2. § 28 Abs. 1 lautet:

„In Spalte 9 *[Binnenschiffsregister Spalte 7]* sind die Veränderungen in den Eigentumsverhältnissen einzutragen. Jede Eintragung erhält eine fortlaufende Nummer. In Unterspalte b ist auf die Stelle der durch die Änderung betroffenen früheren Eintragung hinzuweisen. Die Ausfüllung der Unterspalten c—e hat bei dem Übergange des Eigentums an einem Schiffe oder an einer Schiffspart nach den Vorschriften über die Ausfüllung der Spalte 8 *[Binnenschiffsregister Spalte 6]* zu erfolgen. Andere Änderungen in den die Eigentumsverhältnisse betreffenden eingetragenen Tatsachen, z. B. Änderungen des Namens oder des Wohnorts eines Reeders, sind in Unterspalte c einzutragen."

3. § 29 Satz 1—3 lautet:

„In Spalte 10 *[Binnenschiffsregister Spalte 8]* sind die Veränderungen der in den Spalten 1—3, 5 und 6 *[Binnenschiffsregister Spalten 1, 2, 4]* eingetragenen Tatsachen, auch wenn in diesen Spalten selbst die Veränderungen vermerkt werden, einzutragen. Jede Eintragung erhält eine fortlaufende Nummer. In der Unterspalte b ist auf die Stelle der durch die Änderung betroffenen früheren Eintragung hinzuweisen."

4. § 30 lautet:

„In Spalte 11 *[Binnenschiffsregister Spalte 9]* ist bei der Löschung des Schiffes im Register auch deren Grund anzugeben. In dieselbe Spalte ist bei der Verlegung des Heimatshafens *[Heimatsortes]* aus dem Registerbezirk außer der Verlegung ein Vermerk, durch den das Registerblatt geschlossen wird, einzutragen.

Sind Pfandrechte eingetragen, so sind die Pfandgläubiger, deren Aufenthalt bekannt ist, von der beabsichtigten Löschung unter Bestimmung einer angemessenen Frist zur Geltendmachung eines Widerspruchs zu benachrichtigen. Die Löschung darf erst nach dem Ablaufe der Frist erfolgen."

5. § 31 lautet:

„In Spalte 12 *[Binnenschiffsregister Spalte 10]* werden die Pfandrechte an dem Schiffe eingetragen; die Vorschriften über die Eintragungen in die dritte Abteilung des Grundbuchs finden entsprechende Anwendung.

In Unterspalte c ist, wenn eine Reederei besteht, bei jeder Eintragung anzugeben, ob sich das Pfandrecht auf das ganze Schiff oder nur auf eine Schiffspart erstreckt; im letzteren Falle ist die Schiffspart zu bezeichnen.

In Unterspalte d ist auch die Löschung der eingetragenen Veränderungen durch Eintragung eines entsprechenden Vermerkes zu bewirken.

Über jeder Eintragung in den Unterspalten d und e ist anzugeben, auf welche andere Eintragung sie sich bezieht.

Die Unterspalte c dient auch zur Eintragung des Versteigerungsvermerkes, die Unterspalte e auch zur Löschung dieses Vermerkes."

6. § 33 lautet:

„Auf Antrag des Reeders kann, wenn gleichzeitig eine Veränderung in den Spalten 9 oder 10 *[Binnenschiffsregister Spalte 7 oder 8]* des Registers eingetragen werden soll, das Schiff auf ein anderes Blatt unter einer neuen Ordnungsnummer übertragen werden. Die Übertragung ist von Amts wegen zu bewirken, wenn das bisherige Registerblatt unübersichtlich geworden ist. Sie darf immer nur dann erfolgen, wenn das Schiffszertifikat *[der Schiffsbrief]* eingereicht oder die Einreichung behufs Ausstellung eines neuen Zertifikats *[Schiffsbriefs]* nicht erforderlich ist (§ 43).

Bei der Übertragung ist das bisherige Registerblatt unter Hinweis auf die Ordnungsnummer, unter der das Schiff von neuem eingetragen wird, durch Eintragung eines Vermerkes in Spalte 11 *[Binnenschiffsregister Spalte 9]* zu schließen. In Spalte 7 *[Binnenschiffsregister Spalte 5]* des neuen Blattes ist auf die frühere Eintragung zu verweisen und die Übereinstimmung des Inhalts des neuen Blattes mit dem Inhalte des bisherigen Blattes zu bescheinigen.

Gelöschte Eintragungen werden in das neue Blatt insoweit übernommen, als dies zum Verständnisse der noch gültigen Eintragungen erforderlich erscheint; im übrigen sind aus der Spalte 12 *[Binnenschiffsregister Spalte 10]* nur die Nummern der Eintragungen mit dem Vermerke „Gelöscht" zu übernehmen. Ein früherer Name und ein früherer Heimatshafen *[Heimatsort]* des Schiffes sind mit zu übertragen."

§ **41.** Die Oberlandesgerichtspräsidenten bestimmen für die Registergerichte des Oberlandesgerichtsbezirkes, wie viele Seiten bei der Einrichtung des Binnenschiffsregisters je für die Spalten 6, 7, 8 und 9, 10 des Registers zu verwenden sind.

IV. Schiffsurkunden.

42. . . . .

Bei Binnenschiffen erfolgt die Einrichtung des Schiffsbriefs nach dem anliegenden Formular. Anlage 3

Die Urkunden sind unter dem Siegel oder dem Stempel des Amtsgerichts und unter der Unterschrift des Richters auszufertigen; Lack ist zu dem Siegel nicht zu verwenden. . . .

Ist nach der Erteilung . . . des Schiffsbriefs eine Eintragung in . . . die Spalten 7, 8 oder 10 des Binnenschiffsregisters erfolgt, so ist die Eintragung . . . in dem Schiffsbrief auf den darin für die betreffenden Eintragungen freigelassenen Seiten unter dem Siegel oder dem Stempel des Amtsgerichts und unter der Unterschrift des Richters zu vermerken. Die Vermerke sind hintereinander in der Weise einzutragen, daß die Urkunde nirgends eine Lücke aufweist.

§ 43. Ein . . . neuer Schiffsbrief darf . . . nur dann ausgestellt werden, wenn . . . der frühere Schiffsbrief eingereicht oder der Verlust glaubhaft gemacht ist. Die eingereichten Urkunden sind unbrauchbar zu machen; der Verlust ist bei der Erteilung des . . . neuen Schiffsbriefs in dem Ausfertigungsvermerke kurz zu erwähnen.

In den neu auszustellenden Urkunden sind nur die zur Zeit der Ausfertigung vorhandenen tatsächlichen und rechtlichen Verhältnisse zur Darstellung zu bringen.

Wird das Schiff auf ein anderes Blatt unter einer neuen Ordnungsnummer übertragen (§§ 33, 40), so ist ein . . . neuer Schiffsbrief . . . nach Maßgabe der Vorschrift des Abs. 2 auszustellen.

Die Erteilung eines neuen . . . Schiffsbriefs . . . ist auf dem Deckel der Registerakten unter Hinweis auf die betreffende Stelle der Akten zu vermerken.

Wird ein Schiff in dem Binnenschiffsregister gelöscht, so ist der Schiffsbrief unbrauchbar zu machen.

§ 44. Ist . . . der Schiffsbrief unbrauchbar zu machen, so geschieht dies in der Weise, daß die Urkunden mit Einschnitten versehen werden.

Die unbrauchbar gemachten Urkunden sind bei den Registerakten aufzubewahren.

§ 45. Die den Registergerichten von dem Kaiserlichen Schiffsvermessungsamte zugehenden Schiffsmeßbriefe sind mit den von dem Schiffsvermessungsamte gleichfalls übersandten beglaubigten Abschriften der Meßbriefe zu vergleichen und nach Feststellung der Übereinstimmung dem Reeder oder dessen Vertreter auszuhändigen.

Fehlt die Übereinstimmung, so hat das Registergericht zunächst je nach der Verschiedenheit der Fälle entweder mit dem Schiffsvermessungsamt in Verbindung zu treten oder selbst die Abschrift mit einem Berichtigungsvermerke zu versehen.

§ 46. Das Registergericht hat . . . bei Binnenschiffen auf den von den Beteiligten eingereichten Meßbriefen oder Eichscheinen vor der Aushändigung der Urkunden die Eintragung des Schiffes in das Register zu bescheinigen. In der Bescheinigung sind außer der Ordnungsnummer und dem Datum der Eintragung . . ., bei Binnenschiffen der Heimatsort anzugeben.

Die Bescheinigung ist von dem Richter zu unterschreiben; der Unterschrift ist der Stempel des Amtsgerichts beizufügen.

§ 47. . . . . .

V. Übergangs- und Schlußbestimmungen.

§ 48. Für die Schiffe, welche vor dem 1. Januar 1900 in das Register eingetragen sind, werden die bisherigen Register fortgeführt.

Soweit diese Register für weitere Eintragungen Raum gewähren, sind sie auch nach dem 1. Januar 1900 zu Eintragungen zu verwenden. . . .

§ 49. Bei den Eintragungen in die bisherigen Register sind deren Spalten unter entsprechender Anwendung der Vorschriften der §§ . . . 35 bis 40 auszufüllen. . . . .
. . . .

§ 50. Die bisherigen Bände . . . des Binnenschiffsregisters sind je nach der Reihenfolge ihrer Anlegung mit Ziffern zu bezeichnen; die nach dem 1. Januar 1900 neu angelegten Bände sind mit den entsprechenden folgenden Ziffern zu versehen.

Bei der ersten nach dem 1. Januar 1900 erfolgenden Eintragung eines Schiffes erhält das Blatt die auf die letzte vorher eingetragene Ordnungsnummer folgende Zahl als Ordnungsnummer.

§ 51. . . . .

§ 52. Die bei den Amtsgerichten vorhandenen älteren Schiffsbriefsformulare sind zunächst aufzubrauchen.

§ 53. Die Gerichte haben den Bedarf an Formularen . . . der Schiffsbriefe von der Reichsdruckerei gegen Erstattung der Kosten unmittelbar zu beziehen.

. . . .

§ 54. Diese Verfügung tritt am 1. Januar 1900 in Kraft.

Anlage 2.

Nr. 150.

Spalte 1. Name, Nummer oder sonstige Merkzeichen des Schiffes, Gattung und Material.

Maria XIII 75, Oderkahn aus Eichenholz gebaut, mit buchenem Kiel, mit einem Mast und ohne festes Deck.

Spalte 2. Tragfähigkeit und bei Dampfschiffen oder sonstigen Schiffen mit eigener Triebkraft die Stärke des Motors.

Vermessen auf 40 Tonnen zu 1000 Kilogramm Tragfähigkeit laut Meßbriefs der Königlichen Wasserbauinspektion zu Stettin vom 15. Dezember 1899.

Das Schiff ist neu vermessen (vgl. Spalte 8 Nr. 3).

Spalte 3. Zeit und Ort der Erbauung.

1899 auf der Werft von Georg Danz in Stettin.

Spalte 4. Heimatsort.

Stettin. Gotzlow.

Spalte 5. Tag der Eintragung des Schiffes.

6. Januar 1900. $\frac{\text{2 B S R 150.}}{\text{1.}}$

Spalte 6. Eigentumsverhältnisse.

Lauf. Nr.	Name und nähere Bezeichnung der Eigentümer.	Anteile der Miteigentümer.	Erwerbsgrund.
a.	b.	c.	d.
1.	Christian Schubert, Schiffer, Stettin.	1/3	haben das Schiff für ihre Rechnung erbauen lassen.
2.	Friedrich Schubert, Kaufmann, Stettin.	1/3	
3.	Karoline Scholz geb. Schubert, Witwe des Maklers Friedrich Scholz, Stettin.	1/3	
	Fischer Neumann		

Spalte 7. Veränderungen in den Eigentumsverhältnissen.

Lauf. Nr.	Zu Spalte	Name und nähere Bezeichnung der Eigentümer.	Anteile der Miteigentümer.	Erwerbsgrund
a.	b.	c.	d.	e.
1.	6 [1].	Christian Meyer, Schiffer, Stettin.	1/3	hat den Anteil des Schiffers Christian Schubert in Stettin durch gerichtlichen Vertrag vom 31. Januar 1900 gekauft. — 2 B S R 150. / 2. 2. Februar 1900. Fischer Neumann
2.	6 [2].	Wilhelm Schulz, Kaufmann, Stettin.	1/3	hat den Anteil des Kaufmanns Friedrich Schubert in Stettin durch notariellen Vertrag vom 10. Februar 1900 gekauft. — 2 B S R 150. / 3. 15. Februar 1900. Fischer Neumann

Spalte 8. Veränderungen in den eingetragenen Tatsachen mit Ausschluß der Eigentumsveränderungen.			Spalte 9. Löschung des Schiffes.
Lauf. Nr.	Zu Spalte	Veränderungen.	
a.	b.	c.	
1.	4.	Der Heimatsort ist nach Gotzlow (Amtsgerichtsbezirk Stettin) verlegt. — 2 B S R 150 / 10. 12. Dezember 1900. Fischer Neumann	
2.	1.	Das Schiff ist im Sommer 1901 auf der Werft von Georg Danz in Stettin umgebaut; es hat zwei Aufbauten erhalten. — 2 B S R 150 / 15. 3. Oktober 1901. Fischer Neumann	
3.	2.	Das Schiff ist laut Meßbriefs der Königlichen Wasserbauinspektion in Stettin vom 8. Juli 1902 neu vermessen auf 42 t zu 1000 kg Tragfähigkeit. — 2 B S R 150 / 20. 3. September 1902. Fischer Neumann	

Spalte 10. Pfandrechte.

Lauf. Nr.	Betrag ℳ	Eintragungen.	Veränderungen.	Löschungen
a.	b.	c.	d.	e.
1.	5000	Fünftausend Mark rückständiges Baugeld mit fünf vom Hundert jährl. seit dem 1. Dez. 1899 verzinslich und drei Monate nach Kündigung rückzahlbar für den Schiffsbauer Georg Danz in Stettin eingetragen auf dem ganzen Schiffe. — 2 B S R 150. / 1. 6. Januar 1900. Fischer Neumann	Zu Nr. 1. Zweitausendfünfhundert M. mit dem Vorrange vor dem Reste nebst den Zinsen seit dem 1. Oktober 1904 abgetreten an den Kaufmann Anton Bolte in Stettin. — 2 B S R 150. / 23. 24. Oktbr. 1904. Fischer Neumann	

Anlage 3.

Preußischer Schiffsbrief.

Es wird hierdurch bezeugt, daß in das von der unterzeichneten Behörde nach dem Gesetze, betreffend die privatrechtlichen Verhältnisse der Binnenschiffahrt, geführte Schiffsregister das nachbezeichnete Schiff unter Nr. .... auf Grund glaubhafter Nachweisungen am ......ten .... eingetragen ist, wie folgt:

1. **Name, Nummer oder sonstige Merkzeichen, Gattung, Material:**

2. **Tragfähigkeit, Stärke des Motors:**

3. **Zeit und Ort der Erbauung:**

4. **Heimatsort:**

5. Eigentumsverhältnisse.

Laufende Nr.	Name u. nähere Bezeichnung der Eigentümer.	Anteile der Miteigentümer	Erwerbsgrund.

Über vorstehende Eintragung wird dieser Schiffsbrief erteilt.
Stettin, den ....ten ....

Siegel. **Königlich Preußisches Amtsgericht.**
Unterschrift des Richters.

Zu Nummer.	Veränderungen in den eingetragenen Tatsachen.

Pfandrechte.

Lauf. Nr.	Betrag.	Eintragungen.	Veränderungen.	Löschungen.

5. Allgemeine Verfügung vom 16. Juli 1904, — betreffend die Mitteilung der Eichungsergebnisse bei Binnenschiffen an die Registergerichte.

(JMBl. 1904 S. 186).

Die nachstehend abgedruckte gemeinschaftliche Verfügung der Herren Minister der Finanzen, für Handel und Gewerbe und der öffentlichen Arbeiten vom 2. Mai d. J., betreffend die Mitteilung der Eichungsergebnisse bei Binnenschiffen an die Registergerichte, wird zur Kenntnis der Justizbehörden gebracht.

Berlin, den 16. Juli 1904.

Der Justizminister.

Berlin, den 2. Mai 1904.

In der Justizverwaltung haben sich bei der Führung der Binnenschiffsregister Unzuträglichkeiten dadurch ergeben, daß die Registergerichte keine Mittel besitzen, um sich die erforderliche Kenntnis über das Vorhandensein eintragungspflichtiger Binnenfahrzeuge zu verschaffen und die Erfüllung der Eintragungspflicht zu überwachen.

Da die Verpflichtung zur Anmeldung und Eintragung nach § 119 des Gesetzes vom 15. Juni 1895 (Reichs-Gesetzblatt 1898 S. 868 ff.) von der Tragfähigkeit der Fahrzeuge abhängt und diese in maßgebender Weise durch die Eichbehörden ermittelt wird, so können nur die letzteren den Registergerichten die erforderlichen Unterlagen für ihre Amtsführung, insbesondere auch für das durch § 127 a. a. O. ihnen zur Pflicht gemachte Einschreiten liefern.

Mit Rücksicht hierauf bestimmen wir, daß fortan jede Eichbehörde in vierteljährlichen Zeitabschnitten, und zwar spätestens am ersten August, November, Februar und Mai für die vorangegangenen Kalenderquartale, den Registergerichten des Heimatortes der geeichten Schiffe die Eintragungen in das Verzeichnis der Eichungen und Eichprüfungen unter Verwendung des für dieses Verzeichnis vorgeschriebenen Musters auszugsweise mitzuteilen hat. In die Spalte Bemerkungen des Musters sind Name und Wohnort der Schiffseigentümer einzutragen.

Die Mitteilung hat nur bezüglich der nach dem 31. März d. J. geeichten oder einer Eichprüfung unterzogenen Schiffe, welche in Preußen beheimatet sind, zu erfolgen.

Bei Dampfschiffen und anderen Schiffen mit eigener Triebkraft, deren Tragfähigkeit 15 t oder weniger beträgt, und bei sonstigen Schiffen mit höchstens 20 t Tragfähigkeit hat die Mitteilung zu unterbleiben. Ebenso ist, wenn in einem Kalenderquartal eintragungspflichtige Schiffe nicht geeicht sein sollten, eine Mitteilung hierüber nicht erforderlich.

Die Eichbehörden sind hiernach mit Anweisung zu versehen.

6. Preußisches Gerichtskostengesetz vom 25. Juni 1895, in der Fassung der Bekanntmachung vom 6. Oktober 1899.

(Ges.S. 1899 S. 325 ff.).

§ 78. Für die Eintragung in das Schiffsregister einschließlich der dabei vorkommenden Nebengeschäfte werden erhoben:

1. für die Eintragung des Schiffes in das Schiffsregister, einschließlich der Verhandlungen zur Feststellung der Voraussetzungen der Eintragung, fünf Zehnteile des im § 57 bestimmten Gebührensatzes A;
2. für die Eintragung von Veränderungen, einschließlich aller derselben vorausgehenden Verhandlungen, ohne Unterschied, ob dabei das Schiff auf ein neues Blatt eingetragen wird,

fünf Zehnteile des im § 57 bestimmten Gebührensatzes B;

3. für die Eintragung der Verpfändung eines Schiffes, einschließlich des Vermerkes auf den betreffenden Urkunden, für die Einschreibung der ein eingetragenes Pfandrecht betreffenden Veränderungen oder Löschungen fünf Zehnteile der für die entsprechenden Eintragungen im Grundbuche bestimmten Sätze.

Für die Löschung eines Schiffes im Schiffsregister kommen Gebühren nicht zum Ansatze.

Für die Erteilung des . . . . . Schiffsbriefs ist der im § 66 Nr. 1 für die Erteilung eines Hypothekenbriefs bestimmte Satz und für den Vermerk einer Veränderung auf dem . . . . . Schiffsbriefe die Hälfte dieses Betrags zu erheben.

Die Einsicht des Schiffsregisters ist gebührenfrei.

7. Gesetz, betreffend eine Ermäßigung der Gebühren bei der ersten Anlegung der Register für Binnenschiffe. Vom 14. März 1896.

(Ges.S. 1896 S. 39).

§ 1 . . . .

§ 2. Werden Schiffe auf Grund der in § 129 [jetzt § 128] Gesetz vom 15. Juni 1895 vorgesehenen Bestimmung der Landesregierung in das Schiffsregister eingetragen, so kann der Justizminister eine den Vorschriften des § 1 entsprechende Gebührenermäßigung*) gewähren.

*) Ermäßigung um $^{7}/_{10}$.

§ 3 . . . .

8. Danach betragen die Kosten für Binnenschifffahrtssachen in Preußen, abgesehen von der unter Nr. 7 erwähnten Ermäßigung und abgesehen von den Schreibgebühren und etwaigen Stempelkosten:

Wertstufen bis einschließlich	I.		
	a. Für die Eintragung des Schiffes in das Schiffsregister	b. Für die Eintragung von Veränderungen	a. Für die Eintragung der Verpfändung eines Schiffes
ℳ	ℳ	ℳ	ℳ
20	0,20	0,20	0,20
60	0,40	0,20	0,20
120	0,50	0,30	0,30
200	0,80	0,50	0,50
300	1,00	0,70	0,70
450	1,30	1,00	1,00
650	1,60	1,20	1,20
900	2,00	1,50	1,50
1 200	2,40	1,70	1,70
1 600	3,00	2,00	2,00
2 100	3,60	2,30	2,30
2 700	4,20	2,70	2,70
3 400	4,80	3,10	3,10
4 300	5,50	3,60	3,60
5 400	6,30	4,10	4,10
6 700	7,20	4,70	4,70
8 200	8,10	5,30	5,30
10 000	9,00	6,00	6,00
12 000	10,20	6,90	6,90
14 000	11,40	7,80	7,80
16 000	12,60	8,70	8,70
18 000	13,80	9,60	9,60

II.		III.	
b. Für die Einschreibung der ein eingetragenes Pfandrecht betreffenden Veränderungen	c. Für die Löschung eingetragener Pfandrechte	a. Für die Erteilung des Schiffsbriefes	b. Für den Vermerk einer Veränderung auf dem Schiffsbriefe
ℳ	ℳ	ℳ	ℳ
0,20	0,20	0,20	0,20
0,20	0,20	0,30	0,20
0,20	0,20	0,50	0,30
0,30	0,30	0,80	0,40
0,40	0,40	1,00	0,50
0,50	0,50	1,20	0,60
0,60	0,60	1,50	0,80
0,80	0,80	1,70	0,90
0,90	0,90	2,00	1,00
1,00	1,00	2,40	1,20
1,20	1,20	2,80	1,40
1,40	1,40	3,20	1,60
1,60	1,60	3,60	1,80
1,80	1,80	4,00	2,00
2,10	2,10	4,40	2,20
2,40	2,40	4,80	2,40
2,70	2,70	5,20	2,60
3,00	3,00	5,60	2,80
3,50	3,50	6,00	3,00
3,90	3,90	6,40	3,20
4,40	4,40	6,80	3,40
4,80	4,80	7,20	3,60

Wertstufen bis einschließlich	I.		
	a. Für die Eintragung des Schiffes in das Schiffsregister	b. Für die Eintragung von Veränderungen	a. Für die Eintragung der Verpfändung eines Schiffes
ℳ	ℳ	ℳ	ℳ
20 000	15,00	10,50	10,50
22 000	16,20	11,40	11,40
24 000	17,40	12,30	12,30
26 000	18,60	13,20	13,20
28 000	19,80	14,10	14,10
30 000	21,00	15,00	15,00
35 000	23,50	17,00	17,00
40 000	26,00	19,00	19,00
50 000	30,00	22,50	22,50
60 000	33,00	22,50	25,50
70 000	36,00	28,50	28,50
80 000	39,00	31,50	31,50
90 000	42,00	34,50	34,50
100 000	45,00	37,50	37,50
	usw. für je 10 000 Mk. steigend um 3 Mk.	usw. für je 10 000 Mk. steigend um 3 Mk.	usw. für je 10 000 Mk. steigend um 3 Mk.

II.		III.	
b. Für die Einschreibung der ein eingetragenes Pfandrecht betreffenden Veränderungen ℳ	c. Für die Löschung eingetragener Pfandrechte ℳ	a. Für die Erteilung des Schiffsbriefes ℳ	b. Für den Vermerk einer Veränderung auf dem Schiffsbriefe ℳ
5,30	5,30	7,60	3,80
5,70	5,70	8,00	4,00
6,20	6,20	8,40	4,20
6,60	6,60	8,80	4,40
7,10	7,10	9,20	4,60
7,50	7,50	9,60	4,80
8,50	8,50	10,40	5,20
9,50	9,50	11,20	5,60
11,30	11,30	12,00	6,00
12,80	12,80	12,80	6,40
14,30	14,30	13,60	6,80
15,80	15,80	14,40	7,20
17,30	17,30	15,20	7,60
18,80	18,80	16,00	8,00
usw. für je 10 000 Mk. steigend um 1,50 Mk.	usw. für je 10 000 Mk. steigend um 1,50 Mk.	usw. für je 10 000 Mk. steigend um 40 Pfg.	usw. für je 10 000 Mk. steigend um 20 Pfg.

Sachregister.

(Die Zahlen verweisen auf die Seiten.)

D.

F.

G.

J.

K.

L.

M.

N.

O.

T.

U.

V.

W.

Z.

Lippert & Co. (G. Pätz'sche Buchdr.), Naumburg a. S.

Verzeichnis

der

Guttentag'schen Sammlung Deutscher Reichs- und Preussischer Gesetze

Text-Ausgaben

mit Anmerkungen u. Sachregister

Guttentag'sche Sammlung
Deutscher Reichsgesetze.
Text-Ausgaben mit Anmerkungen. Taschenformat.

1. **Verfassung** des Deutschen Reichs. Von Dr. **L. von Rönne.** Neunte Auflage von Landrat **Paul von Rönne.** 1904. 2 M. 40 Pf.

2. **Strafgesetzbuch** für das Deutsche Reich. Nebst den gebräuchlichsten Reichs-Strafgesetzen. Von Dr. **H. Rüdorff.** Zweiundzwanzigste Auflage von Dr. **H. Appelius,** Kammergerichtsrat. 1907. 1 M. 50 Pf.
   Die §§ 95—101, geändert durch Gesetz vom 17. Februar 1908, in neuer Fassung.

3. **Militärstrafgerichtsordnung** von Senatspräsident Dr. **Paul Herz.** 1902. Dritte Auflage. Aus dem Handel gezogen; — dafür Text-Ausgaben ohne Anmerkungen auf S. 24. 1 M. 50 Pf.

4. **Handelsgesetzbuch vom 10. Mai 1897** unter Ausschluß des Seerechts. Mit den ergänzenden Vorschriften des Bürgerlichen Gesetzbuchs und Erläuterungen von **F. Litthauer,** Justizrat. Dreizehnte Auflage herausgegeben von Geh. Justizrat Prof. Dr. **A. Mosse.** 1905. 3 M.

5. Allgemeine Deutsche **Wechselordnung.** Neunte Auflage von Justizrat Dr. **J. Stranz** und Rechtsanwalt Dr. **M. Stranz,** und das Reichsgesetz über die **Wechselstempelsteuer.***) Von Regierungsrat **P. Loeck.** Achte Auflage. 1906. Mit Nachtrag: Gesetz betr. Erleichterung d. Wechselprotestes v. 30. Mai 1908. 3 M.
   *) Ist auch einzeln zu haben. Preis 1 M. 25 Pf.

6. **Gewerbeordnung** für das Deutsche Reich nebst allen Ausführungsbestimmungen. Ursprünglich herausgegeben von **T. Ph. Berger** und Dr. **L. Wilhelmi.** Siebzehnte Auflage bearbeitet von Oberverwaltungsgerichtsrat **H. Spangenberg.** 1907. 3 M.

   Nachtragsband: enthaltend Novelle **„Kleiner Befähigungsnachweis"** von Geh. Ober-Regierungsrat **Spielhagen.** 1908. 30 Pf.

   Ergänzungsband: **Preußische Ausführungsanweisung.** 1904. 2 M.

7. Die deutsche **Post- und Telegraphen-Gesetzgebung.** Nebst dem Weltpostvertrag und dem internationalen Telegraphenvertrag. Von Wirkl. Geh. Rat Dr. **Fischer.** Sechste Auflage bearbeitet von Geh. Ober-Postrat Dr. **M. König.** 1908. 4 M.

8. Die Reichsgesetze über den **Unterstützungswohnsitz** in der Fassung der Novelle vom 30. Mai 1908, **die Freizügigkeit, den Erwerb und Verlust der Bundes- und Staatsangehörigkeit,** nebst allen landesgesetzlichen Bestimmungen. Von Geheimrat Dr. **J. Krech,** Mitglied des Bundesamtes für das Heimatwesen. Siebente Auflage. 1908. 3 M.

9. Sammlung **kleinerer strafrechtlicher Reichsgesetze.** Mit den Entscheidungen des Reichsgerichts, bearbeitet von **M. Werner,** Geh. Ober-Regierungsrat. Zweite Auflage. 1903. 3 M.

   (Inhalt ca. 25 verschiedene Gesetze.)

10. Das **Reichsbeamtengesetz** und seine Ergänzungen. Erläutert von **J. Pieper.** Zweite Auflage. 1901. 4 M. 50 Pf.
— In der Fassung von 1907 siehe Nr. 82.

11. **Zivilprozeßordnung mit Gerichtsverfassungsgesetz** in den neuesten Fassungen. Herausgegeben zunächst von **R. Sydow,** Staatssekretär im Reichsschatzamt, weiter bearbeitet von **L. Busch,** Reichsgerichtsrat. Zehnte Auflage. (In größerem Oktav-Format.) 1905. 6 M.

12. **Strafprozeßordnung und Gerichtsverfassungsgesetz** nebst den Gesetzen, betreffend die Entschädigung der im Wiederaufnahmeverfahren freigesprochenen Personen und die Entschädigung für unschuldig erlittene Untersuchungshaft. Von Dr. **A. Hellweg,** Reichsgerichtsrat. Fünfzehnte Auflage. 1908. 2 M.

13. **Konkursordnung und Anfechtungsgesetz.** Von **R. Sydow.** Weiter bearbeitet von **L. Busch.** Zehnte Auflage. 1906. 2 M. 25 Pf.

14. **Gerichtsverfassungsgesetz** mit Einführungsgesetz. Herausgegeben von **R. Sydow** und **L. Busch.** Neunte Auflage. 1905. 1 M. 50 Pf.

15. Das **Deutsche Gerichtskostengesetz** nebst den Gebührenordnungen für Gerichtsvollzieher, Zeugen und Sachverständige. Herausgegeben mit Kosten-

tabellen von **R. Sydow.** Weiter bearbeitet von **L. Busch.** Achte Auflage. 1907. 2 M.

16. **Rechtsanwaltsordnung.** Von **R. Sydow.** Sechste Auflage von Justizrat **M. Jacobsohn.** 1907. 1 M. 20 Pf.

17. Die **Deutsche Gebührenordnung für Rechtsanwälte und das Preußische Gebührengesetz** vom 27. September / 6. Oktober 1899. Von **R. Sydow** und **L. Busch.** Siebente Auflage. 1903. 1 M. 60 Pf.

18. **Reichsstempelgesetz (Börsensteuer, Frachturkunde, Kraftfahrzeuge, Personenfahrkarte, Tantieme für Aufsichtsratsmitglieder).** Vom 3. Juni 1906. Nebst Ausführungsbestimmungen und Entscheidungen. Neunte Auflage von **P. Loeck,** Regierungsrat. (In größerem Oktav-Format.) 1906. 4 M. 50 Pf.

19. Die **Seegesetzgebung.** Von Dr. **W. E. Knitschky.** Vierte Auflage bearbeitet von Oberlandesgerichtsrat **Otto Rudorff** in Hamburg. 1908. 6 M.

20. **Krankenversicherungsgesetz.** Von weil. Dr. **E. von Woedtke,** Direktor im Reichsamte des Innern. Elfte Auflage bearbeitet von Dr. **G. Eucken-Addenhausen,** Geh. Reg.-Rat und vortr. Rat im Reichsamte des Innern. 1905. 3 M.

21. Die **Konsulargesetzgebung.** Von Professor Dr. **Ph. Zorn.** Zweite Auflage. 1901. 3 M.

22. **Patentgesetz.** Nebst Ausführungsbestimmungen, völkerrechtlichen Verträgen und der Patentanwalts-Ordnung unter eingehender Berücksichtigung der Rechtsprechung des Reichsgerichts und der Praxis des Patentamts. Bisher von Prof. Dr. **R. Stephan** herausgegeben. Siebente Auflage von **R. Lutter,** Geh. Reg.-Rat im Kaiserl. Patentamt 1908. 2 M. 80 Pf.

Gesetz zum **Schutz der Warenbezeichnungen.** Nebst Ausführungsbestimmungen. Siehe Seite 16 Nr. 87.

23. **Gewerbe-Unfallversicherungsgesetz.** Von weil. Dr. **E. v. Woedtke.** Neunte neubearbeitete Auflage von **Franz Caspar,** Direktor im Reichsamt des Innern. 1907. 2 M. 50 Pf.

24. **Aktiengesellschaft und Kommanditgesellschaften auf Aktien.** (Handelsgesetzbuch, II. Buch, Abschnitt 3 und 4). Mit Anmerkungen von Justizrat Dr. **H. Veit Simon** und Amtsrichter **L. Keyssner.** 1908. Sechste Auflage. Im Druck.

25. **Brausteuergesetz** vom 3. Juni 1906 mit Ausführungsvorschriften. Von **A. Düffe,** Obersteuerkontrolleur. 1907. 3 M.

26. Die Reichsgesetzgebung über **Münz- und Notenbankwesen,** Papiergeld, Prämienpapiere und Reichsschulden. Von Dr jur. **R. Koch,** Präsident des Reichsbankdirektoriums. Fünfte Auflage. 1905. 3 M.

27. **Die Gesetzgebung, betr. das Gesundheitswesen** im Deutschen Reich für Behörden, Aerzte 2c. Von Dr. jur. **C. Goesch** und Dr. med. **J. Karsten.** 1888. 1 M. 60 Pf.

28. **Bau-Unfallversicherungsgesetz.** Vom 30. Juni 1900. Von **R. Chrzescinski,** Kaiserl. Regierungsrat. Dritte Auflage. 1900. 2 M.

29. Reichsgesetz, betr. die **Erwerbs- und Wirtschaftsgenossenschaften.** Von **L. Parisius** und Dr. **H. Crüger.** Zwölfte Auflage bearbeitet von Dr. **H. Crüger.** 1907. 1 M. 50 Pf.

30. **Invalidenversicherungsgesetz** vom 13. Juli 1899. Von weil. Dr. **E. v. Woedtke.** Zehnte Auflage von Regierungsrat **H. Follmann.** 1906. 4 M.

31. **Gewerbegerichtsgesetz.** Von Stadtrat **L. Mugdan.** Sechste Auflage bearbeitet von **W. Cuno,** Erstem Bürgermeister zu Hagen i. W. 1906. 2 M. 20 Pf.

32. Reichsgesetz, betr. die **Gesellschaften mit beschränkter Haftung.** Von **L. Parisius** und Dr. **H. Crüger.** Neunte Auflage von Dr. **H. Crüger.** 1908. 1,40 M.

33. **Vereins- und Versammlungsrecht** in Deutschland. Von Dr. **E. Ball.** Zweite Aufl. von Dr. **F. Friedenthal.** 1907. 2 M. 50 Pf.

Das neue Vereinsgesetz vom 19. April 1908 vide Nr. 88 — Seite 16.

34. Reichsgesetz, betreffend die **Abzahlungsgeschäfte.** Vom 16. Mai 1894. Von **J. Hoffmann.** Zweite vermehrte Auflage besorgt von Dr. **E. Wilke,** Landgerichtsrat. 1901. 1 M. 20 Pf.

35. Die **Reichs-Eisenbahngesetzgebung.** Von **W. Coermann,** Kaiserl. Amtsrichter. 1895. 2 M. 25 Pf.

36. Gesetze, betr. die **privatrechtlichen Verhältnisse der Binnenschiffahrt und der Flößerei.** Vierte Auflage von **E. Löwe,** Landgerichtsrat. 1909. 3 M.

37. Gesetz zur **Bekämpfung des unlauteren Wettbewerbes.** Vom 27. Mai 1896. Von Dr. **R. Stephan,** Geh. Regierungsrat. Dritte Auflage. 1903. 1 M.

38/39. **Bürgerliches Gesetzbuch nebst Einführungsgesetz.** Nach dem Tode des ursprünglichen Herausgebers Reichsgerichtsrats a. D. Dr. **A. Achilles** in Verbindung mit Professor Dr. **André,** Kammergerichtsrat **Ritgen,** Ober-Landesgerichtsrat **Strecker,** Ober-Regierungsrat Dr. **Unzner** herausgegeben von Geh. Ober-Justizrat **Greiff.** Fünfte Auflage. (In größerem Oktav-Format) 1906. 6 M. 50 Pf.

40. Gesetz, betr. die **Pflichten der Kaufleute bei Aufbewahrung fremder Wertpapiere (Depotgesetz).** Mit Erläuterungen. Von **F. Lusensky,** Geh. Ober-Regierungsrat. Zweite Auflage. 1905. 1 M.

41. **Börsengesetz.** In der Fassung der Novelle vom 8. Mai 1908 nebst Ausführungsbestimmungen von **A. Wermuth** und **H. Brendel.** Zweite Auflage. Neu bearbeitet von Wirkl. Geh. Ob.-Regierungsrat. **Th. Hemptenmacher,** Staatskommissar an der Berliner Börse. 1908. 2 M.

42. **Grundbuchordnung** nebst den preußischen Ausführungsbestimmungen. Mit Einleitung. Von Prof. Dr. **O. Fischer.** Vierte Auflage. 1906. 2 M.

43. Die Gesetzgebung, betr. die **Zwangsvollstreckung in das unbewegliche Vermögen** im Reiche und in Preußen. Mit Einleitung, Kosten- und Gebührentabellen. Von Dr. **J. Krech,** Kaiserl. Geh. Regierungsrat und Professor Dr. **O. Fischer.** Fünfte Auflage. 1907. 2 M.

44. Das Reichsgesetz über das **Auswanderungswesen** vom 9. Juni 1897 nebst Ausführungsverordnungen und Anlagen. Unter Benutzung amtlicher Quellen. Von Professor Dr. **Felix Stoerk.** 1899. 2 M. 25 Pf.

45. Das **Entmündigungsrecht** unter Berücksichtigung der für Preußen geltenden Vorschriften nebst der preußischen Justiz-Ministerial-Verfügung vom 28. November 1899. Text der zivil- und prozeßrechtlichen Bestimmungen mit Erläuterungen von Landgerichtsrat Dr. **P. Koll** in Cöln. 1900. 1 M. 50 Pf.

46. Die **Gesetze des Reiches und Preußens über die freiwillige Gerichtsbarkeit.** Mit Einleitung von **Herm. Jastrow,** Amtsgerichtsrat. Vierte Auflage. 1906. 3 M.

47. Das **deutsche Vormundschaftsrecht** und **das** preuß. Gesetz über die Fürsorgeerziehung Minderjähriger nebst den dazu gehörigen preußischen Nebengesetzen. Von **Max Schultzenstein,** Oberverwaltungsgerichtsrat und Amtsgerichtsrat Dr. **Paul Köhne.** Zweite Auflage. 1901. 3 M.

48. Gesetze und Verordnungen, betr. den **Drogen-, Gift- und Farbenhandel** außerhalb der Apotheken. Von Dr. **Broh,** Rechtsanwalt. 1899. 1 M. 25 Pf.

49. Deutsche **Kolonialgesetzgebung.** Von Professor Dr. **Philipp Zorn.** 1901. 4 M. 50 Pf.

50. Der **Viehkauf** (Viehgewährschaft) nach dem Bürgerlichen Gesetzbuche. Nebst Verordn. betr. die Hauptmängel und Gewährsfristen beim Viehhandel. Von Rechtsanwalt Dr. **H. Stölzle** und **H. Weiskopf,** Königl. Kreistierarzt in Augsburg. Vierte wesentlich verbesserte Auflage. 1908. 4 M.

51. **Hypothekenbankgesetz** vom 13. Juli 1899. Von Dr. **H. Göppert,** Gerichts-Assessor. 1900. 1 M. 80 Pf.

52. Gesetz, betreffend die gemeinsamen **Rechte der Besitzer von Schuldverschreibungen.** Von Dr. **Heinrich Göppert,** Gerichts-Assessor. 1900. 2 M.

53. **Reichspreßgesetz** vom 7. Mai 1874 nebst den einschlägigen Bestimmungen des Strafgesetzbuchs, der Gewerbeordnung &c. Kommentar von **A. Born,** Polizeiassessor. 1900. 1 M. 50 Pf.

54. Die Reichsgesetzgebung über den Verkehr mit **Nahrungsmitteln, Genußmitteln** und **Gebrauchsgegenständen.** Von Dr. **Georg Lebbin,** Nahrungsmittelchemiker. 1900. 2 M. 25 Pf.

55. Das Recht der **Beschlagnahme von Lohn- und Gehaltsforderungen.** Auf Grundlage der Reichsgesetze **vom 21. Juni 1869 u. 29. März 1897 und der** Zivilprozeßordnung. Von Justizrat **Georg Meyer.** Dritte Auflage. 1908. 2 M. 50 Pf.

56. Gesetz, betr. die **Bekämpfung gemeingefährlicher Krankheiten.** Nebst Ausführungsbestimmungen. Von Dr. **Bruno Burkhardt,** Regierungsrat, Mitglied des Kais. Gesundheitsamts. 1900. 1 M. 40 Pf.

57. **See-Unfallversicherungsgesetz.** Von **Dr. Max Mittelstein,** Oberlandesgerichtsrat in Hamburg. 1901. 2 M.

58. **Das Recht der unehelichen Kinder** nach dem BGB. Von **Hermann Jastrow,** Amtsg.-Rat. 1901. 1 M. 80 Pf.

59. Reichsgesetz über die **Beurkundung des Personenstandes und die Eheschließung.** Von Dr. **F. Fidler,** Amtgerichtsrat. 1901. 1 M. 80 Pf.

60. Gesetz, betreffend das **Urheberrecht an Werken der Literatur und der Tonkunst.** Von Landrichter **Otto Lindemann.** Zweite Auflage. 1907. 1 M. 60 Pf.

61. Gesetz über das **Verlagsrecht.** Von Justizrat **Ernst Heinitz.** 1901. 1 M. 50 Pf.

62. Gesetz über die **privaten Versicherungsunternehmungen.** Von **H. Könige,** Reichsgerichtsrat. 2. Auflage in Bearbeitung.

63. **Gesetzestafel des Deutschen Reichsrechts.** Systematisch geordnete Nachweisung des z. Z. geltenden Reichsrechts. Ergänzungsband zu der Guttentag'schen Sammlung Deutscher Reichsgesetze. Von **Hugo Bruhns,** Syndikus. 1902. 8°. 2 M. 50 Pf.

64. Gesetzsammlung betr. den **Handel mit Drogen und Giften.** Reichsgesetzl. Bestimmungen und Anhang mit den landesgesetzl. Verordnungen sämtlicher Bundesstaaten. Von Rechtsanwalt **H. Sonnenfeld,** Syndik. d. Berl. Drogisten-Innung. 1902. 3 M.

65. Das **Weingesetz** vom 24. Mai 1901. Mit Ausführungsbestimmungen von Dr. **Georg Lebbin,** Handels- u. Gerichtschemiker. 1902. 1 M. 50 Pf.

66. Die **Eisenbahn-Gesetzgebung.** Von **W. Pietsch,** Geh. exp. Sekretär im Reichs-Eisenbahn-Amt. 1902. 5 M.

67. **Militär-Strafgesetzbuch** von Senats-Präsident Dr. **Paul Herz** und Kriegsgerichtsrat Dr. **Georg Ernst.** 1903. Aus dem Handel gezogen; — dafür Text-Ausgaben ohne Anmerkungen Seite 24. 1 M.

68. **Das Fleischbeschaugesetz.** Vom 3. Juni 1900. Mit Ausführungsges. u. Verordnungen im Reiche und in Preußen. Von Dr. **Georg Lebbin,** Gerichtschemiker und Rechtsanwalt Dr. **Georg Baum.** 1903. 4 M.

69. Reichsgesetz über die **Naturalleistungen der bewaffneten Macht im Frieden** nebst den zugehörigen in Preußen geltenden Bestimmungen. Von Regierungsassessor Dr. **Walter v. Hippel.** 1903. 1 M. 25 Pf.

70. Das **Reichs-Haftpflichtgesetz,** betr. die Verbindlichkeit zum Schadensersatz für die bei dem Betriebe von Eisenbahnen, Bergwerken, Steinbrüchen, Gräbereien und Fabriken herbeigeführten Tötungen und Körperverletzungen, vom 7. Juni 1871. Von Regierungsrat Dr. **G. Eger.** 1903. Preis 3 M.

71. **Kinderarbeit in gewerblichen Betrieben,** v. 30. März 1903. Nebst der Preuß. Ausführ.-Anw. v. 30. Nov. u. d. Bek. des Reichskanzlers v. 17. Dez. 1903. Von **H. Spangenberg,** Oberverwaltungsgerichtsrat. Zweite vermehrte Auflage. 1904. 1 M. 60 Pf.

72. **Unfallversicherungsgesetz für Land- und Forstwirtschaft vom Wirkl. Geh. Rat Dr. E. von Woedtke,**

fortgesetzt von Dr. **Alfred Radtke,** Geh. Regierungsrat und Senatspräs. im Reichsversicherungsamt. Zweite Auflage. 1904. 4 M. 50 Pf.

73. **Entschädigung für unschuldig erlittene Verhaftung und Bestrafung.** Nebst Anhang, enth. die dazu gehörigen Nebengesetze über Schadensersatz. Von Dr. jur. **A. Romen,** Geh. Kriegsrat und vortr. Rat im Kriegsministerium. 1904. 2 M.

74. Die **Kaufmannsgerichte** nebst den preuß. Ausführungsbestimmungen. Von Dr. **Max Apt,** Syndikus der Korporation der Berliner Kaufmannschaft. Dritte Auflage. 1905. 2 M.

75. Reichsgesetz über die **Konsulargerichtsbarkeit.** Erläutert von Dr. jur. **A. F. Vorwerk,** Rechtsanwalt in Schanghai. Zweite Ausgabe, mit dem Schutzgebietsgesetz und der Ausführungsverordnung, betreffend die Rechtsverhältnisse in den deutschen Schutzgebieten. 1908. 2 M.

76. **Die Rechtshilfe im Verkehr mit den ordentlichen Gerichten nach deutschem Reichsrecht.** Zusammenstellung aller in Betracht kommenden Gesetzesstellen. Von Landrichter Dr. **A. Friedländer.** 1906. 1 M. 80 Pf.

77. **Das Reichserbschaftssteuergesetz.** Vom 3. Juni 1906. Von **Ulrich Hoffmann,** Geh. Registrator im Kgl. Preuß. Finanzministerium. 1906. 2 M. 60 Pf.

78. **Zigarettensteuergesetz.** Vom 3. Juni 1906. Von Dr. **Cuno,** Gerichtsassessor. 1906. 1 M. 80 Pf.

79. **Die Militärpensionsgesetze** vom 31. Mai 1906 nebst Ausführungsbestimmungen. Zum Gebrauch für Heer, Marine und Schutztruppe von Dr. jur. **A. Romen,** Wirklicher Geheimer Kriegsrat.
   a) I. Teil: Offizierpensionsgesetz. 1907. 3 M. 50 Pf.
   b) II. Teil: Mannschaftsversorgungsgesetz. 1908. 3 M. 50 Pf.
   Jeder Teil ist einzeln käuflich.

80. Reichsgesetzgebung über **gerichtliche Registerführung.** Textausgabe der einschlägigen Gesetzesbestimmungen mit Anmerkungen und Sachregister von **Otto Lindemann,** Landrichter. 1906. 3 M.

81. Gesetz, betr. **Urheberrecht an Werken der bildenden Künste und der Photographie.** Von Dr. **Ludw. Fuld,** Rechtsanwalt. 1907. 1 M.

82. **Reichsbeamtengesetz** in der Fassung vom 18. Mai 1907 und seine Ergänzungen von Prof. Dr. **Ad. Arndt.** 1908. 3 M.

83. **Reichsgesetz über den Versicherungsvertrag** nebst Einführungsgesetz mit Einleitung und ausführlicher Erläuterung von Dr. **Paul Hager** und Dr. **R. Behrend,** Regierungsräte im Kaiserl. Aufsichtsamt f. Privatversicherung. 1908. 5 M

84. **Sammlung kleinerer privatrechtlicher Reichsgesetze** von Landrichter **Georg Müller.** 1908. 6 M. 50 Pf.
Enthält eine Fülle von Gesetzen, die anderweit fast garnicht oder nur schwer zu beschaffen sind.

85. **Scheckgesetz** mit Einleitung usw. Von Prof. Dr. **Max Apt.** Vierter Abdruck. 1908. 1 M. 50 Pf.

Nachtragsband: **Postscheckordnung** v. XI. 08 mit Ausführungsbestimmungen. 30 Pf.

86. **Die Auslieferungsverträge des Deutschen Reiches** von Landrichter **A. Cohn.** 1908. 4 M.

87. Gesetz zum **Schutz der Warenbezeichnungen.** Nebst Ausführungsbestimmungen. Von Geh. Reg.-Rat, Mitglied des Patentamts Dr. **Freund** und Rechtsanwalt **Magnus.** Fünfte Auflage. 1908. Im Druck.

88. **Vereinsgesetz** vom 19. April 1908. Unter Benutzung der amtlichen Quellen. Nebst einem Anhang, enth. die Vorschriften des BGB. über die Vereine. Bearbeitet von Dr. jur. **A. Romen,** Wirkl. Geh. Kriegsrat im Königl. Preuß. Kriegsministerium. 2. Auflage. 1908. 1 M. 50 Pf.

89. Deutsches **Vogelschutzgesetz** vom 30. Mai 1908 nebst den das Flugwild betreffenden Bestimmungen der Preußischen Jagdordnung von Dr. jur. **Leo von Boxberger.** 1908. 1 M.

90. Die Haager Abkommen über das **Internationale Privatrecht** von Dr. **G. A. E. Bogeng.** 1908. ca. 2 M.

Guttentag'sche Sammlung

Preußischer Gesetze.

Text-Ausgaben mit Anmerkungen. Taschenformat.

1. **Die Verfassungs-Urkunde** für den Preußischen Staat. Mit Einleitung, vollständigem Kommentar. Von Prof. Dr. **Adolf Arndt.** Sechste Auflage. 1907. 3 M.

2. **Preußische Beamten-Gesetzgebung.** Enthaltend die wichtigsten Beamtengesetze in Preußen. Von **C. Pfafferoth.** Vierte, neubearb. Auflage. 1905. Mit Anhang: Abänderung vom 27. Mai 1907. 2 M.

3. **Die Aufnahme des Nottestaments** durch die bestellten besonderen Urkundspersonen. Anweisung vom 15. März 1904. Erläutert mit Musterbeispielen und einem Abriß des Erbrechts von Amtsgerichtsrat **C. Kurtz.** 1904. 1 M. 50 Pf.

4. **Gebührenordnung** für **Notare** vom 25. Juni 1895 nebst den einschlägigen Vorschriften des Preußischen Gerichtskostengesetzes. Von **R. Sydow.** Dritte Auflage bearbeitet von Justizrat Dr. **Rausnitz.** 1908. 1 M. 60 Pf.

5. **Gesetz vom 24. April 1854 (betr. die außerehel. Schwängerung).** Von Dr. **Schulze.** 1873. 75 Pf.
   Gültiges Recht siehe: Reichsgesetze Nr. 58.

6. Die Preuß. **Ausführungsgesetze und Verordnungen zu den Reichs-Justizgesetzen.** Von **R. Sydow.** Dritte vermehrte Auflage. 1895. 2 M. 40 Pf.
   Siehe Seite 23, Busch, Ausführungsgesetze.

7. Allg. **Gerichtsordnung** vom 6. Juli 1793 und Preuß. **Konkursordnung** vom 8. Mai 1885. Von **F. Vierhaus**, Geh. Ober-Justizrat. Vergriffen.

8. **Vormundschaftsordnung**. Von **F. Schultzenstein.** Gültiges Recht siehe: Reichsgesetze Nr. 47.

9. Die Preußische **Grundbuchgesetzgebung**. Von Prof. Dr. **Fischer.** Vergriffen. Siehe: Reichsgesetze Nr. 42.

10. **Einkommensteuergesetz.** Von **A. Fernow,** Geh. Ober-Finanzrat. Siebente Auflage. 1908. 3 M. 25 Pf.

11. **Gewerbesteuergesetz**. Von **A. Fernow,** Geh. Ober-Finanzrat. Vierte, vermehrte Auflage. 1905. 2 M.

12. **Allgemeines Berggesetz** für die Preußischen Staaten vom 24. Juni 1865 nebst den preußischen Berggesetznovellen, den einschläg. Nebengesetzen u. Ausführungsbestimmungen. Mit Einleitung, Erläuterungen und Sachregister bearbeitet von **W. Westhoff** und **W. Schlüter.** Zweite Auflage. 1907. 5 M.

13. **Ergänzungssteuergesetz** (Vermögenssteuergesetz). Von **A. Fernow,** Geh. Ober-Finanzrat. Vierte vermehrte Auflage. 1907. 2 M. 40 Pf.

14. **Kommunalabgabengesetz.** Vom 14. Juli 1893 und Gesetz wegen Aufhebung direkter Staatssteuern. Von Dr. **F. Adickes,** Oberbürgermeister. Vierte Auflage. 1906. 1 M. 50 Pf.

15. Die **Kreisordnungen** für den Preußischen Staat. Von **O. Kolisch**, Landgerichtsrat. 1894. 4 M.

16. **Konzessionierung gewerblicher Anlagen.** Preuß. Ausführungs-Anweisung zu §§. 16 u. ff. der Gewerbe-Ordnung. Von Dr. **W. v. Rüdiger**, Geh. Regierungs- u. Gewerberat. Zweite Auflage. 1901. 2 M.

17. Preußisches **Gerichtskostengesetz**. Mit Kostentabellen. Von Dr. **P. Siméon**, Landgerichtsrat. Fünfte Auflage. 1908. 2 M. 60 Pf.

18. Preußisches **Stempelsteuergesetz vom** 31. Juli 1895. Mit den gesamten Ausführungsbestimmungen und vollständigen Tabellen. Von **P. Loeck**, Regierungsrat. Sechste Auflage. (In größerem Oktav-Format.) 1907. 6 M.

19. Das **Jagdscheingesetz**. Mit ausführlichen Erläuterungen. Von **F. Kunze**, Wirklichem Geh. Ober-Regierungsrat. Zweite Auflage. 1899. 2 M.

20. Die **preußischen Erbschaftssteuergesetze.** Unter Berücksichtigung der Novelle vom 31. Juli 1895. Von **U. Hoffmann**, Geh. Registrator im Königl. preuß. Finanzministerium. 1905. 4 M. (Reichs-Erbschaftssteuergesetz s. Reichsgesetze Nr. 77).

21. Gesetz über die **Handelskammern.** Vom 19. August 1897. Mit Erläuterungen von **F. Lusensky**, Geh. Regierungsrat. 1897. 3 M.

22. Gesetz, betr. **Anstellung und Versorgung der Kommunalbeamten.** Mit Ausführungsanweisung. Von Dr. **W. Ledermann,** Magistratsassessor zu Berlin. 1899. 1 M. 25 Pf.

23. **Ausführungsgesetz zum Bürgerlichen Gesetzbuche.** Von Landrichter Dr. **P. Siméon.** 2. Aufl. 1905. 1 M. 80 Pf.

24. Die **Hinterlegungsordnung** in der Fassung des Ausführungsgesetzes z. BGB. v. 20. Sept. 1899 nebst Ausführungsbestimmungen. Von Regierungsrat Dr. **Georg Bartels.** 2. Aufl. 1908. 2 M.

25. **Preußische Kommunalbeamtengesetzgebung.** Von Magistr.-Assess. Dr. **Fr. Kremski,** Berlin. 1901. 3 M.

26. Gesetze über das **Diensteinkommen der Lehrer und Lehrerinnen, Ruhegehalt und Fürsorge für Hinterbliebene.** Tabelle zur Berechnung der Ruhegehalts-, Witwen- u. Waisenbezüge. Von Dr. **Ed. Cremer,** Beigeordneter. 1900. 2 M. 40 Pf.

27. Gesetz, betreffend die **Warenhaussteuer.** Von Geh. Ober-Finanzrat Dr. **G. Strutz.** 1900. 1 M. 20 Pf.

28. Gesetz über die **Fürsorgeerziehung Minderjähriger.** Nebst Ausführungsbestimmungen. Von Landgerichtsdirektor Dr. **P. F. Aschrott.** Zweite umgearbeitete Auflage. 1907. 2 M. 80 Pf.

29. **Gesetz**, betr. **die ärztlichen Ehrengerichte, das Umlagerecht und die Kassen der Aerztekammern.** Von Amtsgerichtsrat Dr. **Fidler.** 1901. 1 M. 50 Pf.

30. **Die das Preußische Staatsschuldbuch und Reichsschuldbuch** betr. Gesetze nebst Ausführungsbestimmungen. Von Wirkl. Geh. Ober-Finanzrat **J. Mücke,** Mitglied der Staatsschuldenverwaltung. 1902. 2 M.

31a. **Die geltenden Preußischen Gesindeordnungen.** Herausgegeben in zwei Bänden von **Stephan Gerhard,** Rechtsanwalt in Berlin. 1902.

Band I: Gesindeordnung für die altpreußischen Provinzen vom 8. XI. 1810, mit Erläuterungen unter Berücksichtigung der Ergänzungsgesetze und der Rechtsverhältnisse der Gesindevermieter, sowie die Gesindeordnungen für Neuvorpommern und Rügen und für die Rheinprovinz. 2 M. 50 Pf.

31b. **Band II:** Gesindeordnungen für Hannover, Schleswig-Holstein, Hessen-Nassau und den Regierungsbezirk Hohenzollern. 2 M. 50 Pf.

Siehe auch Seite 32: Ratgeber von Grieben.

32. **Die Städteordnung für die sechs östlichen Provinzen** Preußens vom 30. Mai 1853 nebst ihren gesetzlichen Ergänzungen. Von **Dr. jur. Walter Ledermann,** Magistrats-Assessor zu Berlin. (In größerem Oktav-Format.) 1902. 6 M.

33. **Rentenguts- und Anerbenrechts-Gesetzgebung in Preußen.** Von Landgerichtsrat **M. Peltasohn** und Rechtsanwalt **Bruno Peltasohn.** 1903. 3 M.

34. Sammlung der wichtigsten **preußischen** Strafgesetze nebst Anhang: Gesetz betr. polizeiliche Strafverfügungen vom 23. April 1883. Von **Otto Lindemann,** Amtsrichter. 1903. 2 M. 50 Pf.

Inhalt: Mobiliar-Feuerversicherung — Chausseegeld — Jagdpolizei — Jagdschein — Wild-Schonzeit — Fischerei — Versammlungs- u. Vereinigungsrecht — Belagerungszustand — Gesindedienstpflichten — Mineraliengewinnung und -Aneignung — Schlachthäuser — Dampfkesselbetrieb — Wandergewerbebetrieb — Reblausverbreitung — Forstdiebstahl — Wald- u. Wassergenossenschaften — Feld- u. Forstpolizei — Lotteriespiel — Verkehrsabgaben — Landestrauer.

35. **Geschäftsordnung für Gerichtsvollzieher.** Gerichtsvollzieherordnung und Gebührensätze von Amtsgerichtssekretär a. D. **Emil Exner.** 1904. 3 M. 50 Pf.

36. Die Gesetzgebung über **Polizeiverordnungen in Preußen** von **Otto Lindemann,** Amtsrichter in Köslin. 1904. 1 M. 50 Pf.

37. Gesetz über die **Enteignung von Grundeigentum** vom 11. Juni 1874. Von Landrichter **O. Meyer.** 1905. 2 M.

38. **Kreis- und Provinzial-Abgabengesetz.** Vom 23. April 1906. Von **Fr. Schmidt,** Gemeindevorsteher. 1906. 1 M. 25 Pf.

39. **Gesetz betr. die Unterhaltung der öff. Volksschulen.** Von **Dr. A. Marcks,** Reg.-Rat. 1906. 2 M.

40. Gesetz betr. das **Verwaltungsstrafverfahren** bei Zuwiderhandlungen gegen die Zollgesetze und indirekte Reichs- und Landesabgaben, sowie die Bestimmungen über die Schlacht- und Wildpretsteuer vom 26. Juli 1897. Von **Dr. Richard Katzenstein,** Gerichtsassessor. 1907. 3 M. 60 Pf.

41. Die **preußischen Jagdpolizeigesetze.** Von **Fr. Kunze,** Wirkl. Geh. Oberregierungsrat und **R. Kühnemann,** Rechtsanwalt. Zweite gänzlich veränderte und verbesserte Auflage. 1907. 3 M. 60 Pf.

42. Die Gesetzgebung über die **Allgemeine Landesverwaltung** und über die **Zuständigkeit der Verwaltungs- und Verwaltungsgerichtsbehörden.** Von Rechtsanwalt **Dr. Karl Friedrichs.** 1908. 3 M.

43. Gesetz betr. die **Zulassung einer Verschuldungsgrenze** für land- und forstwirtschaftlich benutzte Grundstücke v. 20. August 1906 nebst Ausführungsvorschriften. Von Dr. jur. **R. Leweck,** Syndikus der Ostpreuß. Landschaft. 1908. 2 M. 40 Pf.

44. **Quellenschutzgesetz** vom 14. Mai 1908 nebst den Ausführungsbestimmungen von **Carl Voelkel,** Geheimer Bergrat. 1 M.

Guttentag'sche Sammlung von Text-Ausgaben mit Sachregister ohne Anmerkungen.

Taschenformat, elegant in Leinen gebunden.

Reichs-Justizgesetze:

Gerichtsverfassungsgesetz. Zivilprozeßordnung. Konkursordnung. Strafprozeßordnung.

2. Auflage. In einem Bande gebunden 3 M. 80 Pf.

Zivilprozeßordnung mit **Gerichtsverfassungsgesetz** und **Einführungsgesetzen** in den neuesten Fassungen. 2 M.

Konkursordnung mit **Einführungsgesetz.** 80 Pf.

Bürgerliches Gesetzbuch nebst **Einführungsgesetz.** Zehnter Abdruck. 2 M. 50 Pf.

Handelsgesetzbuch nebst **Einführungsgesetz** u. **Seerecht.** Siebenter Abdruck. 1 M. 80 Pf.

Ausführungsanweisung zur Gewerbeordnung vom 1. Mai 1904 nebst der preuß. technischen Anleitung. 2 M.

Militärstrafgerichtsordnung nebst **Einführungsgesetz** u. Ges., betr. Dienstvergehen der richterlichen Militärjustizbeamten u. unfreiwillige Versetzung derselben usw. **Militär-Strafgesetzbuch** *) mit Abdruck der entsprechenden Bestimmungen des Reichs-Strafgesetzbuchs. Zweite Auflage. 1 M. 50 Pf.

*) Ist auch einzeln zu haben. Preis 1 Mk.

Wechselordnung in der Fassung der Bekanntmachung v. 3. Juni 1908. Mit Anhang: **Wechselprozeß- und Ausführungsanweisung.** Text-Ausgabe mit Einleitung und Sachregister. 1908. 1 M.

Guttentag'sche Sammlung von Text-Ausgaben mit Sachregister ohne Anmerkungen.

Die Preußischen Ausführungsgesetze, Verordnungen und ministeriellen Verfügungen zu dem Bürgerlichen Gesetzbuche und den Reichs-Justizgesetzen nebst anderen zugehörigen Gesetzen. Textausgabe, nach Materien geordnet, mit Sachregister von **L. Busch.** Zweite Auflage von Gerichtsassessor **O. Eylau.** 8°. Preis geb. 4 M. 50 Pf.

Die Preußischen Ausführungsgesetze zum Bürgerlichen Gesetzbuche und Nebengesetze. Text-Ausgabe ohne Anmerkungen. Fünfte Auflage. Taschenformat. Preis geb. in ganz Leinen 1 M. 80 Pf.

Handbuch des Testamentrechts mit zahlreichen Beispielen und Formularen. Dargestellt von **Heinrich Peiser,** Landgerichtsrat. gr. 8° (496 S.). Zweite Auflage. Preis 9 M., gebunden 10 M.

Bürgerliches Rechts-Lexikon.

Nach dem Bürgerlichen Gesetzbuch, dem Handelsgesetzbuch und sonstigen Reichs- und Landesgesetzen

bearbeitet von

E. Christiani, Amtsgerichtsrat.

Dritte, wesentlich vermehrte und verbesserte Auflage.

1908. Lex. 8°. **Geb. in ganz Leinen Preis** 11 M. 20 Pf.

Erbenhaftung und Nachlaßkonkurs im neuen Reichsrecht. Von Professor Dr. Ernst Jaeger. 1898. gr. 8°. (117 S.) 3 M.

Fluchtliniengesetz. — Das Gesetz, betreffend die **Anlegung** und **Veränderung** von Straßen und Plätzen in Städten und ländlichen Ortschaften vom 2. Juli 1875. Des Kommentars von weil. Oberverwaltungsgerichtsrat R. Friedrichs sechste, völlig neubearbeitete Auflage. Von Senatspräsident Dr. jur. Hugo von Strauß und Torney. 1908. Im Druck.

Die **freiwillige Gerichtsbarkeit** im Reiche und in Preußen. Ein Leitfaden von Dr. A. Nußbaum. 1900. 8°. (268 S.) Geb. in Leinen 4 M.

Gewerberecht und **Arbeiterschutz.** Führer für Arbeitgeber und Arbeiter durch die Gewerbe- und Arbeiterschutzgesetze. Von G. Laurisch, Kgl. Gewerbeinspektor. 1901. 8°. (210 S.) Kart. 1 M. 80 Pf.

Die **Gläubigeranfechtung außerhalb des Konkurses.** Auf Grundlage des Gesetzes v. 21. Juli 1879. Von Prof. Dr. Ernst Jaeger. 1905. (356 S.) 9 M., geb. 10 M.

Die **Grundbuchordnung** nebst den preußischen Ausführungsbestimmungen mit Kommentar und systematischer Uebersicht über das materielle Grundbuchrecht. Von Reichsgerichtsrat Dr. Alex Achilles und Landrichter O. Strecker. 1901. Lex. 8°. (960 S.) 12 M., geb. in Halbfr. 14 M.

Die **Verfügungen in Grundbuchsachen.** Leitfaden für Grundbuchbeamte, Notare und Referendare. Von Amtsgerichtsrat Max Löwenherz. 1904. (115 S.) gr. 8°. 2 M., geb. in Leinen 2 M. 50 Pf.

Die **Haftpflicht der Beamten.** Nach Reichsrecht und dem Recht der deutschen Bundesstaaten unter Berücksichtigung der Haftpflicht des Staates (Gemeindeverbandes usw.). Von Landrichter Dr. H. Delius. 1901. 8°. (147 S.) Kart. 2 M.

Das Recht der Handlungsgehilfen und Handlungslehrlinge auf Grund des Handelsgesetzbuches, der Reichs-Gewerbeordnung, der Reichs-Versicherungsgesetze und des bürgerlichen Rechts dargestellt für Juristen und Kaufleute. Von Rechtsanwalt Hugo Horrwitz. 2. vollständig neubearbeitete Auflage. 1905. (203 S.) Geb. in Leinen 3 M.

Handelsgesetzbuch vom 10. Mai 1897 nebst Abdruck des Gesetzes über die Angelegenheiten der freiwilligen Gerichtsbarkeit und Gerichtsverfassungsgesetz (Titel 7, Kammern für Handelssachen). Zu praktischem Gebrauch dargestellt von Oberlandesgerichtsrat H. Königs. 1899. 8°. (410 S.) Geb. in Leinen 4 M. 50 Pf.

Das **Kommunalabgabengesetz** vom 14. Juli 1893. Für den praktischen Gebrauch mit einer geschichtlichen Einleitung und Erläuterungen versehen, sowie mit einem die Ausführungsanweisung berücksichtigenden Nachtrag. Kommentar von Oberbürgermeister Dr. Franz Adickes. 1894. 8°. (417 S.) Kart. 6 M.

Das **Absonderungsrecht im Konkurse** mit besonderer Berücksichtigung des preußischen und gemeinen Rechts, systematisch dargestellt von Oberlandesgerichtsrat Dr. Th. Wolff. 1892. gr. 8°. (542 S.) 10 M.

Konkursordnung mit Einführungsgesetz, Nebengesetzen und Ergänzungen in der Fassung des Gesetzes vom 17. Mai 1898. Kommentar von Oberlandesgerichtsrat Dr. Th. Wolff. 1900. gr. 8°. (555 S.) 11 M., geb. in Leinen 12 M.

Die Kurtaxe. Betrachtungen über ihre rechtliche Natur. Von Professor J. Kohler. 1902. gr. 8°. (52 S.) 1 M.

Das **Wohnungsmietrecht** nach dem Bürgerlichen Gesetzbuch. Zum praktischen Gebrauch für Juristen, Hausbesitzer und Mieter bearbeitet von Rechtsanwalt und Notar Th. Loomann. 1900. 8°. (144 S.) 2 M.

Der Raritätenbetrug. Von Dr. Hanns Gross, Universitäts-Professor. 1901. gr. 8°. (296 S.) 6 M.

Polizei und Publikum. Eine Darstellung der beiderseitigen Rechte und Pflichten an der Hand der grundlegenden Bestimmungen für die Ausübung der örtlichen allgemeinen Verwaltungspolizei in Preußen. Von Bürgermeister M. Koehne. 1897. 8°. (144 S.) Geb. in Leinen 2 M. 75 Pf.

Patentgesetz und Gesetz, betreffend den **Schutz von Gebrauchsmustern.** Von Justizrat Dr. A. Seligsohn. 2. Auflage. 1901. gr. 8°. (557 S.) 12 M., geb. in Leinen 13 M.

Die **Tätigkeit der Polizei in Strafsachen** auf Grund der Reichsjustizgesetze und des Preußischen Rechts für Polizeiverwalter und Polizeibeamte. Von Oberverwaltungsgerichtsrat St. Genzmer. 4. Auflage. 1900. 16°. (117 S.) Kart. 90 Pf.

Beschwerde und **Klage** sowie sonstige **Rechtsmittel** gegen polizeiliche Verfügungen und Zwangsmaßregeln. Gemeinverständlich dargestellt und durch Beispiele erläutert von Oberverwaltungsgerichtsrat B. von Kamptz. 1894. 12°. (93 S.) Kart. 1 M. 20 Pf.

Dienstunterricht für Polizei-Exekutiv-Beamte. 1. Teil. Strafgesetzgebung (Gerichtsverfassung, Strafprozeßordnung, Strafgesetzbuch). Von Polizeiinspektor J. Segger. 1900. 8°. (308 S.) Kart. 2 M.

Die Registratur. 2. Auflage. 1906. Von Hermann Kollrack, Kgl. Polizeisekretär am Berliner Polizeipräsidium. 8°. (84 S.) Kart. 1 M. 40 Pf.

Rechtsbrevier für deutsche Ehefrauen. 52 Merksprüche aus dem Bürgerl. Gesetzbuch mit Erläuterungen. Von Dr. jur. Emilie Kempin. 8°. (62 S.) Kart. 1 M.

Verwaltungs-Hygiene. Ein Handbuch der öffentlichen Gesundheitspflege für Verwaltungsbeamte. Von Dr. A. Pfeiffer. 1895. gr. 8°. (228 S.) 5 M., geb. in Leinen 6 M.

Handbuch des Vormundschaftsrechts. Unter Berücksichtigung der Ausführungsgesetze der deutschen Bundesstaaten. Von H. Schultetus, Landgerichtsrat in Rostock. 1899. 8°. (261 S.) 4 M., geb. in Leinen 4 M. 60 Pf.

Die Pflichten des Waisenrates. Ein praktischer Leitfaden für Waisenräte und Verwaltungsbeamte. Von F. Baum, Geh. Justizrat und Vormundschaftsrichter. Achte vermehrte und verbesserte Auflage. 1906. 8°. (46 S.) 60 Pf.

Wechselstempelsteuer und ihre Reform. Eine kritische Studie. Von Dr. jur. Eug. Jacobsohn. 1906. gr. 8°. (47 S.) 1 M.

Der Vormund, Gegenvormund, Pfleger u. Familienrat. Nach dem Bürgerlichen Gesetzbuch, dem Reichsgesetz über die Angelegenheiten der freiwilligen Gerichtsbarkeit und dem Ausführungsgesetz zum BGB. Ein praktischer Leitfaden. Von F. Baum, Geh. Justizrat und Vormundschaftsrichter. 1899. 8°. (64 S.) 50 Pf.

Gesetz zum **Schutz der Warenbezeichnungen** vom 12. Mai 1894, nebst Ausführungsbestimmungen. 2. Auflage, bearbeitet von Dr. A. Seligsohn in Gemeinschaft mit Rechtsanwalt Martin Seligsohn. 1905. gr. 8°. (353 S.) 7 M., geb. 8 M.

Anleitung zur **Bildung öffentlicher Genossenschaften zur Ent- und Bewässerung** von Grundstücken für Zwecke der Landeskultur in den preuß. Provinzen nebst den in Betracht kommenden Gesetzen und Ministerialerlassen. Zugleich ein Handbuch des landwirtschaftlichen Wasserrechts für jedermann. Von Regierungsrat Dr. Bernh. Webdige. 1887. 8°. (300 S.) 4 M. 50 Pf.

Das **Wildschadengesetz.** Vom 11. Juli 1891. Kommentar von Dr. A. Holtgreven u. Dr. Th. Wolff. Vierte vermehrte und verbesserte Auflage. 1902. 8°. (224 S.) 4 M., geb. in Leinen 4 M. 50 Pf.

Belehrung über den Wucher. Ein Schutz gegen Schädigung mit Fingerzeigen für jedermann. Nach dem neuen Wuchergesetz bearbeitet von Carl Pfafferoth, Geh. Kanzleirat im Reichsjustizamt. 1893. 8°. (38 S.) 50 Pf.

Das **Reichsgesetz zur Bekämpfung des unlauteren Wettbewerbs** nebst den ergänzenden Bestimmungen des Bürgerlichen Gesetzbuchs. Kommentar von Justizrat Albert Pinner, 1903. gr. 8°. (189 S.) 5 M., geb. in Leinen 6 M.

Verfassung des Deutschen Reichs. Mit Einleitung und Kommentar. Dritte, stark vermehrte und verbesserte Auflage. Von Prof. Dr. A. Arndt. 1907. 8°. (436 S.) 4 M., geb. in Leinen 5 M.

Das **Preußische Versammlungs- und Vereinsrecht.** Systematisch dargestellt. Von Staatsanwaltschaftsrat Dr. Paul Caspar. 1894. 8°. (130 S.) 2 M.

Handbuch für Vereine bei Aufstellung, Beratung und Änderung der Vereinssatzung auf Grund der §§ 21—79 des Bürgerlichen Gesetzbuches. Mit erläuternden Anmerkungen, einer sachlichen Einleitung sowie einem Satzungsentwurf versehen von Paul Behrens. 1899. 8°. (57 S.) kart. 1 M.

Die **Rechtsverhältnisse der geschlossenen Gesellschaften und Vereine** nach preußischem Recht unter besonderer Berücksichtigung der Befugnisse der Polizeibehörden. Von Dr. H. Delius, Landrichter. 1902. 8°. (85 S.) kart. 1 M. 60 Pf.

Wie leitet man eine Versammlung? Geschäftlicher Handweiser für Vorsitzende. Von einem Mitgliede des deutschen Reichstages und des preußischen Abgeordnetenhauses. Zweite Auflage. 1908. 12°. (93 S.) kart. ca. 1 M.

Handbuch zum Verfahren der Zwangsversteigerung und Zwangsverwaltung nach dem Reichsgesetz v. 24. März 1897 (Fassung vom 20. Mai 1898). Ein Hilfsbuch für die Praxis und ein Lehrbuch für jüngere Juristen von Amtsgerichtsrat M. R. Samter. 1904. gr. 8°. (392 S.) 8 M. 50 Pf., geb. in Halbfr. 10 M.

Praktischer Ratgeber für Dienstherrschaften nach dem Preuß. Gesinderecht unter Berücksichtigung der neueren Entscheidungen bearbeit von H. Grieben, Verwaltungsdirektor a. D. und Bürgermeister. 1908. 1 M.

Schlagwort-Register.

R. = Nummer der Sammlung Deutscher Reichsgesetze.
P. = Nummer der Sammlung Preußischer Gesetze.
S. = Seite.

FSC
www.fsc.org
MIX
Papier | Fördert
gute Waldnutzung
FSC® C083411

Kolibri 360 GmbH
Ferdinand-Jühlke-Straße 7
99095 Erfurt, Deutschland
produktsicherheit@kolibri360.de